韓國佛教匠人人名辭典

－ 三國時代～朝鮮前期 －

최 선 일 崔宣一

홍익대학교 대학원 미술사학과 졸업(文學博士)
문화재청 인천국제공항 문화재감정관실 감정위원
서울특별시 문화재전문위원 등

주요논문은 박사학위논문 「朝鮮後期 彫刻僧의 활동과 佛像 硏究」 외에 「朝鮮後期 彫刻僧 色難과 그 系譜」, 「日本 高麗美術館 所藏 朝鮮後期 木造三尊佛龕」, 「고양 상운사 목조아미타삼존불좌상과 조각승 進悅」, 「17세기 조각승 守衍의 활동과 불상 연구」 등이 있다. 저서는 『朝鮮後期僧匠人名辭典』(2007, 양사재)와 『조선후기 彫刻僧과 佛像 硏究』(2011, 경인문화사) 등이 있다.

안 귀 숙 安貴淑

홍익대학교 대학원 미술사학과 졸업(文學博士)
문화재청 인천국제공항 문화재감정관실 감정위원
문화재청 문화재위원 등

주요논문은 박사학위논문 「중국 정병 연구」 외에 「朝鮮後期 鑄鐘匠 思印比丘에 관한 硏究」(『佛敎美術』, 1988), 「조선후기 佛畵僧의 계보와 義謙比丘에 대한 연구」(『미술사연구』 8과 9, 1994-1995), 「고려 佛具의 의미와 제작방법」(『佛法으로 피어난 금속공예』, 2006) 등이 있다. 저서는 『유기장』(2002, 화산문화), 『朝鮮後期僧匠人名辭典-佛敎繪畵』(공저, 2008, 양사재) 등이 있다.

韓國佛敎匠人人名辭典 -三國時代～朝鮮前期-

초판 1쇄 인쇄 : 2018년 6월 25일
초판 1쇄 발행 : 2018년 7월 5일

엮 은 이 최선일·안귀숙
발 행 인 한정희
발 행 처 도서출판 양사재
총괄이사 김환기
편 집 부 김지선 박수진 한명진 유지혜
관리·영업부 김선규 하재일 유인순
출판신고 제406-2007-000136호
주   소 파주시 회동길 445-1 경인빌딩 B동 4층
대표전화 031-955-9300   팩 스   031-955-9310
홈 페 이 지 http://www.kyunginp.co.kr
이 메 일 kyungin@kyunginp.co.kr

값 28,000원
ISBN : 979-11-85229-05-8 93220

韓國佛教匠人人名辭典

- 三國時代 ~ 朝鮮前期 -

최 선 일·안 귀 숙

책을 내면서

필자가 불교미술품을 만든 작가들에 관심을 가진 것은 인간 중심의 미술사를 하겠다는 작은 소망에서 시작된 것이다. 1990년대 이전 불교미술사 연구에서 불상과 불화의 미적 아름다움을 이야기하면서 어떤 작가가 어떻게 작품을 만들었는지 관심이 없었다. 이는 영세한 문헌 기록 밖에 없는 현실에서 작가를 밝혀낼 수 없었기 때문일 것이다. 그러나 은사인 안귀숙 선생님의 불화승 의겸과 주종장 사인에 관한 논문을 읽으면서 불교조각에서도 작가를 찾을 수 있다는 판단 아래 관련 기록을 찾다보니 조각승 색난에 관한 논문을 발표하였다. 그러면서 문화재 지정 조사 등에 필요한 자료를 정리하다보니 많은 장인들의 단편적인 활동이지만 밝혀내게 되었고, 그것을 바탕으로 조선후기에 활동한 조각승, 불화승, 주종장, 도편수, 석수, 와장, 각수 등을 정리하여 『조선후기불교미술장인인명사전』(총 4권)을 8년 전에 발간했다. 그 후 7년 만에 삼국시대부터 조선전기까지 불교미술을 만든 장인을 정리하여 한 권을 책을 간행하는 바이다.

인명사전 작업은 작가들에 관한 단편적인 활동을 정리한 것이다. 이 작업 결과물을 가지고 후학들이 더 많은 문헌을 찾아 작가들의 삶과 작품을 밝혀낸다면 한국회화사와 같이 잊혀진 작가들을 밝혀내서 작가론 접근이 가능할 것으로 믿는다.

처음 작업이 시작된 2007년에 비하면 불교조각사에서 작가에 관한 관심이 많이 늘어났다. 앞선 사람의 발자국을 따라 많은 이들이 다니면 오솔길이 생기는 것 같이 하나의 분야를 개척하는 것은 쉽지 않지만 선학들의 노력이 있다면 후학들은 더 빠르고 깊이 있는 연구를 할 것이라 생각한다. 결국 이름조차 남아있지 않은 무수히 많은 이들의 공덕으로 만들어진 불교문화재가 제대로 된 평가를 받게 된다면 우리의 문화재가 더 많은 국민들에게 사랑을 받을 것이라 믿는다.

그렇지만 기초 자료의 조사와 수집이 개별적으로 이루어지다보니 선학들의 자료를 인용하면서 일일이 확인을 할 수 없는 경우가 많아 이따금 한계에 부딪칠 때도 있었다. 결국 의문이 생길 때 원문을 확인할 수 없는 현실에서 기존 연구자들의 연구 성과를 최대한 반영하여 놓았다.

남아있는 불교문화재에 비해 작가를 알 수 있는 불상 발원문, 불화 화기, 명문, 금석문 등이 턱없이 부족한 현실에서 오랜 시간 자료를 끌어안고 있었지만, 개인적인 역량으로 더 이상 가지고 있어도 해결이 될 것 같지 이번에 출판을 결심하였다. 이 인명사전을 출판을 계기로 어느 연구자라도 잊혀진 장인을 한 명이라도 밝혀낸다면 7년 동안의 노고가 풀릴 것이라 생각한다.

이 인명사전은 많은 스님의 도움과 선학들의 연구 성과가 있었기에 가능한 일이었다. 특히, 송광사 성보박물관장 고경스님, 동북아불교미술연구소장 석문스님, 중앙승가대학교수 정각 스님은 무한한 응원과 자료를 제공해 주셨고, 홍익대학교 김리나 명예교수님, 동아대학교 박은경 교수님 등이 어렵게 촬영한 사진을 흔쾌히 사용 허락을 해주셔서 독자들이 쉽게 유물을 감상할 수 있게 도와주셨다. 또한 기초자료 출판을 지원해 주시는 양사재 한정희 사장님의 전폭적인 지원이 있었기에 한 권의 책이 세상 사람들에게 보일 수 있기에 감사드리는 바이다.

2018년 6월

雲西堂에서 최선일

일러두기

이 인명사전은 삼국시대부터 조선시대 임진왜란 이전까지 불교미술과 관련된 장인을 수록하였다. 이 장인들의 활동은 사찰에 전해지는 사적기寺蹟記와 사적비寺蹟碑, 불화佛畵의 화기畵記, 공예품工藝品의 명문銘文, 전적典籍의 간기刊記 등을 바탕으로 시대별로 정리하여 그들의 활동 시기와 작업 내용 및 장인匠人의 계보를 밝힐 수 있는 도편수都片手와 수화승首畵僧 등을 중심으로 적어놓았다. 이는 한국불교미술사에서 다양한 작품을 만든 장인에 대한 개별적인 연구가 이루어질 수 있도록 그들과 관련된 기초 문헌을 정리해보려는 목적으로 준비되었다.

각각의 장인 등은 생존 시기와 상관없이 이름을 표제어로 하여 가나다 순으로 배열하였다. 그리고 활동 내용 가운데 주로 작업한 분야를 바탕으로 화가, 석수, 목수, 각수, 야장 등으로 구분하였으며, 동명이인同名異人(50여 년 이상 활동시기가 차이 나는 경우)은 시기별로 이름 다음에 숫자를 적어놓았다.

각각의 장인에 대한 내용은 1) 표제어와 활동연대 2) 활동시기와 분야 3) 활동연대와 같이 한 장인 등을 구체적으로 언급하고 4) 대표적인 장인은 작품 사진을 첨가하고 5) 마지막으로 활동의 근거를 밝힐 수 있는 문헌기록과 참고문헌을 적어놓았다.

본문의 서술은 한글표기를 원칙으로 하고, 혼동을 초래할 경우에 한하여 한자를 함께 표기하였다. 그리고 기존 보고서나 도록에 잘못 쓴 경우와 다르게 읽은 경우는 밑에 표기하여 독자들이 확인할 수 있게 하였다.

호號를 가진 경우는 이름과 활동시기 다음에 적어놓았고, 조성처와 봉안처가 다른 경우는 조성처를 먼저 언급하고 봉안처를 표기하였다. 이는 장인들의 활동지역을 파악하기 위해서 조성지역이 중요하기 때문이다.

책의 뒷부분에는 1) 삼국시대부터 조선시대 불교미술 참고문헌 2) 공동 작업인 경우는 가장 먼저 언급된 장인 3) 시대와 분야별로 도판을 첨부하여 연구자와 일반인들에게 조선후기 이전의 불교미술품에 대한 변천 과정을 이해할 수 있게 하였다.

도판은 조성자, 명칭, 조성연대, 봉안처(조성처) 순으로 적어놓았다.

본문에서는 李智冠, 『校勘譯註 歷代高僧碑文(高麗篇1)』, 伽山文庫, 1994 → 李智冠 『校勘譯註 歷代高僧碑文(高麗篇1)』 등으로 저자와 저서명 또는 논문명 만으로 줄여서 적어놓았다.

목 차 *contents*

가 / 가근(可勤 : -1237-1238-) ················· 1

나 / 나부개(羅夫介 : -1468-) ················· 37

다 / 달계(達戒 : -1375-) ················· 40

마 / 막동(莫同 : -1458-) ················· 52

바 / 박(朴 : -1392-) ················· 58

사 / 사경(思京 : -1237-1238-) ················· 72

아 / 아각(阿角 : -1217-) ················· 102

자 / 자공(子公 : -1237-) ················· 146

차 / 차계산(車季山 : -1469-) ················· 169

타 / 타우(打牛 : -1572-) ················· 181

파 / 판감상(板甘尚) ················· 184

하 / 학계(學戒 : -1238-) ················· 185

조선전기 이전 불교미술 참고문헌 ········ 210

도판목록 ················· 220

삽화목록 ················· 224

도 판 ················· 227

가근(可勤 : -1237-1238-) 13세기 중반에 활동한 각수刻手이다. 1237-38년에 고려대장경高麗大藏經(『방광반야바라밀경放光般若波羅蜜經』) 조성에 참여하였다.

　　◦1237-38년에 高麗大藏經(『放光般若波羅蜜經』) 조성에 참여(김윤곤 편저, 『高麗大藏經 造成名錄集』)

가서일(加西溢 : -623-) 7세기 전반에 고구려에서 활동한 화가畫家이다. 623년에 일본 나라奈良 주구지中宮寺에 소장된 천수국만다라수장天壽國曼陀羅繡帳 밑그림 제작에 참여하였다.

　　◦623년에 일본 奈良 中宮寺에 소장된 天壽國曼陀羅繡帳 밑그림 제작에 참여(『日本佛教美術名寶展』)

가중(可中) 고려시대 개성 근방 월개月盖에서 활동한 와장瓦匠이다. 개성 만월대에 있던 궁성에 올린 기와를 제작하였다.

　　◦고려시대 개성 만월대에 있던 궁성에 올린 기와를 제작한 와장으로 참여(홍영의 「개성 고려궁성 출토 명문기와의 유형과 窯場」) 月盖

가서일(畫家), 천수국만다라수장, 623년, 일본 주구지

각기(覺機 : -1237-1238-) 13세기 중반에 활동한 각수刻手이다. 1237-38년에 고려대장경高麗大藏經(『방광반야바라밀경放光般若波羅蜜經』) 조성에 참여하였다.

　　◦1237-38년에 高麗大藏經(『放光般若波羅蜜經』) 조성에 참여(김윤곤 편저, 『高麗大藏經 造成名錄集』)

각남(覺南 : -1384-) 14세기 후반에 활동한 석수石手이다. 1384년에 평북 향산 안심사安心寺 지공指空 나옹懶翁 사리석종비舍利石鍾碑 건립에 무실無失과 석수로 참여하였다.

　　◦1384년 평북 향산 安心寺 指空 懶翁 舍利石鍾碑 건립에 無失과 石手로 참여(李智冠 『校勘譯註 歷代高僧碑文(高麗篇4)』)

각민(覺敏 : -1605-1614-) 16세기 말에서 17세기 전반까지 활동한 조각승이다. 1605년에 전북 완주 위봉사 북암 목조보살입상 조성 시 금을 시주하고, 1606년에 수화승으로 충남 공주 동학사東鶴寺 목조석가삼세불좌상木造釋迦三世佛坐像과 1610년을 전후하여 수화승 원오願悟와 불상을, 1614년에 수화승으로 전남 순천 송광사 대웅전 삼존불상을 제작하였다. 임진왜란 기간에 소실된 순천 송광사 중창에 참여하여 부휴 문도임을 알 수 있다.

- 1605년 전북 완주 위봉사 북암 목조보살입상 조성 시 시주로 참여(造成發願文) 上金施主
- 1606년 충남 공주 東鶴寺 木造釋迦三世佛坐像 조성에 上畫員으로 참여(造成發願文) 上畫員
- 1610년 전후 불상 제작(개인소장, 發願文) 수화승 願悟
- 1614년 전남 순천 松廣寺 大雄殿 三尊佛像 조성에 畫員으로 참여(『曹溪山松廣寺史庫』) 畫員

각성(覺晟 : -1539-) 16세기 중반에 활동한 목수木手이다. 1539년에 지리산 남대암南臺庵에서 간행하여 신흥사神興寺로 옮긴 『고봉화상선요高峰和尙禪要』 간행에 인공印空과 연판鍊板으로 참여하였다.

- 1539년 智異山 南臺庵에서 간행하여 神興寺로 옮긴 『高峰和尙禪要』 간행에 印空과 鍊板으로 참여(국립중앙도서관 소장, 곽승훈·김아네스·홍영기 편저 『지리산권 불교자료1-간기편』)

각여(覺如 : -1473-) 15세기 중·후반에 활동한 목수木手이다. 1473년에 전남 영암 도갑사道岬寺 해탈문解脫門 건립에 대목大木으로 참여하였다.

- 1473년 전남 영암 道岬寺 解脫門 건립에 大木으로 참여(尹武炳 「道岬寺 解脫門 上樑文」과 申榮勳 編 『韓國古建物上樑記文集』) 大施主兼都大木大禪師

각여(木手), 해탈문 정면, 1473년, 영암 도갑사

각연 1(覺璉, 覺連 : -1384-1386-) 14세기 후반에 활동한 서예가書藝家이다. 1384년에 평북 향산 안심사安心寺 지공指空 나옹懶翁 사리석종비舍利石鍾碑 건립에 서자書字로 참여하고, 1386년에 「감지은니묘법연화경紺紙銀泥妙法蓮華經」 7권(이화여화대학교 박물관 소장)을 필사하였다.

- 1384년 평북 향산 安心寺 指空 懶翁 舍利石鍾碑 건립에 書字로 참여(李智冠 『校勘譯註 歷代高僧碑文(高麗篇4)』) 小師 書字
- 1386년 「紺紙銀泥妙法蓮華經」 7권을 필사(이화여화대학교 박물관 소장, 진홍섭 『韓國佛敎美術』) 石室雲衲覺連書

각연 2(覺演, 覺然 : -1379-) 14세기 후반에 활동한 목수木手이다. 1379년 경기 여주 신륵사神勒寺 대전大殿, 조당祖堂, 승당僧堂, 선당禪堂 등 중창重創에 천일天一과 목수로 참여하였다.

- 1379년 경기 여주 神勒寺 大殿, 祖堂, 僧堂, 禪堂 등 重創에 天一과 木手로 참여(『韓國의 古建築』8과 李智冠 『校勘譯註 歷代高僧碑文(高麗篇4)』)

각여(木手), 해탈문 후면, 1473년, 영암 도갑사

각연 3(覺連 : -1537-) 16세기 전반에 활동한 각수刻手이다. 1537년에 『치문경훈緇門警訓』 간행에 각수로 참여하였다.

- 1537년 『緇門警訓』 刊行에 刻手로 참여(『僧』) 刻手

각오(覺悟 : -1384-) 14세기 후반에 활동한 석수石手이다. 1384년에 평북 향산 안심사安心寺 지공指空 나옹懶翁 사리석종비舍利石鍾碑 건립에 무실無失과 석수로 참여하였다.

　◦1384년 평북 향산 安心寺 指空 懶翁 舍利石鍾碑 건립에 無失과 石手로 참여(李智冠『校
　　勘譯註 歷代高僧碑文(高麗篇4)』)

각우(覺隅 : -1379-) 14세기 후반에 활동한 목수木手이다. 1379년에 경기 여주 신륵사神勒寺 대전大殿, 조당祖堂, 승당僧堂, 선당禪堂 등 중창重創에 천일天一과 목수로 참여하였다.

　◦1379년 경기 여주 神勒寺 大殿, 祖堂, 僧堂, 禪堂 등 重創에 天一과 木手로 참여(『韓國의
　　古建築』8과 李智冠『校勘譯註 歷代高僧碑文(高麗篇4)』)

각이(覺伊 : -1377-) 14세기 후반에 활동한 화원畵員이다. 1377년에 경북 영주 부석사浮石寺 조사당祖師堂 중수重修에 의철義喆과 화원으로 참여하였다.

　◦1377년 경북 영주 浮石寺 祖師堂 重修에 義喆과 畵員으로 참여(金東旭『韓國建築工匠史
　　研究』)

각주(覺珠 : -1237-1238-) 13세기 중반에 활동한 각수刻手이다. 1237-38년에 고려대장경高麗大藏經(『방광반야바라밀경放光般若波羅蜜經』) 조성에 참여하였다.

　◦1237-38에 高麗大藏經(『放光般若波羅蜜經』) 조성에 참여(김윤곤 편저,『高麗大藏經
　　造成名錄集』)

각지 1(覺智 : -804-) 9세기 전반에 신라에서 활동한 주종장鑄鐘匠이다. 804년에 강원 양양 선림원지禪林院址 출토 범종(국립춘천박물관 소장) 조성에 백사伯士로 참여하였다.

　◦804년에 강원 양양 禪林院址 출토 범종 조성에 伯士로 참여(국립춘천박물관 소장,『朝
　　鮮金石總覽』上과 진홍섭『한국미술사자료집성(1)』) 在伯士 當寺 覺智師

각지 2(覺持 : -1384-) 14세기 후반에 활동한 석수石手이다. 1384년에 평북 향산 안심사安心寺 지공指空 나옹懶翁 사리석종비舍利石鍾碑 건립에 무실無失과 석수로 참여하였다.

　◦1384년 평북 향산 安心寺 指空 懶翁 舍利石鍾碑 건립에 無失과 石手로 참여(李智冠『校
　　勘譯註 歷代高僧碑文(高麗篇4)』)

각지(伯士), 선림원지 출토 범종(현재), 804년, 양양 선림원지(국립춘천박물관 소장)

각청(覺淸 : -1379-1388-) 14세기 후반에 활동한 목수木手이면서 야장冶匠이다. 1379년에 경기 여주 신륵사神勒寺 대전大殿, 조당祖堂, 승당僧堂, 선당禪堂 등 중창重創에 천일天一과 목수로 참여하고, 1388년에 강원 원주 영전사지令傳寺址 보제존자普濟尊者 서탑西塔 건립에 노야爐冶로 참여하였다.

　◦1379년 경기 여주 神勒寺 大殿, 祖堂, 僧堂, 禪堂 등 重創에 天一과 木手로 참여(『韓國의
　　古建築』8과 李智冠『校勘譯註 歷代高僧碑文(高麗篇4)』)
　◦1388년 강원 원주 令傳寺址 普濟尊者 西塔 건립에 爐冶로 참여(塔誌石,『국립춘천박물
　　관』) 爐冶道人

각환(覺環 : -1384-) 14세기 후반에 활동한 석수石手이다. 1384년에 평북 향산 안심사安心寺 지공指空 나옹懶翁 사리석종비舍利石鍾碑 건립에 무실無失과 석수로 참여하였다.

▫1384년 평북 향산 安心寺 指空 懶翁 舍利石鍾碑 건립에 無失과 石手로 참여(李智冠『校勘譯註 歷代高僧碑文(高麗篇4)』)

각훈 1(覺勳 : -1384-) 14세기 후반에 활동한 목수木手이다. 1384년에 평북 향산 안심사安心寺 지공指空 나옹懶翁 사리석종비舍利石鍾碑 건립에 묵수黙手로 참여하였다.

▫1384년 평북 향산 安心寺 指空 懶翁 舍利石鍾碑 건립에 黙手로 참여(李智冠『校勘譯註 歷代高僧碑文(高麗篇4)』) 黙手

각훈 2(覺訓 : -1388-) 14세기 후반에 활동한 석수石手이다. 1388년에 강원 원주 영전사지令傳寺址 보제존자普濟尊者 서탑西塔(국립중앙박물관 소장) 건립에 석수로 참여하였다.

▫1388년 강원 원주 令傳寺址 普濟尊者 西塔 건립에 石手로 참여(塔誌石, 『국립춘천박물관』) 石手道人

각희(覺希 : -1396-) 14세기 후반에 각화사覺華寺를 무대로 활동한 목수木手이다. 1396년에 서울 남대문 창건에 목수로 참여하였다.

▫1396년 서울 남대문 창건에 木手로 참여(金東旭『韓國建築工匠史研究』) 大木 覺華寺

감□금(甘□金) 고려시대 개성 근방 월개月盖에서 활동한 와장瓦匠이다. 개성 만월대에 있던 궁성에 올린 기와를 제작하였다.

▫고려시대 개성 만월대에 있던 궁성에 올린 기와를 제작한 와장으로 참여(홍영의 「개성 고려궁성 출토 명문기와 유형과 窯場」) 月盖

각훈(石手), 보제존자 서탑, 1388년,
원주 영전사지(국립중앙박물관 소장)

강개미치(姜介未致 : -1469-) 15세기 중반에 활동한 각수刻手이다. 1469년에 경기 남양주 봉선사奉先寺 범종梵鐘 조성에 김순생金順生과 각자刻字로 참여하였다.

▫1469년 경기 남양주 奉先寺 梵鐘 조성에 金順生과 刻字로 참여(정영호 「朝鮮前期 梵鐘考」)

강고(强古 : -755-) 8세기 중반에 신라에서 활동한 주성장鑄成匠으로, 본피부本彼部에 속한 장인이다. 755년에 경북 경주 분황사芬皇寺 약사동상藥師銅像을 조성하였다.

▫755년에 경북 경주 芬皇寺 藥師銅像을 조성(진홍섭『한국미술사자료집성(1)』) 匠人本彼部 乃未

강려(姜呂 : -1237-1238-) 13세기 중반에 활동한 각수刻手이다. 1237-38년에 고려대장경高麗大藏經(『방광반야바라밀경放光般若波羅蜜經』) 조성에 참여하였다.

▫1237-38에 高麗大藏經(『放光般若波羅蜜經』) 조성에 참여(김윤곤 편저, 『高麗大藏經造成名錄集』)

강룡(江龍 : -1583-) 16세기 후반에 경남 김해에서 활동한 편수片手이다. 1583년에 만력명萬曆銘 총통銃筒을 조성하였다.

▫1583년 萬曆銘 銃筒을 조성(황수영『금석유문』) 金海匠

강명산(姜命山 : -1462-) 15세기 중반에 활동한 각수刻手이다. 1462년에 서울 홍천사興天寺 범종梵鐘 조성에 김귀생金貴生과 각자刻字로 참여하였다.

> ▫1462년 서울 興天寺 梵鐘 조성에 金貴生과 刻字로 참여(국립중앙박물관 소장, 『朝鮮金石總覽』과 정영호「朝鮮前期 梵鐘考」)

강몰동(姜乺同 : -1468-) 15세기 중반에 활동한 주종장이다. 1468년에 서울 보신각普信閣 종鐘(국립중앙박물관 소장) 조성에 참여하였다.

> ▫1468년 서울 普信閣 鐘 조성에 참여(국립중앙박물관 소장, 정영호「朝鮮前期 梵鐘考」)

강성민(姜成敏 : -1469-) 15세기 중반에 활동한 수철장水鐵匠이다. 1469년에 강원 양양 낙산사洛山寺 범종(燒失)과 경기 남양주 봉선사奉先寺 범종梵鐘을 강원기姜元己와 수철장으로 참여하였다.

> ▫1469년 강원 양양 洛山寺 梵鐘 조성에 姜元己와 水鐵匠으로 참여(燒失, 정영호「朝鮮前期 梵鐘考」)
> 1469년 경기 남양주 奉先寺 梵鐘 조성에 姜元奇와 水鐵匠으로 참여(정영호「朝鮮前期 梵鐘考」)

강원기(姜元奇, 姜元己 : -1468-1469-) 15세기 중반에 활동한 수철장水鐵匠이다. 1468년에 서울 보신각普信閣 종鐘(국립중앙박물관 소장)을, 1469년에 강원 양양 낙산사洛山寺 범종(燒失)과 경기 남양주 봉선사奉先寺 범종梵鐘 조성에 참여하였다.

> ▫1468년 서울 普信閣 鐘 조성에 참여(국립중앙박물관 소장, 정영호「朝鮮前期 梵鐘考」)
> ▫1469년 강원 양양 洛山寺 梵鐘 조성에 水鐵匠으로 참여(燒失, 정영호「朝鮮前期 梵鐘考」) 水鐵匠
> 1469년 경기 남양주 奉先寺 梵鐘 조성에 水鐵匠으로 참여(정영호「朝鮮前期 梵鐘考」) 水鐵匠

강원기(水鐵匠), 봉선사 범종, 1469년, 남양주 봉선사

강윤(姜允 : -1574-) 16세기 후반에 활동한 각수刻手이다. 1574년에 황해 흥률사興栗寺에서 『불설예수시왕생칠경佛說預修十王生七經』 간행에 간자刊字로 참여하였다

> ▫1574년 황해 興栗寺에서 『佛說預修十王生七經』 刊行에 刊字로 참여(金相淏「朝鮮 寺刹板 刻手 硏究」과 朴桃花「朝鮮時代 佛敎版畵의 樣式과 刻手」) 刊字

강자고미(姜者古未) ☞ **강쟈고미**[1]

강쟈고미(姜者古未 : -1468-) 15세기 중반에 활동한 주종장鑄鐘匠이다. 1468년에 서울 보신각普信閣 종鐘(국립중앙박물관 소장) 조성에 참여하였다.

> ▫1468년 서울 普信閣 鐘 조성에 참여(국립중앙박물관 소장, 정영호「朝鮮前期 梵鐘考」)

거막(居莫, 巨莫 : -1237-1238-) 13세기 중반에 활동한 각수刻手이다. 1237-38년에 고려대장경高麗大藏經(『방광반야바라밀경放光般若波羅蜜經』) 조성에 참여하였다.

> ▫1237-38에 高麗大藏經(『放光般若波羅蜜經』) 조성에 참여(김윤곤 편저, 『高麗大藏經造成名錄集』)

---

1) 최범영 선생님의 敎示에 의한 것이다.

거불(居弗 : -895-)[2] 9세기 후반에 활동한 석수石手이다. 895년에 경남 합천 해인사海印寺 길상탑吉祥塔 건립에 난교蘭交와 장사匠士로 참여하였다.

▫ 895년 경남 합천 海印寺 吉祥塔 건립에 蘭交와 匠士로 참여(石塔記, 진홍섭『韓國佛教美術』) 副

거사(巨士 : -1238-) 13세기 중반에 활동한 각수刻手이다. 1238년에 고려대장경高麗大藏經(『마하반야바라밀경摩訶般若波羅密經』) 조성에 참여하였다.

▫ 1238년에 高麗大藏經(『摩訶般若波羅密經』) 조성에 참여(김윤곤 편저, 『高麗大藏經 造成名錄集』)

걸자(乞者 : -1237-1238-) 13세기 중반에 활동한 각수刻手이다. 1237-38년에 고려대장경高麗大藏經(『금강반야바라밀다경金剛般若波羅蜜多經』) 조성에 참여하였다.

▫ 1237-38년에 高麗大藏經(『金剛般若波羅蜜多經』) 조성에 참여(김윤곤 편저, 『高麗大藏經 造成名錄集』)

견권(見權 : -1237-1238-) 13세기 중반에 활동한 각수刻手이다. 1237-38년에 고려대장경高麗大藏經(『금강반야바라밀다경金剛般若波羅蜜多經』) 조성에 참여하였다.

▫ 1237-38년에 高麗大藏經(『金剛般若波羅蜜多經』) 조성에 참여(김윤곤 편저, 『高麗大藏經 造成名錄集』)

견문(見文 : -1237-1238-) 13세기 중반에 활동한 각수刻手이다. 1237-38년에 고려대장경高麗大藏經(『금강반야바라밀다경金剛般若波羅蜜多經』) 조성에 참여하였다.

▫ 1237-38년에 高麗大藏經(『金剛般若波羅蜜多經』) 조성에 참여(김윤곤 편저, 『高麗大藏經 造成名錄集』)

견상(堅相 : -895-) 9세기 후반에 활동한 석수石手이다. 895년에 경남 합천 해인사海印寺 길상탑吉祥塔 건립에 난교蘭交와 장사匠士로 참여하였다.

▫ 895년 경남 합천 海印寺 吉祥塔 건립에 蘭交와 匠士로 참여(石塔記, 진홍섭『韓國佛教美術』)

견창(堅昌 : -1237-1238-) 13세기 중반에 활동한 각수刻手이다. 1237-38년에 고려대장경高麗大藏經(『방광반야바라밀경放光般若波羅蜜經』와 『마하반야바라밀경摩訶般若波羅密經』) 조성에 참여하였다.

▫ 1237-38년에 高麗大藏經(『放光般若波羅蜜經』) 조성에 참여(김윤곤 편저, 『高麗大藏經 造成名錄集』)
▫ 1238년에 高麗大藏經(『摩訶般若波羅密經』) 조성에 참여(김윤곤 편저, 『高麗大藏經 造成名錄集』)

경담(冏湛 : -1499-1500-) 15세기 후반부터 16세기 전반까지 활동한 각수刻手이

---

2) 거불로 읽은 영구자도 있다(이영희, 「古代三國·統一新羅의 匠人」, 『美術史學研究』 241, 2004.3, p. 156)

다. 1499년에 경남 합천 석수암石水庵에서 『선종영가집禪宗永嘉集(몽산법어언해蒙山法語諺解 合集)』(고양 원각사 소장) 간행에 묘암妙菴과 각수로, 1500년에 경남 합천 봉서사鳳栖寺에서 『현수제승법수賢首諸乘法數)』 간행에 윤정胤禎과 각수로 참여하였다.

- 1499년 경남 합천 石水庵에서 『禪宗永嘉集(蒙山法語諺解 合集)』 刊行에 妙菴과 刻手로 참여(刊記, 고양 원각사 소장) 刀
- 1500년 경남 합천 鳳栖寺에서 『賢首諸乘法數』 刊行에 刻手로 참여(刊記) 刻手

경담(刻手), 『현수제승법수』, 1500년, 합천 봉서사   경담(刻手), 『현수제승법수』 간기, 1500년, 합천 봉서사   경담, 『선종영가집(몽산법어언해 합집)』, 1499년, 합천 석수암   경담, 『선종영가집(몽산법어언해 합집)』 간기, 1499년, 합천 석수암

경돈(敬頓 : -1430-) 15세기 전반에 활동한 각수刻手이다. 1430년에 경상감사慶尙監司 조치曹致가 밀양부사 유지례柳之禮에게 개판하게 한 『집주두공부초당시集註杜工部草堂詩』 간행에 성민性敏과 각수로 참여하였다.

- 1430년 慶尙監司 曺致가 密陽府使 柳之禮에게 開版하게 한 『集註杜工部草堂詩』 刊行에 性敏과 刻手로 참여(金相淏 「朝鮮朝 寺刹板 刻手 硏究」)

경문(景文 : -1217-) 13세기 전반에 활동한 주성장鑄成匠이다. 1217년에 경기 안성 봉업사지 출토 반자飯子(금고金鼓, 연세대학교 박물관 소장) 조성에 상대장上大匠 부금夫金과 참여하였다.

- 1217년 경기 안성 봉업사지 출토 飯子(金鼓) 조성에 上大匠 夫金과 참여(연세대학교 박물관 소장, 한국금석문 종합영상정보시스템) 三大匠

경민(敬敏 : -1574-) 16세기 후반에 활동한 각수刻手이다. 1574년에 심원사沈原寺에서 『법망경法網經』 간행에 각수로 참여하였다.

- 1574년 沈原寺에서 『法網經』 刊行에 刻手로 참여(金相淏 「朝鮮朝 寺刹板 刻手 硏究」)

경부(京夫) 고려시대 개성 근방 적항赤項에서 활동한 와장瓦匠이다. 개성 만월대에 있던 궁성에 올린 기와를 제작하였다.

- 고려시대 개성 만월대에 있던 궁성에 올린 기와를 제작한 와장으로 참여(홍영의 「개성

고려궁성 출토 명문기와의 유형과 窯場」) 赤項

경수 1(景壽 : -1237-1238-) 13세기 중반에 활동한 각수刻手이다. 1237-38년에 고려대장경高麗大藏經(『금강반야바라밀다경金剛般若波羅蜜多經』) 조성에 참여하였다.

▫ 1237-38년에 高麗大藏經(『金剛般若波羅蜜多經』) 조성에 참여(김윤곤 편저, 『高麗大藏經 造成名錄集』)

경수 2(冏修 : -1484-) 15세기 후반에 활동한 각수刻手이다. 1484년에 전북 완주 화암사花岩寺에서 『불설대보부모은중경佛說大報父母恩重經』 간행에 각수로 참여하였다.

▫ 1484년 전북 완주 花岩寺에서 『佛說大報父母恩重經』 간행에 刻手로 참여(송일기, 「高山 花巖寺와 成達生」) 刻手

경수(刻手), 『불설장수멸죄호제동자다라니경』, 1484년, 완주 화암사

경수(刻手), 『불설장수멸죄호제동자다라니경』 간기, 1484년, 완주 화암사

경수(刻手), 『불설장수멸죄호제동자다라니경』 간기와 변상도, 1484년, 완주 화암사

경순 1(敬淳 : -1530-) 16세기 전반에 활동한 와장瓦匠이다. 1530년에 황북 사리원 성불사成佛寺 응진전應眞殿 중창重創에 계선戒先과 와장瓦匠으로 참여하였다.

▫ 1530년 황북 사리원 成佛寺 應眞殿 重創에 戒先과 瓦匠으로 참여(申榮勳 編 『韓國古建物上樑記文集』)[3]

경순 2(敬淳 : -1573-) 16세기 후반에 활동한 각수刻手이다. 1573년에 충북 보은 속리산俗離山 공림사空林寺에서 『법계성범수륙승회수재의궤法界聖凡水陸勝會修齋儀軌』 간행에 조은祖믈과 각수로 참여하였다.

---

[3] 申榮勳 編, 『韓國古建物上樑記文集』, 고고미술동인회, 1964, p. 182에는 敬淳 앞에 行伴이 적혀 있다.

◦ 1573년 충북 보은 俗離山 空林寺에서 『法界聖凡水陸勝會修齋儀軌』 刊行에 祖블과 刻手
로 참여(刊記, 『韓國佛敎儀禮資料叢書』1집)

경심(景心 : -1237-1238-) 13세기 중반에 활동한 각수刻手이다. 1237-38년에 고
려대장경高麗大藏經(『금강반야바라밀다경金剛般若波羅蜜多經』) 조성에 참여하
였다.

◦ 1237-38년에 高麗大藏經(『金剛般若波羅蜜多經』) 조성에 참여(김윤곤 편저, 『高麗大藏
經 造成名錄集』)

경연 1(慶然 : -975-) 10세기 후반에 활동한 각수刻手이다. 975년에 경기 여주
고달사高達寺 원종대사혜진탑비元宗大師惠眞塔碑 후면에 행언幸言과 문하각자
승門下刻字僧으로 언급되어 있다.

◦ 975년 경기 여주 高達寺 元宗大師惠眞塔碑 후면에 幸言과 門下刻字僧으로 언급(『朝鮮金
石總覽』上)

경연 2(敬衍 : -1558-) 16세기 중반에 활동한 각수刻手이다. 1558년에 황해 토산
석두사에서 『관무량수경觀無量壽經』 간행에 변상각수變相刻手로 참여하였다.

◦ 1558년 황해 兎山 石頭寺에서 『觀無量壽經』 刊行에 變相刻手로 참여(朴桃花 『朝鮮時代
金剛經 判畵의 圖像』)

경운(㗊運 : -1508-)[4] 16세기 전반에 활동한 석수石手이다. 1508년에 동대東臺
탑塔 개조改造에 성운省雲과 석수로 참여하였다.

◦ 1508년 東臺塔 改造에 省雲과 石手로 참여(石塔記, 동국대학교 박물관 소장, 黃壽永 『統
和와 正德銘의 塔誌石』와 진홍섭 『韓國佛敎美術』)

경웅(㗊雄 : -1560-) 16세기 중반에 활동한 각수刻手이다. 1560년에 황해도 문
화 구월산九月山 월출암月出庵에서 개간開刊하여 서흥瑞興 귀진사歸進寺 유판
留板인 『대방광불화엄경소大方廣佛華嚴經疏』 38권(화봉문고 소장) 간행에 각
수로 참여하였다.

◦ 1560년 黃海道 文化 九月山 月出庵 開刊하여 瑞興地 歸進寺 留板인 『大方廣佛華嚴經疏
(三十八)』 간행에 각수로 참여(刊記, 화봉문고 소장) 刻手

경윤(敬允 : -1574-)[5] 16세기 후반에 활동한 각수刻手이다. 1574년에 전남 순
천 조계산曹溪山 송광사松廣寺에서 『천지명양수륙재의찬요天地冥陽水陸齋儀纂
要』(화봉문고 소장) 간행에 만혜萬惠와 각수로 참여하였다.

◦ 1574년 전남 순천 曹溪山 松廣寺에서 『天地冥陽水陸齋儀纂要』 간행에 萬惠와 刻手로 참
여(刊記, 화봉문고 소장)

경지(㗊智 : -1497-) 15세기 후반에 활동한 목수木手이다. 1497년에 전북 진안
현암懸庵에서 『몽산화상육도보설蒙山和尙六道普說』 간행에 연판鍊板으로 참여
하였다.

---

4) 『동국대학교 건학 100주년 기념 소장품도록』, 동국대학교 박물관, 2006, p. 185에는 㗊連으로
읽었다.
5) 敬元일 가능성도 있다.

◦ 1497년 전북 진안 懸庵에서 『蒙山和尙六道普說』 간행에 鍊板으로 참여(刊記, 『國寶 寶物 지정보고서 2011』) 鍊板

경진(鏡珎 : -1066-) 11세기 중반에 활동한 주종장鑄鐘匠이다. 1066년에 선악사 仙岳寺 범종(망실亡失)을 주장鑄匠으로 조성하였다.

◦ 1066년 仙岳寺 梵鐘을 鑄匠으로 조성(亡失, 진홍섭 『韓國佛敎美術』) 鑄匠棟梁僧

경청(景淸 : -1237-1238-) 13세기 중반에 활동한 각수刻手이다. 1237-38년에 고려대장경高麗大藏經(『방광반야바라밀경放光般若波羅蜜經』) 조성에 참여하였다.

◦ 1237-38년에 高麗大藏經(『放光般若波羅蜜經』) 조성에 참여(김윤곤 편저, 『高麗大藏經 造成名錄集』)

경초(岡超 : -1445-)[6] 15세기 중반에 활동한 각수刻手이다. 1445년에 전북 남원도호부南原都護府에서 발간한 『수계선생비점맹호연집須溪先生批點孟浩然集』 간행에 박민화朴敏和와 각수로 참여하였다.

◦ 1445년 전북 南原都護府에서 발간한 『須溪先生批點孟浩然集』 간행에 朴敏和와 刻手로 참여(刊記, 『國寶 寶物 지정보고서 2011』)

경현(敬玄 : -1588-) 16세기 후반에 활동한 각수刻手이다. 1588년에 경북 청도 운문사雲門寺에서 『법집별행록절요병입사기法集別行錄節要幷入私記』 간행에 의연義璉과 각자刻字로 참여하였다.

◦ 1588년 경북 청도 雲門寺에서 『法集別行錄節要幷入私記』 간행에 刻字로 참여(刊記, 고양 원각사 소장)

경희 1(慶喜, 敬熙, 敬希 : -1531-1539-) 16세기 전·중반에 전남 순천에서 활동한 각수刻手이다. 1531년에 경북 영천 공산본사公山本寺에서 『묘법연화경妙法蓮華經』(고양 원각사 소장) 간행에 법숭法嵩과 각수로, 1533년에 전남 순천 송광사에서 『천지명양수륙의문天地冥陽水陸儀文』 간행에 각수로 참여하고, 1537년에 지리산智異山 신흥사神興寺에서 『불설예수시왕생칠경佛設預修十王生七經』 간행에 계심戒心과 각수로, 1539년에 지리산 남대암南臺庵에서 간행하여 신흥사神興寺로 옮긴 『고봉화상선요高峰和尙禪要』 간행에 경희敬希와 각수로 참여하였다.

◦ 1531년 경상도 永川 公山本寺에서 『妙法蓮華經』 刊行에 法嵩과 刻手로 참여(刊記, 고양 원각사 소장)
◦ 1533년 전남 순천 송광사에서 『天地冥陽水陸儀文』 刊行에 刻手로 참여
◦ 1537년 智異山 神興寺에서 『佛設預修十王生七經』 간행에 戒心과 刻手로 참여(국립중앙도서관 소장, 곽승훈·김아네스·홍영기 편저 『지리산권 불교자료1-간기편』)
◦ 1539년 智異山 南臺庵에서 간행하여 神興寺로 옮긴 『高峰和尙禪要』 간행에 刻手로 참여(국립중앙도서관 소장, 곽승훈·김아네스·홍영기 편저 『지리산권 불교자료1-간기편』) 刻手

경희 2(敬熙 : -1574-) 16세기 후반에 활동한 각수刻手이다. 1574년에 전남 순천 조계산曹溪山 송광사松廣寺에서 『천지명양수륙재의찬요天地冥陽水陸齋儀纂

---

6) 金相淏, 『朝鮮朝 寺刹板 刻手 硏究』, p. 341에 同超로 읽었다.

要』(화봉문고 소장) 간행에 만혜萬惠와 각수로 참여하였다.

   □ 1574년 전남 순천 曹溪山 松廣寺에서 『天地冥陽水陸齋儀纂要』 간행에 萬惠와 刻手로 참
   여(刊記, 화봉문고 소장)

경희 3(敬熙 : -1581-) 16세기 후반에 활동한 목수木手이다. 1581년에 충남 서산 가야산伽耶山 강당사講堂寺에서 『천지명양수륙잡문天地冥陽水陸雜文』 간행에 목수로 참여하였다.

   □ 1581년 충남 서산 伽耶山 講堂寺에서 『天地冥陽水陸雜文』 刊行에 木手로 참여(刊記, 『韓
   國佛敎儀禮資料叢書』1집) 木手

계근(戒近 : -1574-) 16세기 후반에 활동한 각수刻手이다. 1574년에 전남 순천 조계산曹溪山 송광사松廣寺에서 『천지명양수륙재의찬요天地冥陽水陸齋儀纂要』(화봉문고 소장) 간행에 만혜萬惠와 각수로 참여하였다.

   □ 1574년 전남 순천 曹溪山 松廣寺에서 『天地冥陽水陸齋儀纂要』 간행에 萬惠와 刻手로 참
   여(刊記, 화봉문고 소장)

계담(戒淡 : -1489-1493-) 15세기 후반에 활동한 각수刻手이다. 1489년과 1493년에 황해 서흥瑞興 자비령사慈悲嶺寺 불경佛經 간행에 각수로 참여하였다.

   □ 1489년과 1493년 황해 서흥 慈悲嶺寺 佛經 간행에 刻手로 참여(金相淏 「朝鮮朝 寺刹板
   刻手 研究」)

계당(戒堂 : -1580-)[7] 16세기 후반에 활동한 주종장이다. 1580년에 전남 담양 용천사龍泉寺 범종梵鐘(통영 안정사 소장) 조성에 화원畵員으로 참여하였다.

   □ 1580년 전남 담양 龍泉寺 梵鐘 조성에 화원畵員으로 참여(銘文, 통영 안정사 소
   장) 畵員

계당(畵員), 용천사 범종, 1580년, 통영 안정사

계묵(繼默 : -958-) 10세기 중반에 활동한 각수刻手로, 동진대사의 문도門徒이다. 958년에 전남 광양 옥룡사玉龍寺 동진대사보운탑비洞眞大師寶雲塔碑 건립에 전자鐫字로 참여하였다.

   □ 958년 전남 광양 玉龍寺 洞眞大師寶雲塔碑 건립에 鐫字로 참여(『朝鮮金石總覽』
   上과 李智冠 『校勘譯註 歷代高僧碑文(高麗篇1)』) 門生 釋 鐫字

계비(戒非 : -1327-) 14세기 전반에 활동한 각수刻手이다. 1327년에 강원 춘천 청평사清平寺 문수원文殊院 장경비藏經碑 건립에 각수로 참여하였다.

   □ 1327년 강원 춘천 清平寺 文殊院 藏經碑 건립에 刻手로 참여(진홍섭 『韓國佛敎
   美術』) 沙門臣 刻字

계상(契想 : -1025-)[8] 11세기 전반에 활동한 각수刻手이다. 1025년에 강원 원주 거돈사居頓寺 원공국사승묘탑비圓空國師勝妙塔碑 건립에 정원貞元과 각자刻

---

   7) 金和英, 「安靜寺 所藏 萬曆八年銘 銅鐘」, 『考古美術』 100호권(『考古美術』 合輯 下,
      1979. pp. 494-495 재수록)에는 成堂으로 읽었다.
   8) 허흥식 편저, 『韓國金石全文』 中世, 亞細亞文化社, 1989에 契相으로 읽었다.

字로 참여하였다.

　◦ 1025년 강원 원주 居頓寺 圓空國師勝妙塔碑 건립에 貞元과 刻字로 참여(『朝鮮金石總覽』
　　上과 李智冠 『校勘譯註 歷代高僧碑文(高麗篇2)』)

계생(季生 : -706-) 8세기 전반에 활동한 장인匠人이다. 706년 경북 경주 황복
사黃福寺 삼층석탑三層石塔에서 발견된 사리舍利 외함外函 명문銘文에 장인匠
人으로 나온다.

　◦ 706년 경북 경주 黃福寺 三層石塔 내 발견 舍利 外函 銘文에 匠人으로 나옴(진홍섭『한
　　국미술사자료집성(1)』) 鑄字助博士

계선 1(戒先 : -1431-) 15세기 전반에 활동한 각수刻手이다. 1431년에 경상감사
慶尙監司 조치曹致가 만든 『춘추경좌씨전구해春秋經左氏傳句解』 간행에 홍조洪
照와 각수로 참여하였다.

　◦ 1431년 慶尙監司 曹致가 만든 『春秋經左氏傳句解』 간행에 洪照와 刻手로 참여(刊記,『國
　　寶 寶物 지정보고서 2011』)

계선 2(戒先, 戒禪 : -1530-) 16세기 전반에 활동한 와장瓦匠이다. 1530년에 황
북 사리원 성불사成佛寺 응진전應眞殿 중창重創에 와장瓦匠으로 참여하였다.

　◦ 1530년 황북 사리원 成佛寺 應眞殿 重創에 瓦匠으로 참여(申榮勳 編『韓國古建物上樑記
　　文集』) 上手9)

계순 1(戒淳 : -1237-1238-) 13세기 중반에 활동한 각수刻手이다. 1237-38년에
고려대장경高麗大藏經(『금강반야바라밀다경金剛般若波羅蜜多經』) 조성에 참여
하였다.

　◦ 1237-38년에 高麗大藏經(『金剛般若波羅蜜多經』) 조성에 참여(김윤곤 편저, 『高麗大藏
　　經 造成名錄集』)

계순 2(戒淳 : -1539-) 16세기 중반에 활동한 목수木手이다. 1539년에 경
상도 안음安陰 덕유산德宥山 영각사靈覺寺에서 『묘법연화경요해妙法蓮華
經要解』 간행에 연판鍊板으로 참여하였다.

　◦ 1539년 경상도 安陰 德宥山 靈覺寺에서 『妙法蓮華經要解』 刊行에 鍊板으로 참여
　　(국립중앙도서관 소장, 곽승훈·김아네스·홍영기 편저 『지리산권 불교자료1-간
　　기편』) 鍊板

계심 1(戒心 : -1501-) 15세기 후반부터 16세기 전반까지 활동한 조각승
彫刻僧이다. 1501년에 경북 경주 기림사祈林寺 건칠보살반가상乾漆菩薩
半跏像 조성에 참여하였다.

　◦ 1501년 경북 경주 祈林寺 乾漆菩薩半跏像 조성에 참여(어준일 「16世紀 朝鮮時代
　　의 佛敎彫刻 硏究」) 造佛指位

계심 2(戒心 : -1525-1537-) 16세기 전반에 전남 순천에서 활동한 각수刻
手이다. 1525년에 전남 순천 대광사大光寺에서 『계초심학인문誡初心學
人文』 간행에 정오正悟와 각수로, 1529년에 송광사 불경佛經과 1531년

계심(彫刻僧), 건칠보살반가상, 1501년,
경주 기림사

---

9) 申榮勳 編, 앞의 책, p. 182에는 主匠秩 上手 戒禪으로 나와 있다.

에 경북 진주 지리산智異山 철굴鐵窟에서 간행하여 신흥사臣興寺로 옮긴 『선문보장록禪門寶藏錄』과 『오대진언五大眞言』, 1532년에 도솔사판兜率寺板 불경佛經 간행에 각수로 참여하였다. 또한 1536년에 지리산智異山 신흥사神興寺에서 『몽산화상법어약록蒙山和尙法語略錄』 간행에 참여하였다. 또한 그는 1537년에 지리산智異山 신흥사新興寺에서 『불설예수시왕생칠경佛設預修十王生七經』 간행에 각수로 참여하였다.

 ▫ 1525년 전남 순천 大光寺에서 誠初心學人文 刊行에 正悟와 刻手로 참여(『僧』)
 ▫ 1529년 松廣寺板 佛經 刊行에 刻手로 참여(金相淏 「朝鮮朝 寺刹板 刻手 硏究」)
 ▫ 1531년 경북 진주 智異山 鐵窟에서 간행하여 臣興寺로 옮긴 『禪門寶藏錄』과 『五大眞言』 간행에 刻手로 참여(국립중앙도서관 소장, 곽승훈·김아네스·홍영기 편저 『지리산권 불교자료 1-간기편』)
 ▫ 1532년 兜率寺板 佛經 刊行에 刻手로 참여(金相淏 「朝鮮朝 寺刹板 刻手 硏究」)
 ▫ 1536년 智異山 神興寺에서 『蒙山和尙法語略錄』 간행에 刻手로 참여(국립중앙도서관 소장, 곽승훈·김아네스·홍영기 편저 『지리산권 불교자료 1-간기편』) 刻手
 ▫ 1537년 智異山 神興寺에서 『佛設預修十王生七經』 간행에 刻手로 참여(국립중앙도서관 소장, 곽승훈·김아네스·홍영기 편저 『지리산권 불교자료 1-간기편』) 刻手

계심 3(戒心 : -1601-) 17세기 초반에 활동한 각수刻手이다. 1601년에 경기 용인 서봉사瑞峯寺에서 『불설예수시왕생칠경佛說預修十王生七經』 간행에 변상각수變相刻手로 참여하였다.

 ▫ 1601년 경기 용인 瑞峯寺에서 『佛說預修十王生七經』 간행에 變相刻手로 참여(朴桃花 「朝鮮時代 金剛經 判書의 圖像」) 刊

계안(戒安 : -1237-1238-) 13세기 중반에 활동한 각수刻手이다. 1237-38년에 고려대장경高麗大藏經(『금강반야바라밀다경金剛般若波羅蜜多經』) 조성에 참여하였다.

 ▫ 1237-38년에 高麗大藏經(『金剛般若波羅蜜多經』) 조성에 참여(김윤곤 편저, 『高麗大藏經 造成名錄集』) 彫刻

계여(戒如 : -1237-1238-) 13세기 중반에 활동한 각수刻手이다. 1237-38년에 고려대장경高麗大藏經(『금강반야바라밀다경金剛般若波羅蜜多經』) 조성에 참여하였다.

 ▫ 1237-38년에 高麗大藏經(『金剛般若波羅蜜多經』) 조성에 참여(김윤곤 편저, 『高麗大藏經 造成名錄集』)

계요(戒了) 조선전기에 활동한 각수刻手이다. 연대미상 백운암판白雲庵板 불경佛經 간행에 각수로 참여하였다.

 ▫ 연대미상 白雲庵板 佛經 刊行에 刻手로 참여(金相淏 「朝鮮朝 寺刹板 刻手 硏究」)

계재(桂材, 桂才 : -1237-1238-) 13세기 중반에 활동한 각수刻手이다. 1237-38년에 고려대장경高麗大藏經(『금강반야바라밀다경金剛般若波羅蜜多經』) 조성에 참여하였다.

 ▫ 1237-38년에 高麗大藏經(『金剛般若波羅蜜多經』) 조성에 참여(김윤곤 편저, 『高麗大藏經 造成名錄集』)

계정(戒正 : -1580-) 16세기 후반에 활동한 조각승彫刻僧이다. 1580년에 경북 울진 불영사 석가삼존상 조성에 영준靈俊과 화원畵員으로 참여하였다.

　▫1580년 경북 울진 불영사 석가삼존상 조성에 靈俊과 畵員으로 참여(문명대 『조선전반기 불상 조각의 도상해석학적 연구』)

계조(繼祖 : -1431-) 15세기 전반에 활동한 각수刻手이다. 1431년에 경상감사慶尙監司 조치曹致가 만든 『춘추경좌씨전구해春秋經左氏傳句解』 간행에 홍조洪照와 각수로 참여하였다.

　▫1431년 慶尙監司 曹致가 만든 『春秋經左氏傳句解』 간행에 洪照와 刻手로 참여(刊記, 『國寶 寶物 지정보고서 2011』)

계종(戒宗 : -1244-) 13세기 중반에 활동한 각수刻手이다. 1244년에 대장도감에서 조성한 경전 간행에 참여하였다.

　▫1244년 대장도감에서 조성한 경전 간행에 참여(최연주 『高麗大藏經 研究事』)

계주(戒珠 : -1531-1536-) 16세기 전·중반에 활동한 각수刻手이다. 1531년에 경북 진주 지리산智異山 철굴鐵窟에서 간행하여 신흥사臣興寺로 옮긴 『선문보장록禪門寶藏錄』과 『오대진언五大眞言』 간행에 계심戒心과 각수로, 1536년에 지리산智異山 신흥사神興寺에서 『몽산화상법어약록蒙山和尙法語略錄』 간행에 계심戒心과 각수로, 『몽산화상육도보설蒙山和尙六道普說』 간행에 각수로 참여하였다.

　▫1531년 경북 진주 智異山 鐵窟에서 간행하여 臣興寺로 옮긴 『禪門寶藏錄』과 『五大眞言』 간행에 戒心과 刻手로 참여(국립중앙도서관 소장, 곽승훈·김아네스·홍영기 편저 『지리산권 불교자료1-간기편』)
　▫1536년 智異山 神興寺에서 『蒙山和尙法語略錄』 간행에 戒心과 刻手로 참여(국립중앙도서관 소장, 곽승훈·김아네스·홍영기 편저 『지리산권 불교자료1-간기편』)
　1536년 智異山 神興寺에서 『蒙山和尙六道普說』 간행에 刻手로 참여(국립중앙도서관 소장, 곽승훈·김아네스·홍영기 편저 『지리산권 불교자료1-간기편』) 刻手

계평(戒平 : -1244-) 13세기 중반에 활동한 각수刻手이다. 1244년에 분사대장도감에서 조성한 경전 간행에 참여하였다.

　▫1244년 분사대장도감에서 조성된 경전 간행에 참여(최연주 『高麗大藏經 研究事』)

계후(戒厚, 戒侯 : -1237-1238-) 13세기 중반에 활동한 각수刻手이다. 1237-38년에 고려대장경高麗大藏經(『금강반야바라밀다경金剛般若波羅蜜多經』) 조성에 참여하였다.

　▫1237-38년에 高麗大藏經(『金剛般若波羅蜜多經』) 조성에 참여(김윤곤 편저, 『高麗大藏經 造成名錄集』)

계희 1(戒希 : -1237-1238-) 13세기 중반에 활동한 각수刻手이다. 1237-38년에 고려대장경高麗大藏經(『금강반야바라밀다경金剛般若波羅蜜多經』) 조성에 참여하였다.

　▫1237-38년에 高麗大藏經(『金剛般若波羅蜜多經』) 조성에 참여(김윤곤 편저, 『高麗大藏

經 造成名錄集』)

계희 2(戒熙 : -1588-) 16세기 후반에 활동한 각수刻手이다. 1588년에 경북 청도 운문사雲門寺에서 『법집별행록절요병입사기法集別行錄節要并入私記』 간행에 의연義璉과 각자刻字로 참여하였다.

  ▫ 1588년 경북 청도 雲門寺에서 『法集別行錄節要并入私記』 간행에 刻字로 참여(刊記, 고양 원각사 소장)

고말종(高末終 : -1469-1474-) 15세기 후반에 활동한 각수刻手이다. 그는 권돈일과 1469년에 『지장보살본원경地藏菩薩本願經』(관문사 성보박물관 소장)을, 1470년에 정희대왕대비貞熹大王大妃가 세종, 예종, 의경왕의 명복을 기원하여 발원한 『묘법연화경妙法蓮華經』을, 1474년에 『상교정본자비도량참법詳校正本慈悲道場懺法』 간행에 권돈일과 각수로 참여하였다.

  ▫ 1469년 『地藏菩薩本願經』 刊行에 權頓一과 刻手로 참여(관문사 성보박물관 소장, 『삶, 그후』)
  ▫ 1470년 貞熹大王大妃가 세종, 예종, 의경왕의 명복을 기원하여 발원한 『妙法蓮華經』 刊行에 權頓一과 刻手로 참여(朴桃花 「朝鮮時代 佛敎版畵의 樣式과 刻手」)
  ▫ 1474년 『詳校正本慈悲道場懺法』 刊行에 權頓一과 刻手로 참여(刊記, 『韓國佛敎儀禮資料叢書』1집)

고미라(高未羅 : -1474-) 15세기 후반에 활동한 칠장柒匠이다. 1474년에 『상교정본자비도량참법詳校正本慈悲道場懺法』 간행에 칠장으로 참여하였다.

  ▫ 1474년 『詳校正本慈悲道場懺法』 刊行에 柒匠으로 참여(刊記, 『韓國佛敎儀禮資料叢書』 1집) 柒匠

고사만(高斯萬, 高四萬 : -1469-) 15세기 중반에 활동한 수철장水鐵匠이다. 1469년에 강원 양양 낙산사洛山寺 범종(燒失)과 경기 남양주 봉선사奉先寺 범종梵鐘을 강원기姜元己와 수철장으로 참여하였다.

  ▫ 1469년 강원 양양 洛山寺 梵鐘 조성에 姜元己와 水鐵匠으로 참여(燒失, 정영호 「朝鮮前期 梵鐘考」)
  1469년 경기 남양주 奉先寺 梵鐘 조성에 姜元奇와 水鐵匠으로 참여(정영호 「朝鮮前期 梵鐘考」)

고산(□□ : -1469-) 15세기 중·후반에 활동한 각수刻手이다. 1469년에 정희공주가 발원한 『지장보살본원경地藏菩薩本願經』(관문사 성보박물관 소장) 간행에 권돈일權頓一과 각수로 참여하였다.

  ▫ 1469년 정희공주가 발원한 『地藏菩薩本願經』 刊行에 權頓一과 刻手로 참여(관문사 성보박물관 소장, 『삶, 그후』)

고상례(高尙禮 : -1468-) 15세기 중반에 활동한 주종장鑄鐘匠이다. 1468년에 서울 보신각普信閣 종鐘(국립중앙박물관 소장) 조성에 참여하였다.

  ▫ 1468년 서울 普信閣 鐘 조성에 참여(국립중앙박물관 소장, 정영호 「朝鮮前期 梵鐘考」)

고시(古示 : -1460-) 15세기 중반에 활동한 목수木手이다. 1460년에 전북 진안 중대사中臺寺에서 『육경합부六經合部』 간행에 연필자鍊匹者로 참여하였다.

▫1460년에 전북 진안 中臺寺에서 『六經合部』 간행에 鍊匹者로 참여(刊記, 고양 원각사 소장) 鍊匹者

고정(高正 : -1178-) 12세기 후반에 활동한 주성장鑄成匠이다. 1178년에 전북 김제 금산사 미륵대전 향완香垸을 주성하였다.

▫1178년 전북 김제 金山寺 彌勒大殿 香垸을 鑄成(『大高麗國寶展』과 黃閏智「高麗時代 己丑年銘 興王寺香垸 研究」)

고중산(高仲山 : -1468-) 15세기 중반에 활동한 주종장이다. 1468년에 서울 보신각普信閣 종鐘(국립중앙박물관 소장) 조성에 참여하였다.

▫1468년 서울 普信閣 鐘 조성에 참여(국립중앙박물관 소장, 정영호「朝鮮前期 梵鐘考」)

고춘길(高春吉 : -1468-) 15세기 중반에 활동한 주종장이다. 1468년에 서울 보신각普信閣 종鐘(국립중앙박물관 소장) 조성에 참여하였다.

▫1468년 서울 普信閣 鐘 조성에 참여(국립중앙박물관 소장, 정영호「朝鮮前期 梵鐘考」)

고타내(高他乃 : -1468-1469-) 15세기 중반에 활동한 수철장水鐵匠이다. 1468년에 서울 보신각普信閣 종鐘(국립중앙박물관 소장)을, 1469년에 강원 양양 낙산사洛山寺 범종(燒失)과 경기 남양주 봉선사奉先寺 범종梵鐘을 강원기姜元己(姜元奇)와 수철장으로 조성하였다.

▫1468년 서울 普信閣 鐘 조성에 참여(국립중앙박물관 소장, 정영호「朝鮮前期 梵鐘考」)
▫1469년 강원 양양 洛山寺 梵鐘 조성에 姜元己와 水鐵匠으로 참여(燒失, 정영호「朝鮮前期 梵鐘考」)
1469년 경기 남양주 奉先寺 梵鐘 조성에 姜元奇와 水鐵匠으로 참여(정영호「朝鮮前期 梵鐘考」)

고희(高希 : -1237-1238-) 13세기 중반에 활동한 각수刻手이다. 1237-38년에 고려대장경高麗大藏經(『방광반야바라밀경放光般若波羅蜜經』) 조성에 참여하였다.

▫1237-38년에 高麗大藏經(『放光般若波羅蜜經』) 조성에 참여(김윤곤 편저, 『高麗大藏經 造成名錄集』)

공노(公老 : -1237-1238-) 13세기 중반에 활동한 각수刻手이다. 1237-38년에 고려대장경高麗大藏經(『금강반야바라밀다경金剛般若波羅蜜多經』) 조성에 참여하였다.

▫1237-38년에 高麗大藏經(『金剛般若波羅蜜多經』) 조성에 참여(김윤곤 편저, 『高麗大藏經 造成名錄集』)

공대(公大, 公代 : -1237-1238-) 13세기 중반에 활동한 각수刻手이다. 1237-38년에 고려대장경高麗大藏經(『금강반야바라밀다경金剛般若波羅蜜多經』) 조성에 참여하였다.

▫1237-38년에 高麗大藏經(『金剛般若波羅蜜多經』) 조성에 참여(김윤곤 편저, 『高麗大藏經 造成名錄集』)

공민왕(恭愍王 : 1330-1374) 고려의 31대 왕으로, 이름은 전顓이고 호는 이재怡齋, 익당益當이다. 즉위한 후 부원附元 세력인 기씨奇氏 일족을 제거하고 쌍성총관부를 폐지하여 영토를 수복하는 등 중국 원元나라의 간섭을 벗어나 고려의 자주적 전통을 회복하려는 정책을 추진하였다. 석가출산도釋迦出山圖, 달마절노도강도達磨折蘆渡江圖, 동자보현童子普賢, 육아백상도六牙白象圖 등을 그렸다.

- 釋迦出山圖(『惺齋叢話』)
- 達磨折蘆渡江圖·童子普賢·六牙白象圖(『牧隱文藁』)

고□금(古□金) 고려시대 개성 근방 덕수德水에서 활동한 와장瓦匠이다. 개성 만월대에 있던 궁성에 올린 기와를 제작하였다.

- 고려시대 개성 만월대에 있던 궁성에 올린 기와를 제작한 와장으로 참여(홍영의 「개성 고려궁성 출토 명문기와의 유형과 窯場」) 德水

공보(公甫 : -1237-1238-) 13세기 중반에 활동한 각수刻手이다. 1237-38년에 고려대장경高麗大藏經(『금강반야바라밀다경金剛般若波羅蜜多經』과 『방광반야바라밀경放光般若波羅蜜經』) 조성에 참여하였다.

- 1237-38에 高麗大藏經(『金剛般若波羅蜜多經』) 조성에 참여(김윤곤 편저, 『高麗大藏經 造成名錄集』)
  1237-38에 高麗大藏經(『放光般若波羅蜜經』) 조성에 참여(김윤곤 편저, 『高麗大藏經 造成名錄集』)

공비(公庇 : -1238-) 13세기 중반에 활동한 각수刻手이다. 1238년에 고려대장경高麗大藏經(『마하반야바라밀경摩訶般若波羅密經』) 조성에 참여하였다.

- 1238년에 高麗大藏經(『摩訶般若波羅密經』) 조성에 참여(김윤곤 편저, 『高麗大藏經 造成名錄集』)

공세(公世 : -1237-1238-) 13세기 중반에 활동한 각수刻手이다. 1237-38년에 고려대장경高麗大藏經(『금강반야바라밀다경金剛般若波羅蜜多經』) 조성에 참여하였다.

- 1237-38에 高麗大藏經(『金剛般若波羅蜜多經』) 조성에 참여(김윤곤 편저, 『高麗大藏經 造成名錄集』)

공수(公秀 : -1237-1238-) 13세기 중반에 활동한 각수刻手이다. 1237-38년에 고려대장경高麗大藏經(『금강반야바라밀다경金剛般若波羅蜜多經』) 조성에 참여하였다.

- 1237-38에 高麗大藏經(『金剛般若波羅蜜多經』) 조성에 참여(김윤곤 편저, 『高麗大藏經 造成名錄集』)

공식(公植 : -1237-1238-) 13세기 중반에 활동한 각수刻手이다. 1237-38년에 고려대장경高麗大藏經(『금강반야바라밀다경金剛般若波羅蜜多經』) 조성에 참여하였다.

- 1237-38에 高麗大藏經(『金剛般若波羅蜜多經』) 조성에 참여(김윤곤 편저, 『高麗大藏經 造成名錄集』)
- * 문공식文公植과 동일인 가능성 있다.

공암(空菴 : -1453-) 15세기 중반에 활동한 서사書寫이다. 1453년에 전북 완주 화암사花岩寺에서 『지장보살본원경地藏菩薩本願經』 간행에 서사로 참여하였다.

▫ 1453년 전북 완주 花巖寺에서 『地藏菩薩本願經』 刊行에 書寫로 참여(宋日基 「高山 花巖 寺와 成達生」) 書

공영(公瑩 : -1237-1238-) 13세기 중반에 활동한 각수刻手이다. 1237-38년에 고려대장경高麗大藏經(『방광반야바라밀경放光般若波羅蜜經』) 조성에 참여하였다.

▫ 1237-38년에 高麗大藏經(『放光般若波羅蜜經』) 조성에 참여(김윤곤 편저, 『高麗大藏經 造成名錄集』)

공위(公偉, 公位 : -1237-1238-) 13세기 중반에 활동한 각수刻手이다. 1237-38년에 고려대장경高麗大藏經(『금강반야바라밀다경金剛般若波羅蜜多經』) 조성에 참여하였다.

▫ 1237-38년에 高麗大藏經(『金剛般若波羅蜜多經』) 조성에 참여(김윤곤 편저, 『高麗大藏經 造成名錄集』)

공의(供儀 : -1563-) 16세기 중반에 활동한 화원畵員이다. 1563년에 성전性全이 석가설법도釋迦說法圖(일본 도쿠시마현德島縣 지후쿠지持福寺 소장)를 조성할 때 불상을 만들었다.

▫ 1563년 性全이 釋迦說法圖를 조성할 때 불상을 만듦(日本 德島縣 持福寺 所藏, 박은경 『조선전기불화연구』) 象佛畵員

공의(畵員), 석가설법도, 1563년, 일본 도쿠시마 지후쿠지

공재(公材, 攻才 : -1237-1238-) 13세기 중반에 활동한 각수刻手이다. 1237-38년에 고려대장경高麗大藏經(『금강반야바라밀다경金剛般若波羅蜜多經』) 조성에 참여하였다.

▫ 1237-38년에 高麗大藏經(『金剛般若波羅蜜多經』) 조성에 참여(김윤곤 편저, 『高麗大藏經 造成名錄集』)

공제(公磾 : -1237-1238-) 13세기 중반에 활동한 각수刻手이다. 1237-38년에 고려대장경高麗大藏經(『금강반야바라밀다경金剛般若波羅蜜多經』) 조성에 참여하였다.

▫ 1237-38년에 高麗大藏經(『金剛般若波羅蜜多經』) 조성에 참여(김윤곤 편저, 『高麗大藏經 造成名錄集』)

공주(公柱 : -1237-1238-) 13세기 중반에 활동한 각수刻手이다. 1237-38년에 고려대장경高麗大藏經(『금강반야바라밀다경金剛般若波羅蜜多經』) 조성에 참여하였다.

▫ 1237-38년에 高麗大藏經(『金剛般若波羅蜜多經』) 조성에 참여(김윤곤 편저, 『高麗大藏經 造成名錄集』)

공준(公俊 : -1237-1238-) 13세기 중반에 활동한 각수刻手이다. 1237-38년에 고려대장경高麗大藏經(『방광반야바라밀경放光般若波羅蜜經』) 조성에 참여하였다.

▫ 1237-38년에 高麗大藏經(『放光般若波羅蜜經』) 조성에 참여(김윤곤 편저, 『高麗大藏經 造成名錄集』)

공후(公厚 : -1237-1238-) 13세기 중반에 활동한 각수刻手이다. 1237-38년에 고려대장경高麗大藏經(『금강반야바라밀다경金剛般若波羅蜜多經』) 조성에 참여하였다.

　◦ 1237-38년에 高麗大藏經(『金剛般若波羅蜜多經』) 조성에 참여(김윤곤 편저, 『高麗大藏
　經 造成名錄集』)

공희(公希 : -1237-1238-) 13세기 중반에 활동한 각수刻手이다. 1237-38년에 고
려대장경高麗大藏經(『금강반야바라밀다경金剛般若波羅蜜多經』) 조성에 참여하
였다.

　◦ 1237-38년에 高麗大藏經(『金剛般若波羅蜜多經』) 조성에 참여(김윤곤 편저, 『高麗大藏
　經 造成名錄集』)

과명(戈明 : -1237-1238-) 13세기 중반에 활동한 각수刻手이다. 1237-38년에 고
려대장경高麗大藏經(『금강반야바라밀다경金剛般若波羅蜜多經』) 조성에 참여하
였다.

　◦ 1237-38년에 高麗大藏經(『金剛般若波羅蜜多經』) 조성에 참여(김윤곤 편저, 『高麗大藏
　經 造成名錄集』)

광계(光戒 : -1237-1238-) 13세기 중반에 활동한 각수刻手이다. 1237-38년에 고
려대장경高麗大藏經(『금강반야바라밀다경金剛般若波羅蜜多經』) 조성에 참여하
였다.

　◦ 1237-38년에 高麗大藏經(『金剛般若波羅蜜多經』) 조성에 참여(김윤곤 편저, 『高麗大藏
　經 造成名錄集』)

광군(光軍 : -1237-1238-) 13세기 중반에 활동한 각수刻手이다. 1237-38년에 고
려대장경高麗大藏經(『금강반야바라밀다경金剛般若波羅蜜多經』) 조성에 참여하
였다.

　◦ 1237-38년에 高麗大藏經(『金剛般若波羅蜜多經』) 조성에 참여(김윤곤 편저, 『高麗大藏
　經 造成名錄集』)

광규(廣規 : -975-) 10세기 후반에 활동한 각수刻手이다. 975년에 경기 여주 고
달사高達寺 원종대사혜진탑비元宗大師惠眞塔碑 후면에 행언幸言과 문하각자승
門下刻字僧으로 언급되어 있다.

　◦ 975년 경기 여주 高達寺 元宗大師惠眞塔碑 후면에 幸言과 門下刻字僧으로 언급(『朝鮮金
　石總覽』上)

광덕(光德) 7세기 중반에 신라에 거주한 스님이다. 신발을 만들어 생계를 유
지하거나 농사를 지으면서 엄장嚴莊과 수행하였다.

　◦ 문무왕 때 신발을 만들어 생계를 유지하거나 농사를 지으면서 嚴莊과 수행(『三國遺事』
　卷 第5, 感通 第7, 光德 嚴莊條)

광려(光呂 : -1237-1238-) 13세기 중반에 활동한 각수刻手이다. 1237-38년에 고
려대장경高麗大藏經(『금강반야바라밀다경金剛般若波羅蜜多經』) 조성에 참여하
였다.

　◦ 1237-38년에 高麗大藏經(『金剛般若波羅蜜多經』) 조성에 참여(김윤곤 편저, 『高麗大藏
　經 造成名錄集』)

광림(光林 : -1237-1238-) 13세기 중반에 활동한 각수刻手이다. 1237-38년에 고려대장경高麗大藏經(『방광반야바라밀경放光般若波羅蜜經』) 조성에 참여하였다.

　◦1237-38년에 高麗大藏經(『放光般若波羅蜜經』) 조성에 참여(김윤곤 편저, 『高麗大藏經 造成名錄集』)

광삼(光三) 고려시대 개성 근방 적항赤項에서 활동한 와장瓦匠이다. 개성 만월대에 있던 궁성에 올린 기와를 제작하였다.

　◦고려시대 개성 만월대에 있던 궁성에 올린 기와를 제작한 와장으로 참여(홍영의 「개성 고려궁성 출토 명문기와의 유형과 窯場」) 赤項

광서(光敍 : -1237-1238-) 13세기 중반에 활동한 각수刻手이다. 1237-38년에 고려대장경高麗大藏經(『금강반야바라밀다경金剛般若波羅蜜多經』) 조성에 참여하였다.

　◦1237-38년에 高麗大藏經(『金剛般若波羅蜜多經』) 조성에 참여(김윤곤 편저, 『高麗大藏經 造成名錄集』)

광신(光信 : -1237-1238-) 13세기 중반에 활동한 각수刻手이다. 1237-38년에 고려대장경高麗大藏經(『금강반야바라밀다경金剛般若波羅蜜多經』) 조성에 참여하였다.

　◦1237-38년에 高麗大藏經(『金剛般若波羅蜜多經』) 조성에 참여(김윤곤 편저, 『高麗大藏經 造成名錄集』)

광심(光心 : -1237-1238-) 13세기 중반에 활동한 각수刻手이다. 1237-38년에 고려대장경高麗大藏經(『금강반야바라밀다경金剛般若波羅蜜多經』) 조성에 참여하였다.

　◦1237-38년에 高麗大藏經(『金剛般若波羅蜜多經』) 조성에 참여(김윤곤 편저, 『高麗大藏經 造成名錄集』)

광예(光乂 : -943-) 10세기 중반에 활동한 각수刻手이다. 943년에 충북 충주 정토사淨土寺 법경대사자등탑비法鏡大師慈燈塔碑 건립에 전자鐫字로 참여하였다.

　◦943년 충북 충주 淨土寺 法鏡大師慈燈塔碑 건립에 鐫字로 참여(『朝鮮金石總覽』上과 李智冠 『校勘譯註 歷代高僧碑文(高麗篇1)』) 鐫字

광유 1(光儒 : -1024-) 11세기 전반에 활동한 석수石手이다. 1024년에 서울 종로 승가사僧伽寺 석조승가대사좌상石造僧伽大師坐像 조성에 마탁자磨琢者로 참여하였다.

　◦1024년 서울 종로 僧伽寺 石造僧伽大師坐像 조성에 磨琢者로 참여(진홍섭 『韓國佛敎美術』) 磨琢者 釋

광유 2(光儒 : -1237-1238-) 13세기 중반에 활동한 각수刻手이다. 1237-38년에 고려대장경高麗大藏經(『금강반야바라밀다경金剛般若波羅蜜多經』) 조성에 참여하였다.

　◦1237-38년에 高麗大藏經(『金剛般若波羅蜜多經』) 조성에 참여(김윤곤 편저, 『高麗大藏

經 造成名錄集』)

광의(光義 : -1237-1238-) 13세기 중반에 활동한 각수刻手이다. 1237-38년에 고려대장경高麗大藏經(『금강반야바라밀다경金剛般若波羅蜜多經』) 조성에 참여하였다.

▫ 1237-38년에 高麗大藏經(『金剛般若波羅蜜多經』) 조성에 참여(김윤곤 편저, 『高麗大藏經 造成名錄集』)

광저(光著 : -1237-1238-) 13세기 중반에 활동한 각수刻手이다. 1237-38년에 고려대장경高麗大藏經(『방광반야바라밀경放光般若波羅蜜經』) 조성에 참여하였다.

▫ 1237-38년에 高麗大藏經(『放光般若波羅蜜經』) 조성에 참여(김윤곤 편저, 『高麗大藏經 造成名錄集』)

광조(光彫 : -1228-) 13세기 전반에 활동한 각수刻手이다. 1228년 조월암에서 출간한 『소자小字 금강반야바라밀다경金剛般若波羅蜜多經』 간행에 각수로 참여하였다.

▫ 1228년 조월암에서 출간한 『小字 金剛般若波羅蜜多經』 간행에 刻手로 참여(최연주 『高麗大藏經 研究事』) 釋光彫刻

광□(廣□ : -1581-) 16세기 후반에 활동한 각수刻手이다. 1581년에 충남 서산 가야산伽耶山 강당사講堂寺에서 『천지명양수륙잡문天地冥陽水陸雜文』 간행에 도명道明과 각수로 참여하였다.

▫ 1581년 충남 서산 伽耶山 講堂寺에서 『天地冥陽水陸雜文』 刊行에 道明과 刻手로 참여(刊記, 『韓國佛敎儀禮資料叢書』1집)

굉개(宏介 : -1363-) 14세기 중반에 활동한 목수木手이다. 1363년에 경북 안동 봉정사鳳停寺 극락전極樂殿 옥개부屋蓋部 중수重修에 대목大木으로 참여하였다.

▫ 1363년 경북 안동 鳳停寺 極樂殿 屋蓋部 重修에 大木으로 참여(宗道里 墨書와 「上樑文」, 『鳳停寺 極樂殿 修理工事報告書』) 大木

굉묵(宏默 : -1286-) 13세기 후반에 만연사萬淵寺 주지로 활동한 서자書者이다. 1286년에 전남 고흥 불개사佛蓋寺 자진원오국사정조탑비慈眞圓悟國師靜照塔碑 건립에 서자書者로 참여하였다.

▫ 1286년 전남 고흥 佛蓋寺 慈眞圓悟國師靜照塔碑 건립에 서자書者으로 참여(진홍섭 『韓國佛敎美術』) 門人萬淵寺主大禪師臣宏黙奉敎書幷題額

구담(仇淡 : -1539-) 16세기 중반에 활동한 각수刻手이다. 1539년에 경상도 안음安陰 덕유산德宥山 영각사靈覺寺에서 『묘법연화경요해妙法蓮華經要解』 간행에 법숭法崇과 각수로 참여하였다.

▫ 1539년 경상도 安陰 德宥山 靈覺寺에서 『妙法蓮華經要解』 刊行에 法崇과 刻手로 참여(국립중앙도서관 소장, 곽승훈·김아네스·홍영기 편저 『지리산권 불교자료1-간기편』)

구조(具祖 : -895-) 9세기 후반에 활동한 석수石手이다. 895년에 경남 합천 해인사海印寺 길상탑吉祥塔 건립에 난교蘭交와 장사匠士로 참여하였다.

▫ 895년 경남 합천 海印寺 吉祥塔 건립에 蘭交와 匠士로 참여(石塔記, 진홍섭 『韓國佛敎

美術』)

구족달(仇足達, 具足達 : -940-943-) 10세기 중반에 활동한 서자書者이다. 940년에 강원 강릉 지장선원地藏禪院 낭원대사오진탑비朗圓大師悟眞塔碑와 943년에 충북 충주 정토사淨土寺 법경대사자등탑비法鏡大師慈燈塔碑 건립에 서자書者로 참여하였다.

> ▫940년 강원 강릉 地藏禪院 朗圓大師悟眞塔碑에 서자書者로 언급(진홍섭『韓國佛敎美術』) 沙湌檢校興文監卿元鳳省侍詔臣 書
> ▫943년 충북 충주 淨土寺 法鏡大師慈燈塔碑 건립에 서자書者로 언급(『진홍섭『韓國佛敎美術』) 沙粲前興文監卿桃銀魚袋臣 書

구지금(仇知金 : -1462-) 15세기 중반에 활동한 주장注匠이다. 1462년에 서울 흥천사興天寺 범종梵鐘 조성에 이만李萬과 주장으로 참여하였다.

> ▫1462년 서울 興天寺 梵鐘 조성에 李萬과 注匠으로 참여(국립중앙박물관 소장,『朝鮮金石總覽』과 정영호「朝鮮前期 梵鐘考」)

국□□(國□□) 고려시대 개성 근방 월개月盖에서 활동한 와장瓦匠이다. 개성 만월대에 있던 궁성에 올린 기와를 제작하였다.

> ▫고려시대 개성 만월대에 있던 궁성에 올린 기와를 제작한 와장으로 참여(홍영의「개성 고려궁성 출토 명문기와의 유형과 窯場」) 月盖

권거(權據, 權居 : -1237-1238-) 13세기 중반에 활동한 각수刻手이다. 1237-38년에 고려대장경高麗大藏經(『금강반야바라밀다경金剛般若波羅蜜多經』) 조성에 참여하였다.

> ▫1237-38년에 高麗大藏經(『金剛般若波羅蜜多經』) 조성에 참여(김윤곤 편저, 『高麗大藏經 造成名錄集』)

권덕룡(權德龍 : -1468-) 15세기 중반에 활동한 주종장鑄鐘匠이다. 1468년에 서울 보신각普信閣 종鐘(국립중앙박물관 소장) 조성에 참여하였다.

> ▫1468년 서울 普信閣 鐘 조성에 참여(국립중앙박물관 소장, 정영호「朝鮮前期 梵鐘考」)

권돈일(權頓一, 權頓逸 : -1468-1474-) 15세기 후반에 활동한 각수刻手이다. 그는 1468년에 서울 보신각普信閣 종鐘(국립중앙박물관 소장)을 조성하고, 1469년에 『지장보살본원경地藏菩薩本願經』(관문사 성보박물관 소장)을, 1470년에 정희대왕대비貞熹大王大妃가 세종, 예종, 의경왕의 명복을 기원하여 발원한 『묘법연화경妙法蓮華經』을, 1474년에 『상교정본자비도량참법詳校正本慈悲道場懺法』 간행에 각수로 참여하였다.

> ▫1468년 서울 普信閣 鐘 조성에 참여(국립중앙박물관 소장, 정영호「朝鮮前期 梵鐘考」)
> ▫1469년『地藏菩薩本願經』刊行에 刻手로 참여(관문사 성보박물관 소장,『삶, 그후』) 刻手
> ▫1470년 貞熹大王大妃가 세종, 예종, 의경왕의 명복을 기원하여 발원한 『妙法蓮華經』刊行에 刻手로 참여(朴桃花「朝鮮時代 佛敎版畵의 樣式과 刻手」) 刻手
> ▫1474년에 『詳校正本慈悲道場懺法』刊行에 刻手로 참여(刊記,『韓國佛敎儀禮資料叢書』1집) 刻手

권보(權甫 : -1244-) 13세기 중반에 활동한 각수刻手이다. 1244년에 분사대장도감에서 조성한 경전 간행에 참여하였다.

　　▫1244년 분사대장도감에서 조성된 경전 간행에 참여(최연주 『高麗大藏經 硏究事』)

권응(權應) 고려시대 활동한 주성장鑄成匠이다. 을축乙丑 월계사명月溪寺銘 향완을 조성하였다.

　　▫乙丑月溪寺銘 향완을 조성(최응천 「고려시대 금속공예와 匠人」) 造納

귀동(貴同 : -1468-) 15세기 중반에 활동한 주종장이다. 1468년에 서울 보신각普信閣 종鐘(국립중앙박물관 소장) 조성에 참여하였다.

　　▫1468년 서울 普信閣 鐘 조성에 참여(국립중앙박물관 소장, 정영호 「朝鮮前期 梵鐘考」)

귀복(貴卜 : -1570-) 16세기 후반에 활동한 각수刻手이다. 1570년에 경북 안동 광흥사廣興寺에서 『금강경金剛經』 간행에 석견釋堅과 변상각수變相刻手로 참여하였다.

　　▫1570년 경북 안동 廣興寺에서 『金剛經』 간행에 釋堅과 變相刻手로 참여(朴桃花 「朝鮮時代 金剛經 判畵의 圖像」)

귀원(□□ : -1469-) 15세기 중반에 활동한 각수刻手이다. 1469년에 『지장보살본원경地藏菩薩本願經』(관문사 성보박물관 소장) 간행에 권돈일權頓一과 각수로 참여하였다.

　　▫1469년 『地藏菩薩本願經』 刊行에 權頓一과 刻手로 참여(관문사 성보박물관 소장, 『삶, 그후』)

귀일(歸一) 고려시대 활동한 승려이자 화가이다. 승제承制 김인경金仁鏡이 귀일선사歸一禪師가 그린 늙은 전나무[老檜] 병풍을 선사한 규선사規禪師에게 사례하는 시가 남아있다.

　　▫承制 金仁鏡이 歸一禪師가 그린 老檜 병풍을 선사한 規禪師에게 사례하는 시가 남음(『東國李相國全集』 16권 古律詩)

균훈(均訓 : -1237-1238-) 13세기 중반에 활동한 각수刻手이다. 1237-38년에 고려대장경高麗大藏經(『방광반야바라밀경放光般若波羅蜜經』) 조성에 참여하였다.

　　▫1237-38년에 高麗大藏經(『放光般若波羅蜜經』) 조성에 참여(김윤곤 편저, 『高麗大藏經 造成名錄集』)

극련(克連 : -1508-) 16세기 전반에 활동한 석수石手이다. 1508년에 동대東臺 탑塔 개조改造에 성운省雲과 석수로 참여하였다.

　　▫1508년 東臺塔 改造에 省雲과 石手로 참여(石塔記, 동국대학교 박물관 소장, 黃壽永 「統和와 正德銘의 塔誌石」와 진홍섭 『韓國佛敎美術』)

극순(克淳 : -1569-) 16세기 중반에 활동한 목수木手이다. 1569년에 화원畵員 연희演喜가 경북 포항 보경사 적광전 소조비로자나불좌상을 조성할 때 목수로 참여하였다.

　　▫1569년 畵員 演喜가 경북 포항 보경사 적광전 소조비로자나불좌상을 조성할 때 목수로 참여(허상오 「朝鮮時代 佛卓莊嚴 硏究」) 木手

극순(木手), 소조비로자나불좌상, 1569년, 포항 보경사

극부(克夫 : -1237-1238-) 13세기 중반에 활동한 각수刻手이다. 1237-38년에 고려대장경高麗大藏經(『방광반야바라밀경放光般若波羅蜜經』) 조성에 참여하였다.

　□ 1237-38년에 高麗大藏經(『放光般若波羅蜜經』) 조성에 참여(김윤곤 편저, 『高麗大藏經造成名錄集』)

극호(克浩 : -1449-) 15세기 중반에 활동한 각수刻手이다. 1449년에 금사사판金沙寺板 『육경합부六經合部』 간행에 각수로 참여하였다.

　□ 1449년 金沙寺板 『六經合部』 간행에 刻手로 참여(金相淏 「朝鮮朝 寺刹板 刻手 硏究」)[10] 入選

근환(僅還 : -1583-) 16세기 후반에 활동한 화원畵員이다. 1583년에 충남 부여 망월산望月山 경□사敬□寺 대루大樓 단청丹靑에 화원으로 참여하였다.

　□ 1583년 충남 부여 望月山 敬□寺 大樓 丹靑에 畵員으로 참여(日本 德島縣 善覺寺 所藏 佛畵 畵記, 박은경 『조선전기불화연구』) 丹靑上畵員

금단(今旦) 고려시대 개성 근방 적항赤項에서 활동한 와장瓦匠이다. 개성 만월대에 있던 궁성에 올린 기와를 제작하였다.

　□ 고려시대 개성 만월대에 있던 궁성에 올린 기와를 제작한 와장으로 참여(홍영의 「개성 고려궁성 출토 명문기와의 유형과 窯場」) 赤項

금룡(今龍 : -1320년대-) 14세기 전반에 활동한 목수木手이다. 1320년대 강화 선원사禪源寺 비로전毘盧殿 건립에 목수로 참여하였다.

　□ 1320년대 강화 禪源寺 毘盧殿 건립에 木手로 참여(禪源寺毘盧殿丹靑記 『東文選』卷65) 木手

금모(今毛 : -754-755-) 8세기 중반에 무진이주武珍伊州에서 활동한 경필사經筆師이다. 754년 8월 1일부터 755년 2월 14일까지 만든 「백지묵서화엄경白紙墨書華嚴經」(삼성문화재단 소장)을 아간阿干과 필사하였다.

　□ 754년 8월 1일부터 755년 2월 14일까지 만든 「白紙墨書華嚴經」을 阿干과 필사함(삼성문화재단 소장, 李基白 「新羅 景德王代 華嚴經 寫經 關與者에 대한 考察」) 武珍伊州 大舍

금순(今順) 고려시대 개성 근방 월개月盖에서 활동한 와장瓦匠이다. 개성 만월대에 있던 궁성에 올린 기와를 제작하였다.

　□ 고려시대 개성 만월대에 있던 궁성에 올린 기와를 제작한 와장으로 참여(홍영의 「개성 고려궁성 출토 명문기와의 유형과 窯場」) 月盖

기능(岐能 : -1552-)[11] 16세기 중반에 활동한 목수木手이다. 1552년에 강화 정수사淨水寺 법당法堂 삼중창三重創에 대목大木으로 참여하였다.

　□ 1552년 강화 淨水寺 法堂 三重創에 大木으로 참여(江華道淨水寺法堂上樑文, 『韓國의 古建築』6) 大木

기수(己守 : -1237-1238-) 13세기 중반에 활동한 각수刻手이다. 1237-38년에 고려대장경高麗大藏經(『금강반야바라밀다경金剛般若波羅蜜多經』) 조성에 참여하

---

10) 金相淏 「朝鮮朝 寺刹板 刻手 硏究」, p. 351에 연대 미상으로 적혀있다.
11) 金東旭 『韓國建築工匠史硏究』, p. 271에 枝能으로 읽었다.

였다.

- 1237-38년에 高麗大藏經(『金剛般若波羅蜜多經』) 조성에 참여(김윤곤 편저, 『高麗大藏
  經 造成名錄集』)

기주(淇主) 고려시대에 활동한 주성장鑄成匠이다. 병인명 금고禁鼓(金鼓, 국립
공주박물관 소장) 제작에 장인匠人으로 참여하였다.

- 병인명 금고禁鼓(金鼓) 제작에 匠人으로 참여(국립공주박물관 소장, 한국금석문 종합영
  상정보시스템) 匠

기준(機俊 : -1150-1172-) 12세기 중반에 전남 순천에서 활동한 서자書者이다.
1150년에 전남 광양 옥룡사玉龍寺 선각국사증성혜등탑비先覺國師證聖慧燈塔碑
건립에 보현사普賢寺 주지住持 대오大悟와 서자書者로, 1172년에 경북 산청 단
속사斷俗寺 대감국사비大鑑國師碑 건립에 대오大悟와 서자書者로 참여하였다.

- 1150년 전남 광양 玉龍寺 先覺國師證聖慧燈塔碑 건립에 大悟와 書者로 참여(李智冠『校
  勘譯註 歷代高僧碑文(高麗篇3)』) 重大師臣機俊奉宣書
- 1172년 경북 산청 斷俗寺 大鑑國師碑 건립에 普賢寺 住持 大悟와 書者와 題額으로 참여
  (진홍섭『韓國佛敎美術』) 重大師臣機俊奉宣書幷題額
- 연대미상 修禪寺碑 건립에 書者로 참여(『槿域書畫徵』과 진홍섭『韓國佛敎美術』) 釋機俊
  書在順天

김경(金卿 : -1344-) 14세기 중반에 활동한 입사장入絲匠이다. 1344년에 중흥사
명中興寺銘 은입사향완銀入絲香垸(일본 교토 지온인知恩院 소장)을 조성하였다.

- 1344년 中興寺銘銀入絲香垸을 조성(日本 京都 知恩院 소장, 최응천「고려시대 금속공예
  와 匠人」) 銀入絲縷手中郎將

김경즉(金慶則 : -1032-) 11세기 전반에 활동한 주종장鑄鐘匠이다. 1032년에 청
부淸㚖 대사大寺 범종(일본 시가현滋賀縣 오쓰시大津市 비와호문화관琵琶湖文化
館 소장)을 조성하였다.

- 1032년 淸㚖 大寺 梵鐘을 조성(日本 滋賀縣 大津市 琵琶湖文化館 所藏, 진홍섭『韓國佛
  敎美術』과 최응천「고려시대 금속공예와 匠人」) 大匠位

김계신(金戒信 : -1448-1449-) 15세기 중반에 활동한 각수刻手이다. 1448년에
효령대군과 안평대군이 발원한 『묘법연화경妙法蓮華經』 간행에 정심正心과
각수로, 1449년에 금사사金沙寺에서 『육경합부六經合部』 간행刊行에 변상각수
變相刻手로 참여하였다.

- 1448년 효령대군과 안평대군이 발원한『妙法蓮華經』刊行에 正心과 刻手로 참여(朴桃花
  「朝鮮時代 金剛經 判書의 圖像」) 司勇
- 1449년 金沙寺에서 『六經合部』刊行에 變相刻手로 참여(金相淏「朝鮮朝 寺刹板 刻手 研
  究」과 朴桃花「朝鮮時代 金剛經 判書의 圖像」) 司正 刀

김구(金求頁 : -1237-1238-) 13세기 중반에 활동한 각수刻手이다. 1237-38년에
고려대장경高麗大藏經(『방광반야바라밀경放光般若波羅蜜經』과 『마하반야바라
밀경摩訶般若波羅蜜經』) 조성에 참여하였다.

- 1237-38년에 高麗大藏經(『放光般若波羅蜜經』) 조성에 참여(김윤곤 편저, 『高麗大藏經
  造成名錄集』)

　▫ 1238년에 高麗大藏經(『摩訶般若波羅密經』) 조성에 참여(김윤곤 편저, 『高麗大藏經 造成
　　名錄集』)

김군을미(金君乙未 : -1469-) 15세기 중반에 주장注匠이다. 1469년에 경기 남
양주 봉선사奉先寺 범종梵鐘 조성에 이을부李乙夫와 주장으로 참여하였다.

　▫ 1469년 경기 남양주 奉先寺 梵鐘 조성에 李乙夫와 注匠으로 참여(정영호 「朝鮮前期 梵
　　鐘考」)

김궁동(金弓同 : -1458-) 15세기 중반에 활동한 장인匠人이다. 1458년에 경북
영주 흑석사黑石寺 목조아미타불좌상木造阿彌陀佛坐像 제작에 마조磨造를 담당
하였다.

　▫ 1458년 경북 영주 黑石寺 木造阿彌陀佛坐像 제작에 磨造를 담당(崔素林, 「黑石寺 木造
　　阿彌陀佛坐像 研究」와 『문화재대관-국보 전적 조선시대』) 磨造

김귀산 1(金貴山 : -1469-) 15세기 중반에 활동한 수철장水鐵匠이다. 1469년에
강원 양양 낙산사洛山寺 범종(燒失)과 경기 남양주 봉선사奉先寺 범종梵鐘을 강
원기己姜元奇(姜元奇)와 수철장으로 조성에 참여하였다.

　▫ 1469년 강원 양양 洛山寺 梵鐘 조성에 姜元己와 水鐵匠으로 참여(燒失, 정영호 「朝鮮前
　　期 梵鐘考」)
　　1469년 경기 남양주 奉先寺 梵鐘 조성에 姜元奇와 水鐵匠으로 참여(정영호 「朝鮮前期
　　梵鐘考」)

김귀산 2(金貴山 : -1474-) 15세기 후반에 활동한 목수木手이다. 1474년에 『상
교정본자비도량참법詳校正本慈悲道場懺法』 간행에 유산석劉山石과 목수로 참
여하였다.

　▫ 1474년 『詳校正本慈悲道場懺法』 刊行에 劉山石과 木手로 참여(刊記, 『韓國佛敎儀禮資
　　料叢書』1집)

김귀생(金貴生 : -1462-) 15세기 중반에 활동한 각수刻手이다. 1462년에
서울 흥천사興天寺 범종梵鐘 조성에 각자刻字로 참여하였다.

　▫ 1462년 서울 興天寺 梵鐘 조성에 刻字로 참여(국립중앙박물관 소장, 『朝鮮金石總
　　覽』과 정영호 「朝鮮前期 梵鐘考」) 刻字典樂

김귀손(金貴孫 : -1470-1474-) 15세기 후반에 활동한 각수刻手이다. 1470년
에 『수륙무차평등재의촬요水陸無遮平等齋儀撮要』 간행刊行에 김록동金彔
同과 각수로, 1474년에 『상교정본자비도량참법詳校正本慈悲道場懺法』 간
행에 권돈일權頓一과 각수로 참여하였다.

　▫ 1470년 『水陸無遮平等齋儀撮要』 刊行에 金彔同과 刻手로 참여(성보문화재단 소
　　장, 『動産文化財指定報告書(91 지정편)』)
　▫ 1474년 『詳校正本慈悲道場懺法』 刊行에 權頓一과 刻手로 참여(刊記, 『韓國佛敎儀
　　禮資料叢書』1집)

김귀생(刻手), 흥천사 범종, 1462년,
서울 덕수궁

김금동(金今同 : -1468-) 15세기 중반에 활동한 주종장이다. 1468년에 서
울 보신각普信閣 종鐘(국립중앙박물관 소장) 조성에 참여하였다.

　▫ 1468년 서울 普信閣 鐘 조성에 참여(국립중앙박물관 소장, 정영호 「朝鮮前期 梵鐘考」)

김금음지(金今音知 : -1456-) 15세기 중반에 활동한 장인匠人이다. 1456년에 이중선李中善이 견성암 약사삼존상을 조성할 때 보관寶冠 제작에 참여하였다.

> ▫1456년 李中善이 견성암 약사삼존상 조성할 때 寶冠 제작에 참여(張忠植「景泰七年 佛像腹藏品에 대하여」) 寶冠造成

김금재(金今才 : -1462-) 15세기 중반에 활동한 각수刻手이다. 1462년에 서울 흥천사興天寺 범종梵鐘 조성에 김귀생金貴生과 각자刻字로 참여하였다.

> ▫1462년 서울 興天寺 梵鐘 조성에 金貴生과 刻字로 참여(국립중앙박물관 소장, 『朝鮮金石總覽』과 정영호「朝鮮前期 梵鐘考」)

김기(金奇 : -1469-) 15세기 중반에 활동한 수철장水鐵匠이다. 1469년에 강원 양양 낙산사洛山寺 범종(燒失)과 경기 남양주 봉선사奉先寺 범종梵鐘을 강원기姜元己와 수철장으로 조성에 참여하였다.

> ▫1469년 강원 양양 洛山寺 梵鐘 조성에 姜元己와 水鐵匠으로 참여(燒失, 정영호「朝鮮前期 梵鐘考」)
> 1469년 경기 남양주 奉先寺 梵鐘 조성에 姜元奇와 水鐵匠으로 참여(정영호「朝鮮前期 梵鐘考」)

김끗동(金�同 : -1469-) 15세기 중반에 활동한 각수刻手이다. 1469년에 경기 남양주 봉선사奉先寺 범종梵鐘 조성에 김순생金順生과 각자刻字로 참여하였다.

> ▫1469년 경기 남양주 奉先寺 梵鐘 조성에 金順生과 刻字로 참여(정영호「朝鮮前期 梵鐘考」)

김덕련(金德連 : -1469-) 15세기 중반에 활동한 주장注匠이다. 1469년에 경기 남양주 봉선사奉先寺 범종梵鐘 조성에 이을부李乙夫와 주장으로 참여하였다.

> ▫1469년 경기 남양주 奉先寺 梵鐘 조성에 李乙夫와 注匠으로 참여(정영호「朝鮮前期 梵鐘考」)

김덕생(金德生 : -1462-1469-) 15세기 중반에 활동한 감역監役이다. 1462년에 서울 흥천사興天寺 범종梵鐘, 1468년에 서울 보신각普信閣 종鐘(국립중앙박물관 소장), 1469년에 강원 양양 낙산사洛山寺 범종(燒失)과 경기 남양주 봉선사奉先寺 범종梵鐘을 조성할 때 감역으로 참여하였다.

> ▫1462년 서울 興天寺 梵鐘 조성에 監役으로 참여(국립중앙박물관 소장, 『朝鮮金石總覽』과 정영호「朝鮮前期 梵鐘考」) 監役奉承大夫披庭署司□ 監役
> ▫1468년 서울 普信閣 鐘 조성에 참여(국립중앙박물관 소장, 정영호「朝鮮前期 梵鐘考」) 工匠 定略將軍
> ▫1469년 강원 양양 洛山寺 梵鐘 조성(燒失, 정영호「朝鮮前期 梵鐘考」) 宣略將軍
> 1469년 경기 남양주 奉先寺 梵鐘 조성에 감역으로 참여(정영호「朝鮮前期 梵鐘考」) 鑄成 定略將軍行義興衛司猛

김동(金同 : -1237-1238-) 13세기 중반에 활동한 각수刻手이다. 1237-38년에 고려대장경高麗大藏經(『방광반야바라밀경放光般若波羅蜜經』) 조성에 참여하였다.

> ▫1237-38년에 高麗大藏經(『放光般若波羅蜜經』) 조성에 참여(김윤곤 편저, 『高麗大藏經造成名錄集』)

김득남(金得南 : -1468-) 15세기 중반에 활동한 주종장이다. 1468년에 서울 보신각普信閣 鐘(국립중앙박물관 소장) 조성에 참여하였다.

> ▫ 1468년 서울 普信閣 鐘 조성에 참여(국립중앙박물관 소장, 정영호 「朝鮮前期 梵鐘考」)

김량(金亮 : -1237-1238-) 13세기 중반에 활동한 각수刻手이다. 1237-38년에 고려대장경高麗大藏經(『방광반야바라밀경放光般若波羅蜜經』) 조성에 참여하였다.

> ▫ 1237-38년에 高麗大藏經(『放光般若波羅蜜經』) 조성에 참여(김윤곤 편저, 『高麗大藏經造成名錄集』)

김련(金連 : -1431-) 15세기 전반에 활동한 각수刻手이다. 1431년에 경상감사慶尙監司 조치曺致가 만든 『춘추경좌씨전구해春秋經左氏傳句解』 간행에 홍조洪照와 각수로 참여하였다.

> ▫ 1431년 慶尙監司 曺致가 만든 『春秋經左氏傳句解』 간행에 洪照와 刻手로 참여(刊記, 『國寶 寶物 지정보고서 2011』)

김령(金齡, 金玲, 金令 : -1237-1238-) 13세기 중반에 활동한 각수刻手이다. 1237-38년에 고려대장경高麗大藏經(『금강반야바라밀다경金剛般若波羅蜜多經』) 조성에 참여하였다.

> ▫ 1237-38년에 高麗大藏經(『金剛般若波羅蜜多經』) 조성에 참여(김윤곤 편저, 『高麗大藏經 造成名錄集』)

김록동(金彔同, 金祿同 : -1470-1474-) 15세기 후반에 활동한 각수刻手이다. 1470년에 『수륙무차평등재의촬요水陸無遮平等齋儀撮要』 간행刊行에 각수로, 1474년에 『상교정본자비도량참법詳校正本慈悲道場懺法』 간행에 권돈일權頓一과 각수로 참여하였다.

> ▫ 1470년 『水陸無遮平等齋儀撮要』 刊行에 金彔同과 刻手로 참여(성보문화재단 소장, 『動産文化財指定報告書(91 지정편)』) 刻手
> ▫ 1474년 『詳校正本慈悲道場懺法』 刊行에 權頓一과 刻手로 참여(刊記, 『韓國佛敎儀禮資料叢書』1집)

김룡(金龍 : -1469-) 15세기 중반에 활동한 수철장水鐵匠이다. 1469년에 강원 양양 낙산사洛山寺 범종(燒失)과 경기 남양주 봉선사奉先寺 범종梵鐘을 강원기姜元己와 수철장으로 조성하였다.

> ▫ 1469년 강원 양양 洛山寺 梵鐘 조성에 姜元己와 水鐵匠으로 참여(燒失, 정영호 「朝鮮前期 梵鐘考」)
> 1469년 경기 남양주 奉先寺 梵鐘 조성에 姜元奇와 水鐵匠으로 참여(정영호 「朝鮮前期 梵鐘考」)

김말동(金夞同) ☞ **김끗동**金夞同

김말을지(金末乙只 : -1379-)[12] 14세기 후반에 활동한 석수石手이다. 1379년 경기 여주 신륵사神勒寺 대전大殿, 조당祖堂, 승당僧堂, 선당禪堂 등 중창重創하고, 보제존자普濟尊者 석종石鍾과 석종비石鍾碑 건립에 지명智明과 석수로 참여하였다.

---

12) 李智冠, 『校勘譯註 歷代高僧碑文(高麗篇4)』, p. 380에 金末과 乙只로 보았다.

◦ 1379년 경기 여주 神勒寺 大殿, 祖堂, 僧堂, 禪堂 등 重創에 智明과 石手로 참여(『韓國의 古建築』8)
1379년 경기 여주 神勒寺 普濟尊者 石鍾과 石鍾碑 건립에 智明과 石手로 참여(『韓國의 古建築』8)

김목(金木 : -1237-1238-) 13세기 중반에 활동한 각수刻手이다. 1237-38년에 고려대장경高麗大藏經(『금강반야바라밀다경金剛般若波羅蜜多經』) 조성에 참여하였다.

◦ 1237-38년에 高麗大藏經(『金剛般若波羅蜜多經』) 조성에 참여(김윤곤 편저, 『高麗大藏經 造成名錄集』)

김몽총(金蒙寵 : -1462-1469-) 15세기 중반에 활동한 노야장爐冶匠이다. 1462년에 서울 흥천사興天寺 범종梵鐘을, 1468년에 서울 보신각普信閣 종鐘(국립중앙박물관 소장)을, 1469년에 강원 양양 낙산사洛山寺 범종(燒失)과 경기 남양주 봉선사奉先寺 범종을 노야장으로 참여하였다.

◦ 1462년 서울 興天寺 梵鐘 조성에 爐冶匠으로 참여(국립중앙박물관 소장, 『朝鮮金石總覽』과 정영호 「朝鮮前期 梵鐘考」) 爐冶匠
◦ 1468년 서울 普信閣 鐘 조성에 참여(국립중앙박물관 소장, 정영호 「朝鮮前期 梵鐘考」)[13]
◦ 1469년 강원 양양 洛山寺 梵鐘 조성에 爐冶匠으로 참여(燒失, 정영호 「朝鮮前期 梵鐘考」) 爐冶匠
1469년 경기 남양주 奉先寺 梵鐘 조성에 爐冶匠으로 참여(정영호 「朝鮮前期 梵鐘考」) 爐冶匠

김무기지(金無其只 : -1474-) 15세기 후반에 활동한 칠장柒匠이다. 1474년에 『상교정본자비도량참법詳校正本慈悲道場懺法』 간행에 고미라高未羅와 칠장으로 참여하였다.

◦ 1474년 『詳校正本慈悲道場懺法』 刊行에 高未羅와 柒匠으로 참여(刊記, 『韓國佛敎儀禮資料叢書』1집)

김문윤(金文允 : -946-) 10세기 중반에 활동한 각수刻手이다. 946년에 전남 강진 무위사無爲寺 선각대사편광탑비先覺大師遍光塔碑에 각수로 참여하였다.

◦ 946년 전남 강진 無爲寺 先覺大師遍光塔碑에 刻手로 참여(『朝鮮金石總覽』上) □□□

김물금(金勿金 : -1468-1469-) 15세기 중반에 활동한 주종장이다. 1468년에 서울 보신각普信閣 종鐘(국립중앙박물관 소장) 조성에 참여하고, 1469년에 경기 남양주 봉선사奉先寺 범종梵鐘 조성에 장금음동張今音同과 조각장彫刻匠으로 참여하였다.

◦ 1468년 서울 普信閣 鐘 조성에 참여(국립중앙박물관 소장, 정영호 「朝鮮前期 梵鐘考」)
◦ 1469년 경기 남양주 奉先寺 梵鐘 조성에 張今音同과 彫刻匠으로 참여(정영호 「朝鮮前期 梵鐘考」)

김보(金甫 : -1237-1238-) 13세기 중반에 활동한 각수刻手이다. 1237-38년에 고려대장경高麗大藏經(『금강반야바라밀다경金剛般若波羅蜜多經』) 조성에 참여하

---

13) 정영호, 「朝鮮前期 梵鐘考」, p. 146과 金禧庚, 「韓國梵鐘目錄(銘文)」, p. 120에는 金蒙龍을 金蒙寵으로 읽었다.

였다.

　　◦1237-38년에 高麗大藏經(『金剛般若波羅蜜多經』) 조성에 참여(김윤곤 편저, 『高麗大藏
　　經 造成名錄集』)

김보대(金寶代 : -1462-) 15세기 중반에 활동한 각수刻手이다. 1462년에 서울
흥천사興天寺 범종梵鐘 조성에 김귀생金貴生과 각자刻字로 참여하였다.

　　◦1462년 서울 興天寺 梵鐘 조성에 金貴生과 刻字로 참여(국립중앙박물관 소장, 『朝鮮金
　　石總覽』과 정영호 「朝鮮前期 梵鐘考」)

김부□(金符□ : -771-)[14] 8세기 후반에 활동한 서자書者이다. 771년에 성덕대
왕신종聖德大王神鐘(국립경주박물관 소장) 주성鑄成에 서자로 참여하였다.

　　◦771년 聖德大王神鐘 鑄成에 朴從鎰과 書者로 참여(국립경주박물관 소장, 진홍섭 『韓國
　　佛敎美術』) 侍詔大奈麻姚端書

김사중(金四中, 金思仲 : -1469-) 15세기 중반에 활동한 수철장水鐵匠이다. 1469
년에 강원 양양 낙산사洛山寺 범종(燒失)과 경기 남양주 봉선사奉先寺 범종梵鐘
을 강원기姜元己와 수철장으로 조성하였다.

　　◦1469년 강원 양양 洛山寺 梵鐘 조성에 姜元己와 水鐵匠으로 참여(燒失, 정영호 「朝鮮前
　　期 梵鐘考」)
　　　1469년 경기 남양주 奉先寺 梵鐘 조성에 姜元奇와 水鐵匠으로 참여(정영호 「朝鮮前期
　　梵鐘考」)

김산수(金山守 : -1468-1469-) 15세기 중반에 활동한 각수刻手이다. 1468년에
서울 보신각普信閣 종鐘(국립중앙박물관 소장) 조성에 참여하고, 1469년에 『지
장보살본원경地藏菩薩本願經』(관문사 성보박물관 소장) 간행에 권돈일權頓一
과 각수로 참여하였다.

　　◦1468년 서울 普信閣 鐘 조성에 참여(국립중앙박물관 소장, 정영호 「朝鮮前期 梵鐘考」)
　　◦1469년 『地藏菩薩本願經』刊行에 權頓一과 刻手로 참여(관문사 성보박물관 소장, 『삶,
　　그후』)

김상좌(金上佐 : -1469-) 15세기 중반에 활동한 주장注匠이다. 1469년에 　강원
양양 낙산사洛山寺 범종(燒失)와 경기 남양주 봉선사奉先寺 범종梵鐘 조성에 이
을부李乙夫와 주장으로 참여하였다.

　　◦1469년 강원 양양 洛山寺 梵鐘 조성에 李乙夫와 注匠으로 참여(燒失, 정영호 「朝鮮前期
　　梵鐘考」)
　　　1469년 경기 남양주 奉先寺 梵鐘 조성에 李乙夫와 注匠으로 참여(정영호 「朝鮮前期 梵
　　鐘考」)

김석동(金石同 : -1467-1468-) 15세기 중반에 활동한 장인匠人이다. 1467년에
건립된 서울 원각사圓覺寺 석탑石塔 팔층 옥개석屋蓋石에 백림白林과 각자刻字
로 언급되고, 1468년에 서울 보신각普信閣 종鐘(국립중앙박물관 소장) 조성에
참여하였다.

　　◦1467년 서울 圓覺寺 石塔 八層 屋蓋石에 白林과 刻字로 언급(진홍섭 『韓國佛敎美術』)

---

14) 진홍섭 선생님은 宛으로 적어놓았다.

▫ 1468년 서울 普信閣 鐘 조성에 참여(국립중앙박물관 소장, 정영호「朝鮮前期 梵鐘考」)

김석산(金石山 : -1468-) 15세기 중반에 활동한 주종장이다. 1468년에 서울 보
신각普信閣 종鐘(국립중앙박물관 소장) 조성에 참여하였다.

▫ 1468년 서울 普信閣 鐘 조성에 참여(국립중앙박물관 소장, 정영호「朝鮮前期 梵鐘考」)

김선(金先 : -1249-) 13세기 중반에 활동한 주성장鑄成匠이다. 1249
년에 사뇌사思惱寺 금고金鼓(국립청주박물관 소장) 조성에 대장大
匠으로 참여하였다.

▫ 1249년에 思惱寺 金鼓 조성에 大匠으로 참여(국립청주박물관 소장, 한국
금석문 종합영상정보시스템) 大匠

김수 1(金水 : -1065-) 11세기 중반에 활동한 주종장鑄鐘匠이다. 1065
년에 계지사戒持寺 범종(일본 후쿠오카현福岡縣 죠텐지承天寺 소
장)을 조성하였다.

▫ 1065년 戒持寺 梵鐘을 조성(日本 福岡縣 承天寺 所藏, 진홍섭『韓國佛敎
美術』과 최응천,「고려시대 금속공예와 匠人」) 大匠

김수 2(金守) 고려시대 활동한 주종장鑄鐘匠이다. 국립부여박물관
소장 범종을 조성하였다.[15]

김선, 사뇌사지 금고, 1249년(乙酉),
국립청주박물관

▫ 梵鐘을 조성(국립부여박물관 所藏, 진홍섭『韓國佛敎美術』과 이광배「高
麗時代 梵鐘의 發願階層과 鑄鐘匠人」) 大匠
* 김수 1과 김수 2는 동일인으로 추정된다.

김수 3(金守, 金壽 : -1237-1238-) 13세기 중반에 활동한 각수刻手이다. 1237-38
년에 고려대장경高麗大藏經(『금강반야바라밀다경金剛般若波羅蜜多經』) 조성에
참여하였다.

▫ 1237-38년에 高麗大藏經(『金剛般若波羅蜜多經』) 조성에 참여(김윤곤 편저, 『高麗大藏
經 造成名錄集』)

김수 4(金守 : -1469-) 15세기 중반에 활동한 수철장水鐵匠이다. 1469년에 강원
양양 낙산사洛山寺 범종(燒失)과 경기 남양주 봉선사奉先寺 범종梵鐘을 강원기
姜元己와 수철장으로 조성하였다.

▫ 1469년 강원 양양 洛山寺 梵鐘 조성에 姜元己와 水鐵匠으로 참여(燒失, 정영호「朝鮮前
期 梵鐘考」)
1469년 경기 남양주 奉先寺 梵鐘 조성에 姜元奇와 水鐵匠으로 참여(정영호「朝鮮前期
梵鐘考」)

김순(金順 : -1425-) 15세기 전반에 활동한 각수刻手이다. 1425년에『입학도설
入學圖說』간행에 등운磴雲과 각수로 참여하였다.

▫ 1425년『入學圖說』刊行에 磴雲과 刻手로 참여(刊記,『國寶 寶物 지정보고서 2011』)

김순생(金順生 : -1468-1469-) 15세기 중반에 활동한 각수刻手이다. 1468년에

---

15) 이광배는 국립부여박물관 소장 범종을 13세기로 추정하였다(「高麗時代 梵鐘의 發願階層과
鑄鐘匠人」,『美術史學硏究』262, 2009. 6).

서울 보신각普信閣 종鐘(국립중앙박물관 소장)과 1469년에
경기 남양주 봉선사奉先寺 범종梵鐘 제작에 각수로 참여하
였다.

김순생(刻手), 봉선사 범종, 1469년, 남양주 봉선사

   ▫ 1468년 서울 普信閣 鐘 조성에 참여(국립중앙박물관 소장, 정영호「朝
     鮮前期 梵鐘考」)
   ▫ 1469년 경기 남양주 奉先寺 梵鐘 조성에 刻字로 참여(정영호「朝鮮
     前期 梵鐘考」) 刻字

김승(金升 : -1237-1238-) 13세기 중반에 활동한 각수刻手이다.
1237-38년에 고려대장경高麗大藏經(『금강반야바라밀다경金剛
般若波羅蜜多經』과 『방광반야바라밀경放光般若波羅蜜經』) 조성
에 참여하였다.

   ▫ 1237-38년에 高麗大藏經(『金剛般若波羅蜜多經』) 조성에 참여(김윤곤 편저, 『高麗大藏
     經 造成名錄集』)
     1237-38년에 高麗大藏經(『放光般若波羅蜜經』) 조성에 참여(김윤곤 편저, 『高麗大藏經
     造成名錄集』)

김승염(金承廉 : -978-) 10세기 후반에 활동한 각수刻手이다. 978년에 충남 서
산 보원사普願寺 법인국사보승탑비法印國師寶乘塔碑 건립에 각자刻字로 참여하
였다.

   ▫ 978년 충남 서산 普願寺 法印國師寶乘塔碑 건립에 刻字로 참여(『朝鮮金石總覽』上과 李
     智冠『校勘譯註 歷代高僧碑文(高麗篇2)』) 刻字

김승재(金升才 : -1468-) 15세기 중반에 활동한 주종장이다. 1468년에 서울 보
신각普信閣 종鐘(국립중앙박물관 소장) 조성에 참여하였다.

   ▫ 1468년 서울 普信閣 鐘 조성에 참여(국립중앙박물관 소장, 정영호「朝鮮前期 梵鐘考」)

김언경(金彦卿 : -884-) 9세기 후반에 활동한 서사書寫이다. 884년에 전남 장흥
보림사寶林寺 보조선사창성탑비普照禪師彰聖塔碑 건립에 글을 작성하였다.

   ▫ 884년 전남 장흥 寶林寺 普照禪師彰聖塔碑 건립에 글을 작성(李智冠『校勘譯註 歷代高
     僧碑文(新羅篇)』)

김언수(金彦守 : -1109-) 12세기 전반에 개성에서 활동한 편수片手이다. 1109년
에 홍왕사興王寺 청동은입사운룡문향완靑銅銀入絲雲龍文香垸을 조성하였다.[16]

   ▫ 1109년 興王寺 靑銅銀入絲雲龍文香垸을 조성(호암미술관 소장, 안귀숙「韓國工藝史研
     究 : 金屬工藝」와 허흥식『韓國金石全文』中世 下) 在京造

김엽(金葉 : -1322-) 14세기 전반에 활동한 주성장鑄成匠이다. 1322년에 약사사
명藥師寺銘 금구禁口(금고金鼓, 일본 교토 지온인知恩院 소장) 조성에 대장大匠
성즉性卽과 참여하였다.

   ▫ 1322년 **藥師寺銘** 禁口(金鼓) 조성에 大匠 性卽과 참여(日本 京都 知恩院 소장, 한국금석
     문 종합영상정보시스템) 散員同正

---

16) 興王寺銘 靑銅銀入絲雲龍文香垸은 己丑年에 제작되었는데, 기축을 진홍섭은 1289년, 김창
   균과 최응천은 1229년, 황윤지는 1169년으로 추정하였다.

김영(金瑩 : -1237-1238-) 13세기 중반에 활동한 각수刻手이다. 1237-38년에 고려대장경高麗大藏經(『방광반야바라밀경放光般若波羅蜜經』) 조성에 참여하였다.

　▫ 1237-38년에 高麗大藏經(『放光般若波羅蜜經』) 조성에 참여(김윤곤 편저, 『高麗大藏經造成名錄集』)
　* 김령金玲과 동일인 추정된다.

김예(金禮 : -1468-) 15세기 중반에 활동한 주종장이다. 1468년에 서울 보신각普信閣 종鐘(국립중앙박물관 소장) 조성에 참여하였다.

　▫ 1468년 서울 普信閣 鐘 조성에 참여(국립중앙박물관 소장, 정영호 「朝鮮前期 梵鐘考」)

김오(金悟 : -1401-) 15세기 전반에 활동한 각수刻手이다. 1401년에 『대불정여래밀인수증요의제보살만행수능엄경大佛頂如來密印修證了義諸菩薩萬行首楞嚴經』(양산 통도사와 송성문 소장) 간행에 명호明昊와 각수로 참여하였다.

　▫ 1401년 『大佛頂如來密印修證了義諸菩薩萬行首楞嚴經』 刊行에 明昊와 刻手로 참여(양산 통도사와 송성문 소장, 千惠鳳 「湖林博物館 所藏의 佛敎典籍」)

김오미(金吾未 : -1468-) 15세기 중반에 활동한 주종장이다. 1468년에 서울 보신각普信閣 종鐘(국립중앙박물관 소장) 조성에 참여하였다.

　▫ 1468년 서울 普信閣 鐘 조성에 참여(국립중앙박물관 소장, 정영호 「朝鮮前期 梵鐘考」)

김우(金祐 : -1310-)[17] 14세기 전반에 활동한 화가畵家이다. 1310년에 내알시에 속한 종9품으로 수월관음보살도水月觀音菩薩圖 조성(사가佐賀현립박물관 소장)에 화사畵師로 참여하였다.

　▫ 1310년 水月觀音菩薩圖 조성에 首畵師로 참여(佐賀縣立博物館 所藏, 진홍섭 『韓國佛敎美術』과 洪潤植 編 『韓國佛畵畵記集』) 畵師內班從事

김우길(金尤吉 : -1462-) 15세기 중반에 활동한 목수木手이다. 1462년에 서울 흥천사興天寺 범종梵鐘 조성에 지상智尙과 목수로 참여하였다.

　▫ 1462년 서울 興天寺 梵鐘 조성에 智尙과 木手로 참여(국립중앙박물관 소장, 『朝鮮金石總覽』과 정영호 「朝鮮前期 梵鐘考」)

김운산(金雲山 : -1344-) 14세기 중반에 각수刻手이다. 1344년에 중국中國 심양瀋陽에서 출토된 금고金鼓 조성에 각표刻標로 참여하였다.

　▫ 1344년 中國 瀋陽 出土 金鼓 조성에 刻標로 참여(진홍섭 『韓國佛敎美術』) 刻標

김윤 1(金允 : -1125-) 12세기 전반에 활동한 각수刻手이다. 1125년에 경남 합천 반야사般若寺 원경왕사비元景王師碑 건립에 각자刻字로 참여하였다.

　▫ 1125년 경남 합천 般若寺 元景王師碑 건립에 刻字로 참여(李智冠 『校勘譯註 歷代高僧碑文(高麗篇3)』) 大匠 刻

김윤 2(金潤 : -1401-) 15세기 전반에 활동한 각수刻手이다. 1401년에 『대불정여래밀인수증요의제보살만행수능엄경大佛頂如來密印修證了義諸菩薩萬行首楞嚴經』(양산 통도사와 송성문 소장) 간행에 명호明昊와 각수로 참여하였다.

---

17) 진홍섭, 『韓國佛敎美術』, p. 130에 金裕文으로 읽었다.

▫1401년 『大佛頂如來密印修證了義諸菩薩萬行首楞嚴經』 刊行에 明昊와 刻手로 참여(양산 통도사와 송성문 소장, 千惠鳳 「湖林博物館 所藏의 佛敎典籍」)

김윤생(金尹生 : -1474-) 15세기 후반에 활동한 소목장小木匠이다. 1474년에 『상 교정본자비도량참법詳校正本慈悲道場懺法』 간행에 연판鍊板으로 참여하였다.

▫1474년 『詳校正本慈悲道場懺法』 刊行에 鍊板으로 참여(刊記, 『韓國佛敎儀禮資料叢書』1 집) 鍊板

김이동(金伊同 : -1490-) 15세기 후반에 활동한 목수木手이다. 1490년에 송광 사 미륵전 건립에 대장大匠으로 참여하였다.

▫1490년 송광사 미륵전 건립에 大匠으로 참여(金東旭 『韓國建築工匠史研究』) 大匠

김일(金日 : -1237-1238-) 13세기 중반에 활동한 각수刻手이다. 1237-38년에 고 려대장경高麗大藏經(『금강반야바라밀다경金剛般若波羅蜜多經』) 조성에 참여하 였다.

▫1237-38년에 高麗大藏經(『金剛般若波羅蜜多經』) 조성에 참여(김윤곤 편저, 『高麗大藏 經 造成名錄集』)

김일경(金日卿 : -1238-) 13세기 중반에 활동한 각수刻手이다. 1238년에 고려 대장경高麗大藏經(『마하반야바라밀경摩訶般若波羅密經』) 조성에 참여하였다.

▫1238년에 高麗大藏經(『摩訶般若波羅密經』) 조성에 참여(김윤곤 편저, 『高麗大藏經 造成 名錄集』)
* 일경日卿으로 적혀 있는 경전도 있다.

김자산(金慈山 : -1583-) 16세기 후반에 활동한 주종장鑄鐘匠이다. 1583년에 경 북 하가산下柯山 골암사鶻嵒寺 동종銅鐘(안동 광흥사 소장) 조성에 주장으로 참여하였다.

▫1583년 경북 下柯山 鶻嵒寺 銅鐘 조성에 鑄匠으로 참여(銘文, 안동 廣興寺 소장) 鑄匠

김저(金佇 : -1021-) 11세기 전반에 활동한 각수刻手이다. 1021년에 개성 영취 산대자은현화사지비靈鷲山大慈恩玄化寺之碑 건립에 각수로 참여하였다.

▫1021년 개성 靈鷲山大慈恩玄化寺之碑 건립에 刻字로 참여(진홍섭 『韓國佛敎美術』) 遊擊 將軍臣金佇奉宣刻造盖

김정엄(金丁广 : -1237-1238-) 13세기 중반에 활동한 각수刻手이다. 1237-38년 에 고려대장경高麗大藏經(『금강반야바라밀다경金剛般若波羅蜜多經』) 조성에 참 여하였다.

▫1237-38년에 高麗大藏經(『金剛般若波羅蜜多經』) 조성에 참여(김윤곤 편저, 『高麗大藏 經 造成名錄集』)

김존(金存 : -1237-1238-) 13세기 중반에 활동한 각수刻手이다. 1237-38년에 고 려대장경高麗大藏經(『금강반야바라밀다경金剛般若波羅蜜多經』) 조성에 참여하 였다.

▫1237-38년에 高麗大藏經(『金剛般若波羅蜜多經』) 조성에 참여(김윤곤 편저, 『高麗大藏 經 造成名錄集』)

김저(刻手), 영취산대자은현 화사지비, 1021년, 개성 현 화사

김주석(金珠錫 : -1237-1238-) 13세기 중반에 활동한 각수刻手이다. 1237-38년에 고려대장경高麗大藏經(『금강반야바라밀다경金剛般若波羅蜜多經』) 조성에 참여하였다.

▫ 1237-38년에 高麗大藏經(『金剛般若波羅蜜多經』) 조성에 참여(김윤곤 편저, 『高麗大藏經 造成名錄集』) 刻

김중경(金仲敬 : -1469-) 15세기 중반에 활동한 화원畵員이다. 1469년에 강원 양양 낙산사洛山寺 범종(燒失)과 경기 남양주 봉선사奉先寺 범종梵鐘을 조성할 때 화원畵員으로 참여하였다.

▫ 1469년 강원 양양 洛山寺 梵鐘 조성에 畵員으로 참여(燒失, 정영호 「朝鮮前期 梵鐘考」) 畵員
1469년 경기 남양주 奉先寺 梵鐘 조성(정영호 「朝鮮前期 梵鐘考」) 宣敎郎

김중경(畵員), 범종 명문 탁본, 1469년, 양양 낙산사 / 김중경(畵員), 범종 보살상 탁본, 1469년, 양양 낙산사 / 김중경(畵員), 범종 보살상, 1469년, 남양주 봉선사

김진 1(金眞 : -1237-1238-) 13세기 중반에 활동한 각수刻手이다. 1237-38년에 고려대장경高麗大藏經(『금강반야바라밀다경金剛般若波羅蜜多經』) 조성에 참여하였다.

▫ 1237-38년에 高麗大藏經(『金剛般若波羅蜜多經』) 조성에 참여(김윤곤 편저, 『高麗大藏經 造成名錄集』)

김진 2(金珍 : -1469-) 15세기 중반에 활동한 수철장水鐵匠이다. 1469년에 강원 양양 낙산사洛山寺 범종(燒失)과 경기 남양주 봉선사奉先寺 범종梵鐘을 강원기姜元奇와 수철장으로 조성하였다.

▫ 1469년 강원 양양 洛山寺 梵鐘 조성에 姜元己와 水鐵匠으로 참여(燒失, 정영호 「朝鮮前期 梵鐘考」)
1469년 경기 남양주 奉先寺 梵鐘 조성에 姜元奇와 水鐵匠으로 참여(정영호 「朝鮮前期

梵鐘考」)

김천동(金千同 : -1470-) 15세기 후반에 활동한 각수刻手이다. 1470년에『수륙무차평등재의찰요水陸無遮平等齋儀撮要』간행刊行에 김록동金彔同과 각수로 참여하였다.

◦ 1470년『水陸無遮平等齋儀撮要』刊行에 金彔同과 刻手로 참여(성보문화재단 소장,『動産文化財指定報告書(91 지정편)』)

김춘경(金春敬 : -1468-1469-) 15세기 중반에 활동한 수철장水鐵匠이다. 1468년에 서울 보신각普信閣 종鐘(국립중앙박물관 소장)과 1469년에 강원 양양 낙산사洛山寺 범종(燒失)과 경기 남양주 봉선사 범종梵鐘을 강원기姜元奇와 수철장으로 조성하였다.

◦ 1468년 서울 普信閣 鐘 조성에 참여(국립중앙박물관 소장, 정영호「朝鮮前期 梵鐘考」)
◦ 1469년 강원 양양 洛山寺 梵鐘 조성에 姜元己와 水鐵匠으로 참여(燒失, 정영호「朝鮮前期 梵鐘考」)
1469년 경기 남양주 奉先寺 梵鐘 조성에 姜元奇와 水鐵匠으로 참여(정영호「朝鮮前期 梵鐘考」)

김치(金致) 여말선초에 활동한 편수片手이다. 전남 구례 천은사泉隱寺 금동불감金銅佛龕 조성에 조장造藏으로 참여하였다.

◦ 전남 구례 泉隱寺 金銅佛龕 조성에 造藏으로 참여(鄭永鎬「智異山 泉隱寺의 金銅佛龕」) 造藏

김호생(金好生 : -1468-) 15세기 중반에 활동한 주종장이다. 1468년에 서울 보신각普信閣 종鐘(국립중앙박물관 소장) 조성에 참여하였다.

◦ 1468년 서울 普信閣 鐘 조성에 참여(국립중앙박물관 소장, 정영호「朝鮮前期 梵鐘考」)

김치(造藏), 금동불감, 구례 천은사

김□(金□) 고려시대 개성 근방 적항赤項에서 활동한 와장瓦匠이다. 개성 만월대에 있던 궁성에 올린 기와를 제작하였다.

◦ 고려시대 개성 만월대에 있던 궁성에 올린 기와를 제작한 와장으로 참여(홍영의「개성 고려궁성 출토 명문기와의 유형과 窯場」) 赤項

ㄴ

나부개(羅夫介 : -1468-) 15세기 중반에 활동한 주종장이다. 1468년에 서울 보신각普信閣 종鐘(국립중앙박물관 소장) 조성에 참여하였다.

> ▫ 1468년 서울 普信閣 鐘 조성에 참여(국립중앙박물관 소장, 정영호 「朝鮮前期 梵鐘考」)

나운(蘿雲 : -1586-) 16세기 후반에 활동한 화원畵員이다. 1586년에 경북 문경 봉암사鳳巖寺 목조아미타여래좌상木造阿彌陀如來坐像 조성에 화원으로 참여하였다.

> ▫ 1586년 경북 문경 鳳巖寺 木造阿彌陀如來坐像 조성에 수화승으로 참여(『한국의 사찰문화재 - 경상북도Ⅱ』) 畵員

난교(蘭交 : -895-) 9세기 후반에 신라에서 활동한 석수石手이다. 895년에 경남 합천 해인사海印寺 길상탑吉祥塔 건립에 장사匠士로 참여하였다.

> ▫ 895년 경남 합천 海印寺 吉祥塔 건립에 匠士로 참여(石塔記, 진홍섭 『한국미술사자료집성(1)』 大匠僧

낭감(朗鑒 : -1278-)[1] 13세기 후반에 활동한 주종장鑄鐘匠이다. 1278년에 무인명戊寅銘 수연원修淵院 범종(호림박물관 소장)을 조성하였다.

> ▫ 1278년에 戊寅銘 修淵院 梵鐘을 조성(호림박물관 所藏, 黃壽永 「高麗梵鐘의 新例(其十一)」) 匠人

내원(乃元 : -1490-) 15세기 후반에 활동한 목수木手이다. 1490년에 경북 영주 부석사浮石寺 조사당祖師堂 중수에 월탄月炭과 대목大木으로 참여하였다.

> ▫ 1490년 경북 영주 浮石寺 祖師堂 중수에 月炭과 大木으로 참여(申榮勳 編 『韓國古建物上樑記文集』과 「浮石寺資料」 『佛敎美術』3)

노개(老个)[2] 고려시대에 활동한 주성장鑄成匠이다. 병술명 관음사觀音寺 반자般子(金鼓, 호림박물관 소장) 제작에 대장大匠으로 참여하였다.

나운(畵員), 목조아미타여래좌상, 1586년, 문경 봉암사

---

1) 『湖林博物館名品選集Ⅱ』, 湖林博物館, 1999, p. 256에는 낭현朗縣으로, 최응천, 「고려시대 금속공예와 匠人」, 『미술사학연구』 241, 한국미술사학회, 2004.3, p. 173에는 朗□□로 읽었다.
2) 진홍섭, 『韓國佛敎美術』, p. 135에 장인을 老介로, 한국금석문 종합영상정보시스템에 장인을 老个同으로, 최응천, 「고려시대 금속공예와 匠人」, 『미술사학연구』 241, 한국미술사학회, 2004.3, p. 186에 老로 읽었다.

　▫丙戌銘 觀音寺 般子(金鼓) 제작에 大匠으로 참여(서울 호림박물관 소장, 한국금석문 종
　합영상정보시스템) 大匠

노신(盧信 : -1401-) 15세기 전반에 활동한 각수刻手이다. 1401년에『대불정여
래밀인수증요의제보살만행수능엄경大佛頂如來密印修證了義諸菩薩萬行首楞嚴經』
(양산 통도사와 송성문 소장) 간행에 명호明昊와 각수로 참여하였다.

　▫1401년『大佛頂如來密印修證了義諸菩薩萬行首楞嚴經』刊行에 明昊와 刻手로 참여(양산
　통도사와 송성문 소장, 千惠鳳「湖林博物館 所藏의 佛敎典籍」)

노영(魯英 : -1307-1325-) 14세기 전반에 활동한 화원畵員이다. 1307년에 담무
갈曇無竭·지장보살현신도地藏菩薩現身圖(국립중앙박물관 소장)을 조성하고,
1325년에 강화 선원사禪源寺 비로전毘盧殿에 벽화를 그렸다.

　▫1307년 曇無竭·地藏菩薩現身圖 조성에 畵員으로 참여(국립중앙박물관 소장,『국립춘천
　박물관』) 大德十一年八月 謹畵魯英 同願福得 付金漆畵
　▫1325년 강화 禪源寺 毘盧殿에 벽화를 그림(禪源寺毘盧殿丹靑記『東文選』卷65) 班頭

노영, 담무갈·지장보살현신도, 1307년,
국립중앙박물관 소장

노영, 담무갈·지장보살현신도, 1307년,
국립중앙박물관 소장

노진(盧珎 : -1103-)3) 12세기 전반에 활동한 주성장鑄成匠이다. 1103년에 서울
삼각산 중흥사中興寺 금고金鼓 조성에 대장大匠으로 참여하였다.

　▫1103년 서울 삼각산 中興寺 金鼓 조성에 大匠으로 참여(삼성미술관 리움 소장, 진홍섭
　『韓國佛敎美術』과 한국금석문 종합영상정보시스템) 大匠

노희(盧禧 : -1237-1238-) 13세기 중반에 활동한 각수刻手이다. 1237-38년에 고
려대장경高麗大藏經(『금강반야바라밀다경金剛般若波羅蜜多經』) 조성에 참여하
였다.

---

　3) 진홍섭,『韓國佛敎美術』, p. 137에는 盧珍으로 읽었다.

▫ 1237-38년에 高麗大藏經(『金剛般若波羅蜜多經』) 조성에 참여(김윤곤 편저, 『高麗大藏經 造成名錄集』)

녹대(祿大 : -1244-) 13세기 중반에 활동한 각수刻手이다. 1244년에 대장도감에서 조성한 경전 간행에 참여하였다.

▫ 1244년 대장도감에서 조성된 경전 간행에 참여(최연주 『高麗大藏經 硏究事』)

녹삼(甪三) 고려시대 개성 근방 월개月盖에서 활동한 와장瓦匠이다. 개성 만월대에 있던 궁성에 올린 기와를 제작하였다.

▫ 고려시대 개성 만월대에 있던 궁성에 올린 기와를 제작한 와장으로 참여(홍영의 「개성 고려궁성 출토 명문기와의 유형과 窯場」) 月盖

능대(能大 : -1244-) 13세기 중반에 활동한 각수刻手이다. 1244년에 분사대장도감에서 조성한 경전 간행에 참여하였다.

▫ 1244년 분사대장도감에서 조성된 경전 간행에 참여(최연주 『高麗大藏經 硏究事』)

능회(能會 : -1021-) 11세기 전반에 활동한 각수刻手이다. 1021년에 개성 영취산대자은현화사지비靈鷲山大慈恩玄化寺之碑 건립에 전자鐫字로 참여하였다.

▫ 1021년 개성 靈鷲山大慈恩玄化寺之碑 건립에 鐫字로 참여(진홍섭 『韓國佛敎美術』) 遊擊將軍臣金佇奉宣刻造盖

능길(能吉 : -754-755-) 8세기 중반에 경북 경주에서 활동한 경심장經心匠이다. 754년 8월 1일부터 755년 2월 14일까지 만든 「백지묵서화엄경白紙墨書華嚴經」(삼성문화재단 소장) 제작에 경심장으로 참여하였다.

▫ 754년 8월 1일부터 755년 2월 14일까지 만든 「白紙墨書華嚴經」 제작에 경심장으로 참여(삼성문화재단 소장, 李基白 「新羅 景德王代 華嚴經 寫經 關與者에 대한 考察」) 經心匠 大京 奈麻

능□(能□ : -941-) 10세기 중반에 활동한 야장冶匠이다. 941년에 경북 영풍 경청선원境淸禪院 자적선사능운탑비慈寂禪師凌雲塔碑 건립에 철장鐵匠으로 참여하였다.

▫ 941년에 경북 영풍 境淸禪院 慈寂禪師凌雲塔碑 건립에 鐵匠으로 참여(李智冠 『校勘譯註 歷代高僧碑文(高麗篇1)』) 鐵匠

ㄷ

달계(達戒 : -1375-) 14세기 후반에 활동한 목수木手이다. 1375년에 경북 영천 은해사 거조암 영산전 건립에 법신法信과 목수로 참여하였다.
- 1375년 경북 영천 은해사 거조암 영산전 건립에 法信과 木手로 참여(金東旭『韓國建築工匠史研究』) 木手

달공(達空 : -1443-) 15세기 중반에 활동한 각수刻手이다. 1443년에 전북 완주 화암사花岩寺에서 『묘법연화경妙法蓮華經』(고양 원각사 소장) 간행에 신효信孝와 각수로 참여하였다.
- 1443년 전북 완주 花岩寺에서 『妙法蓮華經』刊行에 信孝와 刻手로 참여(刊記, 고양 원각사 소장) 大禪師

달능(達能 : -1508-) 16세기 전반에 활동한 석수石手이다. 1508년에 동대東臺 탑塔 개조改造에 성운省雲과 석수로 참여하였다.
- 1508년 東臺塔 改造에 省雲과 石手로 참여(石塔記, 동국대학교 박물관 소장, 黃壽永「統和와 正德銘의 塔誌石」와 진홍섭『韓國佛敎美術』)

달수(達修 : -1542-) 16세기 중반에 활동한 소목장小木匠이다. 1542년에 경북 안동 하가산下柯山 광흥사廣興寺 『월인석보月印釋譜』(화봉문고 소장) 간행에 희운熙云과 연판鍊板으로 참여하였다.
- 1542년 경북 安東 下柯山 廣興寺 『月印釋譜』간행에 熙云과 鍊板으로 참여(刊記, 화봉문고 소장)

달연(達然 : -1377-) 14세기 후반에 활동한 목수木手이다. 1377년에 경북 영주 부석사浮石寺 조사당祖師堂 중수重修에 심경心鏡과 대목大木으로 참여하였다.
- 1377년 경북 영주 浮石寺 祖師堂 重修에 心鏡과 大木으로 참여(申榮勳 編『韓國古建物上樑記文集』과 진홍섭『韓國佛敎美術』)

달의(達意 : -1384-) 14세기 후반에 활동한 야장冶匠이다. 1384년에 평북 향산 안심사安心寺 지공指空 나옹懶翁 사리석종비舍利石鍾碑 건립에 윤가물尹加物과 노야爐冶로 참여하였다.
- 1384년 평북 향산 安心寺 指空 懶翁 舍利石鍾碑 건립에 尹加物과 爐冶로 참여(李智冠『校勘譯註 歷代高僧碑文(高麗篇4)』)

달희(達熙, 達凞 : -1530-) 16세기 전반에 활동한 목수木手이다. 1530년에 황북 사리원 성불사成佛寺 응진전應眞殿 중창重創에 현사玄思와 대목大木으로 참여 하였다.
  ▫ 1530년 황북 사리원 成佛寺 應眞殿 重創에 玄思와 大木으로 참여(申榮勳 編『韓國古建物上樑記文集』) 行副木

담정(淡正 : -1565-) 16세기 중반에 활동한 조각승彫刻僧이다. 1565년에 전남 목포 달성사達聖寺 목조지장보살반가상木造地藏菩薩半跏像을 향엄香嚴과 화원 畵員으로 조성하였다.
  ▫ 1565년 전남 목포 達聖寺 木造地藏菩薩半跏像을 수화승 香嚴과 조성(造成發願文, 어준일 「16世紀 朝鮮時代의 佛敎彫刻 研究」)

담징 1(曇徵 : 579-631) 6세기 후반부터 7세기 전반에 활동한 고구려의 승려이자 화가이다. 610년에 백제를 거쳐 일본으로 건너가 채색과 종이·먹·연자방아 등의 제작기술을 전파 하였고, 나라奈良 호류지法隆寺 금당벽화金堂壁畵 조성에 참 여하였다.
  ▫ 610년 백제를 거쳐 일본으로 건너가 채색과 종이·먹·연자방아 등의 제작기술을 전파하였고, 奈良 法隆寺 金堂壁畵 조성에 참여(『日本書紀』卷22, 진홍섭 『한국미술사자료집성(1)』)

담징 2(淡澄 : -1583-) 16세기 후반에 활동한 화원畵員이다. 1583 년에 충남 부여 망월산望月山 경□사敬□寺 좌우제석도左右帝釋圖(일본 도쿠시마현德島縣 젠카쿠지善覺寺 소장) 조성에 화원으로 참여하였다.
  ▫ 1583년 충남 부여 望月山 敬□寺 左右帝釋圖 조성에 畵員으로 참여(日本 德島縣 善覺寺 所藏, 박은경『조선전기불화연구』) 幀上畵員

담징, 제석천도, 1583년, 일본 도쿠시마현 젠카쿠지 (부여 경□사 조성)

담청(淡淸 : -1570-1579-) 16세기 후반에 활동한 목수木手이다. 1570년 여름에 지리산 신흥사臣興寺에서 『선종연가집禪宗永嘉集』 중간重刊과 1579년에 『법집별행록절요병입사기法集別行錄節要幷入私記』 간행刊行에 연판鍊板으로 참여 하였다.
  ▫ 1570년 여름 지리산 臣興寺에서 『禪宗永嘉集』 重刊에 鍊板으로 참여(동국대학교 소장, 곽승훈·김아네스·홍영기 편저 『지리산권 불교자료1-간기편』) 鍊板
  ▫ 1579년 여름 지리산 神興寺에서 『法集別行錄節要幷入私記』 刊行에 鍊板으로 참여(동국대학교 소장, 곽승훈·김아네스·홍영기 편저 『지리산권 불교자료1-간기편』) 鍊板

당경(唐京 : -1237-1238-) 13세기 중반에 활동한 각수刻手이다. 1237-38년에 고려대장경高麗大藏經(『방광반야바라밀경放光般若波羅蜜經』) 조성에 참여하였다.
  ▫ 1237-38년에 高麗大藏經(『放光般若波羅蜜經』) 조성에 참여(김윤곤 편저, 『高麗大藏經造成名錄集』)

당보(唐甫 : -1237-1238-) 13세기 중반에 활동한 각수刻手이다. 1237-38년에 고

려대장경高麗大藏經(『금강반야바라밀다경金剛般若波羅蜜多經』) 조성에 참여하였다.

▫ 1237-38년에 高麗大藏經(『金剛般若波羅蜜多經』) 조성에 참여(김윤곤 편저, 『高麗大藏經 造成名錄集』)

대광(大光 : -1237-1238-) 13세기 중반에 활동한 각수刻手이다. 1237-38년에 고려대장경高麗大藏經(『금강반야바라밀다경金剛般若波羅蜜多經』) 조성에 참여하였다.

▫ 1237-38년에 高麗大藏經(『金剛般若波羅蜜多經』) 조성에 참여(김윤곤 편저, 『高麗大藏經 造成名錄集』)

대금약(袋金躍 : -1206-) 13세기 전반에 활동한 주종장鑄鐘匠이다. 1206년에 선경원종善慶院鐘을 조성하였다.

▫ 1206년 善慶院鐘을 조성(최응천 「고려시대 금속공예와 匠人」) 金魚

대덕(大德 : -1225-) 13세기 전반에 활동한 주성장鑄成匠이다. 전북 완주 상관면 대성리 화엄사지華嚴寺址에서 출토된 1225년 반자半子(금고金鼓, 국립부여박물관 소장) 조성에 대장大匠으로 참여하였다.

▫ 전북 완주 상관면 대성리 華嚴寺址에서 출토된 1225년 半子(金鼓) 조성에 大匠으로 참여(국립부여박물관 소장, 진홍섭『韓國佛敎美術』과 한국금석문 종합영상정보시스템) 大匠

대명(大明 : -1237-1238-) 13세기 중반에 활동한 각수刻手이다. 1237-38년에 고려대장경高麗大藏經(『금강반야바라밀다경金剛般若波羅蜜多經』) 조성에 참여하였다.

▫ 1237-38년에 高麗大藏經(『金剛般若波羅蜜多經』) 조성에 참여(김윤곤 편저, 『高麗大藏經 造成名錄集』) 刻

대방(大方 : -1561-) 16세기 중반에 활동한 화원畫員이다. 1561년에 전북 고창 선운사禪雲寺 창담암懺堂庵 대웅전 목조아미타삼존불좌상木造阿彌陀三尊佛坐像을 수화승으로 조성하였다.

▫ 1561년 전북 고창 禪雲寺 懺堂庵 大雄殿 木造阿彌陀三尊佛坐像를 首畫僧으로 제작(發願文, 『兜率山禪雲寺誌』) 畫員

대방, 목조아미타삼존불좌상, 1561년, 고창 선운사 창담암

대부(大夫 : -1289-) 13세기 후반에 활동한 주종장鑄鐘匠이다. 1289년에 기축명己丑銘 죽장사竹丈寺 범종(삼성미술관 소장)을 조성하였다.

▫ 1289년 己丑銘 竹丈寺 梵鐘을 조성(삼성미술관 所藏, 진홍섭『韓國佛敎美術』과 이광배 「高麗時代 梵鐘의 發願階層과 鑄鐘匠人」) 大匠

대사(大士 : -1238-) 13세기 중반에 활동한 각수刻手이다. 1238년에 대장도감에서 조성한 경전 간행에 참여하였다.

▫ 1238년 대장도감에서 조성된 경전 간행에 참여(최연주 『高麗大藏經 硏究事』)

대성(大聖 : -1584-) 16세기 후반에 활동한 각수刻手이다. 1584년에 전북 부안 능가산楞伽山 실상사實相寺에서 『묘법연화경妙法蓮華經』(화봉문고 소장) 간행에 탄연坦衍과 각수로 참여하였다.

　◦1584년 전북 부안 楞伽山 實相寺에서 『妙法蓮華經』간행에 坦衍과 刻手로 참여(刊記, 화봉문고 소장)

대승(大升 : -1236-) 13세기 중반에 활동한 각수刻手이다. 1236년에 경남 합천 해인사에서 출간한 『불설범석사천왕다라니경佛說梵釋四天王多羅尼經』 간행에 각수로 참여하였다.

　◦1236년 경남 합천 海印寺에서 출간한 『佛說梵釋四天王多羅尼經』간행에 刻手로 참여(최연주 『高麗大藏經 研究事』) 刻手

대연(大然 : -1237-1238-) 13세기 중반에 활동한 각수刻手이다. 1237-38년에 고려대장경高麗大藏經(『방광반야바라밀경放光般若波羅蜜經』) 조성에 참여하였다.

　◦1237-38년에 高麗大藏經(『放光般若波羅蜜經』) 조성에 참여(김윤곤 편저, 『高麗大藏經 造成名錄集』)
　* 태연太然의 오기일 가능성 있다.

대오(大悟 : -1150-1172-) 12세기 중반에 보현사普賢寺 주지住持를 역임한 서자書者이다. 1150년에 전남 광양 옥룡사玉龍寺 선각국사증성혜등탑비先覺國師證聖慧燈塔碑와 1172년에 경북 산청 단속사斷俗寺 대감국사비大鑑國師碑 건립에 서자書者로 참여하였다.

　◦1150년 전남 광양 玉龍寺 先覺國師證聖慧燈塔碑 건립에 書者로 참여(李智冠 『校勘譯註 歷代高僧碑文(高麗篇3)』) 普賢寺 住持 書
　◦1172년 경북 산청 斷俗寺 大鑑國師碑 건립에 書者로 참여(진홍섭 『韓國佛敎美術』) 普賢寺 住持

대운(大雲 : -1581-) 16세기 후반에 활동한 각수刻手이다. 1581년에 충남 서산 가야산伽耶山 강당사講堂寺에서 『천지명양수륙잡문天地冥陽水陸雜文』 간행에 도명道明과 각수로 참여하였다.

　◦1581년에 충남 서산 伽耶山 講堂寺에서 『天地冥陽水陸雜文』 刊行에 道明과 刻手로 참여(刊記, 『韓國佛敎儀禮資料叢書』1집)

대의(大義 : -1560-) 16세기 중반에 활동한 각수刻手이다. 1560년에 황해도 문화 구월산九月山 월출암月出庵 개간開刊하여 서흥瑞興 귀진사歸進寺 유판留板한 『대방광불화엄경소大方廣佛華嚴經疏 제38』(화봉문고 소장) 간행에 판하본版下本을 쓰고, 경웅罔雄과 각수로 참여하였다.

　◦1560년 黃海道 文化 九月山 月出庵 開刊하여 瑞興地 歸進寺 留板한 『大方廣佛華嚴經疏(三十八)』 간행에 版下本을 쓰고, 罔雄과 각수로 참여(刊記, 화봉문고 소장)

대재(大才 : -1237-1238-) 13세기 중반에 활동한 각수刻手이다. 1237-38년에 고려대장경高麗大藏經(『방광반야바라밀경放光般若波羅蜜經』) 조성에 참여하였다.

　◦1237-38년에 高麗大藏經(『放光般若波羅蜜經』) 조성에 참여(김윤곤 편저, 『高麗大藏經 造成名錄集』)

대정허(隊正許 : -1237-1238-) 13세기 중반에 활동한 각수刻手이다. 1237-38년에 고려대장경高麗大藏經(『금강반야바라밀다경金剛般若波羅蜜多經』) 조성에 참여하였다.

　□ 1237-38년에 高麗大藏經(『金剛般若波羅蜜多經』) 조성에 참여(김윤곤 편저, 『高麗大藏經 造成名錄集』)

대주(大珠 : -970-1006-) 10세기 후반부터 11세기 전반까지 활동한 조각승彫刻僧이다. 970년부터 1006년까지 혜명慧明과 충남 논산 관촉사 석조보살입상 제작에 참여하고, 1009년에 강원 양양 명주사明珠寺를 혜명과 창건하였다.

　□ 970년부터 1006년까지 충남 논산 灌燭寺 石造菩薩立像 제작에 慧明과 참여(이능화 「灌燭巨像湧石琢慧明」 『朝鮮佛教通史』下)
　□ 1009년 강원 양양 明珠寺를 慧明과 창건(이능화 「灌燭巨像湧石琢慧明」 『朝鮮佛教通史』下)

대지(大智 : -1132-) 12세기 전반에 천수사天壽寺를 중심으로 활동한 각수刻手로, 대각국사大覺國師의 문도에 속하는 스님이다. 1132년에 경북 칠곡 선봉사僊鳳寺 대각국사비大覺國師碑 건립에 간자刊字로 참여하였다.

　□ 1132년 경북 칠곡 僊鳳寺 大覺國師碑 건립에 刊字로 참여(李智冠 『校勘譯註 歷代高僧碑文(高麗篇3)』) 門人 天壽寺 刊字

대천(大千 : -1244-) 13세기 중반에 활동한 각수刻手이다. 1244년에 대장도감에서 조성한 경전 간행에 참여하였다.

　□ 1244년 대장도감에서 조성된 경전 간행에 참여(최연주 『高麗大藏經 研究事』)

덕란(德蘭 : -1377-) 14세기 후반에 활동한 사경승寫經僧이다. 1377년에 「백지묵서묘법연화경白紙墨書妙法蓮華經」(총 7권, 호림박물관 소장)을 필사하였다.

　□ 1377년 「白紙墨書妙法蓮華經」(총 7권)을 필사(호림박물관 소장, 진홍섭 『韓國佛教美術』)

덕보 1(德甫 : -1125-) 12세기 전반에 활동한 석장石匠이다. 1125년에 개성 영통사靈通寺 대각국사비大覺國師碑 건립에 석종碩從과 석공石工으로 참여하였다.

　□ 1125년 개성 靈通寺 大覺國師碑 건립에 碩從과 石工으로 참여(李智冠 『校勘譯註 歷代高僧碑文(高麗篇3)』) 大師

덕보 2(德甫 : -1237-1238-) 13세기 중반에 활동한 각수刻手이다. 1237-38년에 고려대장경高麗大藏經(『금강반야바라밀다경金剛般若波羅蜜多經』) 조성에 참여하였다.

　□ 1237-38년에 高麗大藏經(『金剛般若波羅蜜多經』) 조성에 참여(김윤곤 편저, 『高麗大藏經 造成名錄集』)

덕순(德淳 : -1578-1580-) 16세기 후반에 활동한 각수刻手이다. 1578년에 경기 안양 삼막사三邈寺와 경기 용인 서봉사瑞峯寺에서 『묘법연화경妙法蓮華經』 간행에 각수로 참여하고, 1580년에 『제반문諸般文』 간행에 일섬日暹과 각수로 참여하였다.

　□ 1578년 경기 安養 三邈寺板 『妙法蓮華經』 刊行에 刻手로 참여(金相淏 「朝鮮朝 寺刹板 刻手 研究」)

1578년 경기 龍仁 瑞峯寺에서 『妙法蓮華經』 刊行에 刻手로 참여(金相淏 「朝鮮朝 寺刹板 刻手 研究」)
- 1580년 『諸般文』 刊行에 日暹과 刻手로 참여(개인 소장, 『僧』)

덕유(德有 : -1237-1238-) 13세기 중반에 활동한 각수刻手이다. 1237-38년에 고려대장경高麗大藏經(『금강반야바라밀다경金剛般若波羅蜜多經』) 조성에 참여하였다.
- 1237-38년에 高麗大藏經(『金剛般若波羅蜜多經』) 조성에 참여(김윤곤 편저, 『高麗大藏經 造成名錄集』)

덕천(德遷 : -1132-) 12세기 전반에 활동한 각수刻手이다. 1132년에 경북 칠곡 선봉사僊鳳寺 대각국사비大覺國師碑 건립에 대지大智와 간자刊字로 참여하였다.
- 1132년 경북 칠곡 僊鳳寺 大覺國師碑 건립에 大智와 刊字로 참여(李智冠 『校勘譯註 歷代高僧碑文(高麗篇3)』) 刊字

덕호(德浩 : -1584-) 16세기 후반에 활동한 각수刻手이다. 1584년 전북 김제 흥복사興福寺에서 『목련경目連經』 간행에 변상각수變相刻手로 참여하였다.
- 1584년 전북 김제 興福寺에서 『目連經』 간행에 變相刻手로 참여(朴桃花 「朝鮮時代 金剛經 判畵의 圖像」) 刊

도공(추空 : -1380-) 14세기 후반에 활동한 서자書者이다. 1380년 3월에 『대방광원각수다라요의경大方廣圓覺修多羅了義經』(울주 양덕사 소장) 간행에 종불宗㟽과 판하본版下本을 썼다.
- 1380년 『大方廣圓覺修多羅了義經』 刊行에 版下本을 씀(울주 양덕사 소장, 윤상기 「양덕사 소장 불교전적 조사보고서」)

도명(道明 : -1581-) 16세기 후반에 활동한 각수刻手이다. 1581년에 충남 서산 가야산伽耶山 강당사講堂寺에서 『천지명양수륙잡문天地冥陽水陸雜文』 간행에 각수로 참여하였다.
- 1581년에 충남 서산 伽耶山 講堂寺에서 『天地冥陽水陸雜文』 刊行에 刻手로 참여(刊記, 『韓國佛敎儀禮資料叢書』1집) 刻

도봉(道峯 : -1535-) 16세기 중반에 활동한 화원畵員이다. 1535년에 석가팔상도釋迦八相圖(일본 와카야마현和歌山縣 곤고후지金剛峯寺 소장) 조성에 지종志宗과 참여하였다.
- 1535년 釋迦八相圖 조성에 志宗과 참여(日本 和歌山縣 金剛峯寺 所藏, 박은경 『조선전기불화연구』)

도성(道成 : -1554-1574-) 16세기 중·후반에 황해도와 평안도 사찰에서 활동한 각수刻手이다. 1554년에 황북 서흥 귀진사판歸進寺板, 1555년에 평북 태천 양화사판陽和寺板 『금강경金剛經』, 1556년에 귀진사판歸進寺板 『화엄경소華嚴經疏』, 1557년 성숙사판星宿寺板 『십지경론十地經論』, 1559년에 성숙사판星宿寺板 『수능엄경首楞嚴經』 간행에 각수로 참여하였다. 그는 1561년에 평안도 상원 해탈암解脫菴에서 『불정심타라니경佛頂心陀羅尼經』과 1564년에 황남 신천

패엽사貝葉寺에서 『금강경金剛經』 및 1574년에 황해 흥률사興栗寺에서 『불설
예수시왕생칠경佛說預修十王生七經』 간행에 변상각수變相刻手로 참여하였다.

- 1554년 황북 서흥 歸進寺板 佛經 간행에 刻手로 참여(金相淏 「朝鮮朝 寺刹板 刻手 硏究」)
- 1555년 평북 태천 陽和寺板 『金剛經』 간행에 刻手로 참여(朴桃花 「朝鮮時代 金剛經 判書의 圖像」)
- 1556년 歸進寺板 『華嚴經疏』 간행에 刻手로 참여(朴桃花 「朝鮮時代 金剛經 判書의 圖像」)
- 1557년 星宿寺板 『十地經論』 刊行에 刻手로 참여(金相淏 「朝鮮朝 寺刹板 刻手 硏究」)
- 1559년 星宿寺板 『首楞嚴經』 刊行에 刻手로 참여(金相淏 「朝鮮朝 寺刹板 刻手 硏究」)
- 1561년 평안도 祥原 解脫菴에서 『佛頂心陀羅尼經』 刊行에 變相刻手로 참여(朴桃花 「朝鮮時代 金剛經 判書의 圖像」) 刊畵
- 1564년 황남 신천 貝葉寺에서 『金剛經』 간행에 變相刻手로 참여(朴桃花 「朝鮮時代 金剛經 判書의 圖像」) 刊字
- 1574년 황해 興栗寺에서 『佛說預修十王生七經』 刊行에 變相刻手로 참여(개인 소장, 『삶, 그후』와 金相淏 「朝鮮朝 寺刹板 刻手 硏究」) 刊畵

도식(道識 : -1532-1534-) 16세기 전반에 활동한 각수刻手이다. 1532년에 전북
진안鎭安 성수사聖壽山 중대사판中臺寺板 『묘법연화경妙法蓮華經』(화봉문고 소
장)과 1534년에 전북 고창 문수사文殊寺에서 『법화영험전法華靈驗傳』(화봉문
고 소장) 간행에 각수로 참여하였다.

- 1532년 전북 鎭安 聖壽山 中臺寺板 『妙法蓮華經』 간행에 刻手로 참여(刊記, 화봉문고 소장) 刻手
- 1534년 전북 高敞 文殊寺에서 『法華靈驗傳』 간행에 각수로 참여(刊記, 화봉문고 소장) 刻手

도신(道信 : -1525-1539-) 16세기 전반에 활동한 각수刻手이다. 1525년에 전남
순천 대광사大光寺에서 『계초심학인문誠初心學人文』 간행에 정오正悟와 각수
로 참여하고, 1539년에 경상도 안음安陰 덕유산德宥山 영각사靈覺寺에서 『묘
법연화경요해妙法蓮華經要解』 간행에 법숭法崇과 각수로 참여하였다.

- 1525년 전남 순천 大光寺에서 『誠初心學人文』 刊行에 正悟와 刻手로 참여(『僧』)
- 1539년 경상도 安陰 德宥山 靈覺寺에서 『妙法蓮華經要解』 刊行에 法崇과 刻手로 참여(국립중앙도서관 소장, 곽승훈·김아네스·홍영기 편저 『지리산권 불교자료1–간기편』)

도언(刻手), 『조상경』, 1575년, 담양 용천사

도안(道安 : -1539-) 16세기 중반에 활동한 각수刻手이다. 1539년에 경상도 안
음安陰 덕유산德宥山 영각사靈覺寺에서 『묘법연화경요해妙法蓮華經要解』 간행
에 법숭法崇과 각수로 참여하였다.

- 1539년 경상도 安陰 德宥山 靈覺寺에서 『妙法蓮華經要解』 刊行에 法崇과 刻手로 참여(국립중앙도서관 소장, 곽승훈·김아네스·홍영기 편저 『지리산권 불교자료1–간기편』)

도언(道彦, 道言 : -1575-) 16세기 후반에 전남 순천에서 활동한 각수刻手이다.
1575년에 전남 담양 용천사에서 『조상경造像經』 간행(고양 원각사 소장)에
각수로 참여하였다.

- 1575년 전남 담양 龍泉寺에서 『造像經』 刊行에 刻手로 참여(刊記, 고양 원각사 소장) 刻手

도언(刻手), 『조상경』 간기, 1575년, 담양 용천사

도엄(道嚴 : -1580-) 16세기 후반에 활동한 조각승彫刻僧이다. 1580년에 경북
울진 불영사 석가삼존상 조성에 영준靈俊과 화원畵員으로 참여하였다.

▫ 1580년 경북 울진 불영사 석가삼존상 조성에 靈俊과 畵員으로 참여(문명대「조선전반기 불상 조각의 도상해석학적 연구」)

도운 1(道雲 : -1460-) 15세기 중반에 활동한 각수刻手이다. 1460년에 『육경합부六經合部』(고양 원각사 소장) 간행에 각수로 참여하였다.

▫ 1460년 『六經合部』 간행에 刻手로 참여(刊記, 고양 원각사 소장) 刻手

도운 2(道云 : -1567-) 16세기 중반에 활동한 소목장小木匠이다. 1567년에 함경도咸鏡道 고원高原 자령산慈嶺山 양수사兩水寺에서 『불설대보부모은중경佛說大報父母恩重經』(화봉문고 소장) 간행에 연판鍊板으로 참여하였다.

▫ 1567년 咸鏡道 高原 慈嶺山 兩水寺에서 『佛說大報父母恩重經』 간행에 鍊板으로 참여(刊記, 화봉문고 소장) 鍊板

도유(道裕 : -1502-) 15세기 후반부터 16세기 전반까지 활동한 조각승彫刻僧으로, 홍교사興敎寺 주지住持를 역임한 대선사大禪師이다. 1502년에 평안도 천성산天聖山 관음사觀音寺 목조보살좌상木造菩薩坐像 개금改金에 참여하였다.

▫ 1502년 평안도 天聖山 觀音寺 木造菩薩坐像 獻金에 참여(어준일「16世紀 朝鮮時代의 佛敎彫刻 研究」) 造像前興敎住持大禪師

도자(道者 : -1377-) 14세기 후반에 활동한 화원畵員이다. 1377년에 경북 영주 부석사浮石寺 조사당祖師堂 중수重修에 의철義喆과 화원으로 참여하였다.

▫ 1377년 경북 영주 浮石寺 祖師堂 重修에 義喆과 畵員으로 참여(金東旭『韓國建築工匠史 研究』)

도진(道眞 : -1574-) 16세기 후반에 활동한 각수刻手이다. 1574년에 전남 순천 조계산曹溪山 송광사松廣寺에서 『천지명양수륙재의찬요天地冥陽水陸齋儀纂要』(화봉문고 소장) 간행에 만혜萬惠와 각수로 참여하였다.

▫ 1574년 전남 순천 曹溪山 松廣寺에서 『天地冥陽水陸齋儀纂要』 간행에 萬惠와 刻手로 참여(刊記, 화봉문고 소장)

도헌(道軒 : -1564-1575-) 16세기 중·후반에 활동한 각수刻手이다. 1564년에 황북 서흥瑞興 귀진사판歸進寺板 『대방광불화엄경소大方廣佛華嚴經疏』, 1569년에 충남 논산 쌍계사雙溪寺에서 『월인석보月印釋譜』와 『불설금강정유가최승비밀성불수구즉득신변가지성취다라니佛說金剛頂瑜伽最勝秘密成佛隨求即得神變加持成就陀羅尼』 간행에 각수로, 동년 함경도 영덕사靈德寺에서 『水陸無遮平等齋儀撮要』 간행에 각수로, 1572년에 경북 상주 대승사大乘寺에서 『묘법연화경妙法蓮華經』 간행에 변상각수變相刻手와 각수로, 1575년에 전북 완주 안심사판安心寺板 『금강반야바라밀다경金剛般若波羅密多經』 간행에 각수로 참여하였다.

▫ 1564년에 황북 瑞興 歸進寺板 『大方廣佛華嚴經疏』 간행에 刻手로 참여(金相淏「朝鮮朝 寺刹板 刻手 研究」)
▫ 1569년 충남 논산 雙溪寺에서 『月印釋譜』와 『佛說金剛頂瑜伽最勝秘密成佛隨求即得神變加持成就陀羅尼』 간행에 刻手로 참여(金相淏「朝鮮朝 寺刹板 刻手 研究」)
  1569년 함경도 靈德寺에서 『水陸無遮平等齋儀撮要』 간행에 刻手로 참여(金相淏「朝鮮朝 寺刹板 刻手 研究」)

ㄷ

· 1572년 경북 상주 大乘寺에서 『妙法蓮華經』 刊行에 變相刻手와 刻手로 참여(金相淏 「朝鮮朝 寺刹板 刻手 研究」과 朴桃花 「朝鮮時代 金剛經 判畵의 圖像」) 刀

· 1575년 전북 완주 安心寺板 『金剛般若波羅密多經』 刊行에 刻手로 참여(金相淏 「朝鮮朝 寺刹板 刻手 研究」)

도혜(道惠, 塗兮 : -1237-1238-) 13세기 중반에 활동한 각수刻手이다. 1237-38년에 고려대장경高麗大藏經(『금강반야바라밀다경金剛般若波羅蜜多經』) 조성에 참여하였다.

· 1237-38에 高麗大藏經(『金剛般若波羅蜜多經』) 조성에 참여(김윤곤 편저, 『高麗大藏經 造成名錄集』)

동고(東皐 : -1237-1238-) 호는 대운당(大雲堂)으로, 13세기 중반에 활동한 각수刻手이다. 1237-38년에 고려대장경高麗大藏經(『금강반야바라밀다경金剛般若波羅蜜多經』) 조성에 참여하였다.

· 1237-38에 高麗大藏經(『金剛般若波羅蜜多經』) 조성에 참여(김윤곤 편저, 『高麗大藏經 造成名錄集』)

동백(東白, 東伯 : -1237-1238-) 13세기 중반에 활동한 각수刻手이다. 1237-38년에 고려대장경高麗大藏經(『금강반야바라밀다경金剛般若波羅蜜多經』) 조성에 참여하였다.

· 1237-38에 高麗大藏經(『金剛般若波羅蜜多經』) 조성에 참여(김윤곤 편저, 『高麗大藏經 造成名錄集』) 刻

동수(東秀 : -1237-1238-) 13세기 중반에 활동한 각수刻手이다. 1237-38년에 고려대장경高麗大藏經(『금강반야바라밀다경金剛般若波羅蜜多經』) 조성에 참여하였다.

· 1237-38에 高麗大藏經(『金剛般若波羅蜜多經』) 조성에 참여(김윤곤 편저, 『高麗大藏經 造成名錄集』)

동지 1(同智 : -754-755-) 8세기 중반에 경북 경주에서 활동한 서자書者이다. 754년 8월 1일부터 755년 2월 14일까지 만든 「백지묵서화엄경白紙墨書華嚴經」(삼성문화재단 소장) 제작에 경제필사經題筆師로 참여하였다.

· 754년 8월 1일부터 755년 2월 14일까지 만든 「白紙墨書華嚴經」 제작에 經題筆師로 참여 (삼성문화재단 소장, 李基白 「新羅 景德王代 華嚴經 寫經 關與者에 대한 考察」) 經題筆師 大京 奈麻

동지 2(冬只 : -1237-1238-) 13세기 중반에 활동한 각수刻手이다. 1237-38년에 고려대장경高麗大藏經(『금강반야바라밀다경金剛般若波羅蜜多經』) 조성에 참여하였다.

· 1237-38에 高麗大藏經(『金剛般若波羅蜜多經』) 조성에 참여(김윤곤 편저, 『高麗大藏經 造成名錄集』)

두명(斗明 : -1486-) 15세기 후반에 활동한 목수木手이다. 1486년에 전남 광주 무등산無等山 규봉암圭峯菴에서 간행한 『법집별행록절요병입사기法集別行錄節要幷入私記』(개인 소장)에 선우善牛와 작판作板으로 참여하였다.

▫1486년 전남 광주 無等山 圭峯菴에서 간행한『法集別行錄節要幷入私記』에 善牛와 作板으로 참여(개인 소장,『動産文化財指定報告書(94-95 지정편)』)

두영(一榮 : -1575-) 16세기 후반에 활동한 각수刻手이다. 1575년에 전남 담양 용천사에서『조상경造像經』간행(고양 원각사 소장)에 도언道彦과 각수로 참여하였다.

▫1575년 전남 담양 龍泉寺에서『造像經』刊行에 道彦과 刻手로 참여(刊記, 고양 원각사 소장)

두오(豆烏 : -754-755-) 8세기 중반에 활동한 화원畵員이다. 754년 8월 1일부터 755년 2월 14일까지 만든「백지묵서화엄경白紙墨書華嚴經」변상도變相圖(삼성문화재단 소장)를 의본義本과 그렸다.

▫754년 8월 1일부터 755년 2월 14일까지 만든『白紙墨書華嚴經』變相圖를 義本과 그림(삼성문화재단 소장, 진홍섭『韓國佛敎美術』) 숨

두운(斗雲 : -1575-) 16세기 후반에 활동한 각수刻手이다. 1575년에 전남 담양 용천사에서『조상경造像經』간행(고양 원각사 소장)에 도언道彦과 각수로 참여하였다.

▫1575년 전남 담양 龍泉寺에서『造像經』刊行에 道彦과 刻手로 참여(刊記, 고양 원각사 소장)

두이금(豆伊金 : -1474-) 15세기 후반에 활동한 주장注匠이다. 1474년에『상교정본자비도량참법詳校正本慈悲道場懺法』간행에 석산石山과 주장으로 참여하였다.

▫1474년『詳校正本慈悲道場懺法』刊行에 石山과 注匠로 참여(刊記,『韓國佛敎儀禮資料叢書』1집)

득견(得堅 : -1237-1238-) 13세기 중반에 활동한 각수刻手이다. 1237-38년에 고려대장경高麗大藏經(『금강반야바라밀다경金剛般若波羅蜜多經』) 조성에 참여하였다.

▫1237-38년에 高麗大藏經(『金剛般若波羅蜜多經』) 조성에 참여(김윤곤 편저,『高麗大藏經 造成名錄集』)

득광(得光 : -1237-1238-) 13세기 중반에 활동한 각수刻手이다. 1237-38년에 고려대장경高麗大藏經(『금강반야바라밀다경金剛般若波羅蜜多經』) 조성에 참여하였다.

▫1237-38년에 高麗大藏經(『金剛般若波羅蜜多經』) 조성에 참여(김윤곤 편저,『高麗大藏經 造成名錄集』)

득래(得來 : -1025-) 11세기 전반에 활동한 각수刻手이다. 1025년에 강원 원주 거돈사居頓寺 승묘탑비勝妙塔碑 건립에 정원貞元과 각자刻字로 참여하였다.

▫1025년 강원 원주 居頓寺 勝妙塔碑 건립에 貞元과 刻字로 참여(『朝鮮金石總覽』上과 李智冠『校勘譯註 歷代高僧碑文(高麗篇2)』)

득림(得林 : -1244-) 13세기 중반에 활동한 각수刻手이다. 1244년에 분사대장

도감에서 조성한 경전 간행에 참여하였다.

  ▫ 1244년 분사대장도감에서 조성된 경전 간행에 참여(최연주 『高麗大藏經 研究事』)

득명(得名 : -1237-1238-) 13세기 중반에 활동한 각수刻手이다. 1237-38년에 고려대장경高麗大藏經(『방광반야바라밀경放光般若波羅蜜經』) 조성에 참여하였다.

  ▫ 1237-38년에 高麗大藏經(『放光般若波羅蜜經』) 조성에 참여(김윤곤 편저, 『高麗大藏經 造成名錄集』)

득문(得文 : -1237-1238-) 13세기 중반에 활동한 각수刻手이다. 1237-38년에 고려대장경高麗大藏經(『금강반야바라밀다경金剛般若波羅蜜多經』) 조성에 참여하였다.

  ▫ 1237-38년에 高麗大藏經(『金剛般若波羅蜜多經』) 조성에 참여(김윤곤 편저, 『高麗大藏經 造成名錄集』)

득보(得宝 : -1237-1238-) 13세기 중반에 활동한 각수刻手이다. 1237-38년에 고려대장경高麗大藏經(『방광반야바라밀경放光般若波羅蜜經』과 『마하반야바라밀경摩訶般若波羅密經』) 조성에 참여하였다.

  ▫ 1237-38년에 高麗大藏經(『放光般若波羅蜜經』) 조성에 참여(김윤곤 편저, 『高麗大藏經 造成名錄集』)
  ▫ 1238년에 高麗大藏經(『摩訶般若波羅密經』) 조성에 참여(김윤곤 편저, 『高麗大藏經 造成 名錄集』)

득송(得松 : -1237-1238-) 13세기 중반에 활동한 각수刻手이다. 1237-38년에 고려대장경高麗大藏經(『방광반야바라밀경放光般若波羅蜜經』) 조성에 참여하였다.

  ▫ 1237-38년에 高麗大藏經(『放光般若波羅蜜經』) 조성에 참여(김윤곤 편저, 『高麗大藏經 造成名錄集』)

득순(得純 : -1237-1238-) 13세기 중반에 활동한 각수刻手이다. 1237-38년에 고려대장경高麗大藏經(『금강반야바라밀다경金剛般若波羅蜜多經』) 조성에 참여하였다.

  ▫ 1237-38년에 高麗大藏經(『金剛般若波羅蜜多經』) 조성에 참여(김윤곤 편저, 『高麗大藏經 造成名錄集』)

득승(得升 : -1237-1238-) 13세기 중반에 활동한 각수刻手이다. 1237-38년에 고려대장경高麗大藏經(『금강반야바라밀다경金剛般若波羅蜜多經』) 조성에 참여하였다.

  ▫ 1237-38년에 高麗大藏經(『金剛般若波羅蜜多經』) 조성에 참여(김윤곤 편저, 『高麗大藏經 造成名錄集』)

등운(磴雲 : -1425-) 15세기 전반에 활동한 각수刻手이다. 1425년에 『입학도설入學圖說』 간행에 각수로 참여하였다.

  ▫ 1425년 『入學圖說』 刊行에 刻手로 참여(刊記, 『國寶 寶物 지정보고서 2011』) 刻手

득인(得仁 : -1237-1238-) 13세기 중반에 활동한 각수刻手이다. 1237-38년에 고려대장경高麗大藏經(『금강반야바라밀다경金剛般若波羅蜜多經』) 조성에 참여하였다.
- 1237–38년에 高麗大藏經(『金剛般若波羅蜜多經』) 조성에 참여(김윤곤 편저, 『高麗大藏
  經 造成名錄集』)

득지(得之 : -1520-) 16세기 전반에 활동한 각수刻手이다. 1520년 경상도 안음
지우산智牛山 장수사長水寺에서 『선종영가집禪宗永嘉集』 개간改刊에 각수로 참
여하였다.
- 1520년 경상도 안음 智牛山 長水寺에서 『禪宗永嘉集』 改刊에 刻手로 참여(장서각 소장,
  곽승훈·김아네스·홍영기 편저 『지리산권 불교자료1-간기편』) 刻手

득평(得平 : -1244-) 13세기 중반에 활동한 각수刻手이다. 1244년에 대장도감
에서 조성한 경전 간행에 참여하였다.
- 1244년 대장도감에서 조성된 경전 간행에 참여(최연주 『高麗大藏經 研究事』)

ㄷ

ㅁ

막동(莫同 : -1458-) 15세기 중반에 활동한 장인匠人이다. 1458년에 경북 영주 흑석사黑石寺 목조아미타불좌상木造阿彌陀佛坐像 제작에 □□와 칠사우漆舍牛를 담당하였다.

  ˙1458년 경북 영주 黑石寺 木造阿彌陀佛坐像 제작에 磨造를 담당(崔素林 「黑石寺 木造阿彌陀佛坐像 研究」와 『문화재대관-국보 전적 조선시대』)¹⁾

만혜(萬惠 : -1574-) 16세기 후반에 활동한 각수刻手이다. 1574년에 전남 순천 조계산曹溪山 송광사松廣寺에서 『천지명양수륙재의찬요天地冥陽水陸齋儀纂要』(고양 원각사 소장) 간행에 각수로 참여하였다.

  ˙1574년 전남 순천 曹溪山 松廣寺에서 『天地冥陽水陸齋儀纂要』 간행에 刻手로 참여(刊記, 고양 원각사 소장) 刻手

만희 1(萬熙 : -1516-) 16세기 전반에 활동한 조각승彫刻僧이다. 1516년에 전남 보성 대원사 목조비로자나불좌상을 수화승 신정信正과 조성하였다.

  ˙1516년 전남 보성 대원사 목조비로자나불좌상을 수화승 信正과 조성(송은석 「17세기 朝鮮王朝의 彫刻僧과 佛像 」)

만희 2(萬熙 : -1584-) 16세기 후반에 활동한 각수刻手이다. 1584년에 전북 부안 능가산楞伽山 실상사實相寺에서 『묘법연화경妙法蓮華經』(화봉문고 소장) 간행에 탄연坦衍과 각수로 참여하였다.

  ˙1584년 전북 부안 楞伽山 實相寺에서 『妙法蓮華經』 간행에 坦衍과 刻手로 참여(刊記, 화봉문고 소장) 禪師

망승(望升 : -1237-1238-) 13세기 중반에 활동한 각수刻手이다. 1237-38년에 고려대장경高麗大藏經(『금강반야바라밀다경金剛般若波羅蜜多經』) 조성에 참여하였다.

  ˙1237-38년에 高麗大藏經(『金剛般若波羅蜜多經』) 조성에 참여(김윤곤 편저, 『高麗大藏經 造成名錄集』)

명각(明覺 : -1237-1238-) 13세기 중반에 활동한 각수刻手이다. 1237-38년에 고려대장경高麗大藏經(『방광반야바라밀경放光般若波羅蜜經』) 조성에 참여하였다.

---

1) 원문 사진을 보면 □□와 莫同으로 보아야 한다(『문화재대관-국보 전적 조선시대』, p. 233 참조).

▫ 1237-38년에 高麗大藏經(『放光般若波羅蜜經』) 조성에 참여(김윤곤 편저, 『高麗大藏經
造成名錄集』) 刊

명료(明了 : -1237-1238-) 13세기 중반에 활동한 각수刻手이다. 1237-38년에 고
려대장경高麗大藏經(『방광반야바라밀경放光般若波羅蜜經』) 조성에 참여하였다.
▫ 1237-38년에 高麗大藏經(『放光般若波羅蜜經』) 조성에 참여(김윤곤 편저, 『高麗大藏經
造成名錄集』)

명호 1(明昊 : -1386-) 14세기 후반에 활동한 각수刻手이다. 1386년에 경기 양
평 사나사舍那寺 원증국사圓證國師 사리석종비舍利石鍾碑 건립에 훈곡薰谷과
간刊으로 참여하였다.
▫ 1386년 경기 양평 舍那寺 圓證國師 舍利石鍾碑 건립에 薰谷과 刊으로 참여(李智冠『校
勘譯註 歷代高僧碑文(高麗篇4)』)

명호 2(明昊 : -1401-) 15세기 전반에 활동한 각수刻手이다. 1401년에 『대불정
여래밀인수증요의제보살만행수능엄경大佛頂如來密印修證了義諸菩薩萬行首楞嚴
經』(양산 통도사와 송성문 소장) 간행에 각수로 참여하였다.
▫ 1401년 『大佛頂如來密印修證了義諸菩薩萬行首楞嚴經』 刊行에 刻手로 참여(양산 통도사
와 송성문 소장, 千惠鳳「湖林博物館 所藏의 佛敎典籍」) 刻手 大德
* 명호 1과 명호 2는 동일인일 가능성이 높다.

모중(毛中) 고려시대 개성 근방 월개月盖에서 활동한 와장瓦匠이다. 개성 만월
대에 있던 궁성에 올린 기와를 제작하였다.
▫ 고려시대 개성 만월대에 있던 궁성에 올린 기와를 제작한 와장으로 참여(홍영의「개성
고려궁성 출토 명문기와의 유형과 窯場」) 月盖

목보(木保 : -1237-1238-) 13세기 중반에 활동한 각수刻手이다. 1237-38년에 고
려대장경高麗大藏經(『방광반야바라밀경放光般若波羅蜜經』) 조성에 참여하였다.
▫ 1237-38년에 高麗大藏經(『放光般若波羅蜜經』) 조성에 참여(김윤곤 편저, 『高麗大藏經
造成名錄集』)

몽여(夢如 : -1219-) 13세기 전반에 활동한 각수刻手이다. 1219년에 묘봉암에
서 출간한 『종문원상집宗門圓相集』 간행에 각수로 참여하였다.
▫ 1219년 묘봉암에서 출간한 『宗門圓相集』 간행에 刻手로 참여(최연주 『高麗大藏經 研究
事』) 刊

묘경(妙瓊 : -1532-) 16세기 전반에 활동한 각수刻手이다. 1532년에 『한문정종
韓文正宗』 간행에 각수로 참여하였다.
▫ 1532년 『韓文正宗』 간행에 刻手로 참여(金相淏「朝鮮朝 寺刹板 刻手 研究」)

묘순(妙淳 : -1570-1584-) 16세기 후반에 활동한 각수刻手이다. 1570년 가을에
황남 해주 신광사神光寺에서 『선원제전집도서禪源諸詮集都序』(고양 원각사 소
장) 간행에 천심天心과 각수로, 1584년에 충남 서산 개심사開心寺에서 『몽산
화상육도보설蒙山和尙六道普說』간행에 연판鍊板으로 참여하였다.
▫ 1570년 가을 黃海 海南 神光寺에서 『禪源諸詮集都序』 刊行에 天心과 刻手로 참여(刊記,

고양 원각사 소장)

◦ 1584년 開心寺板 『蒙山和尙六道普說』刊行에 鍊板으로 참여(金相淏 「寺刹板의 鍊板과 諸 役員에 관한 考察」)

묘암 1(妙菴 : -1499-) 15세기 후반에 활동한 각수刻手이다. 1499년에 경남 합천 석수암石水庵에서 『선종영가집禪宗永嘉集(몽산법어언해蒙山法語諺解 合集)』(고양 원각사 소장) 간행에 각수로 참여하였다.

◦ 1499년 경남 합천 石水庵에서 『禪宗永嘉集(蒙山法語諺解 合集)』刊行에 刻手로 참여(刊記, 고양 원각사 소장) 刀

묘암 2(妙庵 : -1569-) 16세기 중반에 활동한 각수刻手이다. 1569년에 충남 논산 쌍계사雙溪寺에서 『월인석보月印釋譜』와 『불설금강정유가최승비밀성불수구즉득신변가지성취다라니佛說金剛頂瑜伽最勝秘密成佛隨求卽得神變加持成就陀羅尼』 간행에 각수로 참여하였다.

◦ 1569년 충남 논산 雙溪寺에서 『月印釋譜』와 『佛說金剛頂瑜伽最勝秘密成佛隨求卽得神變加持成就陀羅尼』 간행에 刻手로 참여(金相淏 「朝鮮朝 寺刹板 刻手 研究」)

묘암(刻手), 『선종영가집(몽산법어언해 합집)』 1499년, 합천 석수암

묘장(妙長 : -1237-1238-) 13세기 중반에 활동한 각수刻手이다. 1237-38년에 고려대장경高麗大藏經(『방광반야바라밀경放光般若波羅蜜經』) 조성에 참여하였다.

◦ 1237-38년에 高麗大藏經(『放光般若波羅蜜經』) 조성에 참여(김윤곤 편저, 『高麗大藏經 造成名錄集』)

무실(無失 : -1384-) 14세기 후반에 활동한 석수石手이다. 1384년에 평북 향산 안심사安心寺 지공指空 나옹懶翁 사리석종비舍利石鍾碑 건립에 석수로 참여하였다.

◦ 1384년 평북 향산 安心寺 指空 懶翁 舍利石鍾碑 건립에 石手로 참여(李智冠 『校勘譯註 歷代高僧碑文(高麗篇4)』) 立石

묘암(刻手), 『선종영가집(몽산법어언해 합집)』 간기, 1499년, 합천 석수암

무외(無外 : -1364-) 14세기 중반에 활동한 불화승佛畵僧이다. 1364년에 강양군부인 이씨가 남편 이자유와 딸의 명복을 빌기 위해 조성한 「백지금니범망보살계경白紙金泥梵網菩薩戒經」(단양 구인사 소장) 내 변상도를 그렸다.

◦ 1364년 강양군부인 이씨가 남편 李子猷와 딸의 명복을 빌기 위해 조성한 「白紙金泥梵網菩薩戒經」 내 변상도를 그림(단양 구인사 소장, 문화재청 지정공고 사유서)

문공식(文公軾 : -1237-1238-) 13세기 중반에 활동한 각수刻手이다. 1237-38년에 고려대장경高麗大藏經(『금강반야바라밀다경金剛般若波羅蜜多經』) 조성에 참여하였다.

◦ 1237-38년에 高麗大藏經(『金剛般若波羅蜜多經』) 조성에 참여(김윤곤 편저, 『高麗大藏經 造成名錄集』)
* 공식과 동일인일 가능성도 있다.

문록(文用) 고려시대 개성 근방 적항赤項에서 활동한 와장瓦匠이다. 개성 만월대에 있던 궁성에 올린 기와를 제작하였다.

◦ 고려시대 개성 만월대에 있던 궁성에 올린 기와를 제작한 와장으로 참여(홍영의 「개성 고려궁성 출토 명문기와의 유형과 窯場」) 赤項

문민(文旻 : -950-) 10세기 중반에 활동한 각수刻手이다. 950년에 전남 곡성 태안사泰安寺 광자대사비廣慈大師碑 건립에 전자鐫字로 참여하였다.

  ▫ 950년에 전남 곡성 泰安寺 廣慈大師碑 건립에 鐫字로 참여(李智冠『校勘譯註 歷代高僧碑文(高麗篇1)』) 鐫字

문보 1(文甫, 文宝 : -1237-1238-) 13세기 중반에 활동한 각수刻手이다. 1237-38년에 고려대장경高麗大藏經(『금강반야바라밀다경金剛般若波羅蜜多經』과 『방광반야바라밀경放光般若波羅蜜經』) 조성에 참여하였다.

  ▫ 1237-38년에 高麗大藏經(『金剛般若波羅蜜多經』) 조성에 참여(김윤곤 편저, 『高麗大藏經 造成名錄集』)
    1237-38년에 高麗大藏經(『放光般若波羅蜜經』) 조성에 참여(김윤곤 편저, 『高麗大藏經 造成名錄集』)

문보 2(文甫) 고려시대 개성 근방 적항赤項에서 활동한 와장瓦匠이다. 개성 만월대에 있던 궁성에 올린 기와를 제작하였다.

  ▫ 고려시대 개성 만월대에 있던 궁성에 올린 기와를 제작한 와장으로 참여(홍영의 「개성 고려궁성 출토 명문기와의 유형과 窯場」) 赤項

문부(文赴) 고려시대 개성 근방 적항赤項에서 활동한 와장瓦匠이다. 개성 만월대에 있던 궁성에 올린 기와를 제작하였다.

  ▫ 고려시대 개성 만월대에 있던 궁성에 올린 기와를 제작한 와장으로 참여(홍영의 「개성 고려궁성 출토 명문기와의 유형과 窯場」) 赤項

문비(文庇, 文比 : -1237-1238-) 13세기 중반에 활동한 각수刻手이다. 1237-38년에 고려대장경高麗大藏經(『금강반야바라밀다경金剛般若波羅蜜多經』) 조성에 참여하였다.

  ▫ 1237-38년에 高麗大藏經(『金剛般若波羅蜜多經』) 조성에 참여(김윤곤 편저, 『高麗大藏經 造成名錄集』)

문세(文世 : -1237-1238-) 13세기 중반에 활동한 각수刻手이다. 1237-38년에 고려대장경高麗大藏經(『금강반야바라밀다경金剛般若波羅蜜多經』) 조성에 참여하였다.

  ▫ 1237-38년에 高麗大藏經(『金剛般若波羅蜜多經』) 조성에 참여(김윤곤 편저, 『高麗大藏經 造成名錄集』)

문성(文成) 고려시대 개성 근방 적항赤項에서 활동한 와장瓦匠이다. 개성 만월대에 있던 궁성에 올린 기와를 제작하였다.

  ▫ 고려시대 개성 만월대에 있던 궁성에 올린 기와를 제작한 와장으로 참여(홍영의 「개성 고려궁성 출토 명문기와의 유형과 窯場」) 赤項

문아(文雅 : -1237-1238-) 13세기 중반에 활동한 각수刻手이다. 1237-38년에 고려대장경高麗大藏經(『방광반야바라밀경放光般若波羅蜜經』) 조성에 참여하였다.

  ▫ 1237-38년에 高麗大藏經(『放光般若波羅蜜經』) 조성에 참여(김윤곤 편저, 『高麗大藏經 造成名錄集』)

문언(文彦 : -1468-) 15세기 중반에 활동한 주종장이다. 1468년에 서울 보신각
普信閣 종鐘(국립중앙박물관 소장) 조성에 참여하였다.

　　◦ 1468년 서울 普信閣 鐘 조성에 참여(국립중앙박물관 소장, 정영호 「朝鮮前期 梵鐘考」)

문여(文呂 : -1238-) 13세기 중반에 활동한 각수刻手이다. 1238년에 고려대장
경高麗大藏經(『마하반야바라밀경摩訶般若波羅密經』) 조성에 참여하였다.

　　◦ 1238년에 高麗大藏經(『摩訶般若波羅密經』) 조성에 참여(김윤곤 편저, 『高麗大藏經 造成
　　　名錄集』)

문영(文英 : -754-755-) 8세기 중반에 남원경南原京에서 활동한 경필사經筆師이
다. 754년 8월 1일부터 755년 2월 14일까지 만든 「백지묵서화엄경白紙墨書華
嚴經」(삼성문화재단 소장)을 아간阿干과 필사하였다.

　　◦ 754년 8월 1일부터 755년 2월 14일까지 만든 『白紙墨書華嚴經』을 阿干과 필사함(삼성문
　　　화재단 소장, 李基白 「新羅 景德王代 華嚴經 寫經 關與者에 대한 考察」) 南原京 沙彌

문익(文益 : -1237-1238-) 13세기 중반에 활동한 각수刻手이다. 1237-38년에 고
려대장경高麗大藏經(『방광반야바라밀경放光般若波羅蜜經』) 조성에 참여하였다.

　　◦ 1237-38년에 高麗大藏經(『放光般若波羅蜜經』) 조성에 참여(김윤곤 편저, 『高麗大藏經
　　　造成名錄集』)

문좌(文左) 고려시대 개성 근방 적항赤項에서 활동한 와장瓦匠이다. 개성 만월
대에 있던 궁성에 올린 기와를 제작하였다.

　　◦ 고려시대 개성 만월대에 있던 궁성에 올린 기와를 제작한 와장으로 참여(홍영의 「개성
　　　고려궁성 출토 명문기와의 유형과 窯場」) 赤項

문중(文中) 고려시대 개성 근방 적항赤項에서 활동한 와장瓦匠이다. 개성 만월
대에 있던 궁성에 올린 기와를 제작하였다.

　　◦ 고려시대 개성 만월대에 있던 궁성에 올린 기와를 제작한 와장으로 참여(홍영의 「개성
　　　고려궁성 출토 명문기와의 유형과 窯場」) 赤項

문창(文昌) 고려시대 개성 근방 적항赤項에서 활동한 와장瓦匠이다. 개성 만월
대에 있던 궁성에 올린 기와를 제작하였다.

　　◦ 고려시대 개성 만월대에 있던 궁성에 올린 기와를 제작한 와장으로 참여(홍영의 「개성
　　　고려궁성 출토 명문기와의 유형과 窯場」) 赤項

문필(文弼 : -1237-1238-) 13세기 중반에 활동한 각수刻手이다. 1237-38년에 고
려대장경高麗大藏經(『방광반야바라밀경放光般若波羅蜜經』) 조성에 참여하였다.

　　◦ 1237-38년에 高麗大藏經(『放光般若波羅蜜經』) 조성에 참여(김윤곤 편저, 『高麗大藏經
　　　造成名錄集』)

문헌(文軒 : -1580-)[2] 16세기 후반에 활동한 주종장이다. 1580년에 전남 담양
용천사龍泉寺 범종梵鐘(통영 안정사 소장)을 계당戒堂과 조성에 참여하였다.

---

　　2) 金和英, 「安靜寺 所藏 萬曆八年銘 銅鐘」, 『考古美術』 100호권(『考古美術』 合輯 下,
　　　1979. pp. 494-495 재수록)에는 문간文軒으로 읽었다.

▫ 1580년 전남 담양 龍泉寺 梵鐘을 戒堂과 조성에 참여(銘文, 통영 안정사 소장)

문□(文□) 고려시대 개성 근방 적항赤項에서 활동한 와장瓦匠이다. 개성 만월대에 있던 궁성에 올린 기와를 제작하였다.

▫ 고려시대 개성 만월대에 있던 궁성에 올린 기와를 제작한 와장으로 참여(홍영의 「개성 고려궁성 출토 명문기와의 유형과 窯場」) 赤項

물금(勿金 : -1237-1238-) 13세기 중반에 활동한 각수刻手이다. 1237-38년에 고려대장경高麗大藏經(『금강반야바라밀다경金剛般若波羅蜜多經』) 조성에 참여하였다.

▫ 1237-38년에 高麗大藏經(『金剛般若波羅蜜多經』) 조성에 참여(김윤곤 편저, 『高麗大藏經 造成名錄集』)

미정(未亭 : -1065-) 11세기 중반에 활동한 주종장鑄鐘匠이다. 1065년에 계지사戒持寺 범종(일본 후쿠오카현福岡縣 죠텐지承天寺 소장)을 김수金水와 조성하였다.

▫ 1065년 戒持寺 梵鐘을 金水와 조성(日本 福岡縣 承天寺 所藏, 진홍섭 『韓國佛敎美術』과 최응천 「고려시대 금속공예와 匠人」)
  * 副大匠 保只未亭을 한 사람으로 보는 경우도 있다.[3]

민구(敏求 : -1185-) 12세기 후반에 흥왕사興王寺를 중심으로 활동한 각수刻手이다. 1185년에 경기 용인 서봉사瑞峯寺 현오국사비玄悟國師碑 건립에 刊字로 참여하였다.

▫ 1185년 경기 용인 瑞峯寺 玄悟國師碑 건립에 刊字로 참여(李智冠 『校勘譯註 歷代高僧碑文(高麗篇3)』) 興王寺 大師 刊字

민은(敏誾 : -1462-) 15세기 중반에 활동한 각수이다. 1462년에 전북 완주 화암사花岩寺에서 『육경합부六經合部』 간행에 성오와 판수板手로 참여하였다.

▫ 1462년 전북 완주 花岩寺에서 『六經合部』 간행에 性悟와 板手로 참여(宋日基 「高山 花岩寺와 成達生」)

민재(敏材 : -1237-1238-) 13세기 중반에 활동한 각수刻手이다. 1237-38년에 고려대장경高麗大藏經(『금강반야바라밀다경金剛般若波羅蜜多經』) 조성에 참여하였다.

▫ 1237-38년에 高麗大藏經(『金剛般若波羅蜜多經』) 조성에 참여(김윤곤 편저, 『高麗大藏經 造成名錄集』)

---

3) 이광배, 「發願者 階層을 통해 본 朝鮮 前期 梵鐘의 樣式」, 『美術史學硏究』 262, 2009.6, pp. 5-32.

ㅂ

박(朴 : -1392-) 14세기 후반에 대구에서 활동한 주종장鑄鐘匠이다. 1392년에 장흥사종長興寺鐘을 조성하였다.

　▫ 1392년에 長興寺鐘을 조성(최응천 「고려시대 금속공예와 匠人」) 大丘

박광(朴光 : -1592-) 16세기 후반에 활동한 각수刻手이다. 1592년에 경상좌도慶尙左道 소백산小栢山 희방사喜方寺에서 『불설대보부모은중경佛說大報父母恩重經』 간행에 변상각수變相刻手로 참여하였다.

　▫ 1592년 慶尙左道 小栢山 喜方寺에서 『佛說大報父母恩重經』 간행에 變相刻手로 참여(朴
　　桃花 「朝鮮時代 金剛經 判書의 圖像」) 刻手朴光兩主

박군동(朴軍同 : -1558-) 16세기 중반에 활동한 소목장小木匠이다. 1558년에 쌍계사에서 『아미타경阿彌陀經』 간행에 연판鍊板으로 참여하였다.

　▫ 1558년 쌍계사 『阿彌陀經』 간행에 鍊板으로 참여(金相淏 「寺刹板의 鍊板과 諸 役員에
　　관한 考察」)

박군실(朴君實 : -1469-1470-) 15세기 후반에 활동한 각수刻手이다. 1469년에 『지장보살본원경地藏菩薩本願經』(관문사 성보박물관 소장)을, 1470년에 정희대왕대비貞熹大王大妃가 세종, 예종, 의경왕의 명복을 기원하여 발원한 『묘법연화경妙法蓮華經』 간행에 권돈일權頓一과 각수로 참여하였다.

　▫ 1469년 『地藏菩薩本願經』 刊行에 權頓一과 刻手로 참여(관문사 성보박물관 소장, 『삶,
　　그후』)
　▫ 1470년 貞熹大王大妃가 세종, 예종, 의경왕의 명복을 기원하여 발원한 『妙法蓮華經』 刊
　　行에 權頓一과 刻手로 참여(朴桃花 「朝鮮時代 佛敎版畵의 樣式과 刻手」)

박규(朴圭 : -1244-) 13세기 중반에 활동한 각수刻手이다. 1244년에 대장도감에서 조성한 경전 간행에 참여하였다.

　▫ 1244년 대장도감에서 조성된 경전 간행에 참여(최연주 『高麗大藏經 研究事』)

박근(朴瑾 : -1125-) 12세기 전반에 활동한 화원畵員이다. 1125년에 개성 영통사靈通寺 대각국사비大覺國師碑 건립에 화원으로 참여하였다.

　▫ 1125년 개성 靈通寺 大覺國師碑 건립에 畵員으로 참여(李智冠 『校勘譯註 歷代高僧碑文
　　(高麗篇3)』) 畵員

박기(朴基 : -1237-1238-) 13세기 중반에 활동한 각수刻手이다. 1237-38년에 고려대장경高麗大藏經(『금강반야바라밀다경金剛般若波羅蜜多經』) 조성에 참여하였다.

　◦ 1237-38년에 高麗大藏經(『金剛般若波羅蜜多經』) 조성에 참여(김윤곤 편저, 『高麗大藏經 造成名錄集』)

박돌이(朴乭伊 : -1468-1469-) 15세기 중반에 활동한 수철장水鐵匠이다. 1468년에 서울 보신각普信閣 종鐘(국립중앙박물관 소장) 조성에 참여하고, 1469년에 경기 남양주 봉선사奉先寺 범종梵鐘을 강원기姜元奇와 수철장으로 조성하였다.

　◦ 1468년 서울 普信閣 鐘 조성에 참여(국립중앙박물관 소장, 정영호「朝鮮前期 梵鐘考」)
　◦ 1469년 경기 남양주 奉先寺 梵鐘 조성에 姜元奇와 水鐵匠으로 참여(정영호「朝鮮前期 梵鐘考」)

박동(朴同 : -1244-) 13세기 중반에 활동한 각수刻手이다. 1244년에 분사대장도감에서 조성한 경전 간행에 참여하였다.

　◦ 1244년 분사대장도감에서 조성된 경전 간행에 참여(최연주『高麗大藏經 硏究事』)

박막동(朴莫同 : -1468-) 15세기 중반에 활동한 주종장이다. 1468년에 서울 보신각普信閣 종鐘(국립중앙박물관 소장) 조성에 참여하였다.

　◦ 1468년 서울 普信閣 鐘 조성에 참여(국립중앙박물관 소장, 정영호「朝鮮前期 梵鐘考」)

박무질지(朴無叱知 : -1469-) 15세기 중반에 활동한 수철장水鐵匠이다. 1469년에 강원 양양 낙산사洛山寺(燒失) 범종梵鐘을 강원기姜元己와 수철장으로 조성하였다.

　◦ 1469년 강원 양양 洛山寺 梵鐘 조성에 姜元己와 水鐵匠으로 참여(燒失, 정영호「朝鮮前期 梵鐘考」)

박민화(朴敏和 : -1445-) 15세기 중반에 활동한 각수刻手이다. 1445년에 전북 남원도호부南原都護府에서 발간한 『수계선생비점맹호연집須溪先生批點孟浩然集』 간행에 각수로 참여하였다.

　◦ 1445년 전북 南原都護府에서 발간한 『須溪先生批點孟浩然集』 간행에 刻手로 참여(刊記, 『國寶 寶物 지정보고서 2011』) 刻手

박부부(朴負缶 : -771-)[1] 8세기 후반에 활동한 주종장鑄鐘匠이다. 771년에 성덕대왕신종聖德大王神鐘(국립경주박물관 소장) 주성鑄成에 박종일朴從鎰과 공장工匠으로 참여하였다.

　◦ 771년 聖德大王神鐘 鑄成에 朴從鎰과 工匠으로 참여(국립경주박물관 소장, 진홍섭『한국미술사자료집성(1)』) 次博士奈麻

박빈내(朴賓奈 : -771-) 8세기 후반에 활동한 주종장鑄鐘匠이다. 771년에 성덕대왕신종聖德大王神鐘(국립경주박물관 소장) 주성鑄成에 박종일朴從鎰과 공장

---

1) 진홍섭, 『韓國佛敎美術』, p. 135에 朴負岳으로 읽었다.

工匠으로 참여하였다.

▫771년 聖德大王神鐘 鑄成에 朴從鎰과 工匠으로 참여(국립경주박물관 소장, 진홍섭 『한국미술사자료집성(1)』) 次博士奈麻

박사춘(朴思春 : -1468-) 15세기 중반에 활동한 주종장이다. 1468년에 서울 보신각普信閣 종鐘(국립중앙박물관 소장) 조성에 참여하였다.

▫1468년 서울 普信閣 鐘 조성에 참여(국립중앙박물관 소장, 정영호 「朝鮮前期 梵鐘考」)

박산변(朴山弁 : -1468-) 15세기 중반에 활동한 주종장이다. 1468년에 서울 보신각普信閣 종鐘(국립중앙박물관 소장) 조성에 참여하였다.

▫1468년 서울 普信閣 鐘 조성에 참여(국립중앙박물관 소장, 정영호 「朝鮮前期 梵鐘考」)

박산수(朴山守 : -1468-1469-) 15세기 중반에 활동한 수철장水鐵匠이다. 1469년에 강원 양양 낙산사洛山寺 범종(燒失)과 경기 남양주 봉선사奉先寺 범종梵鐘을 강원기姜元己와 수철장으로 조성하였다.

▫1469년 강원 양양 洛山寺 梵鐘 조성에 姜元己와 水鐵匠으로 참여(燒失, 정영호 「朝鮮前期 梵鐘考」)
1469년 경기 남양주 奉先寺 梵鐘 조성에 姜元츙와 水鐵匠으로 참여(정영호 「朝鮮前期 梵鐘考」)

박석이(朴石伊) ☞ **박돌이**

박수생(朴守生 : -1469-) 15세기 중반에 활동한 주장注匠이다. 1469년에 강원 양양 낙산사洛山寺 범종(燒失)과 경기 남양주 봉선사奉先寺 범종梵鐘을 이을부李乙夫와 주장으로 조성하였다.

▫1469년 강원 양양 洛山寺 梵鐘 조성에 李乙夫와 注匠으로 참여(燒失, 정영호 「朝鮮前期 梵鐘考」)
1469년 경기 남양주 奉先寺 梵鐘 조성에 李乙夫와 注匠으로 참여(정영호 「朝鮮前期 梵鐘考」)

박승통(朴承通 : -1469-) 15세기 중반에 활동한 수철장水鐵匠이다. 1469년에 경기 남양주 봉선사奉先寺 범종梵鐘을 강원기姜元츙와 수철장으로 조성하였다.

▫1469년 경기 남양주 奉先寺 梵鐘 조성에 姜元츙와 水鐵匠으로 참여(정영호 「朝鮮前期 梵鐘考」)

박어산(朴於山) 여말선초에 활동한 편수片手이다. 전남 구례 천은사泉隱寺 금동불감金銅佛龕 조성에 조수造手로 참여하였다.

▫전남 구례 泉隱寺 金銅佛龕 조성에 造手로 참여(鄭永鎬 「智異山 泉隱寺의 金銅佛龕」) 造手

박어산(造手), 금동불감, 구례 천은사

박염(朴廉 : -766-) 8세기 중반에 활동한 석수石手이다. 766년에 전傳 안성 출토 영태이년명永泰二年銘 납석제탑지蠟石製塔誌에 조주造主로 언급되어 있다.

▫766년에 傳 안성 출토 永泰二年銘 蠟石製塔誌에 造主로 언급(동국대학교 박물관 소장, 『佛舍利莊嚴』) 造主

박영생(朴永生 : -1468-) 15세기 중반에 활동한 주종장이다. 1468년에 서울 보신각普信閣 종鐘(국립중앙박물관 소장) 조성에 참여하였다.

    · 1468년 서울 普信閣 鐘 조성에 참여(국립중앙박물관 소장, 정영호 「朝鮮前期 梵鐘考」)

박오을미(朴吾乙未 : -1469-) 15세기 중반에 활동한 노야장爐冶匠이다. 1469년에 강원 양양 낙산사洛山寺 범종(燒失)과 경기 남양주 봉선사奉先寺 범종梵鐘 조성에 김몽총金蒙寵과 노야장으로 참여하였다.

    · 1469년 강원 양양 洛山寺 梵鐘 조성에 金蒙寵과 爐冶匠으로 참여(燒失, 정영호 「朝鮮前期 梵鐘考」)
    1469년 경기 남양주 奉先寺 梵鐘 조성에 金蒙寵과 爐冶匠으로 참여(정영호 「朝鮮前期 梵鐘考」)

박유(朴由 : -1237-1238-) 13세기 중반에 활동한 각수刻手이다. 1237-38년에 고려대장경高麗大藏經(『금강반야바라밀다경金剛般若波羅蜜多經』) 조성에 참여하였다.

    · 1237-38년에 高麗大藏經(『金剛般若波羅蜜多經』) 조성에 참여(김윤곤 편저, 『高麗大藏經 造成名錄集』)

박유생(朴有生 : -1468-1469-) 15세기 중반에 활동한 수철장水鐵匠이다. 1469년에 강원 양양 낙산사洛山寺 범종(燒失)과 경기 남양주 봉선사奉先寺 범종梵鐘을 강원기姜元己와 수철장으로 조성하였다.

    · 1469년 강원 양양 洛山寺 梵鐘 조성에 姜元己와 水鐵匠으로 참여(燒失, 정영호 「朝鮮前期 梵鐘考」)
    1469년 경기 남양주 奉先寺 梵鐘 조성에 姜元奇와 水鐵匠으로 참여(정영호 「朝鮮前期 梵鐘考」)

박유실(朴有實 : -1468-) 15세기 중반에 활동한 주종장이다. 1468년에 서울 보신각普信閣 종鐘(국립중앙박물관 소장) 조성에 참여하였다.

    · 1468년 서울 普信閣 鐘 조성에 참여(국립중앙박물관 소장, 정영호 「朝鮮前期 梵鐘考」)

박의산(朴儀山 : -1468-) 15세기 중반에 활동한 주종장이다. 1468년에 서울 보신각普信閣 종鐘(국립중앙박물관 소장) 조성에 참여하였다.

    · 1468년 서울 普信閣 鐘 조성에 참여(국립중앙박물관 소장, 정영호 「朝鮮前期 梵鐘考」)

박종일(朴從鎰 : -771-)[2] 8세기 후반에 활동한 주종장鑄鐘匠이다. 771년에 성덕대왕신종聖德大王神鐘(국립경주박물관 소장) 주성鑄成에 공장工匠으로 참여하였다.

    · 771년 聖德大王神鐘 鑄成에 工匠으로 참여(국립경주박물관 소장, 진홍섭 『한국미술사자료집성(1)』) 大博士奈麻

박중련(朴仲連 : -1470-) 15세기 후반에 활동한 각수刻手이다. 1470년에 정희대왕대비貞熹大王大妃가 세종, 예종, 의경왕의 명복을 기원하여 발원한 『묘법연화경妙法蓮華經』 간행에 권돈일權頓一과 각수로 참여하였다.

    · 1470년 貞熹大王大妃가 세종, 예종, 의경왕의 명복을 기원하여 발원한 『妙法蓮華經』 刊

---

2) 진홍섭 『韓國佛敎美術』, p. 134에 朴從鑑으로 읽었다.

行에 權頓一과 刻手로 참여(朴桃花「朝鮮時代 佛敎版畵의 樣式과 刻手」)

박중석(朴仲石 : -1488-) 15세기 후반에 활동한 도료장塗料匠이다. 1488년에 해인사 중수에 도료장으로 참여하였다.

　▫1488년 해인사 중수에 塗料匠으로 참여(金東旭『韓國建築工匠史硏究』) 塗料匠

박천길(朴千吉 : -1462-1468-) 15세기 중반에 활동한 수철장水鐵匠이다. 1462년에 서울 흥천사興天寺 범종梵鐘 조성에 이득방李得方과 수철장으로, 1468년에 서울 보신각普信閣 종鐘(국립중앙박물관 소장) 조성에 참여하였다.

　▫1462년 서울 興天寺 梵鐘 조성에 李得方과 水鐵匠으로 참여(국립중앙박물관 소장,『朝鮮金石總覽』과 정영호「朝鮮前期 梵鐘考」)
　▫1468년 서울 普信閣 鐘 조성에 참여(국립중앙박물관 소장, 정영호「朝鮮前期 梵鐘考」)

박한미(朴韓味 : -771-) 8세기 후반에 활동한 주종장鑄鐘匠이다. 771년에 성덕대왕신종聖德大王神鐘(국립경주박물관 소장) 주성鑄成에 박종일朴從鎰과 공장工匠으로 참여하였다.

　▫771년 聖德大王神鐘 鑄成에 朴從鎰과 工匠으로 참여(국립경주박물관 소장, 진홍섭『한국미술사자료집성(1)』) 次博士奈麻

박효(朴孝 : -1462-) 15세기 중반에 활동한 주장注匠이다. 1462년에 서울 흥천사興天寺 범종梵鐘 조성에 이만李萬과 주장으로 참여하였다.

　▫1462년 서울 興天寺 梵鐘 조성에 李萬과 注匠으로 참여(국립중앙박물관 소장,『朝鮮金石總覽』과 정영호「朝鮮前期 梵鐘考」)

박□□(朴□□ : -1462-) 15세기 중반에 활동한 수철장水鐵匠이다. 1462년에 서울 흥천사興天寺 범종梵鐘 조성에 이득방李得方과 수철장으로 참여하였다.

　▫1462년 서울 興天寺 梵鐘 조성에 李得方과 水鐵匠으로 참여(국립중앙박물관 소장,『朝鮮金石總覽』과 정영호「朝鮮前期 梵鐘考」)

발기(拔其) 고려시대 개성 근방 판적板積에서 활동한 와장瓦匠이다. 개성 만월대에 있던 궁성에 올린 기와를 제작하였다.

　▫고려시대 개성 만월대에 있던 궁성에 올린 기와를 제작한 와장으로 참여(홍영의「개성 고려궁성 출토 명문기와의 유형과 窯場」) 板積

방내은산 ☞ 방논산이

방논산이(方內隱山 : -1462-1468-) 15세기 중반에 활동한 주성장鑄成匠이다. 1462년에 서울 흥천사興天寺 범종梵鐘 조성에 정길산鄭吉山과 주성장으로 참여하고, 1468년에 서울 보신각普信閣 종鐘(국립중앙박물관 소장) 조성에 참여하였다.

　▫1462년 서울 興天寺 鐘 조성에 鄭吉山과 鑄成匠으로 참여(국립중앙박물관 소장, 정영호「朝鮮前期 梵鐘考」)
　▫1468년 서울 普信閣 鐘 조성에 참여(국립중앙박물관 소장, 정영호「朝鮮前期 梵鐘考」)

방수(方守 : -1237-1238-) 13세기 중반에 활동한 각수刻手이다. 1237-38년에 고려대장경高麗大藏經(『금강반야바라밀다경金剛般若波羅蜜多經』) 조성에 참여하였다.

    ▫ 1237-38년에 高麗大藏經(『金剛般若波羅蜜多經』) 조성에 참여(김윤곤 편저, 『高麗大藏經 造成名錄集』)

방수건(方守建 : -1531-) 16세기 전반에 활동한 각수刻手이다. 1531년에 지리산 칠불암七佛寺에서 『현행서방경現行西方經』 간행刊行에 각수로 참여하였다.

    ▫ 1531년 지리산 七佛寺에서 『現行西方經』 刊行에 刻手로 참여(동국대 소장, 곽승훈·김아네스·홍영기 편저 『지리산권 불교자료1-간기편』) 刻手

방좌(方佐 : -1237-1238-) 13세기 중반에 활동한 각수刻手이다. 1237-38년에 고려대장경高麗大藏經(『방광반야바라밀경放光般若波羅蜜經』) 조성에 참여하였다.

    ▫ 1237-38년에 高麗大藏經(『放光般若波羅蜜經』) 조성에 참여(김윤곤 편저, 『高麗大藏經 造成名錄集』)

백림(白林 : -1467-) 15세기 중반에 활동한 각수刻手이다. 1467년에 건립된 서울 원각사圓覺寺 석탑石塔 팔층 옥개석屋蓋石에 각자刻字로 언급되어 있다.

    ▫ 1467년 서울 圓覺寺 石塔 八層 屋蓋石 刻字로 언급(진홍섭 『韓國佛敎美術』) 刻

백만(白萬 : -1468-) 15세기 중반에 활동한 주종장이다. 1468년에 서울 보신각普信閣 종鐘(국립중앙박물관 소장) 조성에 참여하였다.

    ▫ 1468년 서울 普信閣 鐘 조성에 참여(국립중앙박물관 소장, 정영호 「朝鮮前期 梵鐘考」)

백말순(白昧淳 : -588-) 6세기 후반 백제에서 활동한 장인이다. 그는 588년에 7등급 관료로, 일본에 파견되었다.

    ▫ 588년에 7등급 관료로, 일본에 파견됨

백산보(白山寶 : -1462-) 15세기 중반에 활동한 주성장鑄成匠이다. 1462년에 서울 흥천사興天寺 범종梵鐘 조성에 정길산鄭吉山과 주성장으로 참여하였다.

    ▫ 1462년 서울 興天寺 梵鐘 조성에 鄭吉山과 鑄成匠으로 참여(국립중앙박물관 소장, 『朝鮮金石總覽』과 정영호 「朝鮮前期 梵鐘考」)

백암(柏巖 : -1340-) 14세기 전반에 활동한 사경승寫經僧이다. 1340년에 「감지은니묘법연화경紺紙銀泥妙法蓮華經」(일본 사가佐賀현립박물관 소장)을 필사하였다.

    ▫ 1340년 「紺紙銀泥妙法蓮華經」을 필사(일본 佐賀縣立博物館 所藏, 진홍섭 『韓國佛敎美術』)

백종린(白終麟 : -1474-) 15세기 후반에 활동한 화원畵員이다. 1474년에 『상교정본자비도량참법詳校正本慈悲道場懺法』 간행에 화원으로 참여하였다.

    ▫ 1474년 『詳校正本慈悲道場懺法』 刊行에 畵員으로 참여(刊記, 『韓國佛敎儀禮資料叢書』1집) 畵員

범각(梵覺 : -863-)[3] 9세기 중반에 활동한 석수石手이다. 863년에 대구 동화사桐華寺 비로암毘盧庵 삼층석탑三層石塔 건립에 장匠으로 참여하였다.

---

    3) 覺德으로 읽은 연구자도 있다(이영희, 「古代三國·統一新羅의 匠人」, 『美術史學硏究』 241, 2004.3, p. 156 표2).

▫863년 대구 桐華寺 毘盧庵 三層石塔 건립에 장匠으로 참여(동국대학교 박물관 소장, 진
홍섭『韓國佛敎美術』)

법견(法堅 : -1575-) 16세기 후반에 활동한 각수刻手이다. 1575년에 전남 담양
용천사에서『조상경造像經』간행(고양 원각사 소장)에 도언道彦과 각수로 참
여하였다.

▫1575년 전남 담양 龍泉寺에서『造像經』刊行에 道彦과 刻手로 참여(刊記, 고양 원각사
소장)

법계(法戒 : -1363-) 14세기 중반에 활동한 화원畵員이다. 1363년에『금강반야
바라밀경金剛般若波羅密經』(성암고서박물관 소장) 간행에 화원으로 참여하였다.

▫1363년『金剛般若波羅密經』刊行에 畵員으로 참여(誠庵古書博物館 소장, 千惠鳳『韓國
典籍印刷史』) 畵員

법공(法空 : -1363-) 14세기 중반에 활동한 각수刻手이다. 1363년에『금강반야
바라밀경金剛般若波羅密經』(성암고서박물관 소장) 간행에 신명信明과 각수로
참여하였다.

▫1363년『金剛般若波羅密經』刊行에 信明과 刻手로 참여(誠庵古書博物館 소장, 千惠鳳
『韓國典籍印刷史』)

법기(法祺 : -1237-1238-) 13세기 중반에 활동한 각수刻手이다. 1237-38년에 고
려대장경高麗大藏經(『방광반야바라밀경放光般若波羅蜜經』) 조성에 참여하였다.

▫1237-38년에 高麗大藏經(『放光般若波羅蜜經』) 조성에 참여(김윤곤 편저, 『高麗大藏經
造成名錄集』)

법란(法蘭 : -1237-1238-) 13세기 중반에 활동한 각수刻手이다. 1237-38년에 고
려대장경高麗大藏經(『방광반야바라밀경放光般若波羅蜜經』과 『마하반야바라밀
경摩訶般若波羅密經』) 조성에 참여하였다.

▫1237-38년에 高麗大藏經(『放光般若波羅蜜經』) 조성에 참여(김윤곤 편저, 『高麗大藏經
造成名錄集』)
▫1238년에 高麗大藏經(『摩訶般若波羅密經』) 조성에 참여(김윤곤 편저, 『高麗大藏經 造成
名錄集』)

법련(法連 : -1537-1549-) 16세기 중반에 활동한 각수刻手이다. 1537년에 충남
금산 신안사身安寺에서『진실주집眞實珠集』간행에 조영과 각수로, 1549년에
강원 금강산사金剛山寺에서『선문염송집禪門拈頌集』등 간행에 각수로 참여하
였다.

▫1537년 충남 금산 身安寺에서『眞實珠集』刊行에 祖英과 刻手로 참여(金相淏「朝鮮朝
寺刹板 刻手 研究」)
▫1549년 강원 金剛山寺에서『禪門拈頌集』刊行에 刻手로 참여(金相淏「朝鮮朝 寺刹板 刻
手 研究」)

법명(法明 : -1458-) 15세기 중반에 활동한 목수木手이다. 1458년에 강화 정수
사淨水寺 법당法堂을 새로 중창할 때 대목大木으로 참여하였다.

▫1458년 강화 淨水寺 法堂 改重創에 大木으로 참여(江華道淨水寺法堂上樑文,『韓國의 古
建築』6) 大木

법선(法禪 : -1553-) 16세기 중반에 활동한 화원畵員이다. 1553년에 석가설법도釋迦說法圖(일본 가가와현香川縣 쵸쥬인長壽院 소장) 조성에 언해彥海와 화원으로 참여하였다.

- 1553년 釋迦說法圖 조성에 수화승 彥海와 참여(日本 香川縣 長壽院 所藏, 박은경『조선전기불화연구』) 畵員

법숭(法嵩 : -1531-1539-) 16세기 전반에 활동한 각수刻手이다. 1531년에 경북 영천 공산본사公山本寺에서 『묘법연화경妙法蓮華經』(고양 원각사 소장)과 1539년에 경남 함양 덕유산 영각사靈覺寺에서 『묘법연화경요해妙法蓮華經要解』 간행에 각수로 참여하였다.

- 1531년 경상도 永川 公山本寺에서 『妙法蓮華經』 刊行에 刻手로 참여(刊記, 고양 원각사 소장) 刻手
- 1539년 경남 함양 德宥山 靈覺寺에서 『妙法蓮華經要解』 刊行에 刻手로 참여(국립중앙도서관 소장, 곽승훈·김아네스·홍영기 편저『지리산권 불교자료1-간기편』) 刻手

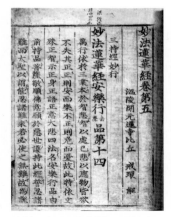
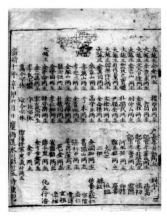

법숭(刻手), 『묘법연화경』, 1531년,   법숭(刻手), 『묘법연화경』 간기,
영천 공산본사   1531년, 영천 공산본사

법신(法信 : -1375-) 14세기 후반에 활동한 목수木手이다. 1375년에 경북 영천 은해사 거조암 영산전 건립에 목수로 참여하였다.

- 1375년 경북 영천 은해사 거조암 영산전 건립에 木手로 참여(金東旭『韓國建築工匠史研究』) 木手 釋

법오(法悟 : -941-) 10세기 중반에 활동한 각수刻手이다. 941년에 경북 예천 명봉사鳴鳳寺 경청선원境淸禪院 자적선사릉운탑비慈寂禪師凌雲塔碑 건립에 연훈然訓과 각자刻字로 참여하였다.

- 941년 경북 예천 鳴鳳寺 境淸禪院 慈寂禪師凌雲塔碑 건립에 然訓과 刻字로 참여(진홍섭『韓國佛敎美術』)

법운(法云 : -1570-1577-) 16세기 후반에 활동한 각수刻手이다. 1570년 여름에

지리산 신흥사臣興寺에서 『선종연가집禪宗永嘉集』 중간重刊에 각수로, 전북 완주 안심사판安心寺板 『옥추경玉樞經』 간행에 일훈一訓과 각수로 참여하였다. 그는 1577년에 전남 담양 용천사龍泉寺 『아미타경阿彌陀經』 간행에 변상 각수變相刻手로 참여하였다.

□ 1570년 여름 지리산 臣興寺에서 『禪宗₩永嘉集』 重刊에 刻手로 참여(동국대학교 소장, 곽승훈·김아네스·홍영기 편저 『지리산권 불교자료1-간기편』)
1570년 전북 완주 安心寺板 『玉樞經』 간행에 一訓과 刻手로 참여(金相淏 「朝鮮朝 寺刹 板 刻手 硏究」)
□ 1577년 전남 담양 龍泉寺에서 『阿彌陀經』 간행에 變相刻手로 참여(朴桃花 「朝鮮時代 金 剛經 刊畵의 圖像」) 刀

법장(法莊 : -1237-1238-) 13세기 중반에 활동한 각수刻手이다. 1237-38년에 고려대장경高麗大藏經(『방광반야바라밀경放光般若波羅蜜經』) 조성에 참여하였다.

□ 1237-38년에 高麗大藏經(『放光般若波羅蜜經』) 조성에 참여(김윤곤 편저, 『高麗大藏經 造成名錄集』)

법재(法才 : -1244-) 13세기 중반에 활동한 각수刻手이다. 1244년에 분사대장도감에서 조성한 경전 간행에 참여하였다.

□ 1244년 분사대장도감에서 조성된 경전 간행에 참여(최연주 『高麗大藏經 硏究事』)

법정 1(法正 : -1586-) 16세기 후반에 활동한 화원畵員이다. 1586년에 경북 문경 봉암사鳳巖寺 목조아미타여래좌상木造阿彌陀如來坐像 조성에 나운蘿雲과 화원으로 참여하였다.

□ 1586년 경북 문경 鳳巖寺 木造阿彌陀如來坐像 조성에 수화승 蘿雲과 참여(『한국의 사찰문화재 – 경상북도 II』)

법정 2(法晶 : -1587-) 16세기 후반에 활동한 화원畵員이다. 1587년에 지장시왕도地藏十王圖(일본 도쿠시마현德島縣 지후쿠지持福寺 소장) 조성에 화원으로 참여하였다.

□ 1587년 地藏十王圖 조성에 畵員으로 참여(日本 德島縣 持福寺 所藏, 박은경 『조선전기 불화연구』) 畵員

법징(刻手), 『육경합부』 변상도, 1424년, 완주 안심사

법징(法澄 : -1424-1443-) 15세기 전반부터 중반까지 활동한 각수刻手이다. 1424년에 전북 완주 안심사安心寺에서 『육경합부六經合部』(고양 원각사 소장) 중 반야바라밀다경金剛般若波羅密經 변상각수變相刻手로, 1443년에 전북 완주 화암사花岩寺에서 『묘법연화경妙法蓮華經』(고양 원각사 소장) 간행에 신효信孝와 각수로 참여하였다.

□ 1424년 전북 완주 安心寺에서 『六經合部』 중 金剛般若波羅密經 變相刻手로 참여(刊記, 고양 원각사 소장) 刀
□ 1443년 전북 완주 花岩寺에서 『妙法蓮華經』 刊行에 信孝와 刻手로 참여(刊記, 고양 원각 사 소장) 禪師

법징(刻手), 『육경합부』, 1424년, 완주 안심사

법호(法浩 : -1525-) 16세기 전반에 활동한 각수刻手이다. 1525년에 전남 순천 대광사大光寺에서 『계초심학인문誡初心學人文』 간행에 정오正悟와 각수로 참

여하였다.

　◦ 1525년 전남 순천 大光寺에서 『誠初心學人文』刊行에 正悟와 刻手로 참여(『僧』)

법회(法准 : -1543-) 16세기 중반에 활동한 화원畵員이다. 1543년에 충남 홍성 고산사高山寺 불상佛像 조성에 혜웅惠雄과 화원으로 참여하였다.

　◦ 1543년 충남 홍성 高山寺 佛像 조성에 惠雄과 畵員으로 참여(문명대 「조선전반기 불상 조각의 도상해석학적 연구」)

벽암(碧岩 : -1560-1564-) 16세기 중반에 활동한 각수刻手이다. 1560년에 황해도 문화 구월산九月山 월출암月出庵 개간開刊하여 서홍瑞興 귀진사歸進寺 유판留板한 『대방광불화엄경소大方廣佛華嚴經疏 제38』(화봉문고 소장) 간행에 경웅呬雄과 각수로 참여하고, 1564년에 황해 서홍瑞興 귀진사판歸進寺板 『대방광불화엄경소大方廣佛華嚴經疏』 간행에 각수로 참여하였다.

　◦ 1560년 黃海道 文化 九月山 月出庵 開刊하여 瑞興地 歸進寺 留板한 『大方廣佛華嚴經疏(三十八)』 간행에 呬雄과 각수로 참여(刊記, 화봉문고 소장)
　◦ 1564년에 黃海 瑞興 歸進寺板 『大方廣佛華嚴經疏』 간행에 刻手로 참여(金相淏 「朝鮮朝 寺刹板 刻手 硏究」)

변송아지(邊松阿之 : -1469-) 15세기 중반에 활동한 주장注匠이다. 1469년에 경기 남양주 봉선사奉先寺 범종梵鐘을 이을부李乙夫와 주장으로 조성하였다.

　◦ 1469년 경기 남양주 奉先寺 梵鐘 조성에 李乙夫와 注匠으로 참여(정영호 「朝鮮前期 梵鐘考」)

보경(寶敬 : -1431-) 15세기 전반에 활동한 각수刻手이다. 1431년에 경상감사慶尙監司 조치曹致가 만든 『춘추경좌씨전구해春秋經左氏傳句解』 간행에 홍조洪照와 각수로 참여하였다.

　◦ 1431년 慶尙監司 曺致가 만든 『春秋經左氏傳句解』 간행에 洪照와 刻手로 참여(刊記, 『國寶 寶物 지정보고서 2011』)

보광(保光 : -1237-1238-) 13세기 중반에 활동한 각수刻手이다. 1237-38년에 고려대장경高麗大藏經(『방광반야바라밀경放光般若波羅蜜經』) 조성에 참여하였다.

　◦ 1237-38년에 高麗大藏經(『放光般若波羅蜜經』) 조성에 참여(김윤곤 편저, 『高麗大藏經 造成名錄集』)

보기(宝基, 宝其, 宝己 : -1237-1238-) 13세기 중반에 활동한 각수刻手이다. 1237-8년에 고려대장경高麗大藏經(『금강반야바라밀다경金剛般若波羅蜜多經』) 조성에 참여하였다.

　◦ 1237-38년에 高麗大藏經(『金剛般若波羅蜜多經』) 조성에 참여(김윤곤 편저, 『高麗大藏經 造成名錄集』)

보능 1(普能 : -1377-) 14세기 후반에 활동한 목수木手이다. 1377년에 경북 영주 부석사浮石寺 조사당祖師堂 중수重修에 심경心鏡과 대목大木으로 참여하였다.

　◦ 1377년 경북 영주 浮石寺 祖師堂 重修에 心鏡과 大木으로 참여(申榮勳 編 『韓國古建物上樑記文集』과 진홍섭 『韓國佛敎美術』)
　* 普態로 읽은 연구자도 있음.4)

보능 2(寶能 : -1450-) 15세기 중반에 활동한 각수刻手이다. 1450년에 전북 전주 원암사圓岩寺에서 『육경합부六經合部』 간행에 변상각수變相刻手로 참여하였다.

▫ 1450년 전북 전주 圓岩寺에서 『六經合部』 간행에 變相刻手로 참여(朴桃花「朝鮮時代 金剛經 判畵의 圖像」) 刻手

보명 1(宝明 : -1460-1477-) 15세기 중반에 활동한 각수刻手이다. 1460년에 전북 진안 중대사中臺寺에서 『육경합부六經合部』(고양 원각사 소장)과 1477년에 전북 완주 불명산佛名山 화암사花岩寺에서 『묘법연화경妙法蓮華經』(고양 원각사 소장) 간행에 각수로 참여하였다. 그는 연대를 알 수 없는 전북 진안 중대사中臺寺에서 『금강반야바라밀경金剛般若波羅密經』(화봉문고 소장) 간행에 각수刻手로 참여하였다.

▫ 1460년 전북 진안 中臺寺에서 『六經合部』 간행에 刻手로 참여(刊記, 고양 원각사 소장) 刻手
▫ 1477년 전라도 高山 佛名山 花岩寺에서 『妙法蓮華經』 간행에 刻手로 참여(刊記, 고양 원각사 소장) 刻手 禪師
▫ 연대미상 전북 진안 중대사中臺寺에서 『金剛般若波羅密經』 간행에 刻手로 참여(刊記, 화봉문고 소장) 刻手

보명 2(宝命 : -1535-) 16세기 중반에 활동한 화원畵員이다. 1535년에 석가팔상도釋迦八相圖(일본 와카야마현和歌山縣 곤고후지金剛峯寺 소장) 조성에 지종志宗과 참여하였다.

▫ 1535년 釋迦八相圖 조성에 志宗과 참여(日本 和歌山縣 金剛峯寺 所藏, 박은경 『조선전기불화연구』)

  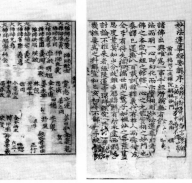 

보명(刻手), 『육경합부』 변상도, 1460년, 진안 중대사 | 보명(刻手), 『육경합부』 간기, 1460년, 진안 중대사 | 보명(刻手), 『묘법연화경』, 1477년, 완주 화암사 | 보명(刻手), 『묘법연화경』 간기, 1477년, 완주 화암사

---

4) 申榮勳 編, 『韓國古建物上樑記文集』, 考古美術同人會, p. 110.

보상(保祥 : -1237-1238-) 13세기 중반에 활동한 각수刻手이다. 1237-38년에 고려대장경高麗大藏經(『방광반야바라밀경放光般若波羅蜜經』) 조성에 참여하였다.

▫ 1237-38년에 高麗大藏經(『放光般若波羅蜜經』) 조성에 참여(김윤곤 편저, 『高麗大藏經 造成名錄集』)

보영(甫英 : -1334-1335-) 14세기 전반에 활동한 각수刻手이다. 경북 경주부鷄林府에서 1334년에 개판開版한 『백화도장발원문약해白花道場發願文略解』와 1335년에 開版한 『達磨大師觀心論』 간행에 각수로 참여하였다.

▫ 1334년 鷄林府에게 開版한 『白花道場發願文略解』 간행에 刻手로 참여(최연주 『高麗大藏經 研究事』) 同願刻手
▫ 1335년 鷄林府에게 開版한 『達磨大師觀心論』 간행에 刻手로 참여(최연주 『高麗大藏經 研究事』) 刻手 僧

보원(宝元 : -1568-) 16세기 중반에 활동한 목수木手이다. 1568년에 평안도 순안 법흥사法興寺에서 『선종영가집禪宗永嘉集』 간행에 연판鍊板으로 참여하였다.

▫ 1568년 평안도 순안 法興寺에서 『禪宗永嘉集』 刊行에 鍊板로 참여(『僧』) 鍊板

보인(甫仁 : -1237-1238-) 13세기 중반에 활동한 각수刻手이다. 1237-38년에 고려대장경高麗大藏經(『금강반야바라밀다경金剛般若波羅蜜多經』) 조성에 참여하였다.

▫ 1237-38년에 高麗大藏經(『金剛般若波羅蜜多經』) 조성에 참여(김윤곤 편저, 『高麗大藏經 造成名錄集』)

보지 1(保只 : -1065-) 11세기 중반에 활동한 주종장鑄鐘匠이다. 1065년에 계지사戒持寺 범종(일본 후쿠오카현福岡縣 죠텐지承天寺 소장)을 김수金水와 조성하였다.

▫ 1065년 戒持寺 梵鐘을 金水와 조성(日本 福岡縣 承天寺 所藏, 진홍섭『韓國佛教美術』과 최응천, 「고려시대 금속공예와 匠人」) 副大匠
* 副大匠 보지미정保只未亭을 한 명으로 보는 경우도 있다.[5]

보지 2(甫之, 甫之 : -1237-1238-) 13세기 중반에 활동한 각수刻手이다. 1237-38년에 고려대장경高麗大藏經(『금강반야바라밀다경金剛般若波羅蜜多經』) 조성에 참여하였다.

▫ 1237-38년에 高麗大藏經(『金剛般若波羅蜜多經』) 조성에 참여(김윤곤 편저, 『高麗大藏經 造成名錄集』)
* 보지甫之와 지보之甫는 동일인으로 추정된다.

보현(普賢 : -1384-) 14세기 후반에 활동한 석수石手이다. 1384년에 평북 향산 안심사安心寺 지공指空 나옹懶翁 사리석종비舍利石鍾碑 건립에 무실無失과 석수로 참여하였다.

▫ 1384년 평북 향산 安心寺 指空 懶翁 舍利石鍾碑 건립에 無失과 石手로 참여(李智冠『校勘譯註 歷代高僧碑文(高麗篇4)』)

---

5) 이광배, 「發願者 階層을 통해 본 朝鮮 前期 梵鐘의 樣式」, 『美術史學研究』 262, 2009.6, pp. 5-32.

복수(福壽 : -1565-) 16세기 중반에 활동한 조각승彫刻僧이다. 1565년에 전남 목포 달성사達聖寺 목조지장보살반가상木造地藏菩薩半跏像을 향엄과 화원畵員으로 조성하였다.

> · 1565년 전남 목포 達聖寺 木造地藏菩薩半跏像을 수화승 香嚴과 조성(造成發願文, 어준일 「16世紀 朝鮮時代의 佛教彫刻 研究」)

부금(夫金 : -1217-) 13세기 전반에 활동한 주성장鑄成匠이다. 1217년에 경기 안성 봉업사지 출토 반자飯子(금고金鼓, 연세대학교 박물관 소장) 조성에 상대장上大匠으로 참여하였다.

> · 1217년 경기 안성 봉업사지 출토 飯子(金鼓) 조성에 上大匠으로 참여(연세대학교 박물관 소장, 한국금석문 종합영상정보시스템과 최응천 「고려시대 금속공예와 匠人」) 上大匠

부기(夫己 : -1237-1238-) 13세기 중반에 활동한 각수刻手이다. 1237-38년에 고려대장경高麗大藏經(『금강반야바라밀다경金剛般若波羅蜜多經』) 조성에 참여하였다.

> · 1237-38년에 高麗大藏經(『金剛般若波羅蜜多經』) 조성에 참여(김윤곤 편저, 『高麗大藏經 造成名錄集』)

부도(斧道 : -1239-)6) 13세기 중반에 활동한 주종장鑄鐘匠이다. 1239년에 양주 두정사頭正寺 범종(고려대학교 박물관 소장)을 조성하였다.

> · 1239년 梁州 頭正寺 梵鐘을 조성(高麗大學校 博物館 所藏, 黃壽永 「高麗靑銅梵鐘의 新例(其一)」과 진홍섭 『韓國佛敎美術』 및 최응천 「고려시대 금속공예와 匠人」) 大匠

부득(夫得 : -754-) 8세기 중반에 활동한 화원畵員이다. 754년 8월 1일부터 755년 2월 14일까지 만든 「백지묵서화엄경白紙墨書華嚴經」 변상도變相圖를 의본義本과 그렸다.

> · 754년 8월 1일부터 755년 2월 14일까지 만든 『白紙墨書華嚴經』 變相圖를 義本과 그림(진홍섭 『韓國佛敎美術』) 舍知

부령(夫令 : -1346-) 14세기 중반에 활동한 주성장鑄成匠이다. 1346년에 상원사上院寺 향완香垸을 조성하였다.

> · 1346년 上院寺 香垸을 조성(서성호 「고려시대 금속 불구 조성과 원주」) 靑銅大匠

부오(富烏) 10세기 중반에 활동한 철장鐵匠이다. 광종연간(재위 949-975)에 충남 괴산 각연사覺淵寺 통일대사탑비統一大師塔碑 건립에 철장으로 참여하였다.

> · 광종연간(949-975 재위)에 충남 괴산 覺淵寺 統一大師塔碑 건립에 鐵匠으로 참여(『朝鮮金石總覽』上) 鐵匠

분□(盆□) 고려시대 개성 근방 적항赤項에서 활동한 와장瓦匠이다. 개성 만월대에 있던 궁성에 올린 기와를 제작하였다.

> · 고려시대 개성 만월대에 있던 궁성에 올린 기와를 제작한 와장으로 참여(홍영의 「개성 고려궁성 출토 명문기와의 유형과 窯場」) 赤項

---

6) 최응천, 「고려시대 금속공예와 匠人」에서 斧(?)道로 읽었다.

불명(佛明 : -1573-) 16세기 후반에 활동한 목수木手이다. 1573년에 경북 영주 부석사浮石寺 조사당祖師堂 서까래를 고칠 때 대목大木으로 참여하였다.

　　◦1573년 경북 영주 浮石寺 祖師堂 更椽을 고칠 때 大木으로 기록(申榮勳 編『韓國古建物 上樑記文集』) 木手 大木

불안(佛眼 : -1574-) 16세기 후반에 활동한 각수刻手이다. 1574년에 황남 월악 구월산九月山 월정사月精寺에서 『대혜보각선사서大慧普覺禪師書』(고양 원각사 소장) 간행에 천감天甘과 각수로 참여하였다.

　　◦1574년 황남 월악 九月山 月精寺에서 『大慧普覺禪師書』刊行에 天甘과 刻手로 참여(刊記, 고양 원각사 소장)

불이(不伊 : -1588-) 16세기 후반에 활동한 편수片手이다. 1588년에 만력명萬曆銘 총통銃筒을 조성하였다.

　　◦1588년 萬曆銘 銃筒을 조성(황수영, 『금석유문』) 匠

불재(佛材 : -1237-1238-) 13세기 중반에 활동한 각수刻手이다. 1237-38년에 고려대장경高麗大藏經(『금강반야바라밀다경金剛般若波羅蜜多經』) 조성에 참여하였다.

　　◦1237-38년에 高麗大藏經(『金剛般若波羅蜜多經』) 조성에 참여(김윤곤 편저, 『高麗大藏經 造成名錄集』)

불행(佛行 : -1581-) 16세기 후반에 활동한 소목장小木匠이다. 1581년에 충남 서산 가야산伽耶山 강당사講堂寺에서 『천지명양수륙잡문天地冥陽水陸雜文』 간행에 연판鍊板으로 참여하였다.

　　◦1581년에 충남 서산 伽耶山 講堂寺에서 『天地冥陽水陸雜文』刊行에 鍊板으로 참여(刊記, 『韓國佛敎儀禮資料叢書』1집) 鍊板

불혜(佛惠 : -1377-) 14세기 후반에 활동한 목수木手이다. 1377년에 경북 영주 부석사浮石寺 조사당祖師堂 중수重修에 심경心鏡과 대목大木으로 참여하였다.

　　◦1377년 경북 영주 浮石寺 祖師堂 重修에 心鏡과 大木으로 참여(申榮勳 編『韓國古建物上 樑記文集』과 진홍섭 『韓國佛敎美術』)

사경 1(思京 : -1237-1238-) 13세기 중반에 활동한 각수刻手이다. 1237-38년에 고려대장경高麗大藏經(『방광반야바라밀경放光般若波羅蜜經』) 조성에 참여하였다.

> ▫1237-38년에 高麗大藏經(『放光般若波羅蜜經』) 조성에 참여(김윤곤 편저, 『高麗大藏經造成名錄集』)

사경 2(思冏 : -1486-) 15세기 후반에 활동한 칠장漆匠이다. 1486년에 전남 광주 무등산無等山 규봉암圭峯菴에서 간행한 『법집별행록절요병입사기法集別行錄節要幷入私記』(개인 소장)에 칠장漆匠으로 참여하였다.

> ▫1486년 전남 광주 無等山 圭峯菴에서 간행한 『法集別行錄節要幷入私記』에 漆匠으로 참여(개인 소장, 『動産文化財指定報告書(94-95 지정편)』) 漆

사미(沙弥 : -1237-1238-) 13세기 중반에 활동한 각수刻手이다. 1237-38년에 고려대장경高麗大藏經(『방광반야바라밀경放光般若波羅蜜經』) 조성에 참여하였다.

> ▫1237-38년에 高麗大藏經(『放光般若波羅蜜經』) 조성에 참여(김윤곤 편저, 『高麗大藏經造成名錄集』)

사부기(□□□ : -1469-) 15세기 후반에 활동한 각수刻手이다. 1469년에 『지장보살본원경地藏菩薩本願經』(관문사 성보박물관 소장) 간행에 권돈일權頓一과 각수로 참여하였다.

> ▫1469년 『地藏菩薩本願經』刊行에 權頓一과 刻手로 참여(관문사 성보박물관 소장, 『삶, 그후』)

사식(刻手), 『자기산보문』, 1568년, 안동 광흥사

사식(思湜 : -1568-) 16세기 중반에 활동한 각수刻手이다. 1568년에 경북 안동 광흥사廣興寺에서 『자기산보문仔夔刪補文』(고양 원각사 소장) 간행에 각수로 참여하였다.

> ▫1568년 경북 안동 廣興寺에서 『仔夔刪補文』 간행에 刻手로 참여(刊記, 고양 원각사 소장) 刻手

사안(思安 : -1443-) 15세기 중반에 활동한 서자書者이면서 목수木手이다. 1443년에 전북 완주 화암사花岩寺에서 『묘법연화경妙法蓮華經』(고양 원각사 소장) 간행에 연판鍊板으로, 『육경합부六經合部』 간행에 사서寫書로 참여하였다.

> ▫1443년 전북 완주 花岩寺에서 『妙法蓮華經』刊行에 鍊板으로 참여(刊記, 고양 원각사 소장) 板首大禪師

사식(刻手), 『자기산보문』 간기, 1568년, 안동 광흥사

▫1443년 전북 완주 花岩寺에서 『六經合部』 刊行에 寫書로 참여(朴桃花「朝鮮時代 金剛經 判書의 圖像」) 寫大禪師

사운(思云 : -1515-) 16세기 전반에 활동한 목수木手이다. 1515년에 경북 예천 용문사 목조아미타여래좌상木造阿彌陀如來坐像을 이영문李永文이 개조改造할 때 목수로 참여하였다.

▫1515년 경북 예천 용문사 木造阿彌陀如來坐像을 李永文이 改造할 때 木手로 참여(改造 發願文) 木手

사유(思儒 : -1237-1238-) 13세기 중반에 활동한 각수刻手이다. 1237-38년에 고려대장경高麗大藏經(『금강반야바라밀다경金剛般若波羅蜜多經』) 조성에 참여하였다.

▫1237-38년에 高麗大藏經(『金剛般若波羅蜜多經』) 조성에 참여(김윤곤 편저, 『高麗大藏經 造成名錄集』)

사자(思子 : -1237-1238-) 13세기 중반에 활동한 각수刻手이다. 1237-38년에 고려대장경高麗大藏經(『금강반야바라밀다경金剛般若波羅蜜多經』) 조성에 참여하였다.

▫1237-38년에 高麗大藏經(『金剛般若波羅蜜多經』) 조성에 참여(김윤곤 편저, 『高麗大藏經 造成名錄集』)

사정(師程 : -1591-) 16세기 후반에 활동한 화원畫員이다. 1591년에 감로도甘露圖(일본 미에현三重縣 아사다지朝田寺 소장) 조성에 조문祖文과 화원으로 참여하였다.

▫1591년 甘露圖 조성에 祖文과 畫員으로 참여(日本 三重縣 朝田寺 所藏, 洪潤植 編 『韓國佛畫畫記集』와 박은경 『조선전기불화연구』)

사준(思峻 : -1579-) 16세기 후반에 활동한 화원畫員이다. 1579년에 경북 경주 왕룡사원王龍寺院 소조약사여래좌상과 소조아미타여래좌상 조성에 화원畫員으로 참여하였다.

▫1579년 경북 경주 王龍寺院 塑造藥師如來坐像과 塑造阿彌陀如來坐像 조성에 畫員으로 참여(문명대 『왕룡사원의 조선전반기 불상조각』) 畫員

사중(思中 : -1237-1238-) 13세기 중반에 활동한 각수刻手이다. 1237-38년에 고려대장경高麗大藏經(『금강반야바라밀다경金剛般若波羅蜜多經』) 조성에 참여하였다.

▫1237-38년에 高麗大藏經(『金剛般若波羅蜜多經』) 조성에 참여(김윤곤 편저, 『高麗大藏經 造成名錄集』)

사지(社旨, 社之 : -1237-1238-) 13세기 중반에 활동한 각수刻手이다. 1237-38년에 고려대장경高麗大藏經(『금강반야바라밀다경金剛般若波羅蜜多經』) 조성에 참여하였다.

▫1237-38년에 高麗大藏經(『金剛般若波羅蜜多經』) 조성에 참여(김윤곤 편저, 『高麗大藏經 造成名錄集』)

사충(思忠 : -1237-1238-) 13세기 중반에 활동한 각수刻手이다. 1237-38년에 고려대장경高麗大藏經(『금강반야바라밀다경金剛般若波羅蜜多經』) 조성에 참여하였다.

  ▫ 1237-38년에 高麗大藏經(『金剛般若波羅蜜多經』) 조성에 참여(김윤곤 편저, 『高麗大藏經 造成名錄集』)

산동(山同 : -1244-) 13세기 중반에 활동한 각수刻手이다. 1244년에 대장도감에서 조성한 경전 간행에 참여하였다.

  ▫ 1244년 대장도감에서 조성된 경전 간행에 참여(최연주 『高麗大藏經 研究事』)

산보(山甫 : -1237-1238-) 13세기 중반에 활동한 각수刻手이다. 1237-38년에 고려대장경高麗大藏經(『방광반야바라밀경放光般若波羅蜜經』) 조성에 참여하였다.

  ▫ 1237-38년에 高麗大藏經(『放光般若波羅蜜經』) 조성에 참여(김윤곤 편저, 『高麗大藏經 造成名錄集』)

산수(山守 : -1474-) 15세기 후반에 활동한 야장冶匠이다. 1474년에 『상교정본자비도량참법詳校正本慈悲道場懺法』 간행에 야장으로 참여하였다.

  ▫ 1474년 『詳校正本慈悲道場懺法』 刊行에 冶匠으로 참여(刊記, 『韓國佛敎儀禮資料叢書』1집) 冶匠

삼기(三己) 고려시대 개성 근방 판적板積에서 활동한 와장瓦匠이다. 개성 만월대에 있던 궁성에 올린 기와를 제작하였다.

  ▫ 고려시대 개성 만월대에 있던 궁성에 올린 기와를 제작한 와장으로 참여(홍영의 「개성 고려궁성 출토 명문기와의 유형과 窯場」) 板積

삼려(三旅 : -1237-1238-) 13세기 중반에 활동한 각수刻手이다. 1237-38년에 고려대장경高麗大藏經(『방광반야바라밀경放光般若波羅蜜經』) 조성에 참여하였다.

  ▫ 1237-38년에 高麗大藏經(『放光般若波羅蜜經』) 조성에 참여(김윤곤 편저, 『高麗大藏經 造成名錄集』)

삼성(三晟 : -1237-1238-) 13세기 중반에 활동한 각수刻手이다. 1237-38년에 고려대장경高麗大藏經(『금강반야바라밀다경金剛般若波羅蜜多經』) 조성에 참여하였다.

  ▫ 1237-38년에 高麗大藏經(『金剛般若波羅蜜多經』) 조성에 참여(김윤곤 편저, 『高麗大藏經 造成名錄集』)

삼응(三應 : -1531-) 16세기 전반에 활동한 각수刻手이다. 1531년에 지리산 칠불암七佛寺에서 『현행서방경現行西方經』 간행刊行에 방수건方守建과 각수로 참여하였다.

  ▫ 1531년 지리산 七佛寺에서 『現行西方經』 刊行에 方守建과 刻手로 참여(동국대 소장, 곽승훈·김아네스·홍영기 편저 『지리산권 불교자료1-간기편』)

삼장(三藏 : -1237-1238-) 13세기 중반에 활동한 각수刻手이다. 1237-38년에 고려대장경高麗大藏經(『금강반야바라밀다경金剛般若波羅蜜多經』) 조성에 참여하였다.

　◦ 1237-38년에 高麗大藏經(『金剛般若波羅蜜多經』) 조성에 참여(김윤곤 편저, 『高麗大藏
　經 造成名錄集』)

삼준(三俊 : -1565-) 16세기 중반에 활동한 각수刻手이다. 1565년에 충북 보은
報恩 속리산佈離山 복천암판福泉寺板 『묘법연화경妙法蓮華經』(화봉문고 소장)
간행에 수현守玄과 각수로 참여하였다.

　◦ 1565년 충북 報恩 佈離山 福泉寺板 『妙法蓮華經』 간행에 守玄과 刻手로 참여(刊記, 화봉
　문고 소장)

삼□(三□) 고려시대 개성 근방 월개山月盖에서 활동한 와장瓦匠이다. 개성 만월
대에 있던 궁성에 올린 기와를 제작하였다.

　◦ 고려시대 개성 만월대에 있던 궁성에 올린 기와를 제작한 와장으로 참여(홍영의 「개성
　고려궁성 출토 명문기와의 유형과 窯場」) 月盖

상경(尙敬 : -1462-) 15세기 중반에 활동한 목수木手이다. 1462년에 경상도 진
주 김룡사金龍寺에서 『금강반야바라밀경金剛般若波羅密經』 개판改版에 연판鍊
板으로 참여하였다.

　◦ 1462년에 경상도 진주 金龍寺에서 『金剛般若波羅密經』 改版에 鍊板으로 참여(동국대 소
　장, 곽승훈·김아네스·홍영기 편저 『지리산권 불교자료1-간기편』) 鍊板大禪師

상근(尙根 : -1549-) 16세기 중반에 활동한 목수木手이다. 1549년에 전남 해남
향교 창수刱修에 목수로 참여하였다.

　◦ 1549년 전남 해남 鄕校 刱修에 木手로 참여(金東旭 『韓國建築工匠史硏究』) 木手 僧

상능(相能 : -1570-) 16세기 후반에 활동한 각수刻手이다. 1570년 여름에 지리
산 신흥사臣興寺에서 『선종연가집禪宗永嘉集』 중간重刊에 법운法雲과 각수로
참여하였다.

　◦ 1570년 여름 지리산 臣興寺에서 『禪宗￦永嘉集』 重刊에 法雲과 刻手로 참여(동국대학교
　소장, 곽승훈·김아네스·홍영기 편저 『지리산권 불교자료1-간기편』)

상안(尙安 : -1443-) 15세기 중반에 활동한 각수刻手이다. 1443년에 전북 완주
화암사花岩寺에서 『묘법연화경妙法蓮華經』(고양 원각사 소장) 간행에 신효信孝
와 각수로 참여하였다.

　◦ 1443년 전북 완주 花岩寺에서 『妙法蓮華經』 刊行에 信孝와 刻手로 참여(刊記, 고양 원각
　사 소장)

상엄(尙嚴 : -1422-) 15세기 전반에 활동한 사경승寫經僧이다. 1422년에 덕명德
明 비구가 발원한 「감지은니묘법연화경紺紙銀泥妙法蓮華經」을 사경하였다.

　◦ 1422년 덕명비구가 발원한 「紺紙銀泥妙法蓮華經」을 寫經함(張忠植 「朝鮮時代 寫經考」)

상운(祥云 : -1539-) 16세기 중반에 활동한 각수刻手이다. 1539년에 경상도 안
음 덕유산德宥山 영각사靈覺寺에서 『묘법연화경요해妙法蓮華經要解』 간행에 법
숭法崇과 각수로 참여하였다.

　◦ 1539년 경상도 安陰 德宥山 靈覺寺에서 『妙法蓮華經要解』 刊行에 法崇과 刻手로 참여

(국립중앙도서관 소장, 곽승훈·김아네스·홍영기 편저 『지리산권 불교자료1-간기편』)

상잠(上岑 : -1570-) 16세기 후반에 활동한 각수刻手이다. 1570년에 전북 완주 안심사판安心寺板 『옥추경玉樞經』 간행에 일훈一訓과 각수로 참여하였다.

  ▫ 1570년 전북 완주 安心寺板 『玉樞經』 간행에 一訓과 刻手로 참여(金相淏 『朝鮮朝 寺刹 板 刻手 研究』)

상총(尙聰 : -1424-1443-) 15세기 전반부터 중반까지 활동한 각수刻手이다. 1424년에 전북 완주 안심사安心寺에서 『육경합부六經合部』(고양 원각사 소장) 과 1443년에 화암사花岩寺에서 『금강반야바라밀경金剛般若波羅密經』(화봉문 고 소장) 간행에 각수로 참여하였다.

  ▫ 1424년 전북 완주 安心寺에서 『六經合部』 刊行에 刻手로 참여(刊記, 고양 원각사 소장) 刻手
  ▫ 1443년 花岩寺에서 『金剛般若波羅密經』 간행에 刻手로 참여(刊記, 화봉문고 소장) 刻手

상현(尙玄 : -1581-) 16세기 후반에 활동한 각수刻手이다. 1581년에 충남 서산 가야산伽耶山 강당사講堂寺에서 『천지명양수륙잡문天地冥陽水陸雜文』 간행에 도 명道明과 각수로 참여하였다.

  ▫ 1581년에 충남 서산 伽耶山 講堂寺에서 『天地冥陽水陸雜文』 刊行에 道明과 刻手로 참여 (刊記, 『韓國佛敎儀禮資料叢書』1집)

서구방(徐九方 : -1323-) 14세기 전반에 활동한 화가畵家이다. 1323년에 수월 관음보살도水月觀音菩薩圖 조성(일본 교토 센오쿠하쿠코칸泉屋博古館 소장)에 참여하였다.

  ▫ 1323년 水月觀音菩薩圖 조성에 화원으로 참여(京都 泉屋博古館 所藏, 洪潤植 編 『韓國 佛畵畵記集』) 內班從事徐九方畵

서면(徐勉 : -1368-) 14세기 중반에 활동한 입사장入絲匠이다. 1368년 표훈사表 訓寺 향완香椀을 입사장入絲匠으로 조성하였다.

  ▫ 1368년 表訓寺 香椀을 入絲匠으로 조성(亡失, 진홍섭 『韓國佛敎美術』)

서원(敍元 : -1237-1238-) 13세기 중반에 활동한 각수刻手이다. 1237-38년에 고 려대장경高麗大藏經(『방광반야바라밀경放光般若波羅蜜經』) 조성에 참여하였다.

  ▫ 1237-38년에 高麗大藏經(『放光般若波羅蜜經』) 조성에 참여(김윤곤 편저, 『高麗大藏經 造成名錄集』)

석견(釋堅 : -1561-1570-) 16세기 중반에 활동한 각수刻手이다. 1561년에 경북 풍기 질방사叱方寺에서 『묘법연화경妙法蓮華經』 및 1562년에 안동 광흥사에서 『불설대보부모은중경佛說大報父母恩重經』 간행에 변상각수變相刻手로 참여하 였다. 그는 1568년에 안동 광흥사에서 『자기산보문仔夔刪補文』 간행에 사식 思湜과 각수로, 1570년에 『금강경』 간행에 변상각수로 참여하였다.

  ▫ 1561년 경북 풍기 叱方寺에서 『妙法蓮華經』 간행에 刻手로 참여(朴桃花 『朝鮮時代 金剛 經 判書의 圖像』) 刀
  ▫ 1562년 경북 안동 廣興寺에서 『佛說大報父母恩重經』 간행에 變相刻手로 참여(朴桃花 『朝鮮時代 金剛經 判書의 圖像』) 刻手

▫ 1568년 경북 안동 廣興寺에서 『仔夔刪補文』 간행에 思湜과 刻手로 참여(刊記, 고양 원각
사 소장)
▫ 1570년 경북 안동 廣興寺에서 『金剛經』 간행에 變相刻手로 참여(朴桃花 「朝鮮時代 金剛
經 判書의 圖像」) 變相刻手

석기(石奇 : -1237-1238-) 13세기 중반에 활동한 각수刻手이다. 1237-38년에 고
려대장경高麗大藏經(『방광반야바라밀경放光般若波羅蜜經』) 조성에 참여하였다.

▫ 1237-38년에 高麗大藏經(『放光般若波羅蜜經』) 조성에 참여(김윤곤 편저, 『高麗大藏經
造成名錄集』)

석담(釋曇 : -1584-) 16세기 후반에 활동한 각수刻手이다. 1584년에 전북 부안
능가산楞伽山 실상사實相寺에서 『묘법연화경妙法蓮華經』(화봉문고 소장) 간행
에 탄연坦衍과 각수로 참여하였다.

▫ 1584년 전북 부안 楞伽山 實相寺에서 『妙法蓮華經』 간행에 坦衍과 刻手로 참여(刊記, 화
봉문고 소장)

석대(石大 : -1237-1238-) 13세기 중반에 활동한 각수刻手이다. 1237-38년에 고
려대장경高麗大藏經(『금강반야바라밀다경金剛般若波羅蜜多經』) 조성에 참여하
였다.

▫ 1237-38년에 高麗大藏經(『金剛般若波羅蜜多經』) 조성에 참여(김윤곤 편저, 『高麗大藏
經 造成名錄集』)

석돌(石突 : -1237-1238-) 13세기 중반에 활동한 각수刻手이다. 1237-38년에 고
려대장경高麗大藏經(『금강반야바라밀다경金剛般若波羅蜜多經』) 조성에 참여하
였다.

▫ 1237-38년에 高麗大藏經(『金剛般若波羅蜜經』) 조성에 참여(김윤곤 편저, 『高麗大藏
經 造成名錄集』)

석산(石山 : -1474-) 15세기 후반에 활동한 주장注匠이다. 1474년에 『상교정본
자비도량참법詳校正本慈悲道場懺法』 간행에 주장으로 참여하였다.

▫ 1474년 『詳校正本慈悲道場懺法』 刊行에 注匠로 참여(刊記, 『韓國佛敎儀禮資料叢書』1집)
注匠

석삼(石三) 고려시대 개성 근방 덕수德水에서 활동한 와장瓦匠이다. 개성 만월
대에 있던 궁성에 올린 기와를 제작하였다.

▫ 고려시대 개성 만월대에 있던 궁성에 올린 기와를 제작한 와장으로 참여(홍영의 「개성
고려궁성 출토 명문기와의 유형과 窯場」) 德水

석웅(釋雄) 16세기 전반에 전라도 순천 지방에서 활동한 각수刻手이다. 신흥
사판 불경 간행에 계심戒心과 각수로 참여하였다.

▫ 신흥사판 불경 간행에 戒心과 刻手로 참여(金相淏 「朝鮮朝 寺刹板 刻手 研究」)

석유(碩儒 : -1237-1238-) 13세기 중반에 활동한 각수刻手이다. 1237-38년에 고
려대장경高麗大藏經(『금강반야바라밀다경金剛般若波羅蜜多經』) 조성에 참여하
였다.

▫ 1237-38년에 高麗大藏經(『金剛般若波羅蜜經』) 조성에 참여(김윤곤 편저, 『高麗大藏

人

經 造成名錄集』)

석인(釋仁) 조선전기에 활동한 각수刻手이다. 연대 미상의 『예념왕생문禮念往生文』(화봉문고 소장) 간행에 체은體訔과 각수로 참여하였다.

　▫ 연대 미상의 『禮念往生文』 간행에 體訔과 각수로 참여(刊記, 화봉문고 소장)

석종(碩從 : -1125-) 12세기 전반에 활동한 석장石匠이다. 1125년에 개성 영통사靈通寺 대각국사비大覺國師碑 건립에 석공石工으로 참여하였다.

　▫ 1125년 개성 靈通寺 大覺國師碑 건립에 石工으로 참여(李智冠 『校勘譯註 歷代高僧碑文(高麗篇3)』) 石工 首長

석준(釋俊 : -1599-1600-) 16세기 후반에서 17세기 전반까지 활동한 조각승이다. 1599년에 수화승으로 강원 평창 상원사 목조문수동자좌상을 개금하고, 1600년에 전북 김제 금산사를 수문대사와 같이 재건하였으며, 1606년에 충남 공주 동학사 목조석가삼세불좌상 조성에 증명證明으로 참여하였다.

　▫ 1599년 강원 평창 上院寺 木造文殊童子坐像 改金에 畫師로 참여(發願文, 洪潤植 「朝鮮初期 上院寺文殊童子像에 대하여」) 畫士
　▫ 1600년 전북 김제 금산사를 守文대사와 같이 재건(『金堤郡金山面金山寺誌』『金山寺誌』)
　▫ 1606년 충남 공주 東鶴寺 木造釋迦三世佛坐像 조성에 證明으로 참여(發願文) 證明

석지(碩志 : -1448-) 15세기 중반에 활동한 조각승이다. 1448년에 경남 밀양 표충사 대원암 금동삼존불상金銅三尊佛像(금동지장보살좌상 양산 통도사 성보박물관 소장)을 성총과 조성하였다.

　▫ 1448년 경남 밀양 표충사 대원암 金銅三尊佛像을 性恖과 조성(金銅地藏菩薩坐像 양산 통도사 성보박물관 소장, 『삶, 그후』)

석통정(席通正 : -1237-1238-) 13세기 중반에 활동한 각수刻手이다. 1237-38년에 고려대장경高麗大藏經(『금강반야바라밀다경金剛般若波羅蜜多經』) 조성에 참여하였다.

　▫ 1237-38년에 高麗大藏經(『金剛般若波羅蜜多經』) 조성에 참여(김윤곤 편저, 『高麗大藏經 造成名錄集』)

석행(釋行 : -1539-) 16세기 중반에 활동한 목수木手이다. 1539년에 경상도 안음安陰 덕유산德宥山 영각사靈覺寺에서 『묘법연화경요해妙法蓮華經要解』 간행에 계순戒淳과 연판鍊板으로 참여하였다.

　▫ 1539년 경상도 安陰 德宥山 靈覺寺에서 『妙法蓮華經要解』 刊行에 戒淳과 鍊板으로 참여(국립중앙도서관 소장, 곽승훈·김아네스·홍영기 편저 『지리산권 불교자료1-간기편』)

석환(釋幻 : -1384-) 14세기 후반에 활동한 각수刻手이다. 1384년에 평북 향산 안심사安心寺 지공指空 나옹懶翁 사리석종비舍利石鍾碑 건립에 간자刊字로 참여하였다.

　▫ 1384년 평북 향산 安心寺 指空 懶翁 舍利石鍾碑 건립에 刊字로 참여(李智冠 『校勘譯註 歷代高僧碑文(高麗篇4)』) 刊字

선경(禪局 : -944-) 10세기 중반에 활동한 서자書者이다. 944년에 개성 오룡사

五龍寺 법경대사보조혜광탑비法鏡大師普照惠光塔碑 건립에 서자書者로 참여하였다.

　▫944년 개성 五龍寺 法鏡大師普照惠光塔碑 건립에 書者로 참여(진홍섭『韓國佛敎美術』) 書

선관(善觀 : -1401-) 15세기 전반에 활동한 각수刻手이다. 1401년에『대불정여래밀인수증요의제보살만행수능엄경大佛頂如來密印修證了義諸菩薩萬行首楞嚴經』(양산 통도사와 송성문 소장) 간행에 명호明昊와 각수로 참여하였다.

　▫1401년『大佛頂如來密印修證了義諸菩薩萬行首楞嚴經』刊行에 明昊와 刻手로 참여(양산 통도사와 송성문 소장, 千惠鳳「湖林博物館 所藏의 佛敎典籍」)

선균(善均 : -1244-) 13세기 중반에 활동한 각수刻手이다. 1244년에 분사대장도감에서 조성한 경전 간행에 참여하였다.

　▫1244년 분사대장도감에서 조성된 경전 간행에 참여(최연주『高麗大藏經 硏究事』)

선기(善奇 : -1237-1238-) 13세기 중반에 활동한 각수刻手이다. 1237-38년에 고려대장경高麗大藏經(『방광반야바라밀경放光般若波羅蜜經』) 조성에 참여하였다.

　▫1237-38년에 高麗大藏經(『放光般若波羅蜜經』) 조성에 참여(김윤곤 편저, 『高麗大藏經 造成名錄集』)

선오(先悟 : -1584-) 16세기 후반에 활동한 각수刻手이다. 1584년에 전북 부안 능가산楞伽山 실상사實相寺에서『묘법연화경妙法蓮華經』(화봉문고 소장) 간행에 탄연坦衍과 각수로 참여하였다.

　▫1584년 전북 부안 楞伽山 實相寺에서『妙法蓮華經』刊行에 坦衍과 刻手로 참여(刊記, 화봉문고 소장)

선우(善牛 : -1486-) 15세기 후반에 활동한 목수木手이다. 1486년에 전남 광주 무등산無等山 규봉암圭峯菴에서 간행한『법집별행록절요병입사기法集別行錄節要幷入私記』(개인 소장)에 작판作板으로 참여하였다.

　▫1486년 전남 광주 無等山 圭峯菴에서 간행한『法集別行錄節要幷入私記』에 作板으로 참여(개인 소장, 『動産文化財指定報告書(94-95 지정편)』) 作板

선운(善雲 : -1553-) 16세기 중반에 활동한 목수木手이다. 1553년에 경북 영풍 성혈사聖穴寺 나한전羅漢殿 창건에 대목大木으로 참여하였다.

　▫1553년 경북 영풍 聖穴寺 羅漢殿 創建에 大木으로 참여(羅漢殿 墨書銘,『韓國의 古建築』15) 大木

선의(善義 : -1476-) 15세기 후반에 활동한 화원畵員이다. 1476년에 전남 강진 무위사無爲寺 극락보전極樂寶殿 아미타후불벽화阿彌陀後佛壁畵 조성에 해련海連과 화원으로 참여하였다.

　▫1476년 전남 강진 無爲寺 極樂寶殿 阿彌陀後佛壁畵 조성에 海連과 畵員으로 참여(畵記) 大禪師

선진(旋軫 : -1393-) 14세기 후반에 활동한 서자書者이다. 1393년에 충북 충주 억정사億政寺 대지국사지감원명탑비大智國師智鑑圓明塔碑 건립에 서자書者로 참여하였다.

▫1393년 충북 충주 億政寺 大智國師智鑑圓明塔碑 건립에 書者로 참여(진홍섭『韓國佛敎
美術』)

선철(禪哲 : -1380-)[1] 14세기 후반에 활동한 각수刻手이다. 1380년에『대방광
원각수다라요의경大方廣圓覺修多羅了義經』(울주 양덕사 소장) 간행에 지도志道
와 각수로 참여하였다.

▫1380년『大方廣圓覺修多羅了義經』刊行에 志道와 刻手로 참여(울주 양덕사 소장, 윤상
기「양덕사 소장 불교전적 조사보고서」)

선학(先學 : -1584-) 16세기 후반에 활동한 각수刻手이다. 1584년에 전북 부안
능가산楞伽山 실상사實相寺에서『묘법연화경妙法蓮華經』(화봉문고 소장) 간행
에 탄연坦衍과 각수로 참여하였다.

▫1584년 전북 부안 楞伽山 實相寺에서『妙法蓮華經』간행에 坦衍과 刻手로 참여(刊記, 화
봉문고 소장) 禪師

설숭(雪崇 : -1537-) 16세기 전반에 활동한 각수刻手이다. 1537년에『치문경훈
緇門警訓』간행에 각련覺連과 각수로 참여하였다.

▫1537년『緇門警訓』刊行에 覺連과 刻手로 참여(『僧』) 刻手

설운(크雲 : -1565-) 16세기 중반에 활동한 목수木手이다. 1565년에 경기 안성
석남사石南寺 영산전靈山殿 건립에 소목小木으로 참여하였다.

▫1565년 경기 안성 石南寺 靈山殿 건립에 小木으로 참여(「嘉慶四十四年乙丑三月日□新/
造佛衆三尊 施主秩」『안성 석남사 영산전 해체실측·수리보고서』) 小木

설옹(雪翁 : -1573-) 16세기 후반에 활동한 화원畵員이다. 1573년에 경북 영주
부석사浮石寺 조사당祖師堂 서까래를 고칠 때 화원으로 참여하였다.

▫1573년 경북 영주 浮石寺 祖師堂 更椽을 고칠 때 畵員으로 참여(申榮勳 編『韓國古建物
上樑記文集』과「浮石寺資料」『佛敎美術』3) 畵員

설의(雪義 : -1460-) 15세기 중반에 활동한 각수刻手이다. 1460년에 전북 진안
중대사中臺寺에서『육경합부六經合部』간행에 보명宝明과 각수로 참여하
고, 연대를 알 수 없는『금강반야바라밀경金剛般若波羅密經』(화봉문고 소
장) 간행에 보명宝明과 각수刻手로 참여하였다.

▫1460년에 전북 진안 中臺寺에서『六經合部』간행에 宝明과 刻手로 참여(刊記, 고양
원각사 소장)
▫연대미상 전북 진안 중대사中臺寺에서『金剛般若波羅密經』간행에 宝明과 刻手로
참여(刊記, 화봉문고 소장)

설정(크正 : -1490-) 15세기 후반에 활동한 목수木手이다. 1490년에 경북 영
주 부석사浮石寺 조사당祖師堂 중수에 월탄月炭과 대목大木으로 참여하였다.

▫1490년 경북 영주 浮石寺 祖師堂 중수에 月炭과 大木으로 참여(申榮勳 編『韓國古
建物上樑記文集』과「浮石寺資料」『佛敎美術』3)

설충(薛冲 : -1323-) 14세기 전반에 활동한 화가畵家이다. 1323년 10월에

설충, 관경십육변상도, 1323년,
일본 교토 지온인

---

1) 禪指로 읽은 연구자도 있다.

관경변상도觀經變相圖 조성(일본 교토 지온인知恩院 소장)에 수화공首畵工으로 이신李信과 참여하였다.

  ▫ 1323년 10월에 觀經變相圖 조성에 참여(日本 京都 知恩院 所藏, 黃壽永,「高麗佛畵−阿彌 陀像과 觀經變相」과 洪潤植 編『韓國佛畵畵記集』) 畵工

섬률(暹律 : -965-) 10세기 중반에 활동한 석수石手이면서 각수刻手이다. 965년에 경북 문경 봉암사鳳巖寺 정진대사원오탑비靜眞大師圓悟塔碑 건립에 조할업彫割業으로 참여하였다.

  ▫ 965년 경북 문경 鳳巖寺 靜眞大師圓悟塔碑 건립에 勅刻字로 참여(『朝鮮金石總覽』上과 李智冠『校勘譯註 歷代高僧碑文(高麗篇1)』) 彫割業 僧臣 奉勅 刻字

성개(成槪 : -1422-1440) 15세기 전반에 활동한 관료官僚이다. 1422년에 성령대군誠寧大君(太宗의 四男)과 그의 어머니 원경왕후元敬王后를 위해 인순부윤仁順府尹 성억成抑(誠寧大君의 장인)이 새긴『묘법연화경妙法蓮華經』에 성달생成達生과 서사書寫로 참여하였다.

  ▫ 1422년 誠寧大君(太宗의 四男)과 그의 어머니 元敬王后를 위해 仁順府尹 成抑(誠寧大君의 장인)이 새긴『妙法蓮華經』간행에 成達生과 書寫로 참여(『動産文化財指定報告書(94−95 지정편)』) 判事
  * 宋日基,「高山 花岩寺와 成達生」,『학술논문집』5,전북대학교 문헌정보학과, 1999.

성거(省琚 : -1415-) 15세기 전반에 활동한 서자書者이다. 그는 안엄사安嚴寺 주지를 역임하고, 1415년에『금강반야바라밀경金剛般若波羅密經』(동국대학교 중앙도서관 소장)의 판하본版下本을 썼다.

  ▫ 1415년『金剛般若波羅密經』의 版下本을 씀(동국대학교 중앙도서관 소장, 千惠鳳『韓國典籍印刷史』) 前安嚴寺住持大師 書

성겸(性謙 : -1352-) 14세기 중반에 활동한 은입사장銀入絲匠이다. 1352년 자정원사資政院使 고용보高龍寶와 영녕공주永寧公主 신씨辛氏가 발원하여 만든 용장선사龍藏禪寺 무량수전無量壽殿 대향로大香垸을 만들었다

  ▫ 1352년 資政院使 高龍寶와 永寧公主 辛氏가 발원하여 만든 龍藏禪寺 無量壽殿 大香垸을 만듦(고성 신계사 소장,『북녘의 문화유산』)

성광 1(性光 : -1237-1238-) 13세기 중반에 활동한 각수刻手이다. 1237-38년에 고려대장경高麗大藏經(『방광반야바라밀경放光般若波羅蜜經』) 조성에 참여하였다.

  ▫ 1237-38에 高麗大藏經(『放光般若波羅蜜經』) 조성에 참여(김윤곤 편저,『高麗大藏經造成名錄集』)

성광 2(成光) 고려시대 개성 근방 월개月盖에서 활동한 와장瓦匠이다. 개성 만월대에 있던 궁성에 올린 기와를 제작하였다.

  ▫ 고려시대 개성 만월대에 있던 궁성에 올린 기와를 제작한 와장으로 참여(홍영의「개성 고려궁성 출토 명문기와의 유형과 窯場」) 月盖

성노(成老 : -1541-) 16세기 중반에 활동한 각수刻手이다. 1541년에『불설대보부모은중경佛說大報父母恩重經』(화봉문고 소장) 간행에 각수刻手로 참여하였다.

　　▫1541년에 『佛說大報父母恩重經』 간행에 刻手로 참여(刊記, 화봉문고 소장) 刻字

성달생(成達生 : 1376-1444) 14세기 후반부터 15세기 중반까지 활동한 무신武臣이다. 자는 효백孝白이고 본관은 창녕이며, 시호는 양혜襄惠이다. 1405년 전북 완주 안심사安心寺에서 발간한 『묘법연화경妙法蓮華經』을 동생인 성개成槪와 정사淨寫하고, 1422년에 성령대군誠寧大君(太宗의 四男)과 그의 어머니 원경왕후元敬王后를 위해 인순부윤仁順府尹 성억成抑(誠寧大君의 장인)이 새긴 『묘법연화경』에 서사書寫로 참여하였으며, 6월에 신녕궁주愼寧宮主 신씨辛氏가 태상太上을 위해 금자법화경金字法華經을 만들 때 사경을 하였다. 그는 1424년에 안심사安心寺에서 『금강반야바라밀경金剛般若波羅密經』(고양 원각사 소장), 1436년에 동화사桐華寺에서 『묘법연화경』, 1443년에 전북 완주 화암사花岩寺에서 『묘법연화경』(고양 원각사 소장) 간행에 서자書者로 참여하였다.

　　▫1405년 전북 완주 安心寺에서 발간한 『妙法蓮華經』을 동생인 成槪와 淨寫함(宋日基 「高山 花岩寺와 成達生」) 大호장
　　▫1422년 誠寧大君(太宗의 四男)과 그의 어머니 元敬王后를 위해 仁順府尹 成抑(誠寧大君의 장인)이 새긴 『妙法蓮華經』 간행에 書寫로 참여(『動産文化財指定報告書(94-95 지정편)』) 書寫 摠制
　　▫1422년 6월 愼寧宮主 辛氏가 太上을 위해 金字法華經을 성달생에게 쓰게 함(『世宗實錄』 卷16, 4월 6日조)
　　▫1424년에 安心寺에서 『金剛般若波羅密經』 刊行에 書寫로 참여(刊記, 고양 원각사 소장) 跋
　　▫1436년 桐華寺에서 발간한 『妙法蓮華經』을 淨寫함(宋日基 「高山 花岩寺와 成達生」)
　　▫1443년 전북 완주 花岩寺에서 『妙法蓮華經』 刊行에 書寫로 참여(刊記, 고양 원각사 소장) 謹跋
　　* 宋日基, 「高山 花岩寺와 成達生」, 『학술논문집』 5, 전북대학교 문헌정보학과, 1999.

성도(省道 : -1456-) 15세기 중반에 활동한 조각승彫刻僧이다. 1456년에 이중선李中善이 견성암 약사삼존상을 조성할 때 불상을 만들었다.

　　▫1456년 李中善이 견성암 약사삼존을 조성할 때 조불造佛로 참여(張忠植, 「景泰七年 佛像腹藏品에 대하여」) 造佛

성량(性良 : -1238-) 13세기 중반에 활동한 각수刻手이다. 1238년에 고려대장경高麗大藏經(『마하반야바라밀경摩訶般若波羅密經』) 조성에 참여하였다.

　　▫1238년에 高麗大藏經(『摩訶般若波羅密經』) 조성에 참여(김윤곤 편저, 『高麗大藏經 造成名錄集』)

성려(成呂 : -1237-1238-) 13세기 중반에 활동한 각수刻手이다. 1237-38년에 고려대장경高麗大藏經(『방광반야바라밀경放光般若波羅蜜經』) 조성에 참여하였다.

　　▫1237-38년에 高麗大藏經(『放光般若波羅蜜經』) 조성에 참여(김윤곤 편저, 『高麗大藏經 造成名錄集』)

성료 1(性了 : -1443-) 15세기 중반에 활동한 각수刻手이다. 1443년에 전북 완주 화암사花岩寺에서 『묘법연화경妙法蓮華經』(고양 원각사 소장) 간행에 신효信孝와 각수로 참여하였다.

　　▫1443년 전북 완주 花岩寺에서 『妙法蓮華經』 刊行에 信孝와 刻手로 참여(刊記, 고양 원각사 소장)

성료 2(性了 : -1466-) 15세기 중반에 경북 경주 단속사 주지를 역임한 조각승
彫刻僧이다. 1466년에 팔공산 미륵사彌勒寺에서 목조아미타삼존상을 조성하
여 환성사環城寺로 이운移運하여 1470년에 점안한 불상(경주 왕룡사원 목조
아미타불좌상 소장)을 수화승으로 조성하였다.

> ▫1466년 八公山 彌勒寺에서 彌陀三尊을 조성하여 環城寺로 移運하여 점안한 불상을 수화
> 승으로 조성(경주 왕룡사원 목조아미타불좌상 소장, 문명대『왕룡사원의 조선전반기 불
> 상조각』) 造成良手 前斷俗寺 住持 禪宗大禪師

성린(性獜 : -1520-) 16세기 전반에 활동한 각수刻手이다. 1520년 경상도 안음
지우산智牛山 장수사長水寺에서 『선종영가집禪宗永嘉集』 개간改刊에 득지得之
와 각수로 참여하였다.

> ▫1520년 경상도 안음 智牛山 長水寺에서 『禪宗永嘉集』 改刊에 得之와 刻手로 참여(장서
> 각 소장, 곽승훈·김아네스·홍영기 편저『지리산권 불교자료1-간기편』) 刻手

성림(性林 : -924-) 10세기 전반에 활동한 승려 각수刻手이다. 924년에 경남 창
원 봉림사鳳林寺 진경대사보월능공탑비眞鏡大師寶月凌空塔碑(국립중앙박물관
소장) 건립에 각자刻字로 참여하였다.

> ▫924년 경남 창원 鳳林寺 眞鏡大師寶月凌空塔碑에 刊字으로 언급(국립중앙박물관 소장,
> 『朝鮮金石總覽』上과 李智冠『校勘譯註 歷代高僧碑文(新羅篇)』) 僧 刊字

성매(性每, 性梅 : -1530-) 16세기 전반에 활동한 와장瓦匠이다. 1530년에 황북
사리원 성불사成佛寺 응진전應眞殿 중창重創에 계선戒先과 와장瓦匠으로 참여
하였다.

> ▫1530년 황북 사리원 成佛寺 應眞殿 重創에 戒先과 瓦匠으로 참여(申榮勳 編『韓國古建
> 物上樑記文集』)

성명(省明 : -1473-) 15세기 후반에 활동한 목수木手이다. 1473년에 전남 영암
도갑사道岬寺 해탈문解脫門 건립에 각여覺如와 대목大木으로 참여하였다.

> ▫1473년 전남 영암 道岬寺 解脫門 건립에 覺如와 大木으로 참여(尹武炳「道岬寺 解脫門
> 上樑文」과『韓國古建物上樑記文集』)

성민 1(性敏 : -1430-) 15세기 전반에 활동한 각수刻手이다. 1430년에 경상감사
慶尙監司 조치曹致가 밀양부사 유지례柳之禮에게 개판하게 한『집주두공부초
당시集註杜工部草堂詩』간행에 각수로 참여하였다.

> ▫1430년 慶尙監司 曹致가 密陽府使 柳之禮에게 開版하게 한『集註杜工部草堂詩』간행에
> 刻手로 참여(金相淏「朝鮮朝 寺刹板 刻手 硏究」) 刻禪師

성민 2(性敏 : -1462-) 15세기 중반에 활동한 소목장小木匠이다. 1462년에 전북
완주 화암사花岩寺에서 『육경합부六經合部』간행에 호연胡衍과 연판鍊板으로
참여하고, 견불암판見佛庵板『육경합부六經合部』간행에 의일義一과 각수로
참여하였다.

> ▫1462년 전북 완주 花岩寺에서 『六經合部』간행에 胡衍과 鍊板으로 참여(宋日基「高山
> 花岩寺와 成達生」)

1462년 見佛庵板『六經合部』간행에 義一과 刻手로 참여(金相淏「朝鮮朝 寺刹板 刻手 研究」) 前萬年寺住持大禪師

성민 3(性敏 : -1489-1493-) 15세기 후반에 활동한 각수刻手이다. 1489년과 1493년에 황해 서흥瑞興 자비령사慈悲嶺寺 불경佛經 간행에 각수로 참여하였다.

- 1489년과 1493년 황해 서흥 慈悲嶺寺 佛經 간행에 刻手로 참여(金相淏「朝鮮朝 寺刹板 刻手 研究」)

* 성민 2와 성민 3인 동일인일 가능성이 있다.

성순 1(性淳 : -1587-) 16세기 후반에 활동한 화원畵員이다. 1587년에 석가설법도釋迦說法圖(일본 오사카大阪 시텐노지四天王寺 소장) 조성에 운문雲門과 화원으로 참여하였다.

- 1587년 釋迦說法圖 조성에 雲門과 畫員으로 참여(日本 大阪 四天王寺 所藏, 박은경『조선전기불화연구』)

성순 2(性淳 : -1576-) 16세기 후반에 활동한 각수刻手이다. 1576년 전남 나주 신안사身安寺에서『권수정업왕생첩경勸修淨業往生捷徑』개간開刊에 각수로 참여하였다.

- 1576년 전남 나주 身安寺에서『勸修淨業往生捷徑』開刊에 刻手로 참여(『韓國의 古·近代 版畫展』) 刻手

성연(性衍 : -1560-) 16세기 중반에 활동한 조각승彫刻僧이다. 1560년에 경북 봉화 청량사 건칠약사여래좌상 중수에 수화승으로 조성하였다.

- 1560년 경북 봉화 청량사 건칠약사여래좌상 중수에 수화승으로 참여(『한국의 사찰문화재-경상북도 II』) 畫員

성오(性悟 : -1462-1488-) 15세기 중·후반에 활동한 각수刻手이다. 1462년에 전북 완주 화암사花岩寺에서『육경합부六經合部』간행에 판수板手로, 1488년에 전북 김제 금산사金山寺에서『육경합부六經合部』간행에 변상각수變相刻手로, 완주 화암사에서『육경합부六經合部』간행에 판수板手로 참여하였다.

- 1462년 전북 완주 花岩寺에서『六經合部』간행에 板手로 참여(金相淏「朝鮮朝 寺刹板 刻手 研究」과 宋日基「高山 花岩寺와 成達生」) 板手
- 1488년 전북 김제 金山寺에서『六經合部』간행에 變相刻手로 참여(朴桃花「朝鮮時代 金剛經 判書의 圖像」) 刀
  1488년 전북 완주 花岩寺에서『六經合部』간행에 板手로 참여(宋日基「高山 花岩寺와 成達生」) 板手

성운 1(省雲 : -1508-) 16세기 전반에 활동한 석수石手이다. 1508년에 동대東臺 탑塔 개조改造에 석수로 참여하였다.

- 1508년 東臺塔 改造에 石手로 참여(石塔記, 동국대학교 박물관 소장, 黃壽永「統和와 正德銘의 塔誌石」와 진홍섭『韓國佛敎美術』) 石手

성운, 삼장보살도, 1550년, 일본 아이치 신죠오고꾸지

성운 2(性云 : -1550-) 16세기 중반에 활동한 화원畵員이다.

1550년에 삼장보살도三藏菩薩圖(일본 아이치현愛知縣 신죠오고꾸지新長谷寺 소
장) 조성에 화원으로 참여하였다.

  ▫ 1550년 三藏菩薩圖 조성에 畵員으로 참여(日本 愛知縣 新長谷寺 所藏, 박은경 『조선전
    기불화연구』)[2] 畵員

성윤(性允 : -1578-) 16세기 후반에 활동한 각수刻手이다. 1578년에 경기 용인
서봉사瑞峯寺에서 『묘법연화경妙法蓮華經』 간행에 변상각수變相刻手로 참여하
였다.

  ▫ 1578년 경기 龍仁 瑞峯寺에서 『妙法蓮華經』 刊行에 變相刻手로 참여(朴桃花 「朝鮮時代
    金剛經 判畵의 圖像」) 刀

성은 1(性訔 : -1530-) 16세기 전반에 활동한 와장瓦匠이다. 1530년에 황북 사
리원 성불사成佛寺 응진전應眞殿 중창重創에 계선戒先과 와장瓦匠으로 참여하
였다.

  ▫ 1530년 황북 사리원 成佛寺 應眞殿 重創에 戒先과 瓦匠으로 참여(申榮勳 編 『韓國古建
    物上樑記文集』)

성은 2(性訔 : -1563-) 16세기 중반에 활동한 각수刻手이다. 1563년에 경북 상
주尙州 백화산白華山 보문사普門寺에서 『불설대보부모은중경佛說大報父母恩重
經』(화봉문고 소장) 간행에 각수로 참여하였다.

  ▫ 1563년 尙州 白華山 普門寺에서 『佛說大報父母恩重經』 간행에 刻手로 참여(刊記, 화봉
    문고 소장) 刻手

성임(性臨 : -1531-) 16세기 전반에 활동한 각수刻手이다. 1531년에 경북 영천
공산본사公山本寺에서 『묘법연화경妙法蓮華經』(고양 원각사 소장) 간행에 법
숭法嵩과 각수로 참여하였다.[3]

  ▫ 1531년 경상도 永川 公山本寺에서 『妙法蓮華經』 刊行에 法嵩과
    刻手로 참여(刊記, 고양 원각사 소장)

성전(性全 : -1563-) 16세기 중반에 활동한 화원畵員이다.
1563년에 석가설법도釋迦說法圖(일본 도쿠시마현德島縣
지후쿠지持福寺 소장) 조성에 화원으로 참여하였다.

  ▫ 1563년 釋迦說法圖 조성에 畵員으로 참여(日本 德島縣 持福寺
    所藏, 박은경 『조선전기불화연구』) 後佛畵員

성조(性照 : -1237-1238-) 13세기 중반에 활동한 각수刻手
이다. 1237-38년에 고려대장경高麗大藏經(『금강반야바라
밀다경金剛般若波羅蜜多經』) 조성에 참여하였다.

  ▫ 1237-38년에 高麗大藏經(『金剛般若波羅蜜多經』) 조성에 참여
    (김윤곤 편저, 『高麗大藏經 造成名錄集』)

성전, 석가설법도, 1563년, 일본 도쿠시마현 지후쿠지

---

  2) 박은경, 「日本所在 朝鮮佛畵 遺例 : 安國寺藏 天藏菩薩圖」, 『考古歷史學志』16, 2000, p. 583
    에 소장지를 岐阜縣으로 적어놓았다.
  3) 性臨은 鍊板일 가능성도 있다.

성주(性珠 : -1431-) 15세기 전반에 활동한 각수刻手이다. 1431년에 경상감사慶尙監司 조치曹致가 만든『춘추경좌씨전구해春秋經左氏傳句解』간행에 홍조洪照와 각수로 참여하였다.

  ▫ 1431년 慶尙監司 曺致가 만든『春秋經左氏傳句解』간행에 洪照와 刻手로 참여(刊記,『國寶 寶物 지정보고서 2011』) ·

성준(性濬 : -1425-) 15세기 전반에 활동한 사경승寫經僧이다. 1425년에 이화영李和英의 아내 동씨童氏가 발원한『법화경法華經』을 금金과 은銀으로 사경하였다.

  ▫ 1425년 李和英의 아내 童氏가 발원한『法華經』을 금·은으로 사경하여 杖 80대를 맞음(『世宗實錄』卷30. 11月 15日條) 寫經僧

성즉(性卽 : -1322-) 14세기 전반에 활동한 주성장鑄成匠이다. 1322년에 약사사명藥師寺銘 금구禁口(금고金鼓, 일본 교토 지온인知恩院 소장) 조성에 대장大匠으로 참여하였다.[4]

  ▫ 1322년 藥師寺銘 禁口(金鼓) 조성에 大匠으로 참여(日本 京都 知恩院 소장, 한국금석문종합영상정보시스템) 大匠 道人

성진(性眞 : -1568-) 16세기 중반에 활동한 각수刻手이다. 1568년에 평안도 순안 법흥사法興寺에서『선문염송집禪門拈頌集』간행에 일섬日暹과 각수로 참여하였다.

  ▫ 1568년 평안도 순안 法興寺에서『禪門拈頌集』刊行에 日暹과 刻手로 참여(『僧』)

성징(性澄 : -1327 **이후**-) 14세기 전반에 활동한 서자書者이다. 1327년 이후 강원 춘천 문수사文殊寺 장경비藏經碑 건립에 서자書者(비신의 뒷면을 씀)로 참여하였다.

  ▫ 1327년 이후 강원 춘천 文殊寺 藏經碑 건립에 書者로 참여(『槿域書畵徵』과 진홍섭『韓國佛敎美術』) 沙門性澄書

성초(性超 : -1530-) 16세기 전반에 활동한 와장瓦匠이다. 1530년에 황북 사리원 성불사成佛寺 응진전應眞殿 중창重創에 계선戒先과 와장瓦匠으로 참여하였다.

  ▫ 1530년 황북 사리원 成佛寺 應眞殿 重創에 戒先과 瓦匠으로 참여(申榮勳 編『韓國古建物上樑記文集』)

성총(性恖 : -1448-) 15세기 중반에 활동한 조각승이다. 1448년에 경남 밀양 표충사 대원암 금동삼존불상金銅三尊佛像(금동지장보살좌상 양산 통도사 성보박물관 소장)을 조성하였다.

  ▫ 1448년 경남 밀양 표충사 대원암 금동삼존불상金銅三尊佛像을 조성(金銅地藏菩薩坐像 양산 통도사 성보박물관 소장,『삶, 그후』) 造像

---

4) 진홍섭,『韓國佛敎美術』, p. 138에 海州 首陽山 藥師寺 禁口로 언급하였고, 최응천,「고려시대 금속공예와 匠人」,『미술사학연구』241, 한국미술사학회, 2004.3, p. 186에 性令(氣)로 읽었다.

성한(性閑 : -1380-) 14세기 후반에 활동한 서자書者이다. 1380년 3월에 『대방광원각수다라요의경大方廣圓覺修多羅了義經』(울주 양덕사 소장) 간행에 종불宗㫜과 판하본版下本을 썼다.

　　◦1380년 『大方廣圓覺修多羅了義經』 刊行에 版下本을 씀(울주 양덕사 소장, 윤상기 「양덕사 소장 불교전적 조사보고서」)

성혜(性惠 : -1443-) 15세기 중반에 활동한 각수刻手이다. 1443년에 전북 완주 화암사花岩寺에서 『묘법연화경妙法蓮華經』(고양 원각사 소장) 간행에 신효信孝와 각수로, 『육경합부六經合部』 간행에 변상각수變相刻手로 참여하였다.

　　◦1443년 전북 완주 花岩寺에서 『妙法蓮華經』 刊行에 信孝와 刻手로 참여(刊記, 고양 원각사 소장)
　　1443년 전북 완주 花岩寺에서 『六經合部』 刊行에 變相刻手로 참여(朴桃花 「朝鮮時代 金剛經 判書의 圖像」) 刀

성희(性熙 : -1569-) 16세기 중반에 활동한 화원畵員이다. 1569년에 석가열반도釋迦涅槃圖(일본 카가와현香川縣 센코지千光寺 소장) 조성에 화원으로 참여하였다.

　　◦1569년 釋迦涅槃圖 조성에 畵員으로 참여(日本 香川縣 千光寺 所藏, 박은경 『조선전기 불화연구』) 畵員

세경(世卿 : -1237-1238-) 13세기 중반에 활동한 각수刻手이다. 1237-38년에 고려대장경高麗大藏經(『금강반야바라밀다경金剛般若波羅蜜多經』) 조성에 참여하였다.

　　◦1237-38년에 高麗大藏經(『金剛般若波羅蜜多經』) 조성에 참여(김윤곤 편저, 『高麗大藏經 造成名錄集』)

세보(世甫 : -1237-1238-) 13세기 중반에 활동한 각수刻手이다. 1237-38년에 고려대장경高麗大藏經(『금강반야바라밀다경金剛般若波羅蜜多經』) 조성에 참여하였다.

　　◦1237-38년에 高麗大藏經(『金剛般若波羅蜜多經』) 조성에 참여(김윤곤 편저, 『高麗大藏經 造成名錄集』)

세영(世英 : -1237-1238-) 13세기 중반에 활동한 각수刻手이다. 1237-38년에 고려대장경高麗大藏經(『방광반야바라밀경放光般若波羅蜜經』) 조성에 참여하였다.

　　◦1237-38년에 高麗大藏經(『放光般若波羅蜜經』) 조성에 참여(김윤곤 편저, 『高麗大藏經 造成名錄集』)

세유(世儒 : -1237-1238-) 13세기 중반에 활동한 각수刻手이다. 1237-38년에 고려대장경高麗大藏經(『금강반야바라밀다경金剛般若波羅蜜多經』) 조성에 참여하였다.

　　◦1237-38년에 高麗大藏經(『金剛般若波羅蜜多經』) 조성에 참여(김윤곤 편저, 『高麗大藏經 造成名錄集』)

세준(世峻 : -1560-) 16세기 중반에 활동한 조각승彫刻僧이다. 1560년에 경북 봉화 청량사 건칠약사여래좌상 중수에 수화승 성연과 첨여하였다.

  ▫ 1560년 경북 봉화 청량사 건칠약사여래좌상 중수에 수화승 性衍과 참여(『한국의 사찰문화재-경상북도 II』)5)

세중(世仲, 世中 : -1237-1238-) 13세기 중반에 활동한 각수刻手이다. 1237-38년에 고려대장경高麗大藏經(『금강반야바라밀다경金剛般若波羅蜜多經』) 조성에 참여하였다.

  ▫ 1237-38년에 高麗大藏經(『金剛般若波羅蜜多經』) 조성에 참여(김윤곤 편저, 『高麗大藏經 造成名錄集』)

세진(世眞, 世珍 : -1237-1238-) 13세기 중반에 활동한 각수刻手이다. 1237-38년에 고려대장경高麗大藏經(『금강반야바라밀다경金剛般若波羅蜜多經』과 『방광반야바라밀경放光般若波羅蜜經』) 조성에 참여하였다.

  ▫ 1237-38년에 高麗大藏經(『金剛般若波羅蜜多經』) 조성에 참여(김윤곤 편저, 『高麗大藏經 造成名錄集』)
  1237-38년에 高麗大藏經(『放光般若波羅蜜經』) 조성에 참여(김윤곤 편저, 『高麗大藏經 造成名錄集』)

세충(世沖 : -1237-1238-) 13세기 중반에 활동한 각수刻手이다. 1237-38년에 고려대장경高麗大藏經(『금강반야바라밀다경金剛般若波羅蜜多經』) 조성에 참여하였다.

  ▫ 1237-38년에 高麗大藏經(『金剛般若波羅蜜多經』) 조성에 참여(김윤곤 편저, 『高麗大藏經 造成名錄集』)

세희(世希 : -1237-1238-) 13세기 중반에 활동한 각수刻手이다. 1237-38년에 고려대장경高麗大藏經(『금강반야바라밀다경金剛般若波羅蜜多經』) 조성에 참여하였다.

  ▫ 1237-38년에 高麗大藏經(『金剛般若波羅蜜多經』) 조성에 참여(김윤곤 편저, 『高麗大藏經 造成名錄集』)

소근오미(小斤吾未 : -1385 추정-) 14세기 후반에 활동한 주성장鑄成匠이다. 석사石寺 나한전羅漢殿 을축명 판자鈑子(금고金鼓, 서울 호림박물관 소장) 제작에 동장銅匠으로 참여하였다.

  ▫ 석사 나한전 乙丑銘 鈑子 제작에 동장銅匠으로 참여(서울 호림박물관 소장, 한국금석문종합영상정보시스템) 銅匠

손석(孫錫 : -962-) 10세기 중반에 활동한 장인匠人이다. 962년에 충북 청주 용두사龍頭寺 당간지주 건립에 조공造工으로 참여하였다.

  ▫ 962년 충북 청주 龍頭寺 당간지주 건립에 造工으로 적혀 있음(진홍섭 『韓國佛敎美術』) 造工

손장(孫慞, 孫璋 : -1237-1238-) 13세기 중반에 활동한 각수刻手이다. 1237-38년

---

5) 結願文에는 작가를 세준 대신에 惠峻으로 보았으나, 千人同發願文에는 惠峻이 持殿의 소임을 맡고 있다.

에 고려대장경高麗大藏經(『금강반야바라밀다경金剛般若波羅蜜多經』) 조성에 참여하였다.

　▫1237-38년에 高麗大藏經(『金剛般若波羅蜜多經』) 조성에 참여(김윤곤 편저, 『高麗大藏經 造成名錄集』)

손창(孫昌 : -1237-1238-) 13세기 중반에 활동한 각수刻手이다. 1237-38년에 고려대장경高麗大藏經(『금강반야바라밀다경金剛般若波羅蜜多經』) 조성에 참여하였다.

　▫1237-38년에 高麗大藏經(『金剛般若波羅蜜多經』) 조성에 참여(김윤곤 편저, 『高麗大藏經 造成名錄集』)

솔거(率去) 출생·활동시기·가계(家系) 등은 알 수 없다.『삼국유사三國史記』에 의하면 황룡사 벽에 그린 노송도老松圖에는 새들이 앉으려다가 부딪혀 떨어졌는데 세월이 흘러 단청丹靑을 했더니 새가 날아들지 않았다고 한다. 이밖에 경북 경주 분황사芬皇寺 관음보살상觀音菩薩像과 경남 진주 단속사斷俗寺 유마상維摩像을 그렸다.

　▫경북 경주 芬皇寺 觀音菩薩像과 경남 진주 斷俗寺 維摩像을 그림(『三國史記』)
　▫신라 33대 신문왕 때 당나라 僧瑤가 우리나라에 와서 이름을 率去라 고쳤다. 왕이 솔거에게 栴檀香木으로 관음 3구를 만들게 하여 백률사, 중생사, 민장사를 창건(『栢栗寺重修記』)
　▫솔거가 황룡사 벽에 노송을 그림(이수광 『지봉유설』)
　* 鄭炳模,「솔거와 그 시대」,『경주문화연구』5, 경주대학교 경주문화연구소, 2002.

솔제(率弟 : -1515-) 16세기 전반에 전북 완주 화암사에서 활동한 서사書寫이다. 1515년에 전북 완주 화암사花岩寺에서『불설수생경佛說壽生經』간행에 자홍과 서사로 참여하였다.

　▫1515년에 전북 완주 花岩寺에서『佛說壽生經』간행에 子泓과 書寫로 참여(宋日基「高山 花岩寺와 成達生」)

송기(宋奇 : -1419-) 15세기 전반에 활동한 편수片手이다. 1419년에 은제원합銀製圓盒을 제작하였다.

　▫1419년 銀製圓盒을 제작(황수영『금석유문』와『寄贈小倉蒐集品目錄』) 匠人

송보(松甫 : -1237-1238-) 13세기 중반에 활동한 각수刻手이다. 1237-38년에 고려대장경高麗大藏經(『금강반야바라밀다경金剛般若波羅蜜多經』) 조성에 참여하였다.

　▫1237-38년에 高麗大藏經(『金剛般若波羅蜜多經』) 조성에 참여(김윤곤 편저, 『高麗大藏經 造成名錄集』)

송비(松卑 : -1237-1238-) 13세기 중반에 활동한 각수刻手이다. 1237-38년에 고려대장경高麗大藏經(『금강반야바라밀다경金剛般若波羅蜜多經』) 조성에 참여하였다.

　▫1237-38년에 高麗大藏經(『金剛般若波羅蜜多經』) 조성에 참여(김윤곤 편저, 『高麗大藏經 造成名錄集』)

송연(宋連 : -1310-) 14세기 전반에 활동한 화가畵家이다. 1310년에 화사畵師 김우金祐와 수월관음보살도水月觀音菩薩圖(사가佐賀현립박물관 소장) 조성에 참여하였다.6)

  ▫ 1310년 水月觀音菩薩圖 조성에 金祐와 畵師로 참여(佐賀縣立博物館 所藏, 洪潤植 編『韓國佛畵畵記集』) 翰畵直待詔

송욱(宋旭 : -1237-1238-) 13세기 중반에 활동한 각수刻手이다. 1237-38년에 고려대장경高麗大藏經(『금강반야바라밀다경金剛般若波羅蜜多經』) 조성에 참여하였다.

  ▫ 1237-38년에 高麗大藏經(『金剛般若波羅蜜多經』) 조성에 참여(김윤곤 편저, 『高麗大藏經 造成名錄集』)

송원간(宋元侃 : -1237-1238-) 13세기 중반에 활동한 각수刻手이다. 1237-38년에 고려대장경高麗大藏經(『금강반야바라밀다경金剛般若波羅蜜多經』) 조성에 참여하였다.

  ▫ 1237-38년에 高麗大藏經(『金剛般若波羅蜜多經』) 조성에 참여(김윤곤 편저, 『高麗大藏經 造成名錄集』) 刻

송월(宋月 : -1431-) 15세기 전반에 활동한 각수刻手이다. 1431년에 경상감사慶尙監司 조치曺致가 만든 『춘추경좌씨전구해春秋經左氏傳句解』 간행에 홍조洪照와 각수로 참여하였다.

  ▫ 1431년 慶尙監司 曺致가 만든 『春秋經左氏傳句解』 간행에 洪照와 刻手로 참여(刊記,『國寶 寶物 지정보고서 2011』)

송진세(宋眞世 : -1237-1238-) 13세기 중반에 활동한 각수刻手이다. 1237-38년에 고려대장경高麗大藏經(『금강반야바라밀다경金剛般若波羅蜜多經』) 조성에 참여하였다.

  ▫ 1237-38년에 高麗大藏經(『金剛般若波羅蜜多經』) 조성에 참여(김윤곤 편저, 『高麗大藏經 造成名錄集』)
  * 진세眞世로 표기된 각수와 동일인 추정된다.

송희(宋禧 : -1237-1238-) 13세기 중반에 활동한 각수刻手이다. 1237-38년에 고려대장경高麗大藏經(『방광반야바라밀경放光般若波羅蜜經』) 조성에 참여하였다.

  ▫ 1237-38년에 高麗大藏經(『放光般若波羅蜜經』) 조성에 참여(김윤곤 편저, 『高麗大藏經 造成名錄集』)

수규(秀規 : -954-) 10세기 중반에 활동한 각수刻手이다. 954년에 경북 봉화 태자사太子寺 낭공대사백월서운탑비朗空大師白月栖雲塔碑 건립에 숭태嵩太와 각자승刻字僧으로 참여하였다.

  ▫ 954년 경북 봉화 太子寺 朗空大師白月栖雲塔碑 건립에 刻字僧 참여(『朝鮮金石總覽』上과 李智冠 『校勘譯註 歷代高僧碑文(高麗篇1)』) 尙座

수담(秀曇 : -1586-) 16세기 후반에 활동한 화원畵員이다. 1586년에 아미타오

---

  6) 진홍섭, 『韓國佛敎美術』, p. 130에 수화사를 金裕文으로 읽었다.

존도阿彌陀五尊圖(일본 니이가타현新潟縣 초안지長安寺 所藏) 조성에 화원으로
참여하였다.

　▫1586년 阿彌陀五尊圖 조성에 畫員으로 참여(日本 新潟縣 長安寺 所藏, 박은경 『조선전
　　기불화연구』) 畫員

수삼(守三 : -1237-1238-) 13세기 중반에 활동한 각수刻手이다. 1237-38년에 고
려대장경高麗大藏經(『금강반야바라밀다경金剛般若波羅蜜多經』) 조성에 참여하
였다.

　▫1237-38년에 高麗大藏經(『金剛般若波羅蜜多經』) 조성에 참여(김윤곤 편저, 『高麗大藏
　　經 造成名錄集』)

수여(水如 : -1355-) 14세기 중반에 활동한 서자書者이다. 1355년에 기복도감祈
福都監에서 개판改版한 『천태사교의天台四敎儀』 간행에 서자書者로 참여하였다.

　▫1355년 祈福都監에서 改版한 『天台四敎儀』 간행에 書者로 참여(刊記, 『動産文化財指定
　　報告書(90지정편)』) 山人書

수연(守衍 : -1571-) 16세기 후반에 활동한 각수刻手이다. 1571년에 전북 익산
두질촌두영정가豆叱村豆永貞家에서 개판開刻 이전移轉하여 은진恩津 불명산佛
明山 쌍계사雙溪寺에서 재환在還한 『불설사십이장경佛說四十二章經』(화봉문고
소장) 간행에 응정應晶과 각수로 참여하였다.

　▫1571년 전북 익산 豆叱村豆永貞家에서 開刻 移轉하여 恩津地 佛明山 雙溪寺에서 在還한
　　『佛說四十二章經』 간행에 應晶과 각수로 참여(刊記, 화봉문고 소장)

수인 1(守仁 : -1555-) 16세기 중반에 활동한 목수木手이다. 1555년에 전북 익
산 숭림사崇林寺 법당法堂 건립에 희조熙祖과 목수로 참여하였다.

　▫1555년 전북 익산 崇林寺 法堂 건립에 熙祖과 木手로 참여(『韓國의 古建築』 23)

수인 2(守仁 : -1562-) 16세기 중반에 활동한 화원畫員이다. 1562년에 석가설법
도釋迦說法圖(일본 오카야마현岡山縣 소겐지曹源寺 소장) 조성에 화사畫士로 참
여하였다.

　▫1562년 釋迦說法圖 조성에 畫士로 참여(日本 岡山縣 曹源寺 所藏, 박은경 『조선전기불
　　화연구』) 畫士 比丘

수인 3(守仁 : -1568-) 16세기 중반에 활동한 목수木手이다. 1568년에 평안도
순안 법흥사法興寺에서 『선종영가집禪宗永嘉集』 간행에 보원宝元과 연판鍊板
으로 참여하였다.

　▫1568년 평안도 순안 法興寺에서 『禪宗永嘉集』 刊行에 宝元과 鍊板로 참여(『僧』)

수좌(守佐, 守左 : -1237-1238-) 13세기 중반에 활동한 각수刻手이다. 1237-38년
에 고려대장경高麗大藏經(『금강반야바라밀다경金剛般若波羅蜜多經』) 조성에 참
여하였다.

　▫1237-38년에 高麗大藏經(『金剛般若波羅蜜多經』) 조성에 참여(김윤곤 편저, 『高麗大藏
　　經 造成名錄集』)

수행(守行 : -1584-) 16세기 후반에 활동한 각수刻手이다. 1584년에 전북 부안

능가산楞伽山 실상사實相寺에서 『묘법연화경妙法蓮華經』(화봉문고 소장) 간행에 탄연坦衍과 각수로 참여하였다.

　◦1584년 전북 부안 楞伽山 實相寺에서 『妙法蓮華經』 간행에 坦衍과 刻手로 참여(刊記, 화봉문고 소장)

수현(守玄 : -1564-1575-) 16세기 중반에 활동한 각수刻手이다. 1564년에 황해 서흥瑞興 귀진사판歸進寺板 『대방광불화엄경소大方廣佛華嚴經疏』와 1565년에 충북 보은報恩 속리산俗離山 복천암판福泉寺板 『묘법연화경妙法蓮華經』(화봉문고 소장)에 각수로, 1575년에 전북 완주 안심사판安心寺板 『금강반야바라밀다경金剛般若波羅密多經』 간행에 도헌道軒과 각수로 참여하였다.

　◦1564년에 황해 瑞興 歸進寺板 『大方廣佛華嚴經疏』 간행에 刻手로 참여(金相淏 「朝鮮朝 寺刹板 刻手 硏究」)
　◦1565년 충북 報恩 俗離山 福泉寺板 『妙法蓮華經』 간행에 刻手로 참여(刊記, 화봉문고 소장) 刻手
　◦1575년 전북 완주 安心寺板 『金剛般若波羅密多經』 刊行에 道軒과 刻手로 참여(金相淏 「朝鮮朝 寺刹板 刻手 硏究」)

수화(守和 : -1237-1238-) 13세기 중반에 활동한 각수刻手이다. 1237-38년에 고려대장경高麗大藏經(『방광반야바라밀경放光般若波羅蜜經』) 조성에 참여하였다.

　◦1237-38년에 高麗大藏經(『放光般若波羅蜜經』) 조성에 참여(김윤곤 편저, 『高麗大藏經 造成名錄集』)

숙돈(叔敦 : -1237-1238-) 13세기 중반에 활동한 각수刻手이다. 1237-38년에 고려대장경高麗大藏經(『금강반야바라밀다경金剛般若波羅蜜多經』) 조성에 참여하였다.

　◦1237-38년에 高麗大藏經(『金剛般若波羅蜜多經』) 조성에 참여(김윤곤 편저, 『高麗大藏經 造成名錄集』)

순각(淳覺 : -1373-) 14세기 후반에 활동한 목수木手이다. 1373년에 출간된 『금강반야경소론찬요조현록金剛般若經疏論纂要助顯錄』 간행에 연판鍊板으로 참여하였다.

　◦1373년 출간된 『金剛般若經疏論纂要助顯錄』 간행에 鍊板으로 참여(최연주 『高麗大藏經 硏究事』) 鍊板

순광(順光 : -1216-) 13세기 전반에 활동한 주종장鑄鐘匠이다. 1216년에 경북 포항 오어사吾魚寺 범종을 조성하였다.

　◦1216년 경북 포항 吾魚寺 梵鐘을 조성(최응천, 「고려시대 금속공예와 匠人」) 大匠

순규(順圭 : -1237-1238-) 13세기 중반에 활동한 각수刻手이다. 1237-38년에 고려대장경高麗大藏經(『방광반야바라밀경放光般若波羅蜜經』) 조성에 참여하였다.

　◦1237-38년에 高麗大藏經(『放光般若波羅蜜經』) 조성에 참여(김윤곤 편저, 『高麗大藏經 造成名錄集』)

순우(淳祐 : -1583-) 16세기 후반에 활동한 화원畵員이다. 1583년에 충남 부여 망월산望月山 경□사敬□寺 대루大樓에 단청丹靑에 근환僅還과 참여하였다.

◦1583년에 충남 부여 望月山 敬□寺 大樓 丹靑에 僅還과 참여(日本 德島縣 善覺寺 所藏 佛畫 畫記, 박은경『조선전기불화연구』)

순진(順眞 : -1244-) 13세기 중반에 활동한 각수刻手이다. 1244년에 대장도감에서 조성한 경전 간행에 참여하였다.

◦1244년 대장도감에서 조성된 경전 간행에 참여(최연주『高麗大藏經 硏究事』)

숭간(崇幹 : -1237-1238-) 13세기 중반에 활동한 각수刻手이다. 1237-38년에 고려대장경高麗大藏經(『방광반야바라밀경放光般若波羅蜜經』) 조성에 참여하였다.

◦1237-38년에 高麗大藏經(『放光般若波羅蜜經』) 조성에 참여(김윤곤 편저,『高麗大藏經 造成名錄集』)

숭오(崇悟 : -1558-1578-) 16세기 중반에 충남 온양에서 활동한 각수刻手이다. 1558년에 충남 천안 광덕사廣德寺에서 『금강경金剛經』 간행에 변상각수變相刻手로 참여하고, 1576년에 보살사판菩薩寺板『묘법연화경妙法蓮華經』과 1578년에 경기 안양 삼막사三藐寺에서 『묘법연화경』 간행에 각수로 참여하였다.

◦1558년 충남 천안 廣德寺에서『金剛經』간행에 變相刻手로 참여(朴桃花「朝鮮時代 金剛經 判畫의 圖像」) 刻手
◦1576년 菩薩寺板『妙法蓮華經』刊行에 刻手로 참여(金相淏「朝鮮朝 寺刹板 刻手 硏究」) 溫陽僧
◦1578년 경기 安養 三藐寺板『妙法蓮華經』刊行에 刻手로 참여(金相淏「朝鮮朝 寺刹板 刻手 硏究」)

숭은(崇恩 : -1565-) 16세기 중반에 활동한 조각승彫刻僧이다. 1565년에 전남 목포 달성사達聖寺 목조지장보살반가상木造地藏菩薩半跏像을 향엄香嚴과 화원畫員으로 조성하였다.

◦1565년 전남 목포 達聖寺 木造地藏菩薩半跏像을 수화승 香嚴과 조성(造成發願文, 어준일「16世紀 朝鮮時代의 佛敎彫刻 硏究」)

숭조(崇祖 : -1565-) 16세기 중반에 활동한 화원畫員이다. 1565년에 아미타삼존도阿彌陀三尊圖(일본 아이치현愛知縣 쇼가쿠지正覺寺 소장) 조성에 화원으로 참여하였다.

◦1565년 阿彌陀三尊圖 조성에 畫員으로 참여(日本 愛知縣 正覺寺 所藏, 박은경『조선전기불화연구』) 畫員

숭지(崇之 : -1530-) 16세기 전반에 활동한 각수刻手이다. 1530년에 경북 안동 광흥사廣興寺에서 『금강경金剛經』 간행(고려대 소장)에 변상각수變相刻手로 참여하였다.

◦1530년 경북 안동 廣興寺에서『金剛經』간행에 變相刻手로 참여(朴桃花「朝鮮時代 金剛經 判畫의 圖像」) 刀

숭찬(崇贊 : -1554-) 16세기 중반에 활동한 각수刻手이다. 1554년에 강원도 금강산 유점사楡岾寺에서 『법집별행록절요병입사기法集別行錄節要幷入私記』(화봉문고 소장) 간행에 각수로 참여하였다.

◦1554년 江原道 金剛山 楡岾寺에서 간행한『法集別行錄節要幷入私記』간행에 刻手로 참

여(刊記, 화봉문고 소장) 刻手

승태(嵩太 : -954-) 10세기 중반에 활동한 각수刻手이다. 954년에 경북 봉화 태자사太子寺 낭공대사백월서운탑비朗空大師白月栖雲塔碑 건립에 각자승刻字僧으로 참여하였다.

> ▫954년 경북 봉화 太子寺 朗空大師白月栖雲塔碑 건립에 刻字僧 참여(『朝鮮金石總覽』上과 李智冠『校勘譯註 歷代高僧碑文(高麗篇1)』) 刻字僧 尙座

승공(勝空 : -1380-) 14세기 후반에 활동한 서자書者이다. 1380년 3월에 『대방광원각수다라요의경大方廣圓覺修多羅了義經』(울주 양덕사 소장) 간행에 종불宗岉과 판하본版下本을 썼다.

> ▫1380년 『大方廣圓覺修多羅了義經』 刊行에 版下本을 씀(울주 양덕사 소장, 윤상기「양덕사 소장 불교전적 조사보고서」)

승린(僧麟 : -1132-)[7] 12세기 전반에 활동한 서자書者이다. 1132년에 경북 칠곡 선봉사僊鳳寺 대각국사비大覺國師碑 건립에 서자로 참여하였다.

> ▫1132년 경북 칠곡 僊鳳寺 大覺國師碑 건립에 書者로 참여(진홍섭『韓國佛敎美術』) 三重大師臣僧麟奉宣書幷篆額

승인(僧印 : -1218-) 13세기 전반에 활동한 장인匠人이다. 충남 예산 대흥면에서 출토된 1218년 선원사禪阮寺 반자飯子(금고金鼓, 호암미술관 소장) 조성에 대장大匠 원청元淸을 도와 조역助役으로 참여하였다..

> ▫충남 예산 대흥면에서 출토된 1218년 禪阮寺 飯子(金鼓) 조성에 大匠 元淸을 도와 助役으로 참여(호암미술관 소장, 한국금석문 종합영상정보시스템) 助役

승찬(承贊 : -1530-) 16세기 전반에 활동한 화원畵員이다. 1530년에 황북 사리원 성불사成佛寺 응진전應眞殿 중창重創에 지은智블과 화원으로 참여하였다.

> ▫1530년 황북 사리원 成佛寺 應眞殿 重創에 智블과 畵員으로 참여(申榮勳 編『韓國古建物上樑記文集』) 畵員

승해(勝海 : -1380-) 14세기 후반에 활동한 각수刻手이다. 1380년에 『대방광원각수다라요의경大方廣圓覺修多羅了義經』(울주 양덕사 소장) 간행에 지도志道와 각수로 참여하였다.

> ▫1380년 『大方廣圓覺修多羅了義經』 刊行에 志道와 刻手로 참여(울주 양덕사 소장, 윤상기「양덕사 소장 불교전적 조사보고서」)

시오(屎烏 : -754-755-) 8세기 중반에 고사부리군高沙夫里郡에서 활동한 경필사經筆師이다. 754년 8월 1일부터 755년 2월 14일까지 만든 「백지묵서화엄경白紙墨書華嚴經」(삼성문화재단 소장)을 아간阿干과 필사하였다.

> ▫754년 8월 1일부터 755년 2월 14일까지 만든 『白紙墨書華嚴經』을 阿干과 필사함(삼성문화재단 소장, 李基白「新羅 景德王代 華嚴經 寫經 關與者에 대한 考察」) 高沙夫里郡 大舍

신계(信戒 : -1443-) 15세기 중반에 활동한 각수刻手이다. 1443년에 전북 완주 화암사花岩寺에서 『묘법연화경妙法蓮華經』(고양 원각사 소장) 간행에 신효信孝

---

7) 진홍섭, 『韓國佛敎美術』, p. 142에서 麟으로 읽었다.

와 각수로 참여하였다.

  ▫ 1443년 전북 완주 花岩寺에서 『妙法蓮華經』 刊行에 信孝와 刻手로 참여(刊記, 고양 원각
    사 소장)

신관 1(信觀 : -1449-) 15세기 중반에 활동한 각수刻手이다. 1449년에 금사사판
金沙寺板 『육경합부六經合部』 간행에 극호克浩와 각수로 참여하였다.

  ▫ 1449년 金沙寺板 『六經合部』 간행에 克浩와 刻手로 참여(金相淏 「朝鮮朝 寺刹板 刻手
    研究」) 禪師

신관 2(信寬 : -1530-) 16세기 전반에 활동한 와장瓦匠이다. 1530년에 황북 사
리원 성불사成佛寺 응진전應眞殿 중창重創에 계선戒先과 와장瓦匠으로 참여하
였다.

  ▫ 1530년 황북 사리원 成佛寺 應眞殿 重創에 戒先과 瓦匠으로 참여(申榮勳 編 『韓國古建
    物上樑記文集』) 副8)

신광(信光 : -1237-1238-) 13세기 중반에 활동한 각수刻手이다. 1237-38년에 고
려대장경高麗大藏經(『방광반야바라밀경放光般若波羅蜜經』과 『마하반야바라밀경
摩訶般若波羅密經』) 조성에 참여하였다.

  ▫ 1237-38년에 高麗大藏經(『放光般若波羅蜜經』) 조성에 참여(김윤곤 편저, 『高麗大藏經
    造成名錄集』)
  ▫ 1238년에 高麗大藏經(『摩訶般若波羅密經』) 조성에 참여(김윤곤 편저, 『高麗大藏經 造成
    名錄集』)

신구(信仇 : -1238-) 13세기 중반에 활동한 주종장鑄鐘匠이다. 1238년에 전남
고흥 출토 무술명戊戌銘 범종(국립광주박물관 소장)을 조성하였다.

  ▫ 1238년에 전남 高興 出土 戊戌銘 梵鐘을 조성(國立光州博物館 所藏, 黃壽永 「高麗梵鐘
    의 新例(其八)」)9) 大匠
  * 최응천, 「고려시대 금속공예와 匠人」에서 信仇으로 읽었다.

신노(神努 : -867-) 9세기 중반에 활동한 석장石匠이다. 867년에 경북 봉화 취
서사鷲棲寺 석탑石塔 사리기舍利盒에 석장으로 언급되어 있다.

  ▫ 867년 경북 봉화 鷲棲寺 石塔 舍利盒에 石匠으로 참여(『朝鮮金石總覽』上 p. 55) 石匠

신담(信淡 : -1445-) 15세기 중반에 활동한 각수刻手이다. 1445년 전북 남원도
호부南原都護府에서 발간한 『수계선생비점맹호연집須溪先生批點孟浩然集』 간
행에 박민화朴敏和와 각수로 참여하였다.

  ▫ 1445년 전북 南原都護府에서 발간한 『須溪先生批點孟浩然集』 간행에 朴敏和와 刻手로
    참여(刊記, 『國寶 寶物 지정보고서 2011』) 僧

신매(信梅 : -1502-) 15세기 후반부터 16세기 전반까지 활동한 조각승彫刻僧으
로, 1502년에 평안도 천성산天聖山 관음사觀音寺 목조보살좌상木造菩薩坐像 개
금改金에 도유道裕와 참여하였다.

---

8) 申榮勳 編, 『韓國古建物上樑記文集』, p. 182에는 편수過手 신관信寬으로 나와 있다.
9) 이광배, 「發願者 階層을 통해 본 朝鮮 前期 梵鐘의 樣式」, 『美術史學研究』 262, 2009.6,
   pp. 5-32는 범종의 제작시기를 1298년으로 보았다.

◦ 1502년 평안도 天聖山 觀音寺 木造菩薩坐像 獻金에 道裕와 참여(어준일 「16世紀 朝鮮時代의 佛敎彫刻 硏究」) 副畵

신명(信明: -1363-) 14세기 중반에 활동한 각수刻手이다. 1363년에 『금강반야바라밀경金剛般若波羅密經』(성암고서박물관 소장) 간행에 각수로 참여하였다.

◦ 1363년 『金剛般若波羅密經』 刊行에 刻手로 참여(誠庵古書博物館 소장, 千惠鳳 『韓國典籍印刷史』) 刻字

신묘(神妙: -1125-) 12세기 전반에 활동한 석장石匠이다. 1125년에 개성 영통사靈通寺 대각국사비大覺國師碑 건립에 석종碩從과 석공石工으로 참여하였다.

◦ 1125년 개성 靈通寺 大覺國師碑 건립에 碩從과 石工으로 참여(李智冠 『校勘譯註 歷代高僧碑文(高麗篇3)』)

신묵(神默: -1373-) 14세기 후반에 활동한 각수刻手이다. 1373년에 출간된 『금강반야경소론찬요조현록金剛般若經疏論纂要助顯錄』 간행에 심정心正과 간수刊手로 참여하였다.

◦ 1373년 출간된 『金剛般若經疏論纂要助顯錄』 간행에 心正과 刊手로 참여(최연주 『高麗大藏經 硏究事』)

신보(信寶: -1431-) 15세기 전반에 활동한 각수刻手이다. 1431년에 경상감사慶尙監司 조치曺致가 만든 『춘추경좌씨전구해春秋經左氏傳句解』 간행에 홍조洪照와 각수로 참여하였다.

◦ 1431년 慶尙監司 曺致가 만든 『春秋經左氏傳句解』 간행에 洪照와 刻手로 참여(刊記, 『國寶 寶物 지정보고서 2011』)

신봉(信峯: -1574-) 16세기 후반에 활동한 소목장小木匠이다. 1574년에 황남 월악 구월산九月山 월정사月精寺에서 『대혜보각선사서大慧普覺禪師書』(고양 원각사 소장) 간행에 연판鍊板으로 참여하였다.

◦ 1574년 황남 월악 九月山 月精寺에서 『大慧普覺禪師書』 간행에 鍊板으로 참여(刊記, 고양 원각사 소장) 鍊板

신숭(信崇: -1534-1539-) 16세기 전반에 전남 순천에서 활동한 각수刻手이다. 1534년에 전북 고창 문수사文殊寺에서 『법화영험전法華靈驗傳』(화봉문고 소장) 간행에 도식道識과 각수로, 1536년에 지리산智異山 신흥사神興寺에서 『몽산화상법어약록蒙山和尙法語略錄』 간행에 계심戒心과 각수로, 『몽산화상육도보설蒙山和尙六道普說』 간행에 계주戒珠와 각수로 참여하였다. 1537년에 지리산智異山 신흥사神興寺에서 『불설예수시왕생칠경佛設預修十王生七經』 간행에 계심戒心과 각수로, 1539년에 지리산 남대암南臺庵에서 간행하여 신흥사神興寺로 옮긴 『고봉화상선요高峰和尙禪要』 간행에 경희敬希와 각수로 참여하였다.

◦ 1534년 전북 高敞 文殊寺에서 『法華靈驗傳』 간행에 道識과 각수로 참여(刊記, 화봉문고 소장)

▫1536년 智異山 神興寺에서『蒙山和尚法語略錄』간행에 戒心과 刻手로 참여(국립중앙도 서관 소장, 곽승훈·김아네스·홍영기 편저『지리산권 불교자료1-간기편』)
1536년 智異山 神興寺에서『蒙山和尚六道普說』간행에 戒珠와 刻手로 참여(국립중앙도 서관 소장, 곽승훈·김아네스·홍영기 편저『지리산권 불교자료1-간기편』)
▫1537년 智異山 神興寺에서『佛設預修十王生七經』간행에 戒心과 刻手로 참여(국립중앙 도서관 소장, 곽승훈·김아네스·홍영기 편저『지리산권 불교자료1-간기편』)
▫1539년 智異山 南臺庵에서 간행하여 神興寺로 옮긴『高峰和尚禪要』간행에 敬希와 刻手 로 참여(국립중앙도서관 소장, 곽승훈·김아네스·홍영기 편저『지리산권 불교자료1-간 기편』)

신승(信勝) 여말선초에 활동한 彫刻僧이다. 전남 구례 천은사泉隱 寺 금동불감金銅佛龕 조성에 조상造像으로 참여하였다.

▫전남 구례 泉隱寺 金銅佛龕 조성에 造像으로 참여(鄭永鎬「智異山 泉隱 寺의 金銅佛龕」) 造像

신승(造像), 금동불감, 구례 천은사

신연(信衍 : -1564-1568-) 16세기 중반에 활동한 각수刻手이다. 1564년에 황해 서흥瑞興 귀진사판歸進寺板『대방광불화엄경소大 方廣佛華嚴經疏』간행에 각수로 참여하고, 1568년에 평안도 순안 법흥사法興寺에서『선문염송집禪門拈頌集』간행에 일섬日暹과 각 수로 참여하였다.

▫1564년에 황해 瑞興 歸進寺板『大方廣佛華嚴經疏』간행에 刻手로 참여(金相淏「朝鮮朝 寺刹板 刻手 研究」)
▫1568년 평안도 순안 法興寺에서『禪門拈頌集』刊行에 日暹과 刻手로 참여(『僧』)

신오 1(信悟 : -1486-) 15세기 후반에 활동한 목수木手이다. 1486년에 전남 광 주 무등산無等山 규봉암圭峯菴에서 간행한『법집별행록절요병입사기法集別行 錄節要并入私記』(개인 소장)에 선우善牛와 작판作板으로 참여하였다.

▫1486년 전남 광주 無等山 圭峯菴에서 간행한『法集別行錄節要并入私記』에 善牛와 作板 으로 참여(개인 소장, 『動産文化財指定報告書(94-95 지정편)』)

신오 2(信悟 : -1568-) 16세기 중반에 활동한 목수木手이다. 1568년에 평안도 순안 법흥사法興寺에서『선종영가집禪宗永嘉集』간행에 보원宝元과 연판鍊板 으로 참여하였다.

▫1568년 평안도 순안 法興寺에서『禪宗永嘉集』刊行에 宝元과 鍊板로 참여(『僧』)

신옥(信玉 : -1508-) 16세기 전반에 활동한 석수石手이다. 1508년에 동대東臺 탑塔 개조改造에 성운省雲과 석수로 참여하였다.

▫1508년 東臺塔 改造에 省雲과 石手로 참여(石塔記, 동국대학교 박물관 소장, 黃壽永, 「統和와 正德銘의 塔誌石」와 진홍섭『韓國佛敎美術』)

신적(信迹 : -1561-) 16세기 중반에 활동한 화원畵員이다. 1561년에 전북 고창 선운사禪雲寺 창담암懺堂庵 대웅전 목조아미타삼존불좌상木造阿彌陀三尊佛坐像 을 수화승 대방大方과 조성하였다.

▫1561년 전북 고창 禪雲寺 懺堂庵 大雄殿 木造阿彌陀三尊佛坐像를 大方과 조성(發願文, 『兜率山禪雲寺誌』)

신정(信正 : -1516-) 16세기 전반에 활동한 조각승彫刻僧이다. 1516년에 전남 보성 대원사 목조비로자나불좌상을 수화승으로 조성하였다.

- 1516년 전남 보성 대원사 목조비로자나불좌상을 수화승으로 조성(송은석 「17세기 朝鮮 王朝의 彫刻僧과 佛像」) 主畵員

신조(新照 : -1237-1238-) 13세기 중반에 활동한 각수刻手이다. 1237-38년에 고려대장경高麗大藏經(『방광반야바라밀경放光般若波羅蜜經』) 조성에 참여하였다.

- 1237-38년에 高麗大藏經(『放光般若波羅蜜經』) 조성에 참여(김윤곤 편저, 『高麗大藏經 造成名錄集』)

신주(申柱 : -1237-1238-) 13세기 중반에 활동한 각수刻手이다. 1237-38년에 고려대장경高麗大藏經(『금강반야바라밀다경金剛般若波羅蜜多經』) 조성에 참여하였다.

- 1237-38년에 高麗大藏經(『金剛般若波羅蜜多經』) 조성에 참여(김윤곤 편저, 『高麗大藏經 造成名錄集』)

신지 1(信之 : -1363-) 14세기 중반에 활동한 서원書員이다. 1363년에 『금강반야바라밀경金剛般若波羅密經』(성암고서박물관 소장) 간행에 판하본版下本을 썼다.

- 1363년 『金剛般若波羅密經』 刊行에 版下本을 씀(誠庵古書博物館 소장, 千惠鳳 『韓國典籍印刷史』) 書員

신지 2(信智 : -1399-) 14세기 후반에 활동한 각수刻手이다. 1399년에 지리산 덕기사德奇寺에서 『고봉화상선요高峰和尙禪要』 개판改版에 각수로 참여하였다.

- 1399년 지리산 德奇寺에서 『高峰和尙禪要』 改版에 刻手로 참여(국립중앙도서관 소장, 곽승훈·김아네스·홍영기 편저 『지리산권 불교자료1-간기편』) 刀

신초(愼初 : -1531-1542-) 16세기 전·중반에 활동한 각수刻手이다. 1531년에 경북 영천 공산본사公山本寺에서 『묘법연화경妙法蓮華經』(고양 원각사 소장) 간행에 법숭法嵩과 각수로 참여하고, 1542년에 경북 안동 하가산下柯山 광흥사廣興寺 『월인석보月印釋譜』(화봉문고 소장) 간행에 각수로 참여하였다.

- 1531년 경상도 永川 公山本寺에서 『妙法蓮華經』 刊行에 法嵩과 刻手로 참여(刊記, 고양 원각사 소장)
- 1542년 경북 安東 下柯山 廣興寺 『月印釋譜』 간행에 刻手로 참여(刊記, 화봉문고 소장) 刻手

신총(信聰 : -1401-) 15세기 전반에 활동한 서자書者이다. 1401년에 『대불정여래밀인수증요의제보살만행수능엄경大佛頂如來密印修證了義諸菩薩萬行首楞嚴經』(양산 통도사와 송성문 소장)의 판하본版下本을 썼다.

- 1401년 『大佛頂如來密印修證了義諸菩薩萬行首楞嚴經』의 版下本을 씀(양산 통도사와 송성문 소장, 千惠鳳 「湖林博物館 所藏의 佛敎典籍」) 書

신해 1(信海 : -1430-) 15세기 전반에 활동한 각수刻手이다. 1430년에 경상감사慶尙監司 조치曺致가 밀양부사 유지례柳之禮에게 개판하게 한 『집주두공부초당시集註杜工部草堂詩』 간행에 성민性敏과 각수로 참여하였다.

▫ 1430년 慶尙監司 曺致가 密陽府使 柳之禮에게 開版하게 한『集註杜工部草堂詩』간행에 性敏과 刻手로 참여(金相淏「朝鮮朝 寺刹板 刻手 硏究」)

신해 2(信海 : -1579-) 16세기 후반에 활동한 화원畵員이다. 1579년에 경북 경주 왕룡사원王龍寺院 소조약사여래좌상과 소조아미타여래좌상 조성에 화원 사준思峻과 참여하였다.

▫ 1579년 경북 경주 王龍寺院 塑造藥師如來坐像과 塑造阿彌陀如來坐像 조성에 畵員 思峻 과 참여(문명대『왕룡사원의 조선전반기 불상조각』) 畵員

신행(信行 : -1520-) 16세기 전반에 활동한 목수木手이다. 1520년 경상도 안음 지우산智牛山 장수사長水寺에서『선종영가집禪宗永嘉集』개간改刊에 연판鍊板 으로 참여하였다.

▫ 1520년 경상도 안음 智牛山 長水寺에서『禪宗永嘉集』改刊에 鍊板으로 참여(장서각 소 장, 곽승훈·김아네스·홍영기 편저『지리산권 불교자료1-간기편』) 鍊板

신혜(信惠 : -1565-) 16세기 중반에 활동한 각수刻手이다. 1565년에 충북 보은 報恩 속리산俗離山 복천암판福泉寺板『묘법연화경妙法蓮華經』(화봉문고 소장) 간행에 수현守玄과 각수로 참여하였다.

▫ 1565년 충북 報恩 佁離山 福泉寺板『妙法蓮華經』간행에 守玄과 刻手로 참여(刊記, 화봉 문고 소장)

신회(信懷) 고려시대 활동한 주성장鑄成匠이다. 법천사法泉寺 번□燔□를 제작 하였다.

▫ 法泉寺 燔□를 조성(최응천「고려시대 금속공예와 匠人」)

신효(信孝 : -1443-) 15세기 중반에 활동한 각수刻手이다. 1443년에 전북 완주 화암사花岩寺에서『묘법연화경妙法蓮華經』(고양 원각사 소장) 간행에 각수로 참여하였다.

▫ 1443년 전북 완주 花岩寺에서『妙法蓮華經』刊行에 刻手로 참여(刊記, 고양 원각사 소 장) 刻手 禪師

신휘(愼暉 : -1237-1238-) 13세기 중반에 활동한 각수刻手이다. 1237-38년에 고 려대장경高麗大藏經(『방광반야바라밀경放光般若波羅蜜經』) 조성에 참여하였다.

▫ 1237-38년에 高麗大藏經(『放光般若波羅蜜經』) 조성에 참여(김윤곤 편저,『高麗大藏經 造成名錄集』)

신□(信□) 고려시대 개성 근방 월개月盖에서 활동한 와장瓦匠이다. 개성 만월 대에 있던 궁성에 올린 기와를 제작하였다.

▫ 고려시대 개성 만월대에 있던 궁성에 올린 기와를 제작한 와장으로 참여(홍영의「개성 고려궁성 출토 명문기와의 유형과 窯場」) 月盖

신□(信□ : -1515-) 16세기 전반에 활동한 조각승이다. 1515년에 국립중앙박물 관 소장 석조지장보살좌상石造地藏菩薩坐像을 수화승 절학節學과 조성하였다.

▫ 1515년 국립중앙박물관 소장 石造地藏菩薩坐像을 수화승 節學과 조성(發願文, 文明大「朝 鮮朝(17세기 2/4分期 木阿彌陀三尊佛龕의 한 考察」) 山人

신효(刻手),『묘법연화경』 권1, 1443년, 완주 화암사

신효(刻手),『묘법연화경』 간기, 1443년, 완주 화암사

심경(心鏡 : -1377-) 14세기 후반에 활동한 목수木手이다. 1377년에 경북 영주 부석사浮石寺 조사당祖師堂 중수重修에 대목大木으로 참여하였다.

> 1377년 경북 영주 浮石寺 祖師堂 重修에 大木으로 참여(申榮勳 編『韓國古建物上樑記文集』과 진홍섭『韓國佛敎美術』) 大木 禪師

심문(沈文 : -1469-) 15세기 중반에 활동한 수철장水鐵匠이다. 1469년에 강원 양양 낙산사洛山寺 범종(燒失)과 경기 남양주 봉선사奉先寺 범종梵鐘을 강원기姜元己와 수철장으로 조성하였다.

> 1469년 강원 양양 洛山寺 梵鐘 조성에 姜元己와 水鐵匠으로 참여(燒失, 정영호「朝鮮前期 梵鐘考」)
> 1469년 경기 남양주 奉先寺 梵鐘 조성에 姜元耆와 水鐵匠으로 참여(정영호「朝鮮前期 梵鐘考」)

심량(心亮 : -1237-1238-) 13세기 중반에 활동한 각수刻手이다. 1237-38년에 고려대장경高麗大藏經(『금강반야바라밀다경金剛般若波羅蜜多經』) 조성에 참여하였다.

> 1237-38년에 高麗大藏經(『金剛般若波羅蜜多經』) 조성에 참여(김윤곤 편저,『高麗大藏經 造成名錄集』)

심용(沈龍 : -1391-) 14세기 후반에 활동한 사기장沙器匠이다. 1391년에 강원 금강산金剛山 월출봉月出峰 출토 이성계李成桂 발원發願 사리기舍利器(국립중앙박물관 소장)를 제작하였다.

> 1391년 강원 金剛山 月出峰 출토 李成桂 發願 舍利器를 제작(국립중앙박물관 소장,『국립춘천박물관』) 防山砂器匠

심원(甚元 : -1237-1238-) 13세기 중반에 활동한 각수刻手이다. 1237-38년에 고려대장경高麗大藏經(『방광반야바라밀경放光般若波羅蜜經』) 조성에 참여하였다.

> 1237-38년에 高麗大藏經(『放光般若波羅蜜經』) 조성에 참여(김윤곤 편저,『高麗大藏經 造成名錄集』)

심장(心藏 : -941-) 10세기 중반에 활동한 각수刻手이다. 941년에 경북 예천 명봉사鳴鳳寺 경청선원境淸禪院 자적선사릉운탑비慈寂禪師凌雲塔碑 건립에 연훈然訓과 각자刻字로 참여하였다.

> 941년 경북 예천 鳴鳳寺 境淸禪院 慈寂禪師凌雲塔碑 건립에 然訓과 刻字로 참여(진홍섭『韓國佛敎美術』)

심정(心正 : -1373-) 14세기 후반에 활동한 각수刻手이다. 1373년에 출간된『금강반야경소론찬요조현록金剛般若經疎論纂要助顯錄』 간행에 간수刊手로 참여하였다.

> 1373년 출간된『金剛般若經疎論纂要助顯錄』 간행에 刊手로 참여(최연주『高麗大藏經 研究事』) 刊手

십주(十周 : -1238-) 13세기 중반에 활동한 주종장鑄鐘匠이다. 1238년에 무술명戌戌銘 범종(국립광주박물관 소장)을 신구信仇와 조성하였다.

　　◦1238년에 戊戌銘 梵鐘을 信仇와 조성(국립광주박물관 所藏, 黃壽永「高麗梵鐘의 新例
　　　(其八)」)

쌍순(双淳 : -1545-) 16세기 중반에 활동한 각수刻手이다. 1545년에 보성寶城
오응성吳應星이 발원한『불설대보부모은중경佛說大報父母恩重經』(화봉문고 소
장) 간행에 각수로 참여하였다.

　　◦1545년 寶城 吳應星이 발원한『佛說大報父母恩重經』간행에 刻手로 참여(刊記, 화봉문
　　　고 소장) 刻手

人

아각(阿角 : -1217-) 13세기 전반에 활동한 주성장鑄成匠이다. 1217년에 경기 안성 봉업사지 출토 반자飯子(금고金鼓, 연세대학교 박물관 소장) 조성에 상대장上大匠 부금夫金과 참여하였다.

　　▫ 1217년 경기 안성 봉업사지 출토 飯子(金鼓) 조성에 上大匠 夫金과 참여(연세대학교 박물관 소장, 한국금석문 종합영상정보시스템과 최응천 「고려시대 금속공예와 匠人」) 大匠

아간(阿干 : -754-755-) 8세기 중반에 무진이주武珍伊州에서 활동한 경필사經筆師이다. 754년 8월 1일부터 755년 2월 14일까지 만든 「백지묵서화엄경白紙墨書華嚴經」(삼성문화재단 소장)을 필사하였다.

　　▫ 754년 8월 1일부터 755년 2월 14일까지 만든 「白紙墨書華嚴經」을 필사함(삼성문화재단 소장, 李基白 「新羅 景德王代 華嚴經 寫經 關與者에 대한 考察」) 經筆師 武珍伊州 奈麻

아비(阿非 : -645-)[1] 7세기 중반에 백제에서 활동한 목수木手이다. 645년에 경북 경주 황룡사皇龍寺 구층탑九層塔 조성에 대장大匠으로 참여하였다.

　　▫ 645년 경북 경주 黃龍寺 九層塔 건립에 木手로 참여(皇龍寺九層塔 刹柱本記 『三國遺事』 卷3 塔像 4 黃龍寺九層塔條과 『佛舍利莊嚴』 및 진홍섭 『한국미술사자료집성(1)』) 大匠

안경(安京 : -1468-) 15세기 중반에 활동한 주종장이다. 1468년에 서울 보신각普信閣 종鐘(국립중앙박물관 소장) 조성에 참여하였다.

　　▫ 1468년 서울 普信閣 鐘 조성에 참여(국립중앙박물관 소장, 정영호 「朝鮮前期 梵鐘考」)

안덕은(安德銀 : -1469-) 15세기 중반에 활동한 주장注匠이다. 1469년에 강원 양양 낙산사洛山寺 범종(燒失)과 경기 남양주 봉선사奉先寺 범종梵鐘을 이을부李乙夫와 주장으로 조성하였다.

　　▫ 1469년 강원 양양 洛山寺 梵鐘 조성에 注匠으로 참여(燒失, 정영호 「朝鮮前期 梵鐘考」) 1469년 경기 남양주 奉先寺 梵鐘 조성에 李乙夫와 注匠으로 참여(정영호 「朝鮮前期 梵鐘考」)

안동(安同 : -1237-1238-) 13세기 중반에 활동한 각수刻手이다. 1237-38년에 고려대장경高麗大藏經(『방광반야바라밀경放光般若波羅蜜經』) 조성에 참여하였다.

　　▫ 1237-38년에 高麗大藏經(『放光般若波羅蜜經』) 조성에 참여(김윤곤 편저, 『高麗大藏經

---

　　1) 阿非知로 읽기도 한다.

造成名錄集』)

안성노(安盛老 : -1462-) 15세기 중반에 활동한 주성장鑄成匠이다. 1462년에 서울 흥천사興天寺 범종梵鐘 조성에 정길산鄭吉山과 주성장으로 참여하였다.

　▫ 1462년 서울 興天寺 梵鐘 조성에 鄭吉山과 鑄成匠으로 참여(국립중앙박물관 소장, 『朝鮮金石總覽』과 정영호 「朝鮮前期 梵鐘考」)

안세(安世 : -1237-1238-) 13세기 중반에 활동한 각수刻手이다. 1237-38년에 고려대장경高麗大藏經(『금강반야바라밀다경金剛般若波羅蜜多經』) 조성에 참여하였다.

　▫ 1237-38년에 高麗大藏經(『金剛般若波羅蜜多經』) 조성에 참여(김윤곤 편저, 『高麗大藏經 造成名錄集』)

안지(安止 : 1377-1464) 조선의 문신으로, 자는 자행, 호는 고은, 본관은 탐진耽津이다. 세종의 명으로 태종을 위해 금자법화경金字法華經을 필사하였다.

　▫ 세종의 명으로 태종을 위해 金字法華經을 필사함(진홍섭 『韓國佛敎美術』)

안체(安諦 : -1275-1280-) 13세기 후반에 활동한 사경승寫經僧이다. 그는 1275년에 국왕이 발원한 「감지은니불공견색신변진언경紺紙銀泥不空羂索神變眞言經」과 1280년에 「감지은니보살선계경紺紙銀泥菩薩善戒經」(안성 청원사 불상 발견, 동국대학교 박물관 소장)을 필사하였다.

　▫ 1275년 國王이 發願한 「紺紙銀泥不空羂索神變眞言經」을 필사(黃壽永 「高麗國王發願의 金·銀字大藏」) 三重大師 書
　▫ 1280년 國王이 發願한 「紺紙銀泥菩薩善戒經」을 필사(安城 淸源寺 불상 발견, 동국대학교 박물관 소장, 黃壽永 「高麗國王發願의 金·銀字大藏」) 禪師 書

안해애(安海哀 : -833-) 9세기 전반에 신라에서 활동한 주종장鑄鐘匠이다. 833년에 청주연지사종菁州蓮池寺鐘 조성에 참여하였다.

　▫ 833년에 菁州蓮池寺鐘 조성에 참여(진홍섭 『한국미술사자료집성(1)』)[2] 成博士安海哀大舍

안□질달(安□叱達 : -1468-) 15세기 중반에 활동한 주종장이다. 1468년에 서울 보신각普信閣 종鐘(국립중앙박물관 소장) 조성에 참여하였다.

　▫ 1468년 서울 普信閣 鐘 조성에 참여(국립중앙박물관 소장, 정영호 「朝鮮前期 梵鐘考」)

알온(閼溫 : -706-) 8세기 중반에 신라에서 활동한 석수石手이다. 706년에 경북 경주 황복사皇福寺 삼층석탑三層石塔 건립에 계생季生과 석수로 참여하였다.

　▫ 706년 경북 경주 皇福寺 三層石塔 건립에 季生과 석수로 참여(황복사삼층석탑 금동방형 사리외함 명문, 진홍섭 『한국미술사자료집성(1)』) 匠

양금(良金 : -1237-1238-) 13세기 중반에 활동한 각수刻手이다. 1237-38년에 고려대장경高麗大藏經(『방광반야바라밀경放光般若波羅蜜經』) 조성에 참여하였다.

　▫ 1237-38년에 高麗大藏經(『放光般若波羅蜜經』) 조성에 참여(김윤곤 편저, 『高麗大藏經 造成名錄集』)

양돈(梁敦 : -1237-1238-) 13세기 중반에 활동한 각수刻手이다. 1237-38년에 고

---

2)『朝鮮金石總覽』, 朝鮮總督府, 1919(亞細亞文化社, 1976 影印), p. 53에는 安海□으로 읽었다.

려대장경高麗大藏經(『금강반야바라밀다경金剛般若波羅蜜多經』) 조성에 참여하였다.

  ▫ 1237-38년에 高麗大藏經(『金剛般若波羅蜜多經』) 조성에 참여(김윤곤 편저, 『高麗大藏經 造成名錄集』)

양대(良大 : -1237-1238-) 13세기 중반에 활동한 각수刻手이다. 1237-38년에 고려대장경高麗大藏經(『방광반야바라밀경放光般若波羅蜜經』) 조성에 참여하였다.

  ▫ 1237-38년에 高麗大藏經(『放光般若波羅蜜經』) 조성에 참여(김윤곤 편저, 『高麗大藏經 造成名錄集』)

양매(良枚 : -1237-1238-) 13세기 중반에 활동한 각수刻手이다. 1237-38년에 고려대장경高麗大藏經(『금강반야바라밀다경金剛般若波羅蜜多經』) 조성에 참여하였다.

  ▫ 1237-38년에 高麗大藏經(『金剛般若波羅蜜多經』) 조성에 참여(김윤곤 편저, 『高麗大藏經 造成名錄集』)

양백(楊白, 良白 : -1237-1238-) 13세기 중반에 활동한 각수刻手이다. 1237-38년에 고려대장경高麗大藏經(『방광반야바라밀경放光般若波羅蜜經』) 조성에 참여하였다.

  ▫ 1237-38년에 高麗大藏經(『放光般若波羅蜜經』) 조성에 참여(김윤곤 편저, 『高麗大藏經 造成名錄集』)

양보(良甫 : -1237-1238-) 13세기 중반에 활동한 각수刻手이다. 1237-38년에 고려대장경高麗大藏經(『금강반야바라밀다경金剛般若波羅蜜多經』) 조성에 참여하였다.

  ▫ 1237-38년에 高麗大藏經(『金剛般若波羅蜜多經』) 조성에 참여(김윤곤 편저, 『高麗大藏經 造成名錄集』)

양생(梁生 : -1462-) 15세기 중반에 활동한 수철장水鐵匠이다. 1462년에 서울 흥천사興天寺 범종梵鐘 조성에 이득방李得方과 수철장으로 참여하였다.

  ▫ 1462년 서울 興天寺 梵鐘 조성에 李得方과 水鐵匠으로 참여(국립중앙박물관 소장, 『朝鮮金石總覽』과 정영호 「朝鮮前期 梵鐘考」)

양수산(梁守山 : -1468-) 15세기 중반에 활동한 주종장이다. 1468년에 서울 보신각普信閣 종鐘(국립중앙박물관 소장) 조성에 참여하였다.

  ▫ 1468년 서울 普信閣 鐘 조성에 참여(국립중앙박물관 소장, 정영호 「朝鮮前期 梵鐘考」)

양순 1(陽純 : -754-755-) 8세기 중반에 고사부리군高沙夫里郡에서 활동한 경필사經筆師이다. 754년 8월 1일부터 755년 2월 14일까지 만든 「백지묵서화엄경白紙墨書華嚴經」(삼성문화재단 소장)을 아간阿干과 필사하였다.

  ▫ 754년 8월 1일부터 755년 2월 14일까지 만든 「白紙墨書華嚴經」을 阿干과 필사함(삼성문화재단 소장, 李基白 「新羅 景德王代 華嚴經 寫經 關與者에 대한 考察」) 高沙夫里郡 奈麻

양순 2(陽純 : -1237-1238-) 13세기 중반에 활동한 각수刻手이다. 1237-38년에 고려대장경高麗大藏經(『금강반야바라밀다경金剛般若波羅蜜多經』) 조성에 참여하였다.

　∘ 1237-38년에 高麗大藏經(『金剛般若波羅蜜多經』) 조성에 참여(김윤곤 편저, 『高麗大藏
經 造成名錄集』)

양오마디(梁吾勹知 : -1462-1468-) 15세기 중반에 활동한 조각장彫刻匠이다.
1462년에 서울 흥천사興天寺 범종梵鐘 조성에 양춘봉梁春奉과 조각장으로 참
여하고, 1468년에 서울 보신각普信閣 종鐘(국립중앙박물관 소장) 조성에 참여
하였다.

　∘ 1462년 서울 興天寺 梵鐘 조성에 梁春奉과 彫刻에 참여(국립중앙박물관 소장, 『朝鮮金
石總覽』과 정영호 「朝鮮前期 梵鐘考」)
　∘ 1468년 서울 普信閣 鐘 조성에 참여(국립중앙박물관 소장, 정영호 「朝鮮前期 梵鐘考」)

양오마지(梁吾勹知) ☞ **양오마디**

양우(楊右 : -1237-1238-) 13세기 중반에 활동한 각수刻手이다. 1237-38년에 고
려대장경高麗大藏經(『금강반야바라밀다경金剛般若波羅蜜多經』) 조성에 참여하
였다.

　∘ 1237-38년에 高麗大藏經(『金剛般若波羅蜜多經』) 조성에 참여(김윤곤 편저, 『高麗大藏
經 造成名錄集』)

양원(良元 : -1237-1238-) 13세기 중반에 활동한 각수刻手이다. 1237-38년에 고
려대장경高麗大藏經(『금강반야바라밀다경金剛般若波羅蜜多經』) 조성에 참여하
였다.

　∘ 1237-38년에 高麗大藏經(『金剛般若波羅蜜多經』) 조성에 참여(김윤곤 편저, 『高麗大藏
經 造成名錄集』)
　* 양윤良允의 오기일 가능성도 있다.

양윤(良允 : -1237-1238-) 13세기 중반에 활동한 각수刻手이다. 1237-38년에 고
려대장경高麗大藏經(『금강반야바라밀다경金剛般若波羅蜜多經』) 조성에 참여하
였다.

　∘ 1237-38년에 高麗大藏經(『金剛般若波羅蜜多經』) 조성에 참여(김윤곤 편저, 『高麗大藏
經 造成名錄集』)

양을미(梁乙未 : -1468-)[3] 15세기 중반에 활동한 주종장이다.[4] 1468년에 서울
보신각普信閣 종鐘(국립중앙박물관 소장) 조성에 참여하였다.

　∘ 1468년 서울 普信閣 鐘 조성에 참여(국립중앙박물관 소장, 정영호 「朝鮮前期 梵鐘考」)

양재(良才 : -1237-1238-) 13세기 중반에 활동한 각수刻手이다. 1237-38년에 고
려대장경高麗大藏經(『금강반야바라밀다경金剛般若波羅蜜多經』) 조성에 참여하
였다.

　∘ 1237-38년에 高麗大藏經(『金剛般若波羅蜜多經』) 조성에 참여(김윤곤 편저, 『高麗大藏
經 造成名錄集』)

---

3) 정영호, 「朝鮮前期 梵鐘考」, p. 146에 梁乙夫로 읽었다.
4) 梁吾乙未로 읽은 연구자도 있다.

양주(椋柱 : -1237-1238-) 13세기 중반에 활동한 각수刻手이다. 1237-38년에 고려대장경高麗大藏經(『금강반야바라밀다경金剛般若波羅蜜多經』) 조성에 참여하였다.

　□1237-38년에 高麗大藏經(『金剛般若波羅蜜多經』) 조성에 참여(김윤곤 편저, 『高麗大藏經 造成名錄集』)

양지(良志 : -632-646-) 7세기 중반에 활동한 승장僧匠이다. 그는 영묘사의 장륙삼존丈六三尊과 천왕상 등, 천왕사탑天王寺塔 팔부신장八部神將, 법림사 주불삼존과 좌우금강신 등을 만들었다. 또한 영묘사와 법림사의 편액을 쓰고, 벽돌을 조각하여 작은 탑 하나를 만들고 아울러 불상 3천을 만들어 그 탑을 절 안에 모셔두었다고 한다.

　□영묘사 장육삼존·천왕상 조성, 천왕사 탑하 팔부신장, 법림사 불삼존·좌우금강신(『三國遺事』권4 義解第5, 良志使錫)

양차(良且 : -1160-) 12세기 중반에 활동한 주성장鑄成匠이다. 1160년에 명주(강원 강릉) 북산 양등사楊等寺 반자半子(금고金鼓) 조성에 대장大匠으로 참여하였다.

　□1160년 명주 북산 楊等寺 半子(金鼓) 조성에 大匠으로 참여(소재 미상, 한국금석문 종합영상정보시스템) 大匠

양천목(梁天目 : -1595-) 16세기 후반에 전남 영암에서 활동한 철장鐵匠이다. 1595년에 황해 장단 낙가산 금사사金沙寺 범종梵鐘(북한 조선중앙역사박물관 소장)을 철장으로 조성하였다.

　□1595년 황해 장단 洛迦山 金沙寺 梵鐘 조성에 鐵匠으로 참여(북한 조선중앙역사박물관 소장, 金禧庚 「增補韓國梵種目錄」) 鐵匠

양춘봉(梁春奉 : -1462-1468-) 15세기 중반에 활동한 조각장彫刻匠이다. 1462년에 서울 흥천사興天寺 범종梵鐘 조성에 조각장으로 참여하고, 1468년에 서울 보신각普信閣 종鐘(국립중앙박물관 소장) 조성에 참여하였다.

　□1462년 서울 興天寺 梵鐘 조성에 彫刻에 참여(국립중앙박물관 소장, 『朝鮮金石總覽』과 정영호 「朝鮮前期 梵鐘考」) 彫刻奉承大夫
　□1468년 서울 普信閣 鐘 조성에 참여(국립중앙박물관 소장, 정영호 「朝鮮前期 梵鐘考」) 奉承大夫

양일봉(梁日峯 : -1458-) 15세기 중반에 활동한 목수木手이다. 1458년에 경북 영주 흑석사黑石寺 목조아미타불좌상木造阿彌陀佛坐像 제작에 소목小木으로 참여하였다.

　□1458년 경북 영주 黑石寺 木造阿彌陀佛坐像 제작에 小木으로 참여(崔素林 「黑石寺 木造阿彌陀佛坐像 硏究」와 『문화재대관-국보 전적 조선시대』) 小木

언기(彦機 : 1581-1644) 17세기 전반에 활동한 선승禪僧으로, 속성은 장張씨이고, 호는 편양당鞭羊堂이며, 죽산인竹山人이다. 11세에 청허 스님의 제자인 현빈에게 계를 받고, 이후 금강산에 머물며 교학을 익히고 참선을 닦았다. 임진왜란이 끝날 무렵 묘향산 서산대사의 회상에 참석해 수행하며 그의 법을 이었으며, 그림을 잘 그렸다.

▫ 그림을 잘 그림(劉復烈 『韓國繪畫大觀』)

언의(彦義 : -1580-) 16세기 후반에 활동한 조각승彫刻僧이다. 1580년에 경북 울진 불영사 석가삼존상 조성에 영준靈俊과 화원畫員으로 참여하였다.

▫ 1580년 경북 울진 불영사 석가삼존상 조성에 靈俊과 畫員으로 참여(문명대 「조선전반기 불상 조각의 도상해석학적 연구」)

언평(彦平 : -1156-) 12세기 중반에 활동한 각수刻手이다. 1156년에 법수사에서 『범서총지집梵書摠持集』 간행에 각수로 참여하였다.

▫ 1156년 法水寺에서 『**梵書摠持集**』 간행에 刻手로 참여(서병패 「안동 보광사 목조관음보살좌상 복장전적 연구」) 刻手

언해(彦海 : -1553-) 16세기 중반에 활동한 화원畫員이다. 1553년에 석가설법도釋迦說法圖(일본 가가와현香川縣 쵸쥬인長壽院 소장) 조성에 화원으로 참여하였다.

▫ 1553년 釋迦說法圖 조성에 畫員으로 참여(日本 香川縣 長壽院 所藏, 박은경 『조선전기불화연구』) 畫員

언해, 석가설법도, 1553년, 일본 가가와현 쵸쥬인

엄삼(奄三 : -1237-1238-) 13세기 중반에 활동한 각수刻手이다. 1237-38년에 고려대장경高麗大藏經(『금강반야바라밀다경金剛般若波羅蜜多經』) 조성에 참여하였다.

▫ 1237-38에 高麗大藏經(『金剛般若波羅蜜多經』) 조성에 참여(김윤곤 편저, 『高麗大藏經 造成名錄集』)

엄장(嚴莊) 7세기 중반에 신라에 거주한 스님이다. 신발을 만들어 생계를 유지하거나 농사를 지으면서 광덕光德과 수행하였다.

▫ 문무왕 때 光德과 신발을 만들어 생계를 유지하거나 농사를 지으면서 光德과 수행(『三國遺事』 卷 第5, 感通 第7, 光德 嚴莊條)

여습(呂習) 조선전기에 활동한 각수刻手이다. 연대 미상(기미己未)인 김룡산金龍山 용흥사龍興寺에서 『승가일용식시묵언작법僧家日用食時默言作法』(울주 양덕사 소장) 간행에 원교元敎와 각수로 참여하였다.

▫ 연대 미상 金龍山 龍興寺 『僧家日用食時默言作法』 刊行에 元敎와 刻手로 참여(울주 양덕사 소장, 윤상기 「양덕사 소장 불교전적 조사보고서」)

여화(呂和 : -1237-1238-) 13세기 중반에 활동한 각수刻手이다. 1237-38년에 고려대장경高麗大藏經(『금강반야바라밀다경金剛般若波羅蜜多經』) 조성에 참여하였다.

▫ 1237-38년에 高麗大藏經(『金剛般若波羅蜜多經』) 조성에 참여(김윤곤 편저, 『高麗大藏經 造成名錄集』)

여휘(呂輝 : -1237-1238-) 13세기 중반에 활동한 각수刻手이다. 1237-38년에 고려대장경高麗大藏經(『방광반야바라밀경放光般若波羅蜜經』) 조성에 참여하였다.

▫1237-38년에 高麗大藏經(『放光般若波羅蜜經』) 조성에 참여(김윤곤 편저, 『高麗大藏經 造成名錄集』)

연손(連孫 : -1583-) 16세기 후반에 활동한 편수片手이다. 1583년 만력계미명 가리포명포萬曆癸未銘加里浦銘砲를 조성하였다.

▫1583년 萬曆癸未銘加里浦銘砲를 조성(金尙翊「加里浦 在銘 雙穴銃筒과 靑銅製容器」과 황수영, 『금석유문』) 匠

연수(延守 : -1237-1238-) 13세기 중반에 활동한 각수刻手이다. 1237-38년에 고 려대장경高麗大藏經(『방광반야바라밀경放光般若波羅蜜經』) 조성에 참여하였다.

▫1237-38년에 高麗大藏經(『放光般若波羅蜜經』) 조성에 참여(김윤곤 편저, 『高麗大藏經 造成名錄集』)

연전(連全 : -872-) 9세기 후반에 활동한 전각장鐫字匠이다. 872년에 경북 경주 황룡사黃龍寺 구층탑九層塔 중수에 총혜聰慧와 전각장으로 참여하였다.

▫872년 경북 경주 黃龍寺 九層塔 중수에 鐫字匠으로 聰慧와 참여(黃龍寺九層塔 刹柱本記,『佛舍利莊嚴』과 진홍섭『한국미술사자료집성(1)』) 鐫字助博士臣

연해(衍海 : -1448-1454-) 15세기 중반에 활동한 각수刻手이다. 1448년에 효령 대군과 안평대군이 발원한 『묘법연화경妙法蓮華經』 간행에 정심과 각수로, 1454년에 광법사판廣法寺板 『불설대보부모은중경佛說大報父母恩重經』 간행에 각수로 참여하였다.

▫1448년 효령대군과 안평대군이 발원한『妙法蓮華經』刊行에 正心과 刻手로 참여(朴桃花「朝鮮時代 金剛經 判書의 圖像」) 大禪師
▫1454년 廣法寺板『佛說大報父母恩重經』刊行에 刻手로 참여(金相淏「朝鮮朝 寺刹板 刻手 研究」)

연훈 : (然訓 : -941-) 10세기 중반에 활동한 각수刻手로, 자적능운慈寂凌雲의 문하 에 속한 스님이다. 941년에 경북 예천 명봉사鳴鳳寺 경청선원境淸禪院 자적선 사능운탑비慈寂禪師凌雲塔碑 건립에 각자刻字로 참여하였다.

▫941년 경북 예천 鳴鳳寺 境淸禪院 慈寂禪師凌雲塔碑 건립에 刻字로 참여(진홍섭『韓國佛敎美術』) 刻字門下僧

연희 1(衍禧 : -1237-1238-) 13세기 중반에 활동한 각수刻手이다. 1237-38년에 고려대장경高麗大藏經(『금강반야바라밀다경金剛般若波羅蜜多經』) 조성에 참여 하였다.

▫1237-38년에 高麗大藏經(『金剛般若波羅蜜多經』) 조성에 참여(김윤곤 편저, 『高麗大藏經 造成名錄集』)

연희 2(演嘻 : -1569-) 16세기 중반에 활동한 화원畵員이다. 1569년에 경북 포 항 보경사 적광전 소조비로자나불좌상을 수화승으로 조성하였다.

▫1569년 경북 포항 보경사 적광전 소조비로자나불좌상 수화승으로 조성(허상오「朝鮮時代 佛卓莊嚴 研究」) 畵員

염대(炎大 : -1244-) 13세기 중반에 활동한 각수刻手이다. 1244년에 대장도감 에서 조성한 경전 간행에 참여하였다.

연희, 소조비로자나불좌상, 1569년, 포항 보경사

▫1244년 대장도감에서 조성된 경전 간행에 참여(최연주 『高麗大藏經 硏究事』)

염흥달(廉興達 : -1468-) 15세기 중반에 활동한 주종장이다. 1468년에 서울 보신각普信閣 종鐘(국립중앙박물관 소장) 조성에 참여하였다.

▫1468년 서울 普信閣 鐘 조성에 참여(국립중앙박물관 소장, 정영호 「朝鮮前期 梵鐘考」)

영근(英僅) 고려시대에 활동한 서자書者이다. 개성 영통사靈通寺 대각국사비大覺國師碑 건립에 서자書者로 참여하였다.

▫연대미상 개성 영통사靈通寺 대각국사비大覺國師碑 건립에 書者로 참여(『槿域書畫徵』과 진홍섭 『韓國佛敎美術』) 書

영명(靈明 : -1553-) 16세기 중반에 활동한 스님이다. 1553년에 경북 영풍 성혈사聖穴寺 나한전羅漢殿 창건에 서사書寫로 참여하였다.

▫1553년 경북 영풍 聖穴寺 羅漢殿 創建에 書寫로 참여(羅漢殿墨書銘, 『韓國의 古建築』15) 書寫

영묵(靈默 : -1582-) 16세기 후반에 활동한 화원畫員이다. 1582년에 전남 담양 추월산 중련사中蓮寺 지장시왕도地藏十王圖(일본 오카야마현岡山縣 탄죠지誕生寺 소장) 조성에 화원으로 하였다.

▫1582년 전남 담양 秋月山 中蓮寺 地藏十王圖 조성에 畫員으로 참여(日本 岡山縣 誕生寺 所藏, 박은경 『조선전기불화연구』) 畫員

영수 1(永守, 永壽 : -1237-1238-) 13세기 중반에 충주忠州에서 활동한 각수刻手이다. 1237-38년에 고려대장경高麗大藏經(『금강반야바라밀다경金剛般若波羅蜜多經』) 조성에 참여하였다.

▫1237-38년에 高麗大藏經(『金剛般若波羅蜜多經』) 조성에 참여(김윤곤 편저, 『高麗大藏經 造成名錄集』) 忠州

영묵, 지장시왕도, 1582년, 담양 중련사 조성(일본 오카야마현 탄죠지 소장)

영수 2(靈修) 16세기에 활동한 화원畫員이다. 16세기에 제작된 것으로 추정되는 아미타여래도阿彌陀如來圖(일본 오카야마현岡山縣 치조원地藏院 소장) 조성에 화원으로 참여하였다.

▫16세기 제작된 것으로 추정되는 阿彌陀如來圖 조성에 畫員으로 참여(日本 岡山縣 地藏院 所藏, 박은경 『조선전기불화연구』) 畫員

영암(靈庵 : -1531-) 16세기 전반에 활동한 각수刻手이다. 1531년에 송광사판松廣寺板 『천지명양수륙잡문天地冥陽水陸雜文』과 『청량답순종심요법淸凉答順宗心要法』 및 은적암판隱寂庵板 『종경촬요宗鏡撮要』 간행에 장수명張守明과 각수로 참여하였다.

▫1531년에 松廣寺板 『天地冥陽水陸雜文』, 『淸凉答順宗心要法』 간행에 張守明과 각수로 참여(金相淏 「朝鮮朝 寺刹板 刻手 硏究」)
1531년에 隱寂庵板 『宗鏡撮要』 간행에 각수로 참여(金相淏 「朝鮮朝 寺刹板 刻手 硏究」)

영업(靈業 : -813-) 9세기 전반에 활동한 통일신라의 대표적인 서자書者이다. 813년에 경북 경주 단속사斷俗寺 신행선사탑神行禪師碑 건립에 서자書者로 참여하였다.
 ▫ 813년 경북 경주 斷俗寺 神行禪師碑 건립에 書者로 참여(진홍섭『韓國佛敎美術』) 東溪
　沙門 書

영옥(灵玉 : -1584-) 16세기 후반에 활동한 각수刻手이다. 1584년에 전북 부안 능가산楞伽山 실상사實相寺에서 『묘법연화경妙法蓮華經』(화봉문고 소장) 간행에 탄연坦衍과 각수로 참여하였다.
 ▫ 1584년 전북 부안 楞伽山 實相寺에서 『妙法蓮華經』 간행에 坦衍과 刻手로 참여(刊記, 화
　봉문고 소장)

영운 1(靈云 : -1535-) 16세기 중반에 활동한 화원畵員이다. 1535년에 석가팔상도釋迦八相圖(일본 와카야마현和歌山縣 곤고후지金剛峯寺 소장) 조성에 지종志宗과 참여하였다.
 ▫ 1535년 釋迦八相圖 조성에 志宗과 참여(日本 和歌山縣 金剛峯寺 所藏, 박은경『조선전
　기불화연구』)

영운 2(靈雲 : -1537-1584-) 16세기 중·후반에 활동한 각수刻手이다. 1537년에 충남 금산 신안사身安寺에서 『진실주집眞實珠集』 간행에 조영과 각수로, 1555년에 충남 천안 광덕사廣德寺에서 『묘법연화경妙法蓮華經』 간행에 각수로 참여하였다. 1574년에 평안도 최근불당崔根佛堂에서 개판開板되어 황주黃州 송방사松方寺에 유판留板된 『관무량수불경觀無量壽佛經』 간행에 의순義淳과 각수로 참여한 후, 1584년에 의상암義湘庵에서 『삼가록三家錄』 간행에 각수로 참여하였다.
 ▫ 1537년 충남 금산 身安寺에서 『眞實珠集』 刊行에 祖英과 刻手로 참여(金相淏「朝鮮朝
　寺刹板 刻手 硏究」)
 ▫ 1555년 충남 천안 廣德寺에서 『妙法蓮華經』 刊行에 刻手로 참여(金相淏「朝鮮朝 寺刹板
　刻手 硏究」)
 ▫ 1574년 平安道 崔根佛堂에서 開板되어 黃州 松方寺에 留板된 『觀無量壽佛經』 刊行에 義
　淳과 刻手로 참여(金相淏「朝鮮朝 寺刹板 刻手 硏究」)
 ▫ 1584년에 義湘庵에서 『三家錄』 刊行에 義淳과 刻手로 참여(金相淏「朝鮮朝 寺刹板 刻手
　硏究」)

영은(靈隱 : -1530-1531-) 16세기 전반에 활동한 각수刻手이다. 1530년에 전라도 서태사판西台寺板 『인천안일人天眼日』 간행에 지희智熙와 각수로, 1531년에 경북 영천 공산본사公山本寺에서 『묘법연화경妙法蓮華經』(고양 원각사 소장) 간행에 법숭法嵩과 각수로 참여하였다.
 ▫ 1530년 전라도 西台寺板 『人天眼日』 刊行에 智熙와 刻手로 참여(金相淏「朝鮮朝 寺刹板
　刻手 硏究」)
 ▫ 1531년 경상도 永川 公山本寺에서 『妙法蓮華經』 刊行에 法嵩과 刻手로 참여(刊記, 고양
　원각사 소장)

영의(永義, 永衣 : -1237-1238-) 13세기 중반에 활동한 각수刻手이다. 1237-38년에 고려대장경高麗大藏經(『금강반야바라밀다경金剛般若波羅蜜多經』) 조성에 참여하였다.

◦ 1237-38년에 高麗大藏經(『金剛般若波羅蜜多經』) 조성에 참여(김윤곤 편저, 『高麗大藏經 造成名錄集』)

영잠(靈岑 : -1569-) 16세기 중반에 활동한 화원畵員이다. 1569년에 석가열반도釋迦涅槃圖(일본 카가와현香川縣 센코지千光寺 소장) 조성에 성희性熙와 화원으로 참여하였다.

◦ 1569년 釋迦涅槃圖 조성에 性熙와 참여(日本 香川縣 千光寺 所藏, 박은경 『조선전기불화연구』) 畵員

영재(永才 : -1237-1238-) 13세기 중반에 활동한 각수刻手이다. 1237-38년에 고려대장경高麗大藏經(『금강반야바라밀다경金剛般若波羅蜜多經』과 『방광반야바라밀경放光般若波羅蜜經』) 조성에 참여하였다.

◦ 1237-38년에 高麗大藏經(『金剛般若波羅蜜多經』) 조성에 참여(김윤곤 편저, 『高麗大藏經 造成名錄集』)
237-38년에 高麗大藏經(『放光般若波羅蜜經』) 조성에 참여(김윤곤 편저, 『高麗大藏經 造成名錄集』)

영정(永貞 : -1237-1238-) 13세기 중반에 활동한 각수刻手이다. 1237-38년에 고려대장경高麗大藏經(『금강반야바라밀다경金剛般若波羅蜜多經』과 『방광반야바라밀경放光般若波羅蜜經』) 조성에 참여하였다.

◦ 1237-38년에 高麗大藏經(『金剛般若波羅蜜多經』) 조성에 참여(김윤곤 편저, 『高麗大藏經 造成名錄集』)
1237-38년에 高麗大藏經(『放光般若波羅蜜經』) 조성에 참여(김윤곤 편저, 『高麗大藏經 造成名錄集』)

영조(英祖 : -1578-) 16세기 중반에 활동한 각수刻手이다. 1578년에 경기 용인 서봉사瑞峯寺에서 『묘법연화경妙法蓮華經』 간행에 각수로 참여하였다.

◦ 1578년 경기 龍仁 瑞峯寺에서 『妙法蓮華經』 刊行에 刻手로 참여(金相淏 「朝鮮朝 寺刹板 刻手 研究」)

영준(靈俊 : -1580-) 16세기 후반에 활동한 조각승彫刻僧이다. 1580년에 경북 울진 불영사 석가삼존상 조성에 화원畵員으로 참여하였다.

◦ 1580년 경북 울진 불영사 석가삼존상 조성에 畵員으로 참여(문명대 「조선전반기 불상 조각의 도상해석학적 연구」) 畵員

영지 1(永智 : -1237-1238-) 13세기 중반에 활동한 각수刻手이다. 1237-38년에 고려대장경高麗大藏經(『금강반야바라밀다경金剛般若波羅蜜多經』) 조성에 참여하였다.

◦ 1237-38년에 高麗大藏經(『金剛般若波羅蜜多經』) 조성에 참여(김윤곤 편저, 『高麗大藏經 造成名錄集』)

영지 2(靈芝 : -1515-) 16세기 전반에 전북 완주 화암사에서 활동한 서사書寫이다. 1515년에 전북 완주 화암사花岩寺에서 『불설수생경佛說壽生經』 간행에 자홍과 서사로 참여하였다.

◦ 1515년에 전북 완주 花岩寺에서 『佛說壽生經』 간행에 子泓과 書寫로 참여(宋日基 「高山 花岩寺와 成達生」)

영지, 지장시왕도, 1586년, 일본 야마구찌현 고구분지 소장

영지 3(靈芝 : -1539-) 16세기 중반에 활동한 각수刻手이다. 1539년에 경상도 안음安陰 덕유산德宥山 영각사靈覺寺에서 『묘법연화경요해妙法蓮華經要解』 간행에 법숭法崇과 각수로 참여하였다.

　▫1539년 경상도 安陰 德宥山 靈覺寺에서 『妙法蓮華經要解』 刊行에 法崇과 刻手로 참여 (국립중앙도서관 소장, 곽승훈·김아네스·홍영기 편저 『지리산권 불교자료1-간기편』)

영지 4(靈芝 : -1586-) 16세기 후반에 활동한 화원畵員이다. 1586년에 지장시왕도地藏十王圖(일본 야마구찌현山口縣 고구분지國分寺 소장) 조성에 화원으로 참여하였다.

　▫1586년 地藏十王圖 조성에 畵員으로 참여(日本 山口縣 國分寺 所藏, 박은경 『조선전기 불화연구』) 畵員
　* 박은경, 「麻本佛畵의 出現-일본 周昉 國分寺의 地藏十王圖를 중심으로」, 『美術史學硏究』 199·200, pp. 75-97를 참조할 만하다.

영진(永眞 : -1237-1238-) 13세기 중반에 활동한 각수刻手이다. 1237-38년에 고려대장경高麗大藏經(『금강반야바라밀다경金剛般若波羅蜜多經』) 조성에 참여하였다.

　▫1237-38년에 高麗大藏經(『金剛般若波羅蜜多經』) 조성에 참여(김윤곤 편 저, 『高麗大藏經 造成名錄集』)

영희(靈熙 : -1560-) 16세기 중반에 활동한 소목장小木匠이다. 1560년에 황해도 문화 구월산九月山 월출암月出庵 개간開刊하여 서흥瑞興 귀진사歸進寺 유판留板한 『대방광불화엄경소大方廣佛華嚴經疏 제38』(화봉문고 소장) 간행에 연판鍊板으로 참여하였다.

　▫1560년 黃海道 文化 九月山 月出庵 開刊하여 瑞興地 歸進寺 留板한 『大方 廣佛華嚴經疏(三十八)』 간행에 鍊板으로 참여(刊記, 화봉문고 소장) 鍊板

영□, 치성광불제성강임도, 1569년, 일본 교토 고려미술관 소장

영□(靈□ : -1569-) 16세기 중반에 활동한 화원畵員이다. 1569년에 치성광불제성강임도熾盛光佛諸星降臨圖(일본 교토 고려미술관 소장) 조성에 화사畵士로 참여하였다.

　▫1569년 熾盛光佛諸星降臨圖 조성에 畵士로 참여(畵記, 日本 京都 高麗美 術館 所藏, 박은경 『조선전기불화연구』) 畵士

영□(靈□ : -1589-) 16세기 후반에 활동한 화원畵員이다. 1589년에 지장시왕도地藏十王圖(일본 야마나시현山梨縣 젠코지善光寺 소장) 조성에 화원으로 참여하였다.

　▫1589년 地藏十王圖 조성에 畵員으로 참여(日本 山梨縣 善光寺 所藏, 박은 경 『조선전기불화연구』) 畵員

예성(芸性 : -1583-) 16세기 후반에 활동한 화원畵員이다. 1583년에 충남 부여 망월산望月山 경□사敬□寺 대루大樓에 단청丹靑에 근환僅還과 참여하였다.

　▫1583년에 충남 부여 望月山 敬□寺 大樓 丹靑에 僅還과 참여(日本 德島縣

영□, 지장시왕도, 1589년, 일본 야마나시현 젠코지 소장

善覺寺 所藏 佛畫 畫記, 박은경 『조선전기불화연구』)
* 운성芸性일 가능성도 있다.

예전(禮全 : -1237-1238-) 13세기 중반에 활동한 각수刻手이다. 1237-38년에 고려대장경高麗大藏經(『방광반야바라밀경放光般若波羅蜜經』) 조성에 참여하였다.
  ◦ 1237-38년에 高麗大藏經(『放光般若波羅蜜經』) 조성에 참여(김윤곤 편저, 『高麗大藏經造成名錄集』) 刀
  * 조예전趙禮全과 동일인으로 추정된다.

오강(鰲江 : -886-) 9세기 후반에 강원 영월 보덕사報德寺를 중심으로 활동한 각수刻手이다. 886년에 강원 양양 사림사沙林寺 홍각선사비弘覺禪師碑 건립에 각자刻字로 참여하였다.
  ◦ 886년 강원 양양 沙林寺 弘覺禪師碑 건립에 刻字로 참여(李智冠 『校勘譯註 歷代高僧碑文(新羅篇)』) 報德寺沙門 刻字

오생(悟生) 고려시대 활동한 서자書者이다.
  ◦ 연대미상 書訣評論에 언급(『東國李相國集』, 진홍섭 『韓國佛敎美術』) 山人

오수산(吳守山 : -1469-) 15세기 중반에 활동한 주장注匠이다. 1469년에 강원 양양 낙산사洛山寺 범종(燒失)과 경기 남양주 봉선사奉先寺 범종梵鐘을 이을부李乙夫와 주장으로 조성하였다.
  ◦ 1469년 강원 양양 洛山寺 梵鐘 조성에 注匠으로 참여(燒失, 정영호 「朝鮮前期 梵鐘考」) 1469년 경기 남양주 奉先寺 梵鐘 조성에 李乙夫와 注匠으로 참여(정영호 「朝鮮前期 梵鐘考」)

오오을미(吳吾乙未 : -1462-) 15세기 중반에 활동한 각수刻手이다. 1462년에 서울 흥천사興天寺 범종梵鐘 조성에 김귀생金貴生과 각자刻字로 참여하였다.
  ◦ 1462년 서울 興天寺 梵鐘 조성에 金貴生과 刻字로 참여(국립중앙박물관 소장, 『朝鮮金石總覽』과 정영호 「朝鮮前期 梵鐘考」)

오준(吳準 : -1237-1238-) 13세기 중반에 활동한 각수刻手이다. 1237-38년에 고려대장경高麗大藏經(『금강반야바라밀다경金剛般若波羅蜜多經』) 조성에 참여하였다.
  ◦ 1237-38년에 高麗大藏經(『金剛般若波羅蜜多經』) 조성에 참여(김윤곤 편저, 『高麗大藏經 造成名錄集』)

오진(吳進 : -1237-1238-) 13세기 중반에 활동한 각수刻手이다. 1237-38년에 고려대장경高麗大藏經(『금강반야바라밀다경金剛般若波羅蜜多經』) 조성에 참여하였다.
  ◦ 1237-38년에 高麗大藏經(『金剛般若波羅蜜多經』) 조성에 참여(김윤곤 편저, 『高麗大藏經 造成名錄集』)

오춘경(吳春敬 : -1469-) 15세기 중반의 주성장鑄成匠이다. 1469년에 강원 양양 낙산사洛山寺 범종(燒失)과 경기 남양주 봉선사奉先寺 범종梵鐘 조성에 정길산鄭吉山과 주성장으로 참여하였다.
  ◦ 1469년 강원 양양 洛山寺 梵鐘 조성에 鄭吉山과 鑄成匠로 참여(燒失, 정영호 「朝鮮前期

梵鐘考」)

1469년 경기 남양주 奉先寺 梵鐘 조성에 鄭吉山과 鑄成匠으로 참여(정영호 「朝鮮前期
梵鐘考」)

옥근(玉根 : -1574-) 16세기 후반에 활동한 소목장小木匠이다. 1574년에 전남
순천 조계산曹溪山 송광사松廣寺에서 『천지명양수륙재의찬요天地冥陽水陸齋儀
纂要』(화봉문고 소장) 간행에 연판鍊板으로 참여하였다.

　　□1574년 전남 순천 曹溪山 松廣寺에서 『天地冥陽水陸齋儀纂要』 간행에 鍊板으로 참여(刊
　　記, 화봉문고 소장)

옥명(玉明 : -1525-) 16세기 전반에 활동한 목수木手이다. 1525년에 전남 순천
대광사大光寺에서 『계초심학인문誡初心學人文』 간행에 목수로 참여하였다.

　　□1525년 전남 순천 大光寺에서 『誡初心學人文』 刊行에 木手로 참여(『僧』) 木手

옥섬(玉暹 : -1477-) 15세기 중반에 활동한 각수刻手이다. 1477년에 전북 완주
화암사花岩寺에서 『묘법연화경妙法蓮華經』(고양 원각사 소장) 간행에 보명宝明
과 각수로 참여하였다.

　　□1477년 전라도 高山 佛名山 花岩寺에서 『妙法蓮華經』 간행에 宝明과 刻手로 참여(刊記,
　　고양 원각사 소장) 禪師

옥순(玉順, 玉淳 : -1530-) 16세기 전반에 활동한 와장瓦匠이다. 1530년에 황북
사리원 성불사成佛寺 응진전應眞殿 중창重創에 계선戒先과 와장瓦匠으로 참여
하였다.

　　□1530년 황북 사리원 成佛寺 應眞殿 重創에 戒先과 瓦匠으로 참여(申榮勳 編 『韓國古建
　　物上樑記文集』) 副5)

옥정(玉淨 : -1575-) 16세기 후반에 활동한 각수刻手이다. 1575년에 전남 해남
금강사金剛寺에서 『아미타경阿彌陀經』(화봉문고 소장) 간행에 천휘天暉와 변
상각수變相刻手로 참여하였다.

　　□1575년 전남 해남 金剛寺에서 『阿彌陀經』 간행에 天暉와 變相刻手로 참여(刊記, 화봉문
　　고 소장)

옥□(玉□) 고려시대 개성 근방 월개月盖에서 활동한 와장瓦匠이다. 개성 만월
대에 있던 궁성에 올린 기와를 제작하였다.

　　□고려시대 개성 만월대에 있던 궁성에 올린 기와를 제작한 와장으로 참여(홍영의 「개성
　　고려궁성 출토 명문기와의 유형과 窯場」) 月盖

온금(溫金 : -856-) 9세기 중반에 활동한 주종장鑄鐘匠이다. 856년에 규흥사竅
興寺 범종(망실亡失)을 □□와 조성하였다.

　　□856년 竅興寺 梵鐘을 □□와 조성(亡失, 진홍섭 『韓國佛敎美術』)

요극일(姚克一 : -872-) 9세기 후반에 활동한 서자書者이다. 872년에 경북 경주
황룡사黃龍寺 찰주본기刹柱本記과 전남 곡성 태안사太安寺 적인국사조륜청정

---

　5) 申榮勳 編, 『韓國古建物上樑記文集』, p. 182에는 부수副手 옥순玉淳으로 나와 있다.

탑비寂忍國師照輪淸淨塔碑에 서자書者로 참여하였다.

> ◦872년 경북 경주 黃龍寺 刹柱本記에 書者로 참여(진홍섭『韓國佛敎美術』) 崇文臺郎兼春
> 宮書省臣 敎書
> 872년 전남 곡성 太安寺 寂忍國師照輪淸淨塔碑에 書者로 참여(진홍섭『韓國佛敎美術』)
> 中舍人臣 敎書

요단(姚端 : -771-) 8세기 후반에 활동한 서자書者이다. 771년에 성덕대왕신종
聖德大王神鐘(국립경주박물관 소장) 주성鑄成에 서자書者로 참여하였다.

> ◦771년 聖德大王神鐘 鑄成에 朴從鎰과 書者로 참여(국립경주박물관 소장, 진홍섭『韓國
> 佛敎美術』) 侍詔大奈麻姚端書

요연(了然) 고려시대 활동한 서자書者이다.

> ◦연대미상 書訣評論에 언급(『東國李相國集』, 진홍섭『韓國佛敎美術』)

요영(了英 : -1244-) 13세기 중반에 활동한 각수刻手이다. 1244년에 대장도감
에서 조성한 경전 간행에 참여하였다.

> ◦1244년 대장도감에서 조성된 경전 간행에 참여(최연주『高麗大藏經 硏究事』)

요원(了元, 了源 : -1237-1238-) 13세기 중반에 천태산인天台山人으로 활동한 각
수刻手이다. 1237-38년에 고려대장경高麗大藏經(『방광반야바라밀경放光般若波
羅蜜經』) 조성에 참여하였다.

> ◦1237-38년에 高麗大藏經(『放光般若波羅蜜經』) 조성에 참여(김윤곤 편저, 『高麗大藏經
> 造成名錄集』) 手 天台山人

요전(了田 : -1575-) 16세기 중반에 활동한 목수木手이다. 1575년에 충북 보은
속리산俗離山에서 『대혜보각선사서大慧普覺禪師書』간행에 연판鍊板으로 참여
하였다.

> ◦1575년 충청 淸州 俗離山에서 『大慧普覺禪師書』 간행에 鍊板으로 참여(刊記, 화봉문고
> 소장) 鍊板

용장(龍藏 : -1320년대-) 14세기 전반에 활동한 목수木手이다. 1320년대 강화
선원사禪源寺 비로전毘盧殿 건립에 금룡今龍과 목수로 참여하였다.

> ◦1320년대 강화 禪源寺 毘盧殿 건립에 今龍과 木手로 참여(禪源寺毘盧殿丹靑記『東文選』
> 卷65)

용춘(龍春 : -645-) 7세기 중반에 신라에서 활동한 목수木手로, 이간伊干의 관
직을 역임하였다. 645년에 경북 경주 황룡사黃龍寺 구층탑九層塔 조성에 아비
阿非와 목수로 참여하였다.

> ◦645년 경북 경주 黃龍寺 九層塔 건립에 阿非와 木手로 참여(『三國遺事』와 黃龍寺九層塔
> 刹柱本記와 진홍섭『한국미술사자료집성(1)』)
> * 용수龍樹일 가능성도 있다.

우망(于望 : -1237-1238-) 13세기 중반에 활동한 각수刻手이다. 1237-38년에 고
려대장경高麗大藏經(『금강반야바라밀다경金剛般若波羅蜜多經』) 조성에 참여하
였다.

> ◦1237-38년에 高麗大藏經(『金剛般若波羅蜜多經』) 조성에 참여(김윤곤 편저, 『高麗大藏

經 造成名錄集』)

우이(禹儞 : -1237-1238-) 13세기 중반에 활동한 각수刻手이다. 1237-38년에 고려대장경高麗大藏經(『방광반야바라밀경放光般若波羅蜜經』) 조성에 참여하였다.

◦ 1237-38년에 高麗大藏經(『放光般若波羅蜜經』) 조성에 참여(김윤곤 편저, 『高麗大藏經 造成名錄集』)

우인수(禹仁守 : -1470-1474-) 15세기 후반에 활동한 각수刻手이다. 1470년에 정희대왕대비貞熹大王大妃가 세종, 예종, 의경왕의 명복을 기원하여 발원한 『묘법연화경妙法蓮華經』을, 1474년에 『상교정본자비도량참법詳校正本慈悲道場懺法』 간행에 권돈일權頓一과 각수로 참여하였다.

◦ 1470년 貞熹大王大妃가 세종, 예종, 의경왕의 명복을 기원하여 발원한 『妙法蓮華經』 刊行에 權頓一과 刻手로 참여(朴桃花 「朝鮮時代 佛敎版畵의 樣式과 刻手」)
◦ 1474년 『詳校正本慈悲道場懺法』 刊行에 權頓一과 刻手로 참여(刊記, 『韓國佛敎儀禮資料叢書』1집)

우현(佑玄 : -1237-1238-) 13세기 중반에 활동한 각수刻手이다. 1237-38년에 고려대장경高麗大藏經(『방광반야바라밀경放光般若波羅蜜經』) 조성에 참여하였다.

◦ 1237-38년에 高麗大藏經(『放光般若波羅蜜經』) 조성에 참여(김윤곤 편저, 『高麗大藏經 造成名錄集』)

운묵(雲默 : -1587-) 16세기 후반에 활동한 화원畵員이다. 1587년에 석가설법도釋迦說法圖(일본 오사카大阪 시덴노지四天王寺 소장) 조성에 운문雲門과 화원으로 참여하였다.

◦ 1587년 釋迦說法圖 조성에 雲門과 畵員으로 참여(日本 大阪 四天王寺 所藏, 박은경『조선전기불화연구』)

운문(雲門 : -1587-) 16세기 후반에 활동한 화원畵員이다. 1587년에 석가설법도釋迦說法圖(일본 오사카大阪 시덴노지四天王寺 소장) 조성에 화원으로 참여하였다.

◦ 1582년 釋迦說法圖 조성에 畵員으로 참여(日本 大阪 四天王寺 所藏, 박은경『조선전기불화연구』) 畵員

운수(云首 : -1380-) 14세기 후반에 활동한 서자書者이다. 1380년 3월에 『대방광원각수다라요의경大方廣圓覺修多羅了義經』(울주 양덕사 소장) 간행에 종불宗㟜과 판하본版下本을 썼다.

◦ 1380년 『大方廣圓覺修多羅了義經』 刊行에 版下本을 씀(울주 양덕사 소장, 윤상기 「양덕사 소장 불교전적 조사보고서」)

운정(云正 : -1237-1238-) 13세기 중반에 활동한 각수刻手이다. 1237-38년에 고려대장경高麗大藏經(『방광반야바라밀경放光般若波羅蜜經』) 조성에 참여하였다.

◦ 1237-38년에 高麗大藏經(『放光般若波羅蜜經』) 조성에 참여(김윤곤 편저, 『高麗大藏經 造成名錄集』)

운문, 석가설법도, 1587년, 일본 오사카 시덴노지 소장

운혜(雲惠 : -1568-) 16세기 중반에 활동한 소목장小木匠이다. 1568년에 경북 안동 광흥사廣興寺에서 『자기산보문仔夔删補文』 간행에 연판鍊板으로 참여하였다.

　　▫ 1568년 경북 안동 廣興寺에서 『仔夔删補文』 간행에 鍊板으로 참여(刊記, 고양 원각사 소장) 鍊板

운희(華朱 : -1565-) 16세기 중반에 활동한 목수木手이다. 1565년에 경기 안성 석남사石南寺 영산전靈山殿 건립에 대장大匠으로 참여하였다.

　　▫ 1565년 경기 안성 石南寺 靈山殿 건립에 大匠으로 참여(「嘉慶四十四年乙丑三月日□新/造佛衆三尊 施主秩」『안성 석남사 영산전 해체실측·수리보고서』) 大匠

울고(亐古 : -754-755-) 8세기 중반에 경북 경주에서 활동한 경심장經心匠이다. 754년 8월 1일부터 755년 2월 14일까지 만든 「백지묵서화엄경白紙墨書華嚴經」 (삼성문화재단 소장) 제작에 능길能吉과 경심장으로 참여하였다.

　　▫ 754년 8월 1일부터 755년 2월 14일까지 만든 「白紙墨書華嚴經」 제작에 能吉과 경심장으로 참여(삼성문화재단 소장, 李基白 「新羅 景德王代 華嚴經 寫經 關與者에 대한 考察」) 大京 奈麻

원각(圓覺 : -1180-) 12세기 후반에 활동한 사경승寫經僧이다. 1180년에 금경金經을 필사하였다.

　　▫ 1180년 金經을 筆寫(寧國寺 圓覺國師碑, 진홍섭 『韓國佛敎美術』) 庚午歲手寫金經

원경(元卿 : -1237-1238-) 13세기 중반에 활동한 각수刻手이다. 1237-38년에 고려대장경高麗大藏經(『방광반야바라밀경放光般若波羅蜜經』) 조성에 참여하였다.

　　▫ 1237-38년에 高麗大藏經(『放光般若波羅蜜經』) 조성에 참여(김윤곤 편저, 『高麗大藏經 造成名錄集』)

원공(圓空 : -1573-) 16세기 후반에 활동한 목수木手이다. 1573년에 경북 영주 부석사浮石寺 조사당祖師堂 서까래를 고칠 때 불명佛明과 대목大木으로 참여하였다.

　　▫ 1573년 경북 영주 浮石寺 祖師堂 更椽을 고칠 때 佛明과 大木으로 참여(申榮勳 編 『韓國古建物上樑記文集』과 「浮石寺資料」 『佛敎美術』3) 副木

원공재(袁公載 : -1237-1238-) 13세기 중반에 활동한 각수刻手이다. 1237-38년에 고려대장경高麗大藏經(『금강반야바라밀다경金剛般若波羅蜜多經』) 조성에 참여하였다.

　　▫ 1237-38년에 高麗大藏經(『金剛般若波羅蜜多經』) 조성에 참여(김윤곤 편저, 『高麗大藏經 造成名錄集』)

원교(元敎) 조선전기에 활동한 각수刻手이다. 연대 미상(기미己未)인 김룡산金龍山 용흥사龍興寺 『승가일용식시묵언작법僧家日用食時默言作法』(울주 양덕사 소장) 간행에 각수로 참여하였다.

　　▫ 연대 미상 金龍山 龍興寺 『僧家日用食時默言作法』 刊行에 刻手로 참여(울주 양덕사 소장, 윤상기 「양덕사 소장 불교전적 조사보고서」)

원기(元器 : -1237-1238-) 13세기 중반에 활동한 각수刻手이다. 1237-38년에 고려대장경高麗大藏經(『금강반야바라밀다경金剛般若波羅蜜多經』) 조성에 참여하였다.

　◦ 1237-38년에 高麗大藏經(『金剛般若波羅蜜多經』) 조성에 참여(김윤곤 편저, 『高麗大藏經 造成名錄集』)

원대(元大 : -1237-1238-) 13세기 중반에 활동한 각수刻手이다. 1237-38년에 고려대장경高麗大藏經(『방광반야바라밀경放光般若波羅蜜經』) 조성에 참여하였다.

　◦ 1237-38년에 高麗大藏經(『放光般若波羅蜜經』) 조성에 참여(김윤곤 편저, 『高麗大藏經 造成名錄集』)

원보(元甫) 고려시대 개성 근방 월개月盖에서 활동한 와장瓦匠이다. 개성 만월대에 있던 궁성에 올린 기와를 제작하였다.

　◦ 고려시대 개성 만월대에 있던 궁성에 올린 기와를 제작한 와장으로 참여(홍영의 「개성 고려궁성 출토 명문기와의 유형과 窯場」) 月盖

원섬(圓暹 : -1373-) 14세기 후반에 활동한 각수刻手이다. 1373년 출간된 『금강반야경소론찬요조현록金剛般若經疏論纂要助顯錄』 간행에 심정心正과 간수刊手로 참여하였다.

　◦ 1373년 출간된 『金剛般若經疏論纂要助顯錄』 간행에 心正과 刊手로 참여(최연주 『高麗大藏經 研究事』)

원수(元壽 : -1237-1238-) 13세기 중반에 활동한 각수刻手이다. 1237-38년에 고려대장경高麗大藏經(『금강반야바라밀다경金剛般若波羅蜜多經』) 조성에 참여하였다.

　◦ 1237-38년에 高麗大藏經(『金剛般若波羅蜜經』) 조성에 참여(김윤곤 편저, 『高麗大藏經 造成名錄集』)

원오(元悟, 願悟 : -1580-1610-) 16세기 후반에서 17세기 전반까지 활동한 화원畵員이다. 1583년에 경북 하가산下柯山 골암사鶻嵓寺 동종銅鐘(안동 광흥사 소장) 조성에 화원畵員으로 참여하였다. 1599년에 수화승 석준과 강원 평창 상원사 목조문수동자좌상을 중수·개금하고, 수화승으로 1605년에 전북 완주 위봉사 북암 사보살상과 경남 김해 선지사 소장 목조아미타불좌상을, 1610년에 위봉사 목조지장보살삼존상과 시왕상(남원 선원사 봉안)을 조성하였다.

　◦ 1583년 경북 下柯山 鶻嵓寺 銅鐘 조성에 畵員으로 참여(銘文, 안동 廣興寺 소장) 畵員
　◦ 1599년 강원 평창 上院寺 木造文殊童子坐像 改金에 釋俊과 畵師로 참여(發願文, 洪潤植 「朝鮮初期 上院寺文殊童子像에 대하여」)
　◦ 1605년 3월-7월 충남 논산 雙溪寺 木造三世佛坐像 조성에 畵員으로 참여(發願文)
　 1605년 8월-11월 전북 완주 威鳳寺 北庵 木造菩薩立像(4구) 조성에 畵員으로 참여(發願文)
　 1605년 11월 경남 김해 仙地寺 木造阿彌陀佛坐像 조성에 畵員으로 참여(發願文)
　◦ 1610년 전북 완주 위봉사 목조지장보살삼존상과 시왕상 조성(남원 선원사 봉안, 發願文) 畵員

원오, 목조관음보살입상,
1605년, 익산 위봉사
(익산 위봉사 북암 조성)

원오, 목조문수보살입상,
1605년, 익산 관음사
(익산 위봉사 북암 조성)

원오, 목조보현보살입상,
1605년, 익산 혜봉원
(익산 위봉사 북암 조성)

원오, 목조지장보살입상,
1605년, 익산 위봉사
(익산 위봉사 북암 조성)

원오, 목조여래좌상,
1605년, 김해 선지사

원오, 목조여래좌상, 1605년,
논산 쌍계사

원오, 목조지장보살좌상,
1610년, 남원 선원사

원옥(元玉 : -1588-) 16세기 후반에 활동한 화원畵員이다. 1588년에 염불암念佛庵 삼장보살도三藏菩薩圖(일본 오카야마현岡山縣 호도지寶島寺 소장) 조성에 화원으로 참여하였다.

　◦1588년 念佛庵 三藏菩薩圖 조성에 畵員으로 참여(日本 岡山縣 寶島寺 所藏, 박은경『조선전기불화연구』) 畵員

원웅(圓雄 : -1590-) 16세기 후반에 활동한 각수刻手이다. 1590년에 전남 순천 송광사판松廣寺板『고봉화상선요高峰和尚禪要』(화봉문고 소장) 간행에 각수로 참여하였다.

　◦1590년 전남 순천 松廣寺板『高峰和尚禪要』간행에 刻手로 참여(刊記, 화봉문고 소장) 刻手

원장(元張 : -1237-1238-) 13세기 중반에 활동한 각수刻手이다. 1237-38년에 고려대장경高麗大藏經(『금강반야바라밀다경金剛般若波羅蜜多經』) 조성에 참여하

원옥, 염불암 삼장보살도, 1588년, 일본 오카야마현 호도지 소장

였다.

　◦ 1237-38년에 高麗大藏經(『金剛般若波羅蜜多經』) 조성에 참여(김윤곤 편저, 『高麗大藏
　　經 造成名錄集』)

원정의(元丁義 : -1468-) 15세기 중반에 활동한 주종장이다. 1468년에 서울 보
신각普信閣 종鐘(국립중앙박물관 소장) 조성에 참여하였다.

　◦ 1468년 서울 普信閣 鐘 조성에 참여(국립중앙박물관 소장, 정영호 「朝鮮前期 梵鐘考」)

원제(元帝 : -1237-1238-) 13세기 중반에 활동한 각수刻手이다. 1237-38년에 고
려대장경高麗大藏經(『금강반야바라밀다경金剛般若波羅蜜多經』) 조성에 참여하
였다.

　◦ 1237-38년에 高麗大藏經(『金剛般若波羅蜜多經』) 조성에 참여(김윤곤 편저, 『高麗大藏
　　經 造成名錄集』)

원주(元柱 : -1237-1238-) 13세기 중반에 활동한 각수刻手이다. 1237-38년에 고
려대장경高麗大藏經(『금강반야바라밀다경金剛般若波羅蜜多經』) 조성에 참여하
였다.

　◦ 1237-38년에 高麗大藏經(『金剛般若波羅蜜多經』) 조성에 참여(김윤곤 편저, 『高麗大藏
　　經 造成名錄集』)

원진(元眞 : -1237-1238-) 13세기 중반에 활동한 각수刻手이다. 1237-38년에 고
려대장경高麗大藏經(『금강반야바라밀다경金剛般若波羅蜜多經』) 조성에 참여하
였다.

　◦ 1237-38년에 高麗大藏經(『金剛般若波羅蜜多經』) 조성에 참여(김윤곤 편저, 『高麗大藏
　　經 造成名錄集』)

원청(元淸 : -1218-) 13세기 전반에 활동한 주성장鑄成匠이다. 충남 예산 대흥
면에서 출토된 1218년 선원사禪阮寺 반자飯子(금고金鼓, 호암미술관 소장) 조
성에 대장大匠으로 참여하였다.

　◦ 충남 예산 대흥면에서 출토된 1218년 禪阮寺 飯子(金鼓) 조성에 大匠으로 참여(호암미술
　　관 소장, 한국금석문 종합영상정보시스템) 大匠

원체(元諦 : -1237-1238-) 13세기 중반에 활동한 각수刻手이다. 1237-38년에 고
려대장경高麗大藏經(『금강반야바라밀다경金剛般若波羅蜜多經』) 조성에 참여하
였다.

　◦ 1237-38년에 高麗大藏經(『金剛般若波羅蜜多經』) 조성에 참여(김윤곤 편저, 『高麗大藏
　　經 造成名錄集』)

원통(元通 : -1238-) 13세기 중반에 활동한 각수刻手이다. 1238년에 고려대장
경高麗大藏經(『마하반야바라밀경摩訶般若波羅密經』) 조성에 참여하였다.

　◦ 1238년에 高麗大藏經(『摩訶般若波羅密經』) 조성에 참여(김윤곤 편저, 『高麗大藏經 造成
　　名錄集』)

원효(圓孝 : -1458-)[6] 15세기 중반에 활동한 목수木手이다. 1458년 강화 정수

───────────────────

　6) 『韓國의 古建築』 6, 문화재관리국, 1984, p. 34에 圓孝(熙)로 적혀 있다.

사淨水寺 법당法堂을 새로 중창할 때 대목大木으로 참여하였다.

　▫1458년 강화 淨水寺 法堂 改重創에 大木으로 참여(江華道淨水寺法堂上樑文,『韓國의 古
　　建築』6)⁷⁾ 大木

월암(月菴 : -1443-) 15세기 중반에 활동한 각수刻手이다. 1443년에 전북 완주
화암사花岩寺에서 『묘법연화경妙法蓮華經』(고양 원각사 소장) 간행에 신효信孝
와 각수로 참여하였다.

　▫1443년 전북 완주 花岩寺에서 『妙法蓮華經』刊行에 信孝와 刻手로 참여(刊記, 고양 원각
　　사 소장)

월탄(月炭 : -1490-) 15세기 후반에 활동한 목수木手이다.
1490년에 경북 영주 부석사浮石寺 조사당祖師堂 중수에 대
목大木으로 참여하였다.

　▫1490년 경북 영주 浮石寺 祖師堂 중수에 大木으로 참여(申榮勳 編
　　『韓國古建物上樑記文集』과 「浮石寺資料」『佛教美術』3) 大木

유광(有光 : -1283-)⁸⁾ 13세기 후반에 활동한 주종장鑄鐘匠이
다. 1283년에 계미명종癸未銘鐘을 조성하였다.

　▫1283년 癸未銘鐘을 조성(최응천 「고려시대 금속공예와 匠人」) 匠

월탄(大木), 조사당 중수, 1377년, 영주 부석사

유립(有立 : -1237-1238-) 13세기 중반에 활동한 각수刻手이
다. 1237-38년에 고려대장경高麗大藏經(『금강반야바라밀다경
金剛般若波羅蜜多經』) 조성에 참여하였다.

　▫1237-38년에 高麗大藏經(『金剛般若波羅蜜多經』) 조성에 참여(김윤곤 편저,『高麗大藏
　　經 造成名錄集』)

유산석(劉山石 : -1474-) 15세기 후반에 활동한 목수木手이다. 1474년에 『상교
정본자비도량참법詳校正本慈悲道場懺法』 간행에 목수로 참여하였다.

　▫1474『詳校正本慈悲道場懺法』刊行에 木手로 참여(刊記,『韓國佛教儀禮資料叢書』1집)
　　木手

유선(有先 : -1197-)⁹⁾ 12세기 후반에 활동한 주종장鑄鐘匠이다. 1197년에 안수
사安水寺 범종(부산시립박물관 소장)을 조성하였다.

　▫1197년 安水寺 梵鐘을 조성(釜山市立博物館 所藏, 진홍섭『韓國佛教美術』과 이광배「高
　　麗時代 梵鐘의 發願階層과 鑄鐘匠人」) 匠

유실구지(兪實仇知 : -1474-) 15세기 후반에 활동한 인출장印出匠이다. 1474년
에 『상교정본자비도량참법詳校正本慈悲道場懺法』 간행에 인출장으로 참여하였다.

　▫1474『詳校正本慈悲道場懺法』刊行에 印出匠으로 참여(刊記,『韓國佛教儀禮資料叢書』
　　1집) 印出匠

유영(有英 : -1125-) 12세기 전반에 활동한 석장石匠이다. 1125년에 개성 영통

---

　7) 金東旭『韓國建築工匠史研究』, 技文堂, 1993, p. 271에 1423년으로 보았다.
　8) 최응천,「고려시대 금속공예와 匠人」,『미술사학연구』241, 한국미술사학회, 2004.3, p. 185에
　　癸未銘鐘을 有先이 제작한 것으로 보았다.
　9) 최응천, 위의 논문, p. 173에 安水寺 梵鐘을 1257년 有光이 제작한 것으로 보았다.

사靈通寺 대각국사비大覺國師碑 건립에 석종碩從과 석공石工으로 참여하였다.

▫ 1125년 개성 靈通寺 大覺國師碑 건립에 碩從과 石工으로 참여(李智冠 『校勘譯註 歷代高僧碑文(高麗篇3)』) 大師

유자고기매(劉者古其每 : -1468-) 15세기 중반에 활동한 주종장이다. 1468년에 서울 보신각普信閣 종鐘(국립중앙박물관 소장) 조성에 참여하였다.

▫ 1468년 서울 普信閣 鐘 조성에 참여(국립중앙박물관 소장, 정영호 「朝鮮前期 梵鐘考」)
* 유자고기매와 유자고미는 동일인으로 추정된다.

유자고미(劉者古未 : -1462-) 15세기 중반에 활동한 각수刻手이다. 1462년에 서울 흥천사興天寺 범종梵鐘 조성에 김귀생金貴生과 각자刻字로 참여하였다.

▫ 1462년 서울 興天寺 梵鐘 조성에 金貴生과 刻字로 참여(국립중앙박물관 소장, 『朝鮮金石總覽』과 정영호 「朝鮮前期 梵鐘考」) 典事
*유자고미와 유자고기매는 동일인으로 추정된다.

유장(由莊 : -1237-1238-) 13세기 중반에 활동한 각수刻手이다. 1237-38년에 고려대장경高麗大藏經(『금강반야바라밀다경金剛般若波羅蜜多經』) 조성에 참여하였다.

▫ 1237-38년에 高麗大藏經(『金剛般若波羅蜜多經』) 조성에 참여(김윤곤 편저, 『高麗大藏經 造成名錄集』)

유종저(柳宗底 : -1237-1238-) 13세기 중반에 활동한 각수刻手이다. 1237-38년에 고려대장경高麗大藏經(『방광반야바라밀경放光般若波羅蜜經』) 조성에 참여하였다.

▫ 1237-38년에 高麗大藏經(『放光般若波羅蜜經』) 조성에 참여(김윤곤 편저, 『高麗大藏經 造成名錄集』)

유추남(兪秋南 : -1468-) 15세기 중반에 활동한 주종장이다. 1468년에 서울 보신각普信閣 종鐘(국립중앙박물관 소장) 조성에 참여하였다.

▫ 1468년 서울 普信閣 鐘 조성에 참여(국립중앙박물관 소장, 정영호 「朝鮮前期 梵鐘考」)

육공(六空 : -1237-1238-) 13세기 중반에 활동한 각수刻手이다. 1237-38년에 고려대장경高麗大藏經(『방광반야바라밀경放光般若波羅蜜經』) 조성에 참여하였다.

▫ 1237-38년에 高麗大藏經(『放光般若波羅蜜經』) 조성에 참여(김윤곤 편저, 『高麗大藏經 造成名錄集』)

육통(六通 : -1508-) 16세기 전반에 활동한 석수石手이다. 1508년에 동대東臺 탑塔 개조改造에 성운省雲과 석수로 참여하였다.

▫ 1508년 東臺塔 改造에 省雲과 石手로 참여(石塔記, 동국대학교 박물관 소장, 黃壽永 「統和와 正德銘의 塔誌石」과 진홍섭 『韓國佛敎美術』)
* 대통大通일 가능성 있다.10)

윤가물(尹加物 : -1384-) 14세기 후반에 활동한 야장冶匠으로, 고려시대 무관직 정6품 낭장郎將의 벼슬을 재수받았다. 1384년에 평북 향산 안심사安心寺 지공

10) 黃壽永, 「統和와 正德銘의 塔誌石」, 『考古美術』 97호(『考古美術』 合輯 下, 1979, pp. 435-437 재수록)에 大通으로 읽었다.

指空 나옹懶翁 사리석종비舍利石鍾碑 건립에 노야爐冶로 참여하였다.

　□1384년 평북 향산 安心寺 指空 懶翁 舍利石鍾碑 건립에 爐冶로 참여(李智冠『校勘譯註 歷代高僧碑文(高麗篇4)』) 爐冶 郞將

윤경(閏敬 : -1448-) 15세기 중반에 활동한 각수刻手이다. 1448년에 효령대군과 안평대군이 발원한 『묘법연화경妙法蓮華經』 간행에 정심正心과 각수로 참여하였다.

　□1448년 효령대군과 안평대군이 발원한『妙法蓮華經』刊行에 正心과 刻手로 참여(朴桃花「朝鮮時代 金剛經 判書의 圖像」) 禪師

윤돌이(尹乭伊 : -1469-) 15세기 중반에 활동한 수철장水鐵匠이다. 1469년에 경기 남양주 봉선사奉先寺 범종梵鐘을 강원기姜元奇와 수철장으로 조성하였다.

　□1469년 경기 남양주 奉先寺 梵鐘 조성에 姜元奇와 水鐵匠으로 참여(정영호「朝鮮前期 梵鐘考」)

윤량(允良 : -1237-1238-) 13세기 중반에 활동한 각수刻手이다. 1237-38년에 고려대장경高麗大藏經(『방광반야바라밀경放光般若波羅蜜經』) 조성에 참여하였다.

　□1237-38에 高麗大藏經(『放光般若波羅蜜經』) 조성에 참여(김윤곤 편저, 『高麗大藏經 造成名錄集』)

윤방구(尹邦舊 : -1468-) 15세기 중반에 활동한 주종장이다. 1468년에 서울 보신각普信閣 종鐘(국립중앙박물관 소장) 조성에 참여하였다.

　□1468년 서울 普信閣 鐘 조성에 참여(국립중앙박물관 소장, 정영호「朝鮮前期 梵鐘考」)

윤보(允宝, 允甫 : -1237-1238-) 13세기 중반에 활동한 각수刻手이다. 1237-38년에 고려대장경高麗大藏經(『금강반야바라밀다경金剛般若波羅蜜多經』) 조성에 참여하였다.

　□1237-38에 高麗大藏經(『金剛般若波羅蜜多經』) 조성에 참여(김윤곤 편저, 『高麗大藏經造成名錄集』) 造

윤상신(尹常信 : -937-) 10세기 전반에 활동한 각수刻手이다. 937년에 황남 해주 광조사光照寺 진철대사보월승공탑비眞澈大師寶月乘空塔碑에 각자군刻字軍으로 언급되어 있다.

　□937년 황남 해주 光照寺 眞澈大師寶月乘空塔碑에 刻字軍으로 언급(『朝鮮金石總覽』上) 刻字軍

윤성수(尹成守 : -1468-) 15세기 중반에 활동한 주종장이다. 1468년에 서울 보신각普信閣 종鐘(국립중앙박물관 소장) 조성에 참여하였다.

　□1468년 서울 普信閣 鐘 조성에 참여(국립중앙박물관 소장, 정영호「朝鮮前期 梵鐘考」)

윤장(允莊 : -1237-1238-) 13세기 중반에 활동한 각수刻手이다. 1237-38년에 고려대장경高麗大藏經(『방광반야바라밀경放光般若波羅蜜經』) 조성에 참여하였다.

　□1237-38에 高麗大藏經(『放光般若波羅蜜經』) 조성에 참여(김윤곤 편저, 『高麗大藏經 造成名錄集』)

윤정(胤禎 : -1499-1500-) 15세기 후반부터 16세기 전반까지 활동한 각수刻手이다. 1499년에 경남 합천 석수암石水庵에서 『선종영가집禪宗永嘉集(몽산법어언해蒙山法語諺解 合集)』(고양 원각사 소장) 간행에 묘암妙菴과 각수로, 1500년에 경남 합천 봉서사鳳栖寺에서 『현수제승법수賢首諸乘法數)』 간행에 경담冏湛과 각수로 참여하였다.

  ▫ 1499년 경남 합천 石水庵에서 『禪宗永嘉集(蒙山法語諺解 合集)』 刊行에 妙菴과 刻手로 참여(刊記, 고양 원각사 소장) 刀
  ▫ 1500년 경남 합천 鳳栖寺에서 『賢首諸乘法數』 刊行에 冏湛과 刻手로 참여(刊記, 고양 원각사 소장)

윤좌(允左, 允佐 : -1237-1238-) 13세기 중반에 활동한 각수刻手이다. 1237-38년에 고려대장경高麗大藏經(『금강반야바라밀다경金剛般若波羅蜜多經』) 조성에 참여하였다.

  ▫ 1237-38년에 高麗大藏經(『金剛般若波羅蜜多經』) 조성에 참여(김윤곤 편저, 『高麗大藏經 造成名錄集』)

윤지(允之 : -1237-1238-) 13세기 중반에 활동한 각수刻手이다. 1237-38년에 고려대장경高麗大藏經(『금강반야바라밀다경金剛般若波羅蜜多經』) 조성에 참여하였다.

  ▫ 1237-38년에 高麗大藏經(『金剛般若波羅蜜多經』) 조성에 참여(김윤곤 편저, 『高麗大藏經 造成名錄集』)

윤포(尹誧 : -1154-) 12세기 전반에 활동한 서자書者이다. 1154년에 『법화경法華經』을 필사하였다.

  ▫ 1154년 『法華經』을 筆寫(墓誌, 진홍섭 『韓國佛敎美術』) 寫法華經一軸

윤호(允浩 : -1537-) 16세기 중반에 활동한 목수木手이다. 1537년에 지리산智異山 신흥사神興寺에서 『불설예수시왕생칠경佛設預修十王生七經』 간행에 연판鍊板으로 참여하였다.

  ▫ 1537년 智異山 神興寺에서 『佛設預修十王生七經』 간행에 鍊板으로 참여(국립중앙도서관 소장, 곽승훈·김아네스·홍영기 편저 『지리산권 불교자료1-간기편』) 鍊板

은복(恩福 : -1571-) 16세기 후반에 활동한 각수刻手이다. 1571년에 전북 익산 두질촌두영정가豆叱村豆永貞家에서 개판開刻 이전移轉하여 은진恩津 불명산佛明山 쌍계사雙溪寺에서 재환在還한 『불설사십이장경佛說四十二章經』(화봉문고 소장) 간행에 응정應晶과 각수로 참여하였다.

  ▫ 1571년 전북 익산 豆叱村豆永貞家에서 開刻 移轉하여 恩津地 佛明山 雙溪寺에서 在還한 『佛說四十二章經』 간행에 應晶과 각수로 참여(刊記, 화봉문고 소장)

은암(隱岩 : -1568-) 16세기 중반에 활동한 각수刻手이다. 1568년에 평안도 순안 법흥사法興寺에서 『선문염송집禪門拈頌集』 간행에 일섬日暹과 각수로 참여하였다.

  ▫ 1568년 평안도 순안 法興寺에서 『禪門拈頌集』 刊行에 日暹과 刻手로 참여(『僧』)

은유(恩儒 : -1237-1238-) 13세기 중반에 활동한 각수刻手이다. 1237-38년에 고

려대장경高麗大藏經(『금강반야바라밀다경金剛般若波羅蜜多經』) 조성에 참여하였다.

◦ 1237-38년에 高麗大藏經(『金剛般若波羅蜜多經』) 조성에 참여(김윤곤 편저, 『高麗大藏經 造成名錄集』)

응경(應京, 應卿, 應景 : -1237-1238-) 13세기 중반에 활동한 각수刻手이다. 1237-38년에 고려대장경高麗大藏經(『금강반야바라밀다경金剛般若波羅蜜多經』) 조성에 참여하였다.

◦ 1237-38년에 高麗大藏經(『金剛般若波羅蜜多經』) 조성에 참여(김윤곤 편저, 『高麗大藏經 造成名錄集』)

응균(應鈞 : -1237-1238-) 13세기 중반에 활동한 각수刻手이다. 1237-38년에 고려대장경高麗大藏經(『금강반야바라밀다경金剛般若波羅蜜多經』) 조성에 참여하였다.

◦ 1237-38년에 高麗大藏經(『金剛般若波羅蜜多經』) 조성에 참여(김윤곤 편저, 『高麗大藏經 造成名錄集』)

응보(應甫 : -1238-) 13세기 중반에 활동한 각수刻手이다. 1238년에 고려대장경高麗大藏經(『마하반야바라밀경摩訶般若波羅密經』) 조성에 참여하였다.

◦ 1238년에 高麗大藏經(『摩訶般若波羅密經』) 조성에 참여(김윤곤 편저, 『高麗大藏經 造成名錄集』)

응삼(應參 : -1576-1578-) 16세기 중반에 충북 진천에서 활동한 각수刻手이다. 1576년에 보살사판菩薩寺板 『묘법연화경妙法蓮華經』과 1578년에 경기 안양 삼막사三藐寺에서 『묘법연화경』 간행에 각수로 참여하였다.

◦ 1576년 菩薩寺板 『妙法蓮華經』 刊行에 刻手로 참여(金相淏 「朝鮮朝 寺刹板 刻手 硏究」) 鎭川僧
◦ 1578년 경기 安養 三藐寺板 『妙法蓮華經』 刊行에 刻手로 참여(金相淏 「朝鮮朝 寺刹板 刻手 硏究」)

응재(應材 : -1237-1238-) 13세기 중반에 활동한 각수刻手이다. 1237-38년에 고려대장경高麗大藏經(『금강반야바라밀다경金剛般若波羅蜜多經』) 조성에 참여하였다.

◦ 1237-38년에 高麗大藏經(『金剛般若波羅蜜多經』) 조성에 참여(김윤곤 편저, 『高麗大藏經 造成名錄集』)

응정(應品 : -1571-) 16세기 후반에 활동한 각수刻手이다. 1571년에 전북 익산 두질촌두영정가豆叱村豆永貞家에서 개판開刻 이전移轉하여 은진恩津 불명산佛明山 쌍계사雙溪寺에서 재환在還한 『불설사십이장경佛說四十二章經』(화봉문고 소장) 간행에 각수로 참여하였다.

◦ 1571년 전북 익산 豆叱村豆永貞家에서 開刻 移轉하여 恩津地 佛明山 雙溪寺에서 在還한 『佛說四十二章經』 간행에 각수로 참여(刊記, 화봉문고 소장) 刻手

응현(應玄 : -1575-1580-) 16세기 중반에 충북 청주에서 활동한 각수刻手이다.

1575년에 충북 보은 속리산俗離山에서 『대혜보각선사서大慧普覺禪師書』, 1576
년에 보살사판菩薩寺板 『묘법연화경妙法蓮華經』, 1578년에 경기 안양 삼막사
三藐寺에서 『묘법연화경』 간행에 각수로 참여하고, 1580년에 『제반문諸般文』
간행에 일섬日暹과 각수로 참여하였다.

- 1575년 충청 淸州 俗離山에서 『大慧普覺禪師書』 간행에 刻手로 참여(刊記, 화봉문고 소
  장) 刻手
- 1576년 菩薩寺板 『妙法蓮華經』 刊行에 刻手로 참여(金相淏 「朝鮮朝 寺刹板 刻手 硏究」)
  淸州僧
- 1578년 경기 安養 三藐寺板 『妙法蓮華經』 刊行에 刻手로 참여(金相淏 「朝鮮朝 寺刹板
  刻手 硏究」)
- 1580년 『諸般文』 刊行에 日暹과 刻手로 참여(개인 소장, 『僧』)

의경 1(義敬 : -1477-1486-) 15세기 후반에 활동한 각수刻手이다. 1477년에 전
북 완주 화암사花岩寺에서 『묘법연화경妙法蓮華經』(고양 원각사 소장) 간행에
보명宝明과 각수로, 1486년에 전남 광주 무등산無等山 규봉암圭峯菴에서 간행
한 『법집별행록절요병입사기法集別行錄節要并入私記』(개인 소장)에 각수로 참
여하였다.

- 1477년 전라도 高山 佛名山 花岩寺에서 『妙法蓮華經』 간행에 宝明과 刻手로 참여(刊記,
  고양 원각사 소장)
- 1486년 전남 광주 無等山 圭峯菴에서 간행한 『法集別行錄節要并入私記』에 刻手로 참여
  (개인 소장, 『動産文化財指定報告書(94-95 지정편)』) 刻

의경 2(義敬 : -1497-) 15세기 후반에 활동한 각수刻手이다. 1497년에 전북 진
안 현암懸庵에서 『몽산화상육도보설蒙山和尙六道普說』 간행에 각수로 참여하
였다.

- 1497년 전북 진안 懸庵에서 『蒙山和尙六道普說』 간행에 刻手로 참여(刊記, 『國寶 寶物
  지정보고서 2011』) 刻手

의경 3(儀冏 : -1539-) 16세기 중반에 활동한 각수刻手이다. 1539년에 경상도
안음安陰 덕유산德宥山 영각사靈覺寺에서 『묘법연화경요해妙法蓮華經要解』 간
행에 법숭法崇과 각수로 참여하였다.

- 1539년 경상도 安陰 德宥山 靈覺寺에서 『妙法蓮華經要解』 刊行에 法崇과 刻手로 참여
  (국립중앙도서관 소장, 곽승훈·김아네스·홍영기 편저 『지리산권 불교자료1-간기편』)

의계(義戒 : -1493-) 15세기 후반에 활동한 화원畵員이다. 1493년에 경북 영주
부석사浮石寺 조사당祖師堂 후개채後開彩에 화원으로 참여하였다.

- 1493년 경북 영주 浮石寺 祖師堂 後開彩에 畵員으로 참여(申榮勳 編 『韓國古建物上樑記
  文集』) 畵員禪師

의근(義謹 : -1567-1569-) 16세기 중반에 활동한 각수刻手이다. 1567년에 함경
도咸鏡道 고원高原 자령산慈嶺山 양수사兩水寺에서 『불설대보부모은중경佛說大
報父母恩重經』(화봉문고 소장)과 1569년에 함경도 영덕사에서 『수륙무차평등
재의촬요水陸無遮平等齋儀撮要』 간행에 도헌道軒과 각수로 참여하였다.

- 1567년 咸鏡道 高原 慈嶺山 兩水寺에서 『佛說大報父母恩重經』 간행에 刻手로 참여(刊

記, 화봉문고 소장) 刻手
　▫1569년에 함경도 靈德寺에서 『水陸無遮平等齋儀撮要』 간행에 道軒과 刻手로 참여(金相淏 「朝鮮朝 寺刹板 刻手 硏究」)

의동(義同) 16세기에 광흥사와 신흥사 불경 경전에 각수로 참여하였다.
　▫광흥사와 신흥사판 불경 간행에 刻手로 참여(金相淏 「朝鮮朝 寺刹板 刻手 硏究」)

의명 1(義明 : -1443-1453-) 15세기 중반에 활동한 각수刻手이다. 1443년에 전북 완주 화암사花岩寺에서 『묘법연화경妙法蓮華經』(고양 원각사 소장) 간행에 신효信孝와 각수로, 1453년에 화암사에서 『지장보살본원경地藏菩薩本願經』 간행에 각수로 참여하였다.
　▫1443년 전북 완주 花岩寺에서 『妙法蓮華經』 刊行에 信孝와 刻手로 참여(刊記, 고양 원각사 소장)
　▫1453년 전북 완주 花岩寺에서 『地藏菩薩本願經』 刊行에 刻手로 참여(宋日基 「高山 花岩寺와 成達生」) 刻手 大禪師

의명 2(義明 : -1473-) 15세기 중반에 활동한 목수木手이다. 1473년에 전남 영암 도갑사道岬寺 해탈문解脫門 건립에 각여覺如와 대목大木으로 참여하였다.
　▫1473년 전남 영암 道岬寺 解脫門 건립에 覺如와 大木으로 참여(尹武炳 「道岬寺 解脫門 上樑文」과 申榮勳 編 『韓國古建物上樑記文集』) □大木大禪師

의문(誼聞 : -1386-) 14세기 후반에 활동한 서자書者이다. 1386년에 경기 양평 사나사舍那寺 원증국사圓證國師 사리석종비舍利石鍾碑 건립에 서자書者로 참여하였다.
　▫1386년 경기 양평 舍那寺 圓證國師 舍利石鍾碑 건립에 書者로 참여(李智冠 『校勘譯註 歷代高僧碑文(高麗篇4)』) 書

의민(儀敏 : -1555-) 16세기 중반에 활동한 목수木手이다. 1555년 전북 익산 숭림사崇林寺 서상실西上室 건립에 희상熙尙과 목수로 참여하였다.
　▫1555년 전북 익산 崇林寺 西上室 건립 시 熙尙과 木手로 참여(『韓國의 古建築』 23) 副木

의본(義本 : -754-755-) 8세기 중반에 경북 경주에서 활동한 화원畵員이다. 754년 8월 1일부터 755년 2월 14일까지 만든 「백지묵서화엄경白紙墨書華嚴經」 변상도變相圖(삼성문화재단 소장)를 그렸다.
　▫754년 8월 1일부터 755년 2월 14일까지 만든 「白紙墨書華嚴經」 變相圖를 그림(삼성문화재단 소장, 진홍섭 『韓國佛敎美術』) 佛菩薩筆師同京 韓奈麻

의성(義成 : -1183-) 12세기 후반에 활동한 주성장鑄成匠이다. 1183년에 경북 경주 굴석사屈石寺 금고金鼓 조성에 대장大匠으로 참여하였다.
　▫1183년 경북 경주 屈石寺 金鼓 조성에 大匠으로 참여(경주 백률사 소장, 한국금석문 종합영상정보시스템) 大匠

의순(儀淳, 義淳, 義純 : -1568-1584-) 16세기 중반에 활동한 각수刻手이다. 1568년에 평안도 순안 법흥사法興寺에서 『선문염송집禪門拈頌集』 간행에 일섬日暹과 각수로, 1573년에 평북 향산 보현사普賢寺에서 『선종영가집禪宗永嘉集』 간행에 학조學祖와 각수로 참여하였다. 1574년에 평안도 최근불당崔根佛堂에서 개판開板되어 황주黃州 송방사松方寺에 유판留板된 『관무량수불경觀無量壽佛經』
과 1584년에 의상암義湘庵에서 『삼가론三家論』 간행에 각수로 참여하였다.

- 1568년 평안도 순안 法興寺에서 『禪門拈頌集』 刊行에 日暹과 刻手로 참여(『僧』)
- 1573년 평북 향산 普賢寺에서 『禪宗永嘉集』 刊行에 學祖와 刻手로 참여(刊記) 刻手
- 1574년 平安道 崔根佛堂에서 開板되어 黃州 松方寺에 留板된 『觀無量壽佛經』 刊行에 刻手로 참여(金相淏 「朝鮮朝 寺刹板 刻手 研究」)
- 1584년 義湘庵에서 『三家錄』 刊行에 刻手로 참여(金相淏 「朝鮮朝 寺刹板 刻手 研究」)

의연(儀連, 義璉 : -1572-1588-) 16세기 후반에 대구 팔공산을 중심으로 활동한
각수刻手이다. 1572년에 경북 상주 대승사大乘寺에서 『묘법연화경妙法蓮華經』
간행에 변상각수變相刻手로, 1588년에 경북 청도 운문사雲門寺에서 『대방광
원각수다라요의경大方廣圓覺修多羅了義經』과 『법집별행록절요병입사기法集別
行錄節要并入私記』 간행에 각수로 참여하였다.

- 1572년 경북 상주 大乘寺에서 『妙法蓮華經』 刊行에 變相刻手로 참여(朴桃花 「朝鮮時代 金剛經 判書의 圖像」) 刀
- 1588년 경북 청도 雲門寺에서 『大方廣圓覺修多羅了義經』과 『法集別行錄節要并入私記』 刊行에 刻手로 참여(刊記, 고양 원각사 소장) 公山本寺 刀 / 刻字

의연(刻手), 『법집별행록절요
병입사기』, 1588년,
청도 운문사

의웅(義雄 : -1502-) 15세기 후반부터 16세기 전반까지 활동한 조각승彫刻僧으
로, 1502년에 평안도 천성산天聖山 관음사觀音寺 목조보살좌상木造菩薩坐像 개
금改金에 도유道裕와 참여하였다.

- 1502년 평안도 天聖山 觀音寺 木造菩薩坐像 獻金에 道裕와 참여(어준일 「16世紀 朝鮮時代의 佛敎彫刻 研究」) 副畫

의원(義圓 : -1425-) 15세기 전반에 활동한 도료장塗料匠이다. 1425년에 화암사
중창에 도료장塗料匠으로 참여하였다.

- 1425년 화암사 중창에 塗料匠으로 참여(金東旭 『韓國建築工匠史研究』) 塗料匠

의은(義聞 : -1443-) 15세기 중반에 활동한 각수刻手이다. 1443년에 전북 완주
화암사花岩寺에서 『묘법연화경妙法蓮華經』(고양 원각사 소장) 간행에 신효信孝
와 각수로 참여하였다.

- 1443년 전북 완주 花岩寺에서 『妙法蓮華經』 刊行에 信孝와 刻手로 참여(刊記, 고양 원각사 소장)

의연(刻手), 『법집별행록절요
병입사기』 간기, 1588년,
청도 운문사

의일(義一 : -1462-) 15세기 중반에 활동한 각수刻手로, 만년사萬年寺 주지를 역
임하기도 하였다. 1462년에 견불암판見佛庵板 『육경합부六經合部』 간행에 각
수로 참여하였다.

- 1462년 見佛庵板 『六經合部』 刊行에 刻手로 참여(金相淏 「朝鮮朝 寺刹板 刻手 研究」) 前 萬年寺住持大禪師

의준(義俊 : -1448-) 15세기 중반에 활동한 각수刻手이다. 1448년에 효령대군
과 안평대군이 발원한 『묘법연화경妙法蓮華經』 간행에 정심正心과 각수로 참
여하였다.

- 1448년 효령대군과 안평대군이 발원한 『妙法蓮華經』 刊行에 正心과 刻手로 참여(朴桃花

「朝鮮時代 金剛經 判書의 圖像」)

의진(儀眞 : -1555-) 16세기 중반에 활동한 목수木手이다. 1555년에 전북 익산 숭림사崇林寺 동상실東上室 건립에 대목大木으로 참여하였다.

　　▫1555년 전북 익산 崇林寺 東上室 건립에 大木으로 참여(『韓國의 古建築』23) 大木

의철(義喆 : -1377-) 14세기 후반에 활동한 화원畫員이다. 1377년에 경북 영주 부석사浮石寺 조사당祖師堂 중수重修에 화원으로 참여하였다.

　　▫1377년 경북 영주 浮石寺 祖師堂 重修에 畫員으로 참여(金東旭 『韓國建築工匠史研究』) 畫員

의칠(義七 : -754-755-) 8세기 중반에 무진이주武珍伊州에서 활동한 경필사經筆師이다. 754년 8월 1일부터 755년 2월 14일까지 만든 「백지묵서화엄경白紙墨書華嚴經」(삼성문화재단 소장)을 아간阿干과 필사하였다.

　　▫754년 8월 1일부터 755년 2월 14일까지 만든 「白紙墨書華嚴經」을 阿干과 필사함(삼성문화재단 소장, 李基白 「新羅 景德王代 華嚴經 寫經 關與者에 대한 考察」) 武珍伊州 大숨

의현(義賢, 義玄 : -1237-1238-) 13세기 중반에 활동한 각수刻手이다. 1237-38년에 고려대장경高麗大藏經(『방광반야바라밀경放光般若波羅蜜經』) 조성에 참여하였다.

　　▫1237-38년에 高麗大藏經(『放光般若波羅蜜經』) 조성에 참여(김윤곤 편저, 『高麗大藏經造成名錄集』)

의혜(義惠 : -1530-) 16세기 전반에 활동한 화원畫員이다. 1530년에 황북 사리원 성불사成佛寺 응진전應眞殿 중창重創에 지은智믈과 화원으로 참여하였다.

　　▫1530년 황북 사리원 成佛寺 應眞殿 重創에 智믈과 畫員으로 참여(申榮勳 編『韓國古建物上樑記文集』) 畫員

의호 1(義浩 : -1443-) 15세기 중반에 활동한 각수刻手이다. 1443년에 전북 완주 화암사花岩寺에서 『묘법연화경妙法蓮華經』(고양 원각사 소장) 간행에 신효信孝와 각수로 참여하였다.

　　▫1443년 전북 완주 花岩寺에서 『妙法蓮華經』刊行에 信孝와 刻手로 참여(刊記, 고양 원각사 소장)

의호 2(儀浩 : -1589-) 16세기 후반에 활동한 화원畫員이다. 1589년에 감로도甘露圖(일본 효고현兵庫縣 야쿠센지藥仙寺 소장) 조성에 화원으로 참여하였다.

　　▫1589년 甘露圖 조성에 畫員으로 참여(日本 兵庫縣 藥仙寺 所藏, 洪潤植 編『韓國佛畫畫記集』과 박은경 『조선전기불화연구』) 畫員

의호, 감로도, 1589년, 일본 효고현 야쿠센지 소장

의홍(義弘 : -1237-1238-) 13세기 중반에 활동한 각수刻手이다. 1237-38년에 고려대장경高麗大藏經(『금강반야바라밀다경金剛般若波羅蜜多經』) 조성에 참여하였다.

　　▫1237-38년에 高麗大藏經(『金剛般若波羅蜜多經』) 조성에 참여(김윤곤 편저, 『高麗大藏經 造成名錄集』)

의화(義和 : -1237-1238-) 13세기 중반에 활동한 각수刻手이다. 1237-38년에 고려대장경高麗大藏經(『방광반야바라밀경放光般若波羅蜜經』) 조성에 참여하였다.

　▫ 1237-38년에 高麗大藏經(『放光般若波羅蜜經』) 조성에 참여(김윤곤 편저, 『高麗大藏經造成名錄集』)

이계(李桂 : -1310-) 14세기 전반에 활동한 화가畵家이다. 1310년에 화사畵師 김우金祐와 수월관음보살도水月觀音菩薩圖(사가佐賀현립박물관 소장) 조성에 참여하였다.[11]

　▫ 1310년 水月觀音菩薩圖 조성에 金祐와 畵師로 참여(佐賀縣立博物館 所藏, 진홍섭 『韓國佛敎美術』과 洪潤植 編 『韓國佛畵畵記集』) 翰畵直待詔

이구지(李仇智 : -1468-) 15세기 중반에 활동한 주종장이다. 1468년에 서울 보신각普信閣 종鐘(국립중앙박물관 소장) 조성에 참여하였다.

　▫ 1468년 서울 普信閣 鐘 조성에 참여(국립중앙박물관 소장, 정영호 「朝鮮前期 梵鐘考」)

이군해(李君侅 : -1297-1364) 14세기 전·중반에 활동한 당대 명필로 후에 이암李嵒으로 이름을 바꾸었다. 1327년 이후 강원 춘천 문수사文殊寺 장경비藏經碑 건립에 서자書者로 참여하였다.

　▫ 1327년 이후 강원 춘천 文殊寺 藏經碑 건립에 書者로 참여(『槿域書畵徵』과 진홍섭 『韓國佛敎美術』)
　* 이군해의 활동은 『한국민족문화대백과사전』을 참조할 만하다

이극정(李克精 : -1448-) 15세기 중반에 활동한 조각가이다. 1448년에 경남 밀양 표충사 대원암 금동삼존불상金銅三尊佛像(금동지장보살좌상 양산 통도사 성보박물관 소장)을 성총性怱과 조성하였다.

　▫ 1448년 경남 밀양 표충사 대원암 금동삼존불상金銅三尊佛像을 性怱과 조성(金銅地藏菩薩坐像 양산 통도사 성보박물관 소장, 『삶, 그후』)

이규(李圭 : -1237-1238-) 13세기 중반에 활동한 각수刻手이다. 1237-38년에 고려대장경高麗大藏經(『금강반야바라밀다경金剛般若波羅蜜多經』) 조성에 참여하였다.

　▫ 1237-38년에 高麗大藏經(『金剛般若波羅蜜多經』) 조성에 참여(김윤곤 편저, 『高麗大藏經 造成名錄集』)

이근중(李斤中 : -1468-) 15세기 중반에 활동한 주종장이다. 1468년에 서울 보신각普信閣 종鐘(국립중앙박물관 소장) 조성에 참여하였다.

　▫ 1468년 서울 普信閣 鐘 조성에 참여(국립중앙박물관 소장, 정영호 「朝鮮前期 梵鐘考」)

이기(李奇 : -1310-) 14세기 전반에 활동한 장인이다. 1310년에 사리탑舍利塔를 제작하였다.

　▫ 1310년 舍利塔을 제작(黃壽永 「高麗在銘 舍利塔」) 造

이달(李達 : -1468-) 15세기 중반에 활동한 주종장이다. 1468년에 서울 보신각

---

11) 진홍섭, 『韓國佛敎美術』, p. 130에 수화사를 金裕文으로 보았다.

普信閣 鐘鐘(국립중앙박물관 소장) 조성에 참여하였다.
  ▫1468년 서울 普信閣 鐘 조성에 참여(국립중앙박물관 소장, 정영호「朝鮮前期 梵鐘考」)

이달마(李達摩, 李達亇, 李達磨 : -1468-1469-) 15세기 중반에 활동한 수철장水鐵匠이다. 1468년에 서울 보신각普信閣 鐘鐘(국립중앙박물관 소장)을, 1469년에 강원 양양 낙산사洛山寺 범종(燒失)과 경기 남양주 봉선사奉先寺 범종梵鐘을 강원기姜元己와 수철장으로 조성하였다.
  ▫1468년 서울 普信閣 鐘 조성에 참여(국립중앙박물관 소장, 정영호「朝鮮前期 梵鐘考」)
  ▫1469년 강원 양양 洛山寺 梵鐘 조성에 姜元己와 水鐵匠으로 참여(燒失, 정영호「朝鮮前期 梵鐘考」)
   1469년 경기 남양주 奉先寺 梵鐘 조성에 姜元喆와 水鐵匠으로 참여(정영호「朝鮮前期 梵鐘考」)

이달생(李達生 : -1468-) 15세기 중반에 활동한 주종장이다. 1468년에 서울 보신각普信閣 鐘鐘(국립중앙박물관 소장) 조성에 참여하였다.
  ▫1468년 서울 普信閣 鐘 조성에 참여(국립중앙박물관 소장, 정영호「朝鮮前期 梵鐘考」)

이득방(李得方 : -1462-1468-) 15세기 중반에 활동한 수철장水鐵匠이다. 1462년에 서울 흥천사興天寺 범종梵鐘 조성에 수철장으로 참여하고, 1468년에 서울 보신각普信閣 鐘鐘(국립중앙박물관 소장) 조성에 참여하였다.
  ▫1462년 서울 興天寺 梵鐘 조성에 水鐵匠으로 참여(국립중앙박물관 소장, 『朝鮮金石總覽』과 정영호「朝鮮前期 梵鐘考」)
  ▫1468년 서울 普信閣 鐘 조성에 참여(국립중앙박물관 소장, 정영호「朝鮮前期 梵鐘考」)

이득생(李得生 : -1468-) 15세기 중반에 활동한 주종장이다. 1468년에 서울 보신각普信閣 鐘鐘(국립중앙박물관 소장) 조성에 참여하였다.
  ▫1468년 서울 普信閣 鐘 조성에 참여(국립중앙박물관 소장, 정영호「朝鮮前期 梵鐘考」)

이득수(李得守 : -1468-) 15세기 중반에 활동한 주종장이다. 1468년에 서울 보신각普信閣 鐘鐘(국립중앙박물관 소장) 조성에 참여하였다.
  ▫1468년 서울 普信閣 鐘 조성에 참여(국립중앙박물관 소장, 정영호「朝鮮前期 梵鐘考」)

이만(李萬 : -1462-1468-) 15세기 중반에 활동한 주장注匠이다. 1462년에 서울 흥천사興天寺 범종梵鐘 조성에 주장으로, 1468년에 서울 보신각普信閣 鐘鐘(국립중앙박물관 소장) 조성에 참여하였다.
  ▫1462년 서울 興天寺 梵鐘 조성에 注匠으로 참여(국립중앙박물관 소장, 『朝鮮金石總覽』과 정영호「朝鮮前期 梵鐘考」) 注匠
  ▫1468년 서울 普信閣 鐘 조성에 참여(국립중앙박물관 소장, 정영호「朝鮮前期 梵鐘考」)

이맹(李孟 : -1060-) 11세기 중반에 활동한 각수刻手이다. 1060년에 경기 안성 칠장사七長寺 혜소국사탑비慧炤國師塔碑 건립에 각자刻字로 참여하였다.
  ▫1060년 경기 안성 七長寺 慧炤國師塔碑 건립에 刻字로 참여(『朝鮮金石總覽』上과 李智冠『校勘譯註 歷代高僧碑文(高麗篇2)』) 大匠 臣 刻字

이맹근(李孟根 : -1465-) 15세기 중반에 활동한 화원畫員이다. 1465년 9월부터 12월까지 사직司直의 직위로 관경변상도觀經變相圖(일본 교토京都 지온인知恩

院 소장)를 조성하였다.

◦1465년 觀經變相圖를 조성(日本 京都 知恩院 所藏, 洪潤植 編『韓國佛畵畵記集』과 박은
경『조선전기불화연구』) 敬畵 司直

이명구지(李命仇知 : -1469-) 15세기 중반의 주성장鑄成匠이다. 1469년에 강원
양양 낙산사洛山寺 범종(燒失)과 경기 남양주 봉선사奉先寺 범종梵鐘 조성에 정
길산鄭吉山과 주성장으로 참여하였다.

◦1469년 강원 양양 洛山寺 梵鐘 조성에 鄭吉山과 鑄成匠로 참여(燒失, 정영호『朝鮮前期
梵鐘考』)
1469년 경기 남양주 奉先寺 梵鐘 조성에 鄭吉山과 鑄成匠으로 참여(정영호『朝鮮前期
梵鐘考』)

이명대(李明大 : -1501-) 15세기 후반부터 16세기 전반까지 활동한 조각가彫刻
家이다. 1501년에 경북 경주 기림사祈林寺 건칠보살반가상乾漆菩薩半跏像 조성
에 계심戒心과 참여하였다.

◦1501년 경북 경주 祈林寺 乾漆菩薩半跏像 조성에 戒心과 참여(어준일『16世紀 朝鮮時代
의 佛敎彫刻 硏究』)

이목(李目 : -1237-1238-) 13세기 중반에 활동한 각수刻手이다. 1237-38년에 고
려대장경高麗大藏經(『금강반야바라밀다경金剛般若波羅蜜多經』) 조성에 참여하
였다.

◦1237-38년에 高麗大藏經(『金剛般若波羅蜜多經』) 조성에 참여(김윤곤 편저,『高麗大藏
經 造成名錄集』)

이방한(李邦翰 : -1356-) 14세기 중반에 직강(直講)을 지낸 서자書者이다. 1356
년에 돌아가신 어머니 이씨를 위하여「마지은니수능엄경麻紙銀泥首楞嚴經」(경
북대학교 박물관 소장)을 필사하였다.

◦1356년 亡母 李氏를 위하여「麻紙銀泥首楞嚴經」을 필사(경북대학교 박물관 소장, 진흥
섭『韓國佛敎美術』) 星山前直講李邦翰爲亡母李氏書

이백(李伯, 李白 : -1237-1238-) 13세기 중반에 활동한 각수刻手이다. 1237-38년
에 고려대장경高麗大藏經(『금강반야바라밀다경金剛般若波羅蜜多經』) 조성에 참
여하였다.

◦1237-38년에 高麗大藏經(『金剛般若波羅蜜多經』) 조성에 참여(김윤곤 편저,『高麗大藏
經 造成名錄集』)

이산(李山 : -1462-) 15세기 중반에 활동한 주성장鑄成匠이다. 1462년에 서울
흥천사興天寺 범종梵鐘 조성에 정길산鄭吉山과 주성장으로 참여하였다.

◦1462년 서울 興天寺 梵鐘 조성에 鄭吉山과 鑄成匠으로 참여(국립중앙박물관 소장,『朝
鮮金石總覽』과 정영호「朝鮮前期 梵鐘考」)

이석공(李石公 : -1451-) 15세기 중반에 활동한 편수片手이다. 1451년에 선흥
사宣興寺 동시루(銅甑)를 조성하였다

◦1451년 宣興寺 銅甑을 조성(황수영,『금석유문』)

이송산(李松山 : -1458-) 15세기 중반에 활동한 장인匠人이다. 1458년에 경북

영주 흑석사黑石寺 목조아미타불좌상木造阿彌陀佛坐像 제작에 금박金箔을 담당
하였다.12)

　　▫1458년 경북 영주 黑石寺 木造阿彌陀佛坐像 제작에 金箔을 담당(崔素林「黑石寺 木造阿
　　　彌陀佛坐像 研究」와『문화재대관-국보 전적 조선시대』) 金朴

이순(異純 : -754-755-) 8세기 중반에 무진이주武珍伊州에서 활동한 경필사經筆
師이다. 754년 8월 1일부터 755년 2월 14일까지 만든「백지묵서화엄경白紙墨
書華嚴經」(삼성문화재단 소장)을 아간阿干과 필사하였다.

　　▫754년 8월 1일부터 755년 2월 14일까지 만든「白紙墨書華嚴經」을 阿干과 필사함(삼성문
　　　화재단 소장, 李基白「新羅 景德王代 華嚴經 寫經 關與者에 대한 考察」) 武珍伊州 韓舍

이순기(李順基 : -1486-) 15세기 후반에 활동한 서자書者이다. 1486년에 전남
광주 무등산無等山 규봉암圭峯菴에서 간행한『법집별행록절요병입사기法集別
行錄節要并入私記』(개인 소장)에 판하본版下本을 썼다.

　　▫1486년 전남 광주 無等山 圭峯菴에서 간행한『法集別行錄節要并入私記』의 판하본版下
　　　本을 씀(개인 소장,『動産文化財指定報告書(94-95 지정편)』) 書大施主

이신 1(李申 : -1160-) 12세기 중반에 활동한 주성장鑄成匠이다. 1160년 명주
(강원 강릉) 북산 양등사楊等寺 반자半子(금고金鼓) 조성에 대장大匠 양차良且
와 주성에 참여하였다.

　　▫1160년 명주 북산 楊等寺 半子(金鼓) 조성에 大匠 良且와 주성에 참여(소재 미상, 한국금
　　　석문 종합영상정보시스템)

이신 2(李信 : -1323-)13) 14세기 전반에 활동한 화가畵家이다. 1323년에 관경변
상도觀經變相圖 조성(일본 교토 지온인知恩院 소장)에 설충薛冲과 화공畵工으
로 참여하였다.

　　▫1323년에 觀經變相圖 조성에 薛冲과 참여(京都 知恩院 所藏,「高麗佛畵-阿彌陀像과 觀
　　　經變相」과 洪潤植 編『韓國佛畵畵記集』) 畵工

이암(李嵓) ☞ **이군해**李君侅

이여(李如 : -1237-1238-) 13세기 중반에 활동한 각수刻手이다. 1237-38년에 고
려대장경高麗大藏經(『금강반야바라밀다경金剛般若波羅蜜多經』) 조성에 참여하
였다.

　　▫1237-38년에 高麗大藏經(『金剛般若波羅蜜多經』) 조성에 참여(김윤곤 편저,『高麗大藏
　　　經 造成名錄集』)

이영문(李永文 : -1515-) 16세기 전반에 활동한 화원畵員이다. 1515년에 경북
예천 용문사 목조아미타여래좌상木造阿彌陀如來坐像을 상화원上畵員으로 개조
改造하였다.

　　▫1515년 경북 예천 용문사 木造阿彌陀如來坐像을 上畵員으로 改造(改造發願文) 上畵員

---

12) 願文에는 金箔을 金朴으로 적어놓았다.
13) 黃壽永,「高麗佛畵-阿彌陀像과 觀經變相」,『考古美術』10호(『考古美術』合輯 下, 1979,
　　pp. 107-108 재수록)과 진홍섭,『韓國佛敎美術』, p. 130에 李□로 읽었다.

이영보(李英輔 : -1085-) 11세기 후반에 활동한 각수刻手로, 축문祝文과 경적經
籍을 맡아본 비서성秘書省 정9품에 속하는 관료이다. 1085년에 강원 원주 법
천사法泉寺 지광국사현묘탑비智光國師玄妙塔碑 건립에 각자刻字로 참여하였다.

> ▫ 1085년 강원 원주 法泉寺 智光國師玄妙塔碑 건립에 刻字로 참여(李智冠『校勘譯註 歷代
> 高僧碑文(高麗篇2)』) 秘書省 陪戎校尉 臣 奉宣 刻字

이영산(李永山 : -1470-1474-) 15세기 후반에 활동한 각수刻手이다. 1470년에
정희대왕대비貞熹大王大妃가 세종, 예종, 의경왕의 명복을 기원하여 발원한『묘
법연화경妙法蓮華經』을, 1474년에 『상교정본자비도량참법詳校正本慈悲道場懺
法』간행에 권돈일權頓一과 각수로 참여하였다.

> ▫ 1470년 貞熹大王大妃가 세종, 예종, 의경왕의 명복을 기원하여 발원한『妙法蓮華經』刊
> 行에 權頓一과 刻手로 참여(朴桃花「朝鮮時代 佛敎版畵의 樣式과 刻手」)
> ▫ 1474년『詳校正本慈悲道場懺法』刊行에 權頓一과 刻手로 참여(刊記,『韓國佛敎儀禮資
> 料叢書』1집)

이오정(李吾正 : -1469-) 15세기 중반에 활동한 주장注匠이다. 1469년에 강원
양양 낙산사洛山寺 범종(燒失)과 경기 남양주 봉선사奉先寺 범종梵鐘을 이을부
李乙夫와 주장으로 조성하였다.

> ▫ 1469년 강원 양양 洛山寺 梵鐘 조성에 注匠으로 참여(燒失, 정영호「朝鮮前期 梵鐘考」)
> 1469년 경기 남양주 奉先寺 梵鐘 조성에 李乙夫와 注匠으로 참여(정영호「朝鮮前期 梵
> 鐘考」)

이용(李龍 : -1468-) 15세기 중반에 활동한 주종장이다. 1468년에 서울 보신각
普信閣 종鐘(국립중앙박물관 소장) 조성에 참여하였다.

> ▫ 1468년 서울 普信閣 鐘 조성에 참여(국립중앙박물관 소장, 정영호「朝鮮前期 梵鐘考」)

이우백(李友柏 : -1431-) 15세기 전반에 활동한 각수刻手이다. 1431년에 경상
감사慶尙監司 조치曹致가 만든『춘추경좌씨전구해春秋經左氏傳句解』간행에 홍
조洪照와 각수로 참여하였다.

> ▫ 1431년 慶尙監司 曹致가 만든『春秋經左氏傳句解』간행에 洪照와 刻手로 참여(刊記,『國
> 寶 寶物 지정보고서 2011』) 學生

이원부(李元符 : -1125-) 12세기 전반에 활동한 서자書者이다. 1125년에 경남
합천 반야사般若寺 원경왕사비元景王師碑 건립에 서자書者로 참여하였다.

> ▫ 1125년 경남 합천 般若寺 元景王師碑 건립에 書者로 참여(李智冠『校勘譯註 歷代高僧碑
> 文(高麗篇3)』) 儒林郎 尙書都官 員外郎 賜緋魚垈 臣 書

이유상(李有尙 : -1468-) 15세기 중반에 활동한 주종장이다. 1468년에 서울 보
신각普信閣 종鐘(국립중앙박물관 소장) 조성에 참여하였다.

> ▫ 1468년 서울 普信閣 鐘 조성에 참여(국립중앙박물관 소장, 정영호「朝鮮前期 梵鐘考」)

이을부(李乙夫 : -1469-) 15세기 중반에 활동한 주장注匠이다. 1469년에 강원
양양 낙산사洛山寺 범종(燒失)과 경기 남양주 봉선사奉先寺 범종梵鐘을 주장으
로 조성하였다.

▫ 1469년 강원 양양 洛山寺 梵鐘 조성에 注匠으로 참여(燒失, 정영호 「朝鮮前期 梵鐘考」)
注匠
1469년 경기 남양주 奉先寺 梵鐘 조성에 注匠으로 참여(정영호 「朝鮮前期 梵鐘考」)

이인(李仁 : -1237-1238-) 13세기 중반에 활동한 각수刻手이다. 1237-38년에 고
려대장경高麗大藏經(『금강반야바라밀다경金剛般若波羅蜜多經』) 조성에 참여하
였다.

▫ 1237-38년에 高麗大藏經(『金剛般若波羅蜜多經』) 조성에 참여(김윤곤 편저, 『高麗大藏
經 造成名錄集』)

이인린(李仁鄰 : -1379-) 14세기 후반에 활동한 각수刻手이다. 1379년에 경기
여주 신륵사神勒寺 보제존자普濟尊者 사리석종비舍利石鍾碑 건립에 각수로 참
여하였다.

▫ 1379년 경기 여주 神勒寺 普濟尊者 舍利石鍾碑 건립에 刻手로 참여(李智冠 『校勘譯註
歷代高僧碑文(高麗篇4)』) 刻手

이자실(李自實 : -1550-) 16세기 중반에 활동한 화원畵員이다. 1550
년에 전남 영암 월출산 도갑사道岬寺 관음삼십이응신도觀音三十
二應身圖(일본 교토 지온인知恩院 소장) 조성에 참여하고, 제작연
대를 알 수 없는 아미타삼존도阿彌陀三尊圖(일본 교토京都 사이
묘지西明寺 소장) 조성에 시주자로 참여하였다.

▫ 1550년 전남 영암 月出山 道岬寺 觀音三十二應身圖 조성에 화원으로 참
여(日本 京都 知恩院 所藏, 洪潤植 編 『韓國佛畵畵記集』) 臣李自實沐手
焚香敬畵
▫ 연대미상 阿彌陀三尊圖 조성에 시주자로 참여(日本 京都市 西明寺 所藏,
박은경 『조선전기불화연구』) 敬施
* 이자실에 관해서는 유경희, 「道岬寺 觀世音菩薩三十二應幀의 圖像 硏究」,
pp. 151-155를 참조할 만하다.

이자실, 관음삼십이응신도, 1550년, 영암 도갑사
조성(일본 교토시 지온인 소장)

이장손(李長孫 : -1469-1493-) 15세기 중반부터 후반까지 활동한
궁중화원宮中畵員이면서 각수刻手이다. 1469년에 강원 양양 낙
산사洛山寺 범종(燒失) 조성에 김중경金仲敬과 화원으로 참여하
고, 정희공주가 발원한 『지장보살본원경地藏菩薩本願經』(관문사
성보박물관 소장) 간행에 권돈일權頓一과 각수로 참여하였다.
1474년에 『상교정본자비도량참법詳校正本慈悲道場懺法』 간행에 백종린白終麟
과 화원으로 만들었다. 또한 그는 1493년에 무량사無量寺 『묘법연화경妙法蓮
華經』 간행에 참여하였다.

▫ 1469년 강원 양양 洛山寺 梵鐘 조성에 金仲敬과 畵員으로 참여(燒失, 정영호 「朝鮮前期
梵鐘考」)
1469년 정희공주가 발원한 『地藏菩薩本願經』 刊行에 權頓一과 刻手로 참여(관문사 성보
박물관 소장, 『삶, 그후』)
▫ 1474년 『詳校正本慈悲道場懺法』 刊行에 白終麟과 畵員으로 참여(刊記, 『韓國佛敎儀禮
資料叢書』1집)
▫ 1493년 無量寺 『妙法蓮華經』 간행에 참여(金相淏 「朝鮮朝 寺刹板 刻手 硏究」) 司直

이장수(李張守, 李長守 : -1462-1468-) 15세기 중반에 활동한 주성장鑄成匠이다. 1462년에 서울 흥천사興天寺 범종梵鐘 조성에 정길산鄭吉山과 주성장으로 참여하고, 1468년에 서울 보신각普信閣 종鐘(국립중앙박물관 소장) 조성에 참여하였다.

> ◦ 1462년 서울 興天寺 梵鐘 조성에 鄭吉山과 鑄成匠으로 참여(국립중앙박물관 소장, 『朝鮮金石總覽』과 정영호 「朝鮮前期 梵鐘考」)
> ◦ 1468년 서울 普信閣 鐘 조성에 참여(국립중앙박물관 소장, 정영호 「朝鮮前期 梵鐘考」)

이정순(李貞順 : -975-) 10세기 후반에 활동한 각수刻手이다. 975년에 경기 여주 고달사高達寺 원종대사혜진탑비元宗大師惠眞塔碑 건립에 각자刻字로 참여하였다.

> ◦ 975년 경기 여주 高達寺 元宗大師惠眞塔碑에 刻字로 참여(『朝鮮金石總覽』上) 刻字

이주(二柱 : -1237-1238-) 13세기 중반에 활동한 각수刻手이다. 1237-38년에 고려대장경高麗大藏經(『금강반야바라밀다경金剛般若波羅蜜多經』) 조성에 참여하였다.

> ◦ 1237-38년에 高麗大藏經(『金剛般若波羅蜜多經』) 조성에 참여(김윤곤 편저, 『高麗大藏經 造成名錄集』)

이중(以仲 : -1384-) 14세기 후반에 활동한 석수石手이다. 1384년에 평북 향산 안심사安心寺 지공指空 나옹懶翁 사리석종비舍利石鍾碑 건립에 무실無失과 석수로 참여하였다.

> ◦ 1384년 평북 향산 安心寺 指空 懶翁 舍利石鍾碑 건립에 無失과 石手로 참여(李智冠『校勘譯註 歷代高僧碑文(高麗篇4)』)

이중선(李中善, 李重善 : -1456-1458-) 15세기 중반에 활동한 화원畵員이다. 1456년에 견성암 약사삼존상을 제작하고, 1458년에 경북 영주 흑석사黑石寺 목조아미타불좌상木造阿彌陀佛坐像 제작에 화원으로 참여하였다.

> ◦ 1456년 견성암 약사삼존상 제작에 畵員으로 참여(張忠植「景泰七年 佛像腹藏品에 대하여」과 문명대 「조선전반기 불상 조각의 도상해석학적 연구」) 畵員
> ◦ 1458년 경북 영주 黑石寺 木造阿彌陀佛坐像 제작에 畵員으로 참여(崔素林, 「黑石寺 木造阿彌陀佛坐像 硏究」와 『문화재대관-국보 전적 조선시대』) 畵員 司直14)

이중선(畵員), 목조아미타불좌상, 1458년, 영주 흑석사

이즉산(李則山 : -1462-) 15세기 중반에 활동한 각수刻手이다. 1462년에 서울 흥천사興天寺 범종梵鐘 조성에 김귀생金貴生과 각자刻字로 참여하였다.

> ◦ 1462년 서울 興天寺 梵鐘 조성에 金貴生과 刻字로 참여(국립중앙박물관 소장, 『朝鮮金石總覽』과 정영호 「朝鮮前期 梵鐘考」)
> * 이즉산李則山과 이즉삼李則三은 동일인으로 추정된다.

이즉삼(李則三 : -1468-) 15세기 중반에 활동한 주종장이다. 1468년에 서울 보신각普信閣 종鐘(국립중앙박물관 소장) 조성에 참여하였다.

> ◦ 1468년 서울 普信閣 鐘 조성에 참여(국립중앙박물관 소장, 정영호 「朝鮮前期 梵鐘考」)

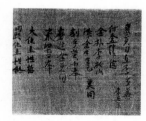

조성발원문 일부, 1458년, 영주 흑석사

---

14) 조선 때 五衛에 속하던 正五品의 벼슬에 해당한다.

* 이즉삼李則三과 李則山이즉삼은 동일인으로 추정된다.

이질동(李叱同 : -1469-) 15세기 중반에 활동한 수철장水鐵匠이다. 1469년에 경기 남양주 봉선사奉先寺 범종梵鐘을 강원기姜元奇와 수철장으로 조성하였다.

  ▫ 1469년 경기 남양주 奉先寺 梵鐘 조성에 姜元奇와 水鐵匠으로 참여(정영호「朝鮮前期 梵鐘考」)

이천대(李千大 : -1468-) 15세기 중반에 활동한 주종장이다. 1468년에 서울 보신각普信閣 종鐘(국립중앙박물관 소장) 조성에 참여하였다.

  ▫ 1468년 서울 普信閣 鐘 조성에 참여(국립중앙박물관 소장, 정영호「朝鮮前期 梵鐘考」)

이충신(李忠信 : -1358-) 14세기 중반에 활동한 각수刻手이다. 1358년에 보광사普光寺 중창비重刱碑 건립에 각수로 참여하였다.

  ▫ 1358년 普光寺 重刱碑 건립에 刻字로 참여(진홍섭『韓國佛敎美術』) 刻字

이파회(李波廻 : -1468-1469-) 15세기 중반에 활동한 주종장이다. 1468년에 서울 보신각普信閣 종鐘(국립중앙박물관 소장)을, 1469년에 강원 양양 낙산사洛山寺 범종(燒失)과 경기 남양주 봉선사奉先寺 범종梵鐘 조성에 정길산鄭吉山과 주성장으로 참여하였다.

  ▫ 1468년 서울 普信閣 鐘 조성에 참여(국립중앙박물관 소장, 정영호「朝鮮前期 梵鐘考」)
  ▫ 1469년 강원 양양 洛山寺 梵鐘 조성에 鄭吉山과 鑄成匠로 참여(燒失, 정영호「朝鮮前期 梵鐘考」)
    1469년 경기 남양주 奉先寺 梵鐘 조성에 鄭吉山과 鑄成匠으로 참여(정영호「朝鮮前期 梵鐘考」)

이홍(李洪 : -1425-) 15세기 전반에 활동한 각수刻手이다. 1425년에『입학도설入學圖說』간행에 등운磴雲과 각수로 참여하였다.

  ▫ 1425년『入學圖說』刊行에 磴雲과 刻手로 참여(刊記,『國寶 寶物 지정보고서 2011』)

이효생(李孝生 : -1468-) 15세기 중반에 활동한 주종장이다. 1468년에 서울 보신각普信閣 종鐘(국립중앙박물관 소장) 조성에 참여하였다.

  ▫ 1468년 서울 普信閣 鐘 조성에 참여(국립중앙박물관 소장, 정영호「朝鮮前期 梵鐘考」)

이흥손(李興孫 : -1458-) 15세기 중반에 활동한 화원畵員이다. 1458년에 경북 영주 흑석사黑石寺 목조아미타불좌상木造阿彌陀佛坐像 제작에 이중선李重善과 화원으로 참여하였다.

  ▫ 1458년 경북 영주 黑石寺 木造阿彌陀佛坐像 제작에 李重善과 畵員으로 참여(崔素林「黑石寺 木造阿彌陀佛坐像 硏究」와『문화재대관-국보 전적 조선시대』)

익여(益予 : -1237-1238-) 13세기 중반에 활동한 각수刻手이다. 1237-38년에 고려대장경高麗大藏經(『방광반야바라밀경放光般若波羅蜜經』) 조성에 참여하였다.

  ▫ 1237-38년에 高麗大藏經(『放光般若波羅蜜經』) 조성에 참여(김윤곤 편저,『高麗大藏經造成名錄集』)

익좌(匿左 : -1237-1238-) 13세기 중반에 활동한 각수刻手이다. 1237-38년에 고려대장경高麗大藏經(『금강반야바라밀다경金剛般若波羅蜜多經』) 조성에 참여하였다.

> ▫ 1237-38년에 高麗大藏經(『金剛般若波羅蜜多經』) 조성에 참여(김윤곤 편저, 『高麗大藏經 造成名錄集』)

인걸(仁傑 : -1237-1238-) 13세기 중반에 활동한 각수刻手이다. 1237-38년에 고려대장경高麗大藏經(『방광반야바라밀경放光般若波羅蜜經』) 조성에 참여하였다.

> ▫ 1237-38년에 高麗大藏經(『放光般若波羅蜜經』) 조성에 참여(김윤곤 편저, 『高麗大藏經 造成名錄集』)

인경(印冏 : -1573-) 16세기 후반에 활동한 목수木手이다. 1573년에 경북 영주 부석사浮石寺 조사당祖師堂 서까래를 고칠 때 도편수 불명佛明과 대목大木으로 참여하였다.

> ▫ 1573년 경북 영주 浮石寺 祖師堂 更椽을 고칠 때 佛明과 大木으로 참여(申榮勳 編 『韓國古建物上樑記文集』과 「浮石寺資料」『佛敎美術』3)

인공 1(印空 : -1237-1238-) 13세기 중반에 활동한 각수刻手이다. 1237-38년에 고려대장경高麗大藏經(『방광반야바라밀경放光般若波羅蜜經』) 조성에 참여하였다.

> ▫ 1237-38년에 高麗大藏經(『放光般若波羅蜜經』) 조성에 참여(김윤곤 편저, 『高麗大藏經 造成名錄集』)

인공 2(印空 : -1539-) 16세기 중반에 활동한 목수木手이다. 1539년에 지리산 남대암南臺庵에서 간행하여 신흥사神興寺로 옮긴 『고봉화상선요高峰和尙禪要』 간행에 연판鍊板으로 참여하였다.

> ▫ 1539년 智異山 南臺庵에서 간행하여 神興寺로 옮긴 『高峰和尙禪要』 간행에 鍊板으로 참여(국립중앙도서관 소장, 곽승훈·김아네스·홍영기 편저 『지리산권 불교자료1-간기편』) 鍊板

인광(仁光 : -1237-1238-) 13세기 중반에 활동한 각수刻手이다. 1237-38년에 고려대장경高麗大藏經(『방광반야바라밀경放光般若波羅蜜經』) 조성에 참여하였다.

> ▫ 1237-38년에 高麗大藏經(『放光般若波羅蜜經』) 조성에 참여(김윤곤 편저, 『高麗大藏經 造成名錄集』)

인기 1(印器 : -1546-) 16세기 중반에 활동한 각수刻手이다. 1546년 황해 토산 석두사石頭寺에서 『불설대보부모은중경佛說大報父母恩重經』 간행에 변상각수變相刻手로 참여하였다.

> ▫ 1546년 황해 兎山 石頭寺에서 『佛說大報父母恩重經』 간행에 變相刻手로 참여(朴桃花 「朝鮮時代 金剛經 判書의 圖像」) 刻手

인기 2(印奇 : -1565-) 16세기 중반에 활동한 목수木手이다. 1565년에 경기 안성 석남사石南寺 영산전靈山殿 건립에 소목小木 설운과 참여하였다.

> ▫ 1565년 경기 안성 石南寺 靈山殿 건립에 小木 크雲과 참여(「嘉慶四十四年乙丑三月日□新/造佛衆三尊 施主秩」『안성 석남사 영산전 해체실측·수리보고서』)

인년(仁年 : -754-755-) 8세기 중반에 고사부리군高沙夫里郡에서 활동한 경필사經筆師이다. 754년 8월 1일부터 755년 2월 14일까지 만든 「백지묵서화엄경白紙墨書華嚴經」(삼성문화재단 소장)을 아간阿干과 필사하였다.

인기(刻手), 『불설대부모은중경』 변상도, 1546년, 황해 석두사

인기(刻手), 『불설대부모은중경』 변상도, 1546년, 황해 석두사

◦ 754년 8월 1일부터 755년 2월 14일까지 만든 「白紙墨書華嚴經」을 阿干과 필사함(삼성문
화재단 소장, 李基白 「新羅 景德王代 華嚴經 寫經 關與者에 대한 考察」) 高沙夫里郡 大숨

인동(印同 : -1578-) 16세기 중반에 활동한 각수刻手이다. 1578년에 경기 용인
서봉사瑞峯寺에서 『묘법연화경妙法蓮華經』 간행에 각수로 참여하였다.

◦ 1578년 경기 龍仁 瑞峯寺에서 『妙法蓮華經』 刊行에 刻手로 참여(金相洪 「朝鮮朝 寺刹板
刻手 研究」)

인보(仁甫, 仁宝 : -1237-1238-) 13세기 중반에 활동한 각수刻手이다. 1237-38년
에 고려대장경高麗大藏經(『금강반야바라밀다경金剛般若波羅蜜多經』) 조성에 참
여하였다.

◦ 1237-38년에 高麗大藏經(『金剛般若波羅蜜多經』) 조성에 참여(김윤곤 편저, 『高麗大藏
經 造成名錄集』)

인비(仁庇 : -1237-1238-) 13세기 중반에 활동한 각수刻手이다. 1237-38년에 고
려대장경高麗大藏經(『금강반야바라밀다경金剛般若波羅蜜多經』) 조성에 참여하
였다.

◦ 1237-38년에 高麗大藏經(『金剛般若波羅蜜多經』) 조성에 참여(김윤곤 편저, 『高麗大藏
經 造成名錄集』)

인식(仁植 : -1237-1238-) 13세기 중반에 활동한 각수刻手이다. 1237-38년에 고
려대장경高麗大藏經(『금강반야바라밀다경金剛般若波羅蜜多經』) 조성에 참여하
였다.

◦ 1237-38년에 高麗大藏經(『金剛般若波羅蜜多經』) 조성에 참여(김윤곤 편저, 『高麗大藏
經 造成名錄集』)

인예(仁銳 : -1237-1238-) 13세기 중반에 활동한 각수刻手이다. 1237-38년에 고
려대장경高麗大藏經(『방광반야바라밀경放光般若波羅蜜經』) 조성에 참여하였다.

◦ 1237-38년에 高麗大藏經(『放光般若波羅蜜經』) 조성에 참여(김윤곤 편저, 『高麗大藏經
造成名錄集』)

인우(仁祐 : -1237-1238-) 13세기 중반에 활동한 각수刻手이다. 1237-38년에 고
려대장경高麗大藏經(『금강반야바라밀다경金剛般若波羅蜜經』) 조성에 참여하
였다.

◦ 1237-38년에 高麗大藏經(『金剛般若波羅蜜多經』) 조성에 참여(김윤곤 편저, 『高麗大藏
經 造成名錄集』)

인외(仁外 : -1237-1238-) 13세기 중반에 활동한 각수刻手이다. 1237-38년에 고
려대장경高麗大藏經(『금강반야바라밀다경金剛般若波羅蜜多經』) 조성에 참여하
였다.

◦ 1237-38년에 高麗大藏經(『金剛般若波羅蜜多經』) 조성에 참여(김윤곤 편저, 『高麗大藏
經 造成名錄集』)

인절(仁節 : -754-755-) 8세기 중반에 고사부리군高沙夫里郡에서 활동한 경필사
經筆師이다. 754년 8월 1일부터 755년 2월 14일까지 만든 「백지묵서화엄경白

紙墨書華嚴經」(삼성문화재단 소장)을 아간阿干과 필사하였다.

> □754년 8월 1일부터 755년 2월 14일까지 만든 「白紙墨書華嚴經」을 阿干과 필사함(삼성문화재단 소장, 李基白 「新羅 景德王代 華嚴經 寫經 關與者에 대한 考察」) 高沙夫里郡 숨

인정 1(仁正 : -1237-1238-) 13세기 중반에 활동한 각수刻手이다. 1237-38년에 고려대장경高麗大藏經(『금강반야바라밀다경金剛般若波羅蜜多經』) 조성에 참여하였다.

> □1237-38년에 高麗大藏經(『金剛般若波羅蜜多經』) 조성에 참여(김윤곤 편저, 『高麗大藏經 造成名錄集』)

인정 2(印廷 : -1489-1493-) 15세기 후반에 활동한 각수刻手이다. 1489년과 1493년에 황해 서흥瑞興 자비령사慈悲嶺寺 불경佛經 간행에 각수로 참여하였다.

> □1489년과 1493년 황해 서흥 慈悲嶺寺 佛經 간행에 刻手로 참여(金相淏 「朝鮮朝 寺刹板 刻手 研究」)

인정 3(印靜, 印正 : -1531-1539-) 16세기 전반에 활동한 각수刻手이다. 1531년에 경북 영천 공산본사公山本寺에서 『묘법연화경妙法蓮華經』(고양 원각사 소장)과 1539년에 경상도 안음安陰 덕유산德宥山 영각사靈覺寺에서 『묘법연화경요해妙法蓮華經要解』 간행에 법숭法嵩과 각수로 참여하였다.

> □1531년 경상도 永川 公山本寺에서 『妙法蓮華經』刊行에 法嵩과 刻手로 참여(刊記, 고양 원각사 소장)
> □1539년 경상도 安陰 德宥山 靈覺寺에서 『妙法蓮華經要解』刊行에 法崇과 刻手로 참여(국립중앙도서관 소장, 곽승훈·김아네스·홍영기 편저 『지리산권 불교자료1-간기편』)

인정 4(印正 : -1571-) 16세기 후반에 활동한 목수木手이다. 1571년에 전북 익산 두질촌두영정가豆叱村豆永貞家에서 개판開刻 이전移轉하여 은진恩津 불명산佛明山 쌍계사雙溪寺에서 재환한還한 『불설사십이장경佛說四十二章經』(화봉문고 소장) 간행에 연판鍊板으로 참여하였다.

> □1571년 전북 익산 豆叱村豆永貞家에서 開刻 移轉하여 恩津地 佛明山 雙溪寺에서 在還한 『佛說四十二章經』간행에 鍊板으로 참여(刊記, 화봉문고 소장) 鍊板

인종(印宗 : -1568-) 16세기 중반에 활동한 화원畵員이다. 1568년에 지장시왕도地藏十王圖(일본 후쿠오카현福岡縣 젠도지善導寺 소장) 조성에 천양天兩과 참여하였다.

> □1568년 地藏十王圖 조성에 天兩과 참여(日本 福岡縣 善導寺 所藏, 박은경 『조선전기불화연구』)

인찰(印察 : -1495-) 15세기 후반에 활동한 화원畵員이다. 1495년에 경북 문경 사불산四佛山 윤필암閏筆庵 후불도後佛圖(익산 원광대학교 박물관 소장) 조성에 금어金魚로 참여하였다.

> □1495년 경북 문경 四佛山 閏筆庵 後佛圖 조성에 金魚로 참여(畵記, 익산 圓光大學校 博物館 所藏, 박은경 『조선전기불화연구』) 金魚

인천(仁天 : -1224-) 13세기 전반에 각수刻手이다. 1224년에 금고金鼓

인찰, 후불도, 1495년, 문경 사불산 윤필암 조성(원광대학교 박물관 소장)

조성에 각표刻標로 참여하였다.

◦ 1224년 金鼓 조성에 刻標로 참여(진홍섭『韓國佛敎美術』과 최응천「고려시대 금속공예와 匠人」) 大匠[15]

인철(仁徹 : -1555-) 16세기 중반에 활동한 목수木手이다. 1555년에 전북 익산 숭림사崇林寺 법당法堂 건립에 희조熙祖과 목수로 참여하였다.

◦ 1555년 전북 익산 崇林寺 法堂 건립에 熙祖과 木手로 참여(『韓國의 古建築』 23)

인해(印海 : -1561-) 16세기 중반에 활동한 화원畵員이다. 1561년에 전북 고창 선운사禪雲寺 창담암懺堂庵 대웅전 목조아미타삼존불좌상木造阿彌陀三尊佛坐像을 수화승 대방大方과 조성하였다.

◦ 1561년 전북 고창 禪雲寺 懺堂庵 大雄殿 木造阿彌陀三尊佛坐像를 大方과 조성(發願文, 『兜率山禪雲寺誌』)

인헌 1(印軒 : -1565-) 16세기 중반에 활동한 각수刻手이다. 1565년에 충북 보은報恩 속리산俗離山 복천암판福泉寺板『묘법연화경妙法蓮華經』(화봉문고 소장) 간행에 수현守玄과 각수로 참여하였다.

◦ 1565년 충북 報恩 俗離山 福泉寺板『妙法蓮華經』간행에 守玄과 刻手로 참여(刊記, 화봉문고 소장)

인헌 2(仁軒 : -1588-) 16세기 후반에 활동한 각수刻手이다. 1588년에 경북 청도 운문사雲門寺에서『법집별행록절요병입사기法集別行錄節要并入私記』간행에 의연義璉과 각자刻字로 참여하였다.

◦ 1588년 경북 청도 雲門寺에서『法集別行錄節要并入私記』간행에 刻字로 참여(刊記, 고양 원각사 소장)

인혁(仁赫 : -1218-) 13세기 전반에 충남 논산 개태사開泰寺에서 거주하던 각수刻手이다. 1218년에 전북 김제 금산사金山寺에서 출간한『범서총지집梵書摠持集』간행에 각수로 참여하였다.

◦ 1218년 전북 김제 金山寺에서 출간한『梵書摠持集』간행에 刻手로 참여(최연주『高麗大藏經 研究事』) 刻手 開泰寺 大師

인현(印玄 : -1531-) 16세기 전반에 활동한 각수刻手이다. 1531년에 송광사판松廣寺板『천지명양수륙잡문天地冥陽水陸雜文』과『청량답순종심요법淸凉答順宗心要法』및 은적암판隱寂庵板『종경촬요宗鏡撮要』간행에 장수명張守明와 각수로 참여하였다.

◦ 1531년에 松廣寺板『天地冥陽水陸雜文』,『淸凉答順宗心要法』간행에 張守明과 각수로 참여(金相淏「朝鮮朝 寺刹板 刻手 硏究」)
1531년에 隱寂庵板『宗鏡撮要』간행에 각수로 참여(金相淏「朝鮮朝 寺刹板 刻手 硏究」)

인형(仁詗 : -1324-) 14세기 전반에 활동한 사경승寫經僧이다. 1324년에「감지은니화엄경紺紙銀泥華嚴經」권16(동국대학교 박물관 소장)을 필사하였다.

◦ 1324년「紺紙銀泥華嚴經」권16을 필사(동국대학교 박물관 소장, 진홍섭『韓國佛敎美術』)

15) 최응천,「고려시대 금속공예와 匠人」,『미술사학연구』241, 한국미술사학회, 2004.3, p. 186.

인휘(仁輝 : -1588-) 16세기 후반에 활동한 각수刻手이다. 1588년에 경북 청도 운문사雲門寺에서 『법집별행록절요병입사기法集別行錄節要并入私記』 간행에 의연義璉과 각자刻字로 참여하였다.

> ▫ 1588년 경북 청도 雲門寺에서 『法集別行錄節要并入私記』 간행에 刻字로 참여(刊記, 고양 원각사 소장)

일경(日卿 : -1237-1238-) 13세기 중반에 활동한 각수刻手이다. 1237-38년에 고려대장경高麗大藏經(『방광반야바라밀경放光般若波羅蜜經』과 『마하반야바라밀경摩訶般若波羅密經』) 조성에 참여하였다.

> ▫ 1237-38년에 高麗大藏經(『放光般若波羅蜜經』) 조성에 참여(김윤곤 편저, 『高麗大藏經 造成名錄集』)
> ▫ 1238년에 高麗大藏經(『摩訶般若波羅密經』) 조성에 참여(김윤곤 편저, 『高麗大藏經 造成名錄集』)

일래(日來 : -1237-1238-) 13세기 중반에 활동한 각수刻手이다. 1237-38년에 고려대장경高麗大藏經(『금강반야바라밀다경金剛般若波羅蜜多經』) 조성에 참여하였다.

> ▫ 1237-38년에 高麗大藏經(『金剛般若波羅蜜多經』) 조성에 참여(김윤곤 편저, 『高麗大藏經 造成名錄集』)

일명(一明 : -1237-1238-) 13세기 중반에 활동한 각수刻手이다. 1237-38년에 고려대장경高麗大藏經(『금강반야바라밀다경金剛般若波羅蜜多經』) 조성에 참여하였다.

> ▫ 1237-38년에 高麗大藏經(『金剛般若波羅蜜多經』) 조성에 참여(김윤곤 편저, 『高麗大藏經 造成名錄集』)

일봉(日峯 : -1443-) 15세기 중반에 활동한 각수刻手이다. 1443년에 전북 완주 화암사花岩寺에서 『묘법연화경妙法蓮華經』(고양 원각사 소장) 간행에 신효信孝와 각수로 참여하였다.

> ▫ 1443년 전북 완주 花岩寺에서 『妙法蓮華經』 刊行에 信孝와 刻手로 참여(刊記, 고양 원각사 소장)

일섬(一暹, 日暹 : -1568-1580-) 16세기 중반에 활동한 각수刻手이다. 1556년 6월에 시역始役하여 1564년에 봄에 필역畢役한 황해 서흥瑞興 귀진사판歸進寺板 『대방광불화엄경소大方廣佛華嚴經疏』 간행에 간선도인幹善道人과 각수로 참여한 후, 1568년에 평안도 순안 법홍사法興寺에서 『선문염송집禪門拈頌集』과 1580년에 『제반문諸般文』 간행에 각수로 참여하였다.

> ▫ 1556년 6월에 始役하여 1564년에 봄에 畢役한 黃海道 瑞興 歸進寺板 『大方廣佛華嚴經疏』 간행에 幹善道人과 刻手로 참여(화봉문고 소장, 金相淏 「朝鮮朝 寺刹板 刻手 研究」) 前觀音寺 住任
> ▫ 1568년 평안도 순안 法興寺에서 『禪門拈頌集』 刊行에 刻手로 참여(『僧』) 刻手
> ▫ 1580년 『諸般文』 刊行에 刻字로 참여(개인소장, 『僧』) 刻字

일암(一庵, 日庵 : -1553-1564-) 16세기 중반에 활동한 각수刻手이다. 1553년부

터 1564년까지 황해도 5개 사찰에서 판각 활동에 참여하였다.
  ◦1553년부터 1564년까지 황해도 5개 사찰에서 판각 활동에 참여(金相淏「朝鮮朝 寺刹板
    刻手 研究」)

일오(一悟 : -1530-) 16세기 전반에 활동한 와장瓦匠이다. 1530년에 황북 사리원 성불사成佛寺 응진전應眞殿 중창重創에 계선戒先과 와장瓦匠으로 참여하였다.
  ◦1530년 황북 사리원 成佛寺 應眞殿 重創에 戒先과 瓦匠으로 참여(申榮勳 編『韓國古建
    物上樑記文集』)

일운(一雲, 一云 : -1530-) 16세기 전반에 활동한 목수木手이다. 1530년에 황북 사리원 성불사成佛寺 응진전應眞殿 중창重創에 현사玄思와 대목大木으로 참여하였다.
  ◦1530년 황북 사리원 成佛寺 應眞殿 重創에 玄思와 大木으로 참여(申榮勳 編『韓國古建
    物上樑記文集』) 副木

일유(一儒 : -1237-1238-) 13세기 중반에 활동한 각수刻手이다. 1237-38년에 고려대장경高麗大藏經(『금강반야바라밀다경金剛般若波羅蜜多經』) 조성에 참여하였다.
  ◦1237-38년에 高麗大藏經(『金剛般若波羅蜜多經』) 조성에 참여(김윤곤 편저,『高麗大藏
    經 造成名錄集』)

일현(日賢 : -1237-1238-) 13세기 중반에 활동한 각수刻手이다. 1237-38년에 고려대장경高麗大藏經(『금강반야바라밀다경金剛般若波羅蜜多經』) 조성에 참여하였다.
  ◦1237-38년에 高麗大藏經(『金剛般若波羅蜜多經』) 조성에 참여(김윤곤 편저,『高麗大藏
    經 造成名錄集』)

일훈(一訓 : -1570-) 16세기 후반에 활동한 각수刻手이다. 1570년에 전북 완주 안심사판安心寺板『최상승론最上乘論』과『옥추경玉樞經』간행에 각수로 참여하였다.
  ◦1570년 전북 완주 安心寺板『最上乘論』과『玉樞經』간행에 刻手로 참여(金相淏「朝鮮朝
    寺刹板 刻手 研究」) 刻手

임단(林旦 : -1125-) 12세기 전반에 활동한 석장石匠으로, 武散階에 정6품부터 정9품 상上에 해당하는 관료이다. 1125년에 개성 영통사靈通寺 대각국사비大覺國師碑 건립에 각자刻字와 화사畫士로 참여하였다.
  ◦1125년 개성 靈通寺 大覺國師碑 건립에 刻字와 畫士로 참여(李智冠『校勘譯註 歷代高僧
    碑文(高麗篇3)』) 校尉 刻字 畫士

임득중(任得中 : -1401-) 15세기 전반에 활동한 각수刻手이다. 1401년에『대불정여래밀인수증요의제보살만행수능엄경大佛頂如來密印修證了義諸菩薩萬行首楞嚴經』(양산 통도사와 송성문 소장) 간행에 명호明旲와 각수로 참여하였다.
  ◦1401년『大佛頂如來密印修證了義諸菩薩萬行首楞嚴經』刊行에 明旲와 刻手로 참여(양산
    통도사와 송성문 소장, 千惠鳳「湖林博物館 所藏의 佛敎典籍」)

임문윤(任文尹 : -940-) 10세기 중반에 활동한 각수刻手이다. 940년 강원 강릉 지장선원地藏禪院 낭원대사오진탑비朗圓大師悟眞塔碑에 각자刻字로 언급되어 있다.

  ▫ 940년 강원 강릉 地藏禪院 朗圓大師悟眞塔碑에 刻字로 언급(『朝鮮金石總覽』上과 李智 冠『校勘譯註 歷代高僧碑文(高麗篇1)』) 刻字

임보(林宝, 林甫 : -1237-1238-) 13세기 중반에 활동한 각수刻手이다. 1237-38년 에 고려대장경高麗大藏經(『금강반야바라밀다경金剛般若波羅蜜多經』) 조성에 참 여하였다.

  ▫ 1237-38년에 高麗大藏經(『金剛般若波羅蜜多經』) 조성에 참여(김윤곤 편저, 『高麗大藏 經 造成名錄集』)

임비(林庇 : -1237-1238-) 13세기 중반에 활동한 각수刻手이다. 1237-38년에 고 려대장경高麗大藏經(『금강반야바라밀다경金剛般若波羅蜜多經』) 조성에 참여하 였다.

  ▫ 1237-38년에 高麗大藏經(『金剛般若波羅蜜多經』) 조성에 참여(김윤곤 편저, 『高麗大藏 經 造成名錄集』)

임석(林石 : -1469-) 15세기 중반에 활동한 수철장水鐵匠이다. 1469년에 경기 남양주 봉선사奉先寺 범종梵鐘을 강원기姜元奇와 수철장으로 조성하였다.

  ▫ 1469년 경기 남양주 奉先寺 梵鐘 조성에 姜元奇와 水鐵匠으로 참여(정영호 「朝鮮前期 梵鐘考」)

임순(林順 : -1310-) 14세기 전반에 활동한 화가畵家이다. 1310년에 화사畵師 김우金祐와 수월관음보살도水月觀音菩薩圖(사가佐賀현립박물관 소장) 조성에 참여하였다.[16]

  ▫ 1310년 水月觀音菩薩圖 조성에 金祐와 畵師로 참여(佐賀縣立博物館 所藏, 진홍섭 『韓國 佛敎美術』과 洪潤植 編『韓國佛畵畵記集』) 翰畵直待詔

임을생(林乙生 : -1468-) 15세기 중반에 활동한 주종장이다. 1468년에 서울 보 신각普信閣 종鐘(국립중앙박물관 소장) 조성에 참여하였다.

  ▫ 1468년 서울 普信閣 鐘 조성에 참여(국립중앙박물관 소장, 정영호 「朝鮮前期 梵鐘考」)

임전(林典 : -879-) 9세기 후반에 활동한 석장石匠이다. 879년 선방사탑禪房寺 塔 조성에 대백사大伯士으로 참여하였다.

  ▫ 879년 禪房寺塔 조성에 大伯士으로 참여(『朝鮮金石總覽』上) 大伯士 釋

임□(任□ : -725-)[17] 8세기 전반에 신라에서 활동한 주종장鑄鐘匠으로, 조남택 照南宅에 속한 장인이다. 725년에 강원 평창 상원사上院寺 소장 범종梵鐘 조성 에 장인匠人으로 참여하였다.

  ▫ 725년 강원 평창 上院寺 所藏 梵鐘 조성에 참여(『朝鮮金石總覽』上) 照南宅匠 大舍

---

16) 진홍섭, 『韓國佛敎美術』, p. 130에 金裕文으로 읽었다.
17) 진홍섭, 『韓國佛敎美術』, p. 135에 仕□로 읽었다.

입성(立成 : -1237-1238-) 13세기 중반에 활동한 각수刻手이다. 1237-38년에 고려대장경高麗大藏經(『방광반야바라밀경放光般若波羅蜜經』) 조성에 참여하였다.

  ▫ 1237-38년에 高麗大藏經(『放光般若波羅蜜經』) 조성에 참여(김윤곤 편저, 『高麗大藏經造成名錄集』)

입신(立心 : -1172-) 12세기 후반에 활동한 각수刻手이다. 1172년에 용수사龍壽寺 개창기비開剏記碑 건립에 각수로 참여하였다.

  ▫ 1172년 龍壽寺 開剏記碑 건립에 刻手로 참여(진홍섭 『韓國佛敎美術』) 門人開善寺住持道人臣 刻字

잉급삼(仍及三 : -1269-) 13세기 중반에 활동한 주성장鑄成匠이다. 충북 청주 운천동에서 출토된 1269년 구양사句陽寺 금고金鼓(국립청주박물관 소장) 개조改造에 대장大匠으로 참여하였다.

  ▫ 충북 청주 운천동에서 출토된 1269년 句陽寺 金鼓 改造에 大匠으로 참여(국립청주박물관 소장, 진홍섭 『韓國佛敎美術』과 한국금석문 종합영상정보시스템)[18] 大匠

잉시의(仍尸依) 10세기 중반에 활동한 석수石手이다. 광종 연간(재위 949-975)에 충남 괴산 각연사覺淵寺 통일대사탑비統一大師塔碑 건립에 석장石匠으로 참여하였다.

  ▫ 광종연간(949-975 재위)에 충남 괴산 覺淵寺 統一大師塔碑 건립에 石匠으로 참여(『朝鮮金石總覽』上) 石匠

잉을희(仍乙希 : -975-) 10세기 후반에 활동한 석수石手이다. 975년에 경기 여주 고달사高達寺 원종대사혜진탑비元宗大師惠眞塔碑 건립에 석장石匠으로 참여하였다.

  ▫ 975년 경기 여주 高達寺 元宗大師惠眞塔碑 건립에 石匠으로 참여(『朝鮮金石總覽』上과 李智冠 『校勘譯註 歷代高僧碑文(高麗篇2)』) 石匠

---

18) 최응천, 「고려시대 금속공예와 匠人」에서 己巳銘 回陽寺 飯子로 보면서 작가를 仍久三으로 읽었다.

ㅈ

자공(子公 : -1237-1238-) 13세기 중반에 활동한 각수刻手이다. 1237-38년에 고려대장경高麗大藏經(『금강반야바라밀다경金剛般若波羅蜜多經』) 조성에 참여하였다.

> ▫ 1237-38년에 高麗大藏經(『金剛般若波羅蜜多經』) 조성에 참여(김윤곤 편저, 『高麗大藏經 造成名錄集』)

자대(資大 : -1237-1238-) 13세기 중반에 활동한 각수刻手이다. 1237-38년에 고려대장경高麗大藏經(『금강반야바라밀다경金剛般若波羅蜜多經』) 조성에 참여하였다.

> ▫ 1237-38년에 高麗大藏經(『金剛般若波羅蜜多經』) 조성에 참여(김윤곤 편저, 『高麗大藏經 造成名錄集』)

자송(自松 : -1377-) 14세기 후반에 활동한 목수木手이다. 1377년에 경북 영주 부석사浮石寺 조사당祖師堂 중수重修에 심경心鏡과 대목大木으로 참여하였다.

> ▫ 1377년 경북 영주 浮石寺 祖師堂 重修에 心鏡과 大木으로 참여(申榮勳 編 『韓國古建物上樑記文集』과 진홍섭 『韓國佛敎美術』)

자신(慈信 : -1443-) 15세기 중반에 활동한 각수刻手이다. 1443년에 전북 완주 화암사花岩寺에서 『묘법연화경妙法蓮華經』(고양 원각사 소장) 간행에 신효信孝와 각수로 참여하였다.

> ▫ 1443년 전북 완주 花岩寺에서 『妙法蓮華經』 刊行에 信孝와 刻手로 참여(刊記, 고양 원각사 소장)

자온(自溫 : -1237-1238-) 13세기 중반에 활동한 각수刻手이다. 1237-38년에 고려대장경高麗大藏經(『방광반야바라밀경放光般若波羅蜜經』) 조성에 참여하였다.

> ▫ 1237-38년에 高麗大藏經(『放光般若波羅蜜經』) 조성에 참여(김윤곤 편저, 『高麗大藏經 造成名錄集』) 刀

자인(慈印 : -1579-) 16세기 후반에 활동한 목수木手이다. 1579년에 『법집별행록절요병입사기法集別行錄節要幷入私記』 간행刊行에 담청淡淸과 연판鍊板으로 참여하였다.

> ▫ 1579년 여름 지리산 神興寺에서 『法集別行錄節要幷入私記』 刊行에 淡淸과 鍊板으로 참여(동국대학교 소장, 곽승훈·김아네스·홍영기 편저 『지리산권 불교자료1-간기편』)

자재(自在 : -1237-1238-) 13세기 중반에 활동한 각수刻手이다. 1237-38년에 고려대장경高麗大藏經(『방광반야바라밀경放光般若波羅蜜經』) 조성에 참여하였다.

　　。1237-38년에 高麗大藏經(『放光般若波羅蜜經』) 조성에 참여(김윤곤 편저, 『高麗大藏經
　　　造成名錄集』)

자주(子柱 : -1237-1238-) 13세기 중반에 활동한 각수刻手이다. 1237-38년에 고려대장경高麗大藏經(『금강반야바라밀다경金剛般若波羅蜜多經』) 조성에 참여하였다.

　　。1237-38년에 高麗大藏經(『金剛般若波羅蜜多經』) 조성에 참여(김윤곤 편저, 『高麗大藏
　　　經 造成名錄集』)

자진(子眞 : -1237-1238-) 13세기 중반에 활동한 각수刻手이다. 1237-38년에 고려대장경高麗大藏經(『금강반야바라밀다경金剛般若波羅蜜多經』) 조성에 참여하였다.

　　。1237-38년에 高麗大藏經(『金剛般若波羅蜜多經』) 조성에 참여(김윤곤 편저, 『高麗大藏
　　　經 造成名錄集』)

자충(子忠 : -1237-1238-) 13세기 중반에 활동한 각수刻手이다. 1237-38년에 고려대장경高麗大藏經(『금강반야바라밀다경金剛般若波羅蜜多經』) 조성에 참여하였다.

　　。1237-38년에 高麗大藏經(『金剛般若波羅蜜多經』) 조성에 참여(김윤곤 편저, 『高麗大藏
　　　經 造成名錄集』)

자환(自環 : -1237-1238-) 13세기 중반에 활동한 각수刻手이다. 1237-38년에 고려대장경高麗大藏經(『방광반야바라밀경放光般若波羅蜜經』) 조성에 참여하였다.

　　。1237-38년에 高麗大藏經(『放光般若波羅蜜經』) 조성에 참여(김윤곤 편저, 『高麗大藏經
　　　造成名錄集』) 刊

자홍(子泓 : -1515-) 16세기 전반에 전북 완주 불명산佛名山에서 활동한 서사書寫이다. 1515년에 전북 완주 화암사花岩寺에서 『불설수생경佛說壽生經』 간행에 서사로 참여하였다.

　　。1515년에 전북 완주 花岩寺에서 『佛說壽生經』 간행에 書寫로 참여(宋日基 「高山 花岩寺
　　　와 成達生」) 書寫

자회(自回 : -1286-) 13세기 후반에 활동한 불화승佛畵僧이다. 1286년에 아미타여래도阿彌陀如來圖 조성(일본은행 소장)에 참여하였다.

　　。1286년 阿彌陀如來圖 조성에 참여(日本銀行 所藏, 洪潤植 編 『韓國佛畵畵記集』) 禪師 筆

잠월(岑月 : -1462-) 15세기 중반에 활동한 각수刻手이다. 1462년에 견불암판見佛庵板 『육경합부六經合部』 간행에 의일義一과 각수로 참여하였다.

　　。1462년 見佛庵板 『六經合部』 간행에 義一과 刻手로 참여(金相淏 「朝鮮朝 寺刹板 刻手
　　　研究」) 大禪師

장관음노(張觀音老 : -1469-) 15세기 중반의 목수木手이다. 1469년에 경기 남양주 봉선사奉先寺 범종梵鐘 조성에 함모리咸毛里와 목수로 참여하였다.

　　▫1469년 경기 남양주 奉先寺 梵鐘 조성에 咸毛里와 木手로 참여(정영호「朝鮮前期 梵鐘考」)

장금동(張今同 : -1462-1469-) 15세기 중반에 활동한 조각장彫刻匠이다. 1462년에 서울 흥천사興天寺 범종梵鐘 조성에 양춘봉梁春奉과 조각장으로 참여하고, 1468년에 서울 보신각普信閣 종鐘(국립중앙박물관 소장) 조성에 참여하였으며, 1469년에 강원 양양 낙산사洛山寺 범종(燒失) 조성에 황효봉黃孝奉과 조각장彫刻匠으로 참여하였다.

　　▫1462년 서울 興天寺 梵鐘 조성에 梁春奉과 彫刻으로 참여(국립중앙박물관 소장,『朝鮮金石總覽』과 정영호「朝鮮前期 梵鐘考」)
　　▫1468년 서울 普信閣 鐘 조성에 참여(국립중앙박물관 소장, 정영호「朝鮮前期 梵鐘考」)
　　▫1469년 강원 양양 洛山寺 梵鐘 조성에 黃孝奉과 彫刻匠으로 참여(燒失, 정영호「朝鮮前期 梵鐘考」)
　* 장금동과 장금음동은 동일인으로 추정된다.

장금음동(張今音同 : -1469-) 15세기 중반에 활동한 조각장彫刻匠이다. 1469년에 경기 남양주 봉선사奉先寺 범종梵鐘 조성에 주장으로 참여하였다.

　　▫1469년 경기 남양주 奉先寺 梵鐘 조성에 彫刻匠으로 참여(정영호「朝鮮前期 梵鐘考」) 彫刻匠
　* 장금음동과 장금동은 동일인이라 추정된다.

장막동(張莫同 : -1470-1493-) 15세기 후반에 활동한 각수刻手이다. 1470년에 정희대왕대비貞熹大王大妃가 세종, 예종, 의경왕의 명복을 기원하여 발원한『묘법연화경妙法蓮華經』과 1474년에『상교정본자비도량참법詳校正本慈悲道場懺法』간행에 권돈일權頓一과 각수로 참여하였다. 1493년에 무량사無量寺『묘법연화경』간행에 이장손李長孫과 각수로 참여하였다.

　　▫1470년 貞熹大王大妃가 세종, 예종, 의경왕의 명복을 기원하여 발원한『妙法蓮華經』刊行에 權頓一과 刻手로 참여(朴桃花「朝鮮時代 佛敎版畵의 樣式과 刻手」)
　　▫1474년『詳校正本慈悲道場懺法』刊行에 權頓一과 刻手로 참여(刊記,『韓國佛敎儀禮資料叢書』1집)
　　▫1493년 無量寺『妙法蓮華經』간행에 李長孫과 각수로 참여(金相淏「朝鮮朝 寺刹板 刻手 研究」)

장생(長生 : -1244-) 13세기 중반에 활동한 각수刻手이다. 1244년에 분사대장도감에서 조성한 경전 간행에 참여하였다.

　　▫1244년 분사대장도감에서 조성된 경전 간행에 참여(최연주『高麗大藏經 硏究事』)

장서(蔣敍 : -1237-1238-) 13세기 중반에 활동한 각수刻手이다. 1237-38년에 고려대장경高麗大藏經(『금강반야바라밀다경金剛般若波羅蜜多經』) 조성에 참여하였다.

　　▫1237-38년에 高麗大藏經(『金剛般若波羅蜜多經』) 조성에 참여(김윤곤 편저,『高麗大藏經 造成名錄集』)

장석경(張石京, 張石亰 : -1469-) 15세기 중반에 활동한 주장注匠이다. 1469년에 강원 양양 낙산사洛山寺 범종(燒失)과 경기 남양주 봉선사奉先寺 범종梵鐘을 이을부李乙夫와 주장으로 조성하였다.

▫ 1469년 강원 양양 洛山寺 梵鐘 조성에 李乙夫와 注匠으로 참여(燒失, 정영호 『朝鮮前期 梵鐘考』)

1469년 경기 남양주 奉先寺 梵鐘 조성에 李乙夫와 注匠으로 참여(정영호 『朝鮮前期 梵鐘考』)

장선남(張善男 : -1468-) 15세기 중반에 활동한 주종장이다. 1468년에 서울 보신각普信閣 종鐘(국립중앙박물관 소장) 조성에 참여하였다.

▫ 1468년 서울 普信閣 鐘 조성에 참여(국립중앙박물관 소장, 정영호 『朝鮮前期 梵鐘考』)

장수명(張守明 : -1528-1531-) 16세기 전반에 전남 순천에서 활동한 각수刻手이다. 1528년에 지리산 신흥사판神興寺板 『호법론護法論』 간행에 각수로, 1531년에 송광사판松廣寺板 『천지명양수륙잡문天地冥陽水陸雜文』과 『청량답순종심요법淸凉答順宗心要法』 및 은적암판隱寂庵板 『종경촬요宗鏡撮要』 간행에 각수로 참여하였다.

▫ 1528년 지리산 神興寺板 『護法論』 간행에 刻手로 참여(국립중앙도서관 소장, 곽승훈·김아네스·홍영기 편저 『지리산권 불교자료1-간기편』)

▫ 1531년 松廣寺板 『天地冥陽水陸雜文』, 『淸凉答順宗心要法』 간행에 각수로 참여(金相淏 『朝鮮朝 寺刹板 刻手 硏究』)

1531년 隱寂庵板 『宗鏡撮要』 간행에 각수로 참여(金相淏 『朝鮮朝 寺刹板 刻手 硏究』)

장오마지(張吾亇知 : -1462-) 15세기 중반에 활동한 주장注匠이다. 1462년에 서울 흥천사興天寺 범종梵鐘 조성에 양춘봉梁春奉과 조각장으로 참여하였다.

▫ 1462년 서울 興天寺 梵鐘 조성에 梁春奉과 彫刻匠으로 참여(국립중앙박물관 소장, 『朝鮮金石總覽』과 정영호 『朝鮮前期 梵鐘考』)

장인(張印 : -1543-) 16세기 중반에 활동한 화원畵員이다. 1543년에 충남 홍성 고산사高山寺 불상佛像 조성에 혜웅惠雄과 화원으로 참여하였다.

▫ 1543년 충남 홍성 高山寺 佛像 조성에 惠雄과 畵員으로 참여(문명대 『조선전반기 불상조각의 도상해석학적 연구』)

장자춘(張子春 : -1085-) 11세기 후반에 활동한 각수刻手이다. 1085년에 강원 원주 법천사法泉寺 지광국사현묘탑비智光國師玄妙塔碑 건립에 이영보李英輔와 각자刻字로 참여하였다.

▫ 1085년 강원 원주 法泉寺 智光國師玄妙塔碑 건립에 李英輔와 刻字로 참여(李智冠 『校勘譯註 歷代高僧碑文(高麗篇2)』)

장중산(莊中山 : -1468-) 15세기 중반에 활동한 주종장이다. 1468년에 서울 보신각普信閣 종鐘(국립중앙박물관 소장) 조성에 참여하였다.

▫ 1468년 서울 普信閣 鐘 조성에 참여(국립중앙박물관 소장, 정영호 『朝鮮前期 梵鐘考』)

장첨(庄尖 : -1224-) 13세기 중반에 각수刻手이다. 1224년에 금고金鼓 조성에 인천仁天과 각표刻標로 참여하였다.

▫ 1224년 金鼓 조성에 刻標로 참여(진홍섭 『韓國佛敎美術』과 최응천 「고려시대 금속공예와 匠人」)[19]

---

19) 최응천, 「고려시대 금속공예와 匠人」, 『미술사학연구』 241, 한국미술사학회, 2004.3, p. 186.

장초(莊超, 壯超 : -939-943-) 10세기 전반에 활동한 각수刻手이다. 939년에 경기 양평 보리사菩提寺 대경대사현기탑비大鏡大師玄機塔碑 건립에 최문윤崔文尹과 각자刻字로, 943년에 충북 충주 정토사淨土寺 법경대사자등탑비法鏡大師慈燈塔碑 건립에 광예光乂와 전자鐫字로 참여하였다.

  ▫ 939년 경기 양평 菩提寺 大鏡大師玄機塔碑 건립에 崔文尹과 각자刻字로 참여(『朝鮮金石總覽』上과 李智冠 『校勘譯註 歷代高僧碑文(高麗篇1)』)
  ▫ 943년 충북 충주 淨土寺 法鏡大師慈燈塔碑 건립에 光乂와 鐫字로 참여(『朝鮮金石總覽』上과 李智冠 『校勘譯註 歷代高僧碑文(高麗篇1)』)

장평(蔣坪 : -1237-1238-) 13세기 중반에 활동한 각수刻手이다. 1237-38년에 고려대장경高麗大藏經(『금강반야바라밀다경金剛般若波羅蜜多經』) 조성에 참여하였다.

  ▫ 1237-38년에 高麗大藏經(『金剛般若波羅蜜多經』) 조성에 참여(김윤곤 편저, 『高麗大藏經 造成名錄集』)

재보(才保 : -1237-1238-) 13세기 중반에 활동한 각수刻手이다. 1237-38년에 고려대장경高麗大藏經(『방광반야바라밀경放光般若波羅蜜經』) 조성에 참여하였다.

  ▫ 1237-38년에 高麗大藏經(『放光般若波羅蜜經』) 조성에 참여(김윤곤 편저, 『高麗大藏經 造成名錄集』)

적의(迪義 : -1237-1238-) 13세기 중반에 활동한 각수刻手이다. 1237-38년에 고려대장경高麗大藏經(『방광반야바라밀경放光般若波羅蜜經』) 조성에 참여하였다.

  ▫ 1237-38년에 高麗大藏經(『放光般若波羅蜜經』) 조성에 참여(김윤곤 편저, 『高麗大藏經 造成名錄集』)

전백(田白, 田伯 : -1237-1238-) 13세기 중반에 활동한 각수刻手이다. 1237-38년에 고려대장경高麗大藏經(『금강반야바라밀다경金剛般若波羅蜜多經』) 조성에 참여하였다.

  ▫ 1237-38년에 高麗大藏經(『金剛般若波羅蜜多經』) 조성에 참여(김윤곤 편저, 『高麗大藏經 造成名錄集』)

전비(田庇 : -1237-1238-) 13세기 중반에 활동한 각수刻手이다. 1237-38년에 고려대장경高麗大藏經(『금강반야바라밀다경金剛般若波羅蜜多經』) 조성에 참여하였다.

  ▫ 1237-38년에 高麗大藏經(『金剛般若波羅蜜多經』) 조성에 참여(김윤곤 편저, 『高麗大藏經 造成名錄集』)

전성(田成 : -1237-1238-) 13세기 중반에 활동한 각수刻手이다. 1237-38년에 고려대장경高麗大藏經(『금강반야바라밀다경金剛般若波羅蜜多經』) 조성에 참여하였다.

  ▫ 1237-38년에 高麗大藏經(『金剛般若波羅蜜多經』) 조성에 참여(김윤곤 편저, 『高麗大藏經 造成名錄集』)

전인(全忍 : -1324-1325-) 14세기 전반에 활동한 화원畵員이다. 1324년에 송나

라에 가서 채색을 사가지고 와서 1325년 봄에 선원사 비로암 서편과 동편 벽에 40분의 신중神衆을 그렸다.

▫1324년에 송나라에 가서 채색을 사가지고 돌아옴(禪源寺毘盧殿丹靑記 『東文選』卷65)
▫1325년 봄에 선원사 비로암 서편과 동편 벽에 40분의 神衆을 그림(禪源寺毘盧殿丹靑記 『東文選』卷65)

전일(全一 : -1244-) 13세기 중반에 활동한 각수刻手이다. 1244년에 분사대장 도감에서 조성한 경전 간행에 참여하였다.

▫1244년 분사대장도감에서 조성된 경전 간행에 참여(최연주 『高麗大藏經 研究事』)

전정(全延) 여말에 활동한 편수片手이다. 계묘년癸卯年 바라鈸鑼 조성에 참여 하였다.

癸卯年 鈸鑼 조성에 참여(허흥식 『韓國金石全文』中世 下)

절학(節學 : -1515-) 16세기 전반에 활동한 조각승이다. 1515년에 국립 중앙박물관 소장 석조지장보살좌상石造地藏菩薩坐像을 수화승으로 조성 하였다.

▫1515년 국립중앙박물관 所藏 石造地藏菩薩坐像을 畵員으로 조성(發願文, 文明大 『朝鮮朝(17세기 2/4分期 木阿彌陀三尊佛龕의 한 考察』) 畵員

절학, 석조지장보살좌상, 1515년, 국립중앙박물관

점대(点大 : -1237-1238-) 13세기 중반에 활동한 각수刻手이다. 1237-38 년에 고려대장경高麗大藏經(『금강반야바라밀다경金剛般若波羅蜜多經』) 조 성에 참여하였다.

▫1237-38년에 高麗大藏經(『金剛般若波羅蜜多經』) 조성에 참여(김윤곤 편저, 『高 麗大藏經 造成名錄集』)

점삼(点三 : -1237-1238-) 13세기 중반에 활동한 각수刻手이다. 1237-38 년에 고려대장경高麗大藏經(『금강반야바라밀다경金剛般若波羅蜜多經』) 조성에 참여하였다.

▫1237-38년에 高麗大藏經(『金剛般若波羅蜜多經』) 조성에 참여(김윤곤 편저, 『高麗大藏 經 造成名錄集』)

정(鄭 : -1301-) 14세기 초반에 활동한 주성장鑄成匠이다. 국립중앙박물관에 소 장된 1301년 청운사靑雲寺 반자飯子 조성에 대장大匠으로 참여하였다.

▫1301년 靑雲寺 飯子 조성에 大匠으로 참여(국립중앙박물관 소장, 한국금석문 종합영상 정보시스템) 鑄匠

정계생(鄭界生 : -1468-) 15세기 중반에 활동한 주종장이다. 1468년에 서울 보 신각普信閣 종鐘(국립중앙박물관 소장) 조성에 참여하였다.

▫1468년 서울 普信閣 鐘 조성에 참여(국립중앙박물관 소장, 정영호 『朝鮮前期 梵鐘考』)

정교광(丁敎光 : -1543-) 16세기 중반에 활동한 화원畵員이다. 1543년에 충남 홍성 고산사高山寺 불상佛像 조성에 혜웅惠雄과 화원으로 참여하였다.

▫1543년 충남 홍성 高山寺 佛像 조성에 惠雄과 畵員으로 참여(문명대 『조선전반기 불상 조각의 도상해석학적 연구』)

ㅈ

정길산(鄭吉山 : -1462-1469-) 15세기 중반에 활동한 주성장鑄成匠이다. 1462년에 서울 흥천사興天寺 범종梵鐘을, 1468년에 서울 보신각普信閣 종鐘(국립중앙박물관 소장)을, 1469년에 강원 양양 낙산사洛山寺 범종(燒失)과 경기 남양주 봉선사奉先寺 범종 조성하였다.

  □ 1462년 서울 興天寺 梵鐘 조성에 鑄成匠으로 참여(국립중앙박물관 소장, 『朝鮮金石總覽』과 정영호 「朝鮮前期 梵鐘考」) 鑄成匠
  □ 1468년 서울 普信閣 鐘 조성에 참여(국립중앙박물관 소장, 정영호 「朝鮮前期 梵鐘考」)
  □ 1469년 강원 양양 洛山寺 梵鐘 조성에 鑄成匠으로 참여(燒失, 정영호 「朝鮮前期 梵鐘考」) 鑄成匠
  1469년 경기 남양주 奉先寺 梵鐘 조성에 鑄成匠으로 참여(정영호 「朝鮮前期 梵鐘考」) 鑄成匠

정난종(鄭蘭宗 : -1433-1489-) 15세기 중반부터 후반까지 활동한 서자書者이다. 1462년에 서울 흥천사興天寺 범종梵鐘, 1469년에 강원 양양 낙산사洛山寺 범종(燒失)과 경기 남양주 봉선사奉先寺 범종梵鐘을 조성할 때 글씨를 썼다.

  □ 1462년 서울 興天寺 梵鐘 조성에 監役으로 참여(국립중앙박물관 소장, 『朝鮮金石總覽』과 정영호 「朝鮮前期 梵鐘考」) 宣敎朗守吏曹佐郎藝文奉敎兼承文院副校理臣 鄭蘭宗奉敎書
  □ 1469년 강원 양양 洛山寺 梵鐘 조성에 글을 씀(燒失, 『朝鮮金石總覽』과 정영호 「朝鮮前期 梵鐘考」) 司宰監書吏
  1469년 경기 남양주 奉先寺 梵鐘 조성에 글을 씀(『朝鮮金石總覽』과 정영호 「朝鮮前期 梵鐘考」) 嘉靖大夫行虎賁衛大護軍兼春秋館同知事臣 鄭蘭宗奉 敎書

정대(丁代 : -1237-1238-) 13세기 중반에 활동한 각수刻手이다. 1237-38년에 고려대장경高麗大藏經(『금강반야바라밀다경金剛般若波羅蜜多經』) 조성에 참여하였다.

  □ 1237-38년에 高麗大藏經(『金剛般若波羅蜜多經』) 조성에 참여(김윤곤 편저, 『高麗大藏經 造成名錄集』)

정득(丁得 : -754-755-) 8세기 중반에 활동한 화원畵員이다. 754년 8월 1일부터 755년 2월 14일까지 만든 「백지묵서화엄경白紙墨書華嚴經」 변상도變相圖(삼성문화재단 소장)를 의본義本과 그렸다.

  □ 754년 8월 1일부터 755년 2월 14일까지 만든 「白紙墨書華嚴經」 變相圖를 義本과 그림(삼성문화재단 소장, 진홍섭 『韓國佛敎美術』) 奈麻

정련(正蓮 : -1354-) 14세기 중반에 활동한 각수刻手이다. 1354년 경남 진주에서 출간한 문신 최해崔瀣(1287-1340)의 문집인 『졸고천백拙稿千百』 간행에 각수로 참여하였다.

  □ 1354년 경남 진주에서 출간한 문신 崔瀣(1287-1340)의 문집인 『拙稿千百』 간행에 刻手로 참여(최연주 『高麗大藏經 研究事』) 刻手

정명(丁皿, 貞皿 : -1237-1238-) 13세기 중반에 활동한 각수刻手이다. 1237-38년에 고려대장경高麗大藏經(『금강반야바라밀다경金剛般若波羅蜜多經』) 조성에 참여하였다.

　▫1237-38년에 高麗大藏經(『金剛般若波羅蜜多經』) 조성에 참여(김윤곤 편저, 『高麗大藏
　　經 造成名錄集』)

정미(鄭美 : -1469-) 15세기 중반에 활동한 각수刻手이다. 1469년에 강원 양양
낙산사洛山寺 범종(燒失) 조성에 각자刻字로 참여하였다.

　▫1469년 강원 양양 洛山寺 梵鐘 조성에 刻字로 참여(燒失, 정영호『朝鮮前期 梵鐘考』) 刻字

정민(丁玟) 고려시대 개성 근방 적항赤項에서 활동한 와장瓦匠이다. 개성 만월
대에 있던 궁성에 올린 기와를 제작하였다.

　▫고려시대 개성 만월대에 있던 궁성에 올린 기와를 제작한 와장으로 참여(홍영의「개성
　　고려궁성 출토 명문기와의 유형과 窯場」) 赤項

정상좌(鄭上佐 : -1469-) 15세기 중반에 활동한 각수刻手이다. 1469년에 강원
양양 낙산사洛山寺 범종(燒失) 조성에 정미鄭美와 각자刻字로 참여하였다.

　▫1469년 강원 양양 洛山寺 梵鐘 조성에 鄭美와 刻字로 참여(燒失, 정영호「朝鮮前期 梵鐘考」)

정서(定敍 : -1238-) 13세기 중반에 활동한 각수刻手이다. 1238년에 고려대장
경高麗大藏經(『마하반야바라밀경摩訶般若波羅密經』) 조성에 참여하였다.

　▫1238년에 高麗大藏經(『摩訶般若波羅密經』) 조성에 참여(김윤곤 편저, 『高麗大藏經 造成
　　名錄集』)

정수(正守, 正守 : -1237-1238-) 13세기 중반에 활동한 각수刻手이다. 1237-38년
에 고려대장경高麗大藏經(『금강반야바라밀다경金剛般若波羅蜜多經』) 조성에 참
여하였다.

　▫1237-38년에 高麗大藏經(『金剛般若波羅蜜多經』) 조성에 참여(김윤곤 편저, 『高麗大藏
　　經 造成名錄集』)

정시(正時 : -1244-) 13세기 중반에 활동한 각수刻手이다. 1244년에 대장도감
에서 조성한 경전 간행에 참여하였다.

　▫1244년 대장도감에서 조성된 경전 간행에 참여(최연주『高麗大藏經 研究事』)

정심(正心 : -1448-) 15세기 중반에 활동한 각수刻手이다. 1448년에 효령대군
과 안평대군이 발원한 『묘법연화경妙法蓮華經』 간행에 각수로 참여하였다.

　▫1448년 효령대군과 안평대군이 발원한 『妙法蓮華經』 刊行에 刻手로 참여(朴桃花「朝鮮
　　時代 金剛經 判書의 圖像」) 刻手 大禪師

정안(正安 : -1237-1238-) 13세기 중반에 활동한 각수刻手이다. 1237-38년에 고
려대장경高麗大藏經(『금강반야바라밀다경金剛般若波羅蜜多經』) 조성에 참여하
였다.

　▫1237-38년에 高麗大藏經(『金剛般若波羅蜜多經』) 조성에 참여(김윤곤 편저, 『高麗大藏
　　經 造成名錄集』)

정연수(鄭延壽 : -1468-) 15세기 중반에 활동한 주종장이다. 1468년에 서울 보
신각普信閣 종鐘(국립중앙박물관 소장) 조성에 참여하였다.

　▫1468년 서울 普信閣 鐘 조성에 참여(국립중앙박물관 소장, 정영호「朝鮮前期 梵鐘考」)

정영(定英 : -1244-) 13세기 중반에 활동한 각수刻手이다. 1244년에 분사대장

도감에서 조성한 경전 간행에 참여하였다.

　▫ 1244년 분사대장도감에서 조성된 경전 간행에 참여(최연주『高麗大藏經 研究事』)

정영산(鄭迎山 : -1515-) 16세기 전반에 활동한 철장鐵匠이다. 1515년에 경북 예천 용문사 목조아미타여래좌상을 이영문李永文이 개조改造할 때 철장으로 참여하였다.

　▫ 1515년 경북 예천 용문사 木造阿彌陀如來坐像을 李永文이 改造할 때 鐵匠로 참여(改造發願文) 鐵匠

정오(正悟 : -1525-) 16세기 전반에 활동한 각수刻手이다. 1525년에 전남 순천 대광사大光寺에서 『계초심학인문誡初心學人文』 간행에 각수로 참여하였다.

　▫ 1525년 전남 순천 大光寺에서 『誡初心學人文』 刊行에 刻手로 참여(『僧』)

정운(正云 : -1572-1575-) 16세기 후반에 활동한 각수刻手이다. 1572년에 경북 상주 대승사大乘寺에서 『묘법연화경妙法蓮華經』 간행에 도헌과 각수로 참여하고, 1575년에 전북 완주 안심사판安心寺板 『금강반야바라밀다경金剛般若波羅密多經』 간행에 도헌과 각수로 참여하였다.

　▫ 1572년 경북 상주 大乘寺에서 『妙法蓮華經』 刊行에 道軒과 刻手로 참여(金相淏 「朝鮮朝 寺刹板 刻手 研究」)
　▫ 1575년 전북 완주 安心寺板 『金剛般若波羅密多經』 刊行에 道軒과 刻手로 참여(金相淏 「朝鮮朝 寺刹板 刻手 研究」)
　＊ 정예正云일 가능성도 있다.

정원(貞元 : -1025-) 11세기 전반에 활동한 각수刻手이다. 1025년에 강원 원주 거돈사居頓寺 승묘탑비勝妙塔碑 건립에 각자刻字로 참여하였다.

　▫ 1025년 강원 원주 居頓寺 勝妙塔碑 건립에 刻字로 참여(『朝鮮金石總覽』上과 李智冠『校勘譯註 歷代高僧碑文(高麗篇2)』)

정응(正應 : -1588-) 16세기 후반에 활동한 각수刻手이다. 1588년에 경북 청도 운문사雲門寺에서 『법집별행록절요병입사기法集別行錄節要幷入私記』 간행에 의연義璉과 각자刻字로 참여하였다.

　▫ 1588년 경북 청도 雲門寺에서 『法集別行錄節要幷入私記』 간행에 刻字로 참여(刊記, 고양 원각사 소장)

정인(正印 : -1571-) 16세기 후반에 활동한 각수刻手이다. 1571년에 전북 익산 두질촌두영정가叱村豆永貞家에서 개판開刻 이전移轉하여 은진恩津 불명산佛明山 쌍계사雙溪寺에서 재환在還한 『불설사십이장경佛說四十二章經』(화봉문고 소장) 간행에 응정應晶과 각수로 참여하였다.

　▫ 1571년 전북 익산 豆叱村豆永貞家에서 開刻 移轉하여 恩津地 佛明山 雙溪寺에서 在還한 『佛說四十二章經』 간행에 應晶과 각수로 참여(刊記, 화봉문고 소장)

정잠(定岑 : -939-) 10세기 전반에 활동한 각수刻手이다. 939년에 경기 양평 보리사菩提寺 대경대사현기탑비大鏡大師玄機塔碑에 최문윤崔文尹과 각자刻字로 언급되어 있다.

◦ 939년 경기 양평 菩提寺 大鏡大師玄機塔碑에 崔文尹과 각자刻字로 언급(『朝鮮金石總覽』
上과 李智冠 『校勘譯註 歷代高僧碑文(高麗篇1)』)

정장(正藏 : -1541-) 16세기 중반에 활동한 화승畫僧이다. 1541년에 『불설대보
부모은중경佛說大報父母恩重經』(화봉문고 소장) 간행에 화승으로 참여하였다.

◦ 1541년에 『佛說大報父母恩重經』 간행에 畫僧으로 참여(刊記, 화봉문고 소장) 畫僧

정장수(鄭長守 : -1468-) 15세기 중반에 활동한 주종장이다. 1468년에 서울 보
신각普信閣 종鐘(국립중앙박물관 소장) 조성에 참여하였다.

◦ 1468년 서울 普信閣 鐘 조성에 참여(국립중앙박물관 소장, 정영호 「朝鮮前期 梵鐘考」)

정춘발(鄭春發 : -1462-1469-) 15세기 중반에 활동한 각수刻手이다. 1462년에
서울 흥천사興天寺 범종梵鐘 조성에 김귀생金貴生과 각자刻字로, 1469년에 경
기 남양주 봉선사奉先寺 범종梵鐘 조성에 김순생金順生과 각자로 참여하였다.

◦ 1462년 서울 興天寺 梵鐘 조성에 金貴生과 刻字로 참여(국립중앙박물관 소장, 『朝鮮金
石總覽』과 정영호 「朝鮮前期 梵鐘考」)
◦ 1469년 경기 남양주 奉先寺 梵鐘 조성에 金順生과 刻字로 참여(정영호 「朝鮮前期 梵鐘考」)

정충(正忠 : -1150-) 12세기 중반에 활동한 각수刻手로, 선각국사先覺國師의 문
인門人이다. 1150년에 전남 광양 옥룡사玉龍寺 선각국사증성혜등탑비先覺國師
證聖慧燈塔碑 건립에 각자刻字로 참여하였다.

◦ 1150년 전남 광양 玉龍寺 先覺國師證聖慧燈塔碑 건립에 刻字로 참여(李智冠 『校勘譯註
歷代高僧碑文(高麗篇3)』) 門生 參學 臣 刻字

정행(正行 : -1460-) 15세기 중반에 활동한 소목장小木匠이다. 1460년에 전북
진안 중대사中臺寺에서 『육경합부六經合部』 간행에 고시古示와 연판鍊板으로
참여하였다.

◦ 1460년에 전북 진안 中臺寺에서 『六經合部』 간행에 古示와 鍊板으로 참여(刊記, 고양
원각사 소장)

정혜(正惠 : -1237-1238-) 13세기 중반에 활동한 각수刻手이다. 1237-38년에 고
려대장경高麗大藏經(『금강반야바라밀다경金剛般若波羅蜜多經』) 조성에 참여하
였다.

◦ 1237-38년에 高麗大藏經(『金剛般若波羅蜜多經』) 조성에 참여(김윤곤 편저, 『高麗大藏
經 造成名錄集』) 刻

정홍(鄭洪 : -1237-1238-) 13세기 중반에 활동한 각수刻手이다. 1237-38년에 고
려대장경高麗大藏經(『방광반야바라밀경放光般若波羅蜜經』) 조성에 참여하였다.

◦ 1237-38년에 高麗大藏經(『放光般若波羅蜜經』) 조성에 참여(김윤곤 편저, 『高麗大藏經
造成名錄集』)

정화(靖和) 10세기 전반에 신라에서 활동한 화원畫員이다. 통일신라 경명왕대
경북 경주 흥륜사 벽화 조성에 참여하였다.

◦ 통일신라 경명왕대 경북 경주 흥륜사 벽화 조성에 참여(『三國遺事』 卷第3, 塔像 4, 興輪
寺壁畫普賢條와 진홍섭 『한국미술사자료집성(1)』)

조명(祖明 : -1473-) 15세기 중반에 활동한 목수木手이다. 1473년에 전남 영암 도갑사道岬寺 해탈문解脫門 건립에 각여覺如와 대목大木으로 참여하였다.

- 1473년 전남 영암 道岬寺 解脫門 건립에 覺如와 大木으로 참여(尹武炳「道岬寺 解脫門 上樑文」과 申榮勳 編『韓國古建物上樑記文集』)

조문(祖文 : -1591-) 16세기 후반에 활동한 화원畵員이다. 1591년에 감로도甘露圖(일본 미에현三重縣 아사다지朝田寺 소장)를 조성하였다.

- 1591년 甘露圖를 조성(日本 三重縣 朝田寺 所藏, 洪潤植 編『韓國佛畵畵記集』 과 박은경『조선전기불화연구』) 畵員

조문, 감로도, 1591년, 일본 미에현 아사다지 소장

조영(祖英 : -1537-1582-) 16세기 중반에 활동한 각수刻手이다. 1537년에 충남 금산 신안사身安寺에서 『진실주집眞實珠集』, 1549년에 강원 금강산사金剛山寺에서 『선문염송집禪門拈頌集』, 1555년에 충남 천안 광덕사廣德寺에서 『묘법연화경妙法蓮華經』 간행에 각수로 참여하였다. 그는 1564년에 황해 서흥瑞興 귀진사판歸進寺板 『대방광불화엄경소大方廣佛華嚴經疏』, 1568년에 평안 순안 법흥사法興寺에서 『선문염송집禪門拈頌集』, 1569년에 충남 논산 쌍계사雙溪寺에서 『월인석보月印釋譜』와 『불설금강정유가최승비밀성불수구즉득신변가지성취다라니佛說金剛頂瑜伽最勝秘密成佛隨求卽得神變加持成就陀羅尼』, 1574년에 강원 철원 심원사深原寺에서 『묘법연화경』 간행에 각수로 참여하였으며, 1578년에 경기 용인 서봉사瑞峰寺에서 『묘법연화경』 간행에 각수와 교정까지 하였다. 1580년에 『제반문諸般文』 간행에 일섬日暹과 각수로 참여한 후, 1582년에 경기 용인 서봉사에서 『유석질의론儒釋質疑論』 간행에 각수로 참여하였다.

- 1537년 충남 금산 身安寺에서 『眞實珠集』 刊行에 刻手로 참여(金相淏「朝鮮朝 寺刹板 刻手 硏究」)
- 1549년 강원 金剛山寺에서 『禪門拈頌集』 刊行에 刻手로 참여(金相淏「朝鮮朝 寺刹板 刻手 硏究」)
- 1555년 충남 천안 廣德寺에서 『妙法蓮華經』 刊行에 刻手로 참여(金相淏「朝鮮朝 寺刹板 刻手 硏究」)
- 1564년 황해 歸眞寺에서 『大方廣佛華嚴經疎』 刊行에 刻手로 참여(刊記)
- 1568년 평안 순안 法興寺에서 『禪門拈頌集』 刊行에 日暹과 刻手로 참여(『僧』) 供養布施 自刊造成
- 1569년에 충남 논산 雙溪寺에서 『月印釋譜』와 『불설금강정유가최승비밀성불수구즉득신변가지성취다라니佛說金剛頂瑜伽最勝秘密成佛隨求卽得神變加持成就陀羅尼』 간행에 각수로 참여(金相淏「朝鮮朝 寺刹板 刻手 硏究」) 刻手
- 1574년 강원 철원 深原寺에서 『妙法蓮華經』 刊行에 刻手로 참여(金相淏「朝鮮朝 寺刹板 刻手 硏究」) 刻手
- 1578년 경기 용인 瑞峰寺에서 『妙法蓮華經』 刊行에 刻手로 참여(金相淏「朝鮮朝 寺刹板 刻手 硏究」) 刻手과 校正
- 1580년 『諸般文』 刊行에 日暹과 刻手로 참여(개인소장, 『僧』)
- 1582년 경기 용인 瑞峰寺에서 『儒釋質疑論』 刊行에 刻手로 참여(金相淏「朝鮮朝 寺刹板 刻手 硏究」) 刻手

조예전(趙禮全 : -1237-1238-) 13세기 중반에 활동한 각수刻手이다. 1237-38년에 고려대장경高麗大藏經(『방광반야바라밀경放光般若波羅蜜經』) 조성에 참여하였다.

  ▫ 1237-38년에 高麗大藏經(『放光般若波羅蜜經』) 조성에 참여(김윤곤 편저, 『高麗大藏經造成名錄集』)

조웅(祖雄 : -1574-) 16세기 후반에 활동한 각수刻手이다. 1574년에 전남 순천 조계산曹溪山 송광사松廣寺에서 『천지명양수륙재의찬요天地冥陽水陸齋儀纂要』(화봉문고 소장) 간행에 만혜萬惠와 각수로 참여하였다.

  ▫ 1574년 전남 순천 曹溪山 松廣寺에서 『天地冥陽水陸齋儀纂要』 간행에 萬惠와 刻手로 참여(刊記, 화봉문고 소장)

조은(祖블 : -1573-) 16세기 후반에 활동한 각수刻手이다. 1573년에 충북 보은 속리산俗離山 공림사空林寺에서 『법계성범수륙승회수재의궤法界聖凡水陸勝會修齋儀軌』 간행에 각수로 참여하였다.

  ▫ 1573년 충북 보은 俗離山 空林寺에서 『法界聖凡水陸勝會修齋儀軌』 刊行에 刻手로 참여(刊記, 『韓國佛敎儀禮資料叢書』1집) 刻手

조일(祖一 : -1499-) 15세기 후반에 활동한 소목장小木匠이다. 1499년에 경남 합천 석수암石水庵에서 『선종영가집禪宗永嘉集(몽산법어언해蒙山法語諺解 合集)』(고양 원각사 소장) 간행에 연판練板으로 참여하였다.

  ▫ 1499년 경남 합천 石水庵에서 『禪宗永嘉集(蒙山法語諺解 合集)』 刊行에 練板으로 참여(刊記, 고양 원각사 소장) 練板

조종석(趙終碩 : -1541-) 16세기 중반에 활동한 서자書者이다. 1541년에 『불설대보부모은중경佛說大報父母恩重經』(화봉문고 소장) 간행에 서자書字로 참여하였다.

  ▫ 1541년에 『佛說大報父母恩重經』 간행에 書者로 참여(刊記, 화봉문고 소장) 書字

조헌(祖軒 : -1573-1578-) 16세기 중반에 충북 괴산(구舊 청안淸安)에서 활동한 각수刻手이다. 1573년에 충북 보은 속리산俗離山 공림사空林寺에서 『법계성범수륙승회수재의궤法界聖凡水陸勝會修齋儀軌』 간행에 조은祖블과 각수로 참여하고, 1576년에 보살사판菩薩寺板 『묘법연화경妙法蓮華經』과 1578년에 경기 안양 삼막사三藐寺에서 『묘법연화경』 간행에 각수로 참여하였다.

  ▫ 1573년 충북 보은 俗離山 空林寺에서 『法界聖凡水陸勝會修齋儀軌』 刊行에 祖블과 刻手로 참여(刊記, 『韓國佛敎儀禮資料叢書』1집)
  ▫ 1576년 菩薩寺板 『妙法蓮華經』 刊行에 刻手로 참여(金相淏 「朝鮮朝 寺刹板 刻手 硏究」) 淸安僧
  ▫ 1578년 경기 안양 三藐寺板 『妙法蓮華經』 刊行에 刻手로 참여(金相淏 「朝鮮朝 寺刹板 刻手 硏究」)

조혜(祖惠 : -1575-) 16세기 후반에 활동한 각수刻手이다. 1575년에 전남 담양 추월산秋月山 용천사龍泉寺에서 『조상경造像經』(고양 원각사 소장) 간행에 도언道彦과 각수로 참여하고, 『염불작법念佛作法』을 혼자서 새겼다.

  ▫ 1575년 전남 담양 秋月山 龍泉寺에서 『造像經』 刊行에 道彦과 刻手로 참여(刊記, 고양
    원각사 소장)
    1575년에 전남 담양 秋月山 龍泉寺에서 『念佛作法』 刊行에 刻手로 참여(刊記, 『韓國佛
    敎儀禮資料叢書』2집) 刻

존립(存立 : -1237-1238-) 13세기 중반에 활동한 각수刻手이다. 1237-38년에 고
려대장경高麗大藏經(『금강반야바라밀다경金剛般若波羅蜜多經』) 조성에 참여하
였다.

  ▫ 1237-38년에 高麗大藏經(『金剛般若波羅蜜多經』) 조성에 참여(김윤곤 편저, 『高麗大藏
    經 造成名錄集』)

존식(存植 : -1237-1238-) 13세기 중반에 활동한 각수刻手이다. 1237-38년에 고
려대장경高麗大藏經(『금강반야바라밀다경金剛般若波羅蜜多經』) 조성에 참여하
였다.

  ▫ 1237-38년에 高麗大藏經(『金剛般若波羅蜜多經』) 조성에 참여(김윤곤 편저, 『高麗大藏
    經 造成名錄集』) 刻

존심(存深 : -1166-) 12세기 중반에 활동한 각수刻手이다. 1166년에 『범서총지
집梵書摠持集』 간행에 각수로 참여하였다.

  ▫ 1166년 『梵書摠持集』 간행에 刻手로 참여(서병패 「안동 보광사 목조관음보살좌상 복장
    전적 연구」) 刻手

존장(存長 : -1237-1238-) 13세기 중반에 활동한 각수刻手이다. 1237-38년에 고
려대장경高麗大藏經(『금강반야바라밀다경金剛般若波羅蜜多經』) 조성에 참여하
였다.

  ▫ 1237-38년에 高麗大藏經(『金剛般若波羅蜜多經』) 조성에 참여(김윤곤 편저, 『高麗大藏
    經 造成名錄集』)

존지(存智 : -1237-1238-) 13세기 중반에 활동한 각수刻手이다. 1237-38년에 고
려대장경高麗大藏經(『방광반야바라밀경放光般若波羅蜜經』) 조성에 참여하였다.

  ▫ 1237-38년에 高麗大藏經(『放光般若波羅蜜經』) 조성에 참여(김윤곤 편저, 『高麗大藏經
    造成名錄集』)

종고(宗古 : -1339-) 14세기 전반에 활동한 서자書者이다. 1339년에 강원 평창
월정사月精寺 시장경비施藏經碑 건립에 서자書者로 참여하였다.

  ▫ 1339년에 강원 평창 月精寺 施藏經碑 건립에 書者로 참여(진홍섭 『韓國佛敎美術』) 釋宗
    古書

종능(宗能 : -975-) 10세기 후반에 활동한 각수刻手이다. 975년에 경기 여주 고
달사高達寺 원종대사혜진탑비元宗大師惠眞塔碑 후면에 행언幸言과 문하각자승
門下刻字僧으로 언급되어 있다.

  ▫ 975년 경기 여주 高達寺 元宗大師惠眞塔碑 후면에 幸言과 門下刻字僧으로 언급(『朝鮮金
    石總覽』上)

종백(宗白, 宗伯 : -1237-1238-) 13세기 중반에 활동한 각수刻手이다. 1237-38년
에 고려대장경高麗大藏經(『금강반야바라밀다경金剛般若波羅蜜多經』) 조성에 참

여하였다.

∘ 1237-38년에 高麗大藏經(『金剛般若波羅蜜多經』) 조성에 참여(김윤곤 편저, 『高麗大藏經 造成名錄集』)

종불(宗毗 : -1380-) 14세기 후반에 활동한 서자書者이다. 1380년 3월에 『대방광원각수다라요의경大方廣圓覺修多羅了義經』(울주 양덕사 소장) 간행에 판하본版下本을 썼다.

∘ 1380년 『大方廣圓覺修多羅了義經』 刊行에 版下本을 씀(울주 양덕사 소장, 윤상기 「양덕사 소장 불교전적 조사보고서」)

종욱(宗旭 : -1237-1238-) 13세기 중반에 활동한 각수刻手이다. 1237-38년에 고려대장경高麗大藏經(『금강반야바라밀다경金剛般若波羅蜜多經』) 조성에 참여하였다.

∘ 1237-38년에 高麗大藏經(『金剛般若波羅蜜多經』) 조성에 참여(김윤곤 편저, 『高麗大藏經 造成名錄集』)

종저(宗底 : -1237-1238-) 13세기 중반에 활동한 각수刻手이다. 1237-38년에 고려대장경高麗大藏經(『방광반야바라밀경放光般若波羅蜜經』) 조성에 참여하였다.

∘ 1237-38년에 高麗大藏經(『放光般若波羅蜜經』) 조성에 참여(김윤곤 편저, 『高麗大藏經 造成名錄集』)
* 유종저柳宗底와 동일인으로 추정된다.

종원(宗元 : -1588-) 16세기 후반에 활동한 각수刻手이다. 1588년에 경북 청도 운문사雲門寺에서 『법집별행록절요병입사기法集別行錄節要幷入私記』 간행에 의연義璉과 각자刻字로 참여하였다.

∘ 1588년 경북 청도 雲門寺에서 『法集別行錄節要幷入私記』 간행에 刻字로 참여(刊記, 고양 원각사 소장)

중호(中昊 : -1380-) 14세기 후반에 활동한 서자書者이다. 1380년 3월에 『대방광원각수다라요의경大方廣圓覺修多羅了義經』(울주 양덕사 소장) 간행에 종불宗毗과 판하본版下本을 썼다.

∘ 1380년 『大方廣圓覺修多羅了義經』 刊行에 版下本을 씀(울주 양덕사 소장, 윤상기 「양덕사 소장 불교전적 조사보고서」)

주금만(周金萬 : -1474-) 15세기 후반에 활동한 도자장刀子匠이다. 1474년에 『상교정본자비도량참법詳校正本慈悲道場懺法』 간행에 도자장으로 참여하였다.

∘ 1474년 『詳校正本慈悲道場懺法』 刊行에 刀子匠으로 참여(刊記, 『韓國佛敎儀禮資料叢書』 1집) 刀子匠

주성(主成 : -1237-1238-) 13세기 중반에 활동한 각수刻手이다. 1237-38년에 고려대장경高麗大藏經(『금강반야바라밀다경金剛般若波羅蜜多經』) 조성에 참여하였다.

∘ 1237-38년에 高麗大藏經(『金剛般若波羅蜜多經』) 조성에 참여(김윤곤 편저, 『高麗大藏經 造成名錄集』)

중국(中國 : -1237-1238-) 13세기 중반에 활동한 각수刻手이다. 1237-38년에 고

려대장경高麗大藏經(『방광반야바라밀경放光般若波羅蜜經』) 조성에 참여하였다.

▫1237-38년에 高麗大藏經(『放光般若波羅蜜經』) 조성에 참여(김윤곤 편저, 『高麗大藏經
造成名錄集』)

죽림(竹林 : -1476-) 15세기 후반에 활동한 화원畵員이다. 1476년에 전남 강진
무위사無爲寺 극락보전極樂寶殿 아미타후불벽화阿彌陀後佛壁畵 조성에 해련海
連과 화원으로 참여하였다.

▫1476년 전남 강진 無爲寺 極樂寶殿 阿彌陀後佛壁畵 조성에 海連과 畵員으로 참여(畵記)

중맹(中孟) 고려시대 개성 근방 월개月盖에서 활동한 와장瓦匠이다. 개성 만월
대에 있던 궁성에 올린 기와를 제작하였다.

▫고려시대 개성 만월대에 있던 궁성에 올린 기와를 제작한 와장으로 참여(홍영의 「개성
고려궁성 출토 명문기와의 유형과 窯場」) 月盖

중선(仲宣 : -1237-1238-) 13세기 중반에 활동한 각수刻手이다. 1237-38년에 고
려대장경高麗大藏經(『방광반야바라밀경放光般若波羅蜜經』) 조성에 참여하였다.

▫1237-38년에 高麗大藏經(『放光般若波羅蜜經』) 조성에 참여(김윤곤 편저, 『高麗大藏經
造成名錄集』)

중오(中悟 : -1401-) 15세기 전반에 활동한 각수刻手이다. 1401년에 『대불정여
래밀인수증요의제보살만행수능엄경大佛頂如來密印修證了義諸菩薩萬行首楞嚴經』
(양산 통도사와 송성문 소장) 간행에 명호明昊와 각수로 참여하였다.

▫1401년 『大佛頂如來密印修證了義諸菩薩萬行首楞嚴經』 刊行에 明昊와 刻手로 참여(양산
통도사와 송성문 소장, 千惠鳳 「湖林博物館 所藏의 佛敎典籍」)

중윤(中允 : -1393-) 14세기 후반에 활동한 석수石手로, 대지국사의 문하에 속
한 스님이다. 1393년에 충북 충주 억정사億政寺 목암당찬영木菴堂粲英 대지국
사비大智國師碑 건립에 석수로 참여하였다.

▫1393년 충북 충주 億政寺 木菴堂粲英 大智國師碑 건립에 石手로 참여(智冠 『韓國高僧碑
文總集(朝鮮朝·近現代)』 門人大禪師 立石

즉효(即曉 : -754-755-) 8세기 중반에 남원경南原京에서 활동한 경필사經筆師이
다. 754년 8월 1일부터 755년 2월 14일까지 만든 「백지묵서화엄경白紙墨書華
嚴經」(삼성문화재단 소장)을 아간阿干과 필사하였다.

▫754년 8월 1일부터 755년 2월 14일까지 만든 「白紙墨書華嚴經」을 阿干과 필사함(삼성문
화재단 소장, 李基白 「新羅 景德王代 華嚴經 寫經 關與者에 대한 考察」) 南原京 大舍

즉휘(則暉 : -1237-1238-) 13세기 중반에 활동한 각수刻手이다. 1237-38년에 고
려대장경高麗大藏經(『방광반야바라밀경放光般若波羅蜜經』) 조성에 참여하였다.

▫1237-38년에 高麗大藏經(『放光般若波羅蜜經』) 조성에 참여(김윤곤 편저, 『高麗大藏經
造成名錄集』)

즉휴(即休 : -1315-) 14세기 전반에 활동한 사경승寫經僧이다. 1315년에 「감지
은니미륵삼부경紺紙銀泥彌勒三部經」(호림박물관 소장) 필사筆寫에 참여하였다.

▫1315년 「紺紙銀泥彌勒三部經」 筆寫에 참여(성보문화재단 소장, 『動産文化財指定報告書

(91 지정편)』과 『湖林博物館名品選集 Ⅱ』) 山人

지견(志堅 : -1237-1238-) 13세기 중반에 활동한 각수刻手이다. 1237-38년에 고려대장경高麗大藏經(『금강반야바라밀다경金剛般若波羅蜜多經』) 조성에 참여하였다.

　　▫1237-38년에 高麗大藏經(『金剛般若波羅蜜多經』) 조성에 참여(김윤곤 편저, 『高麗大藏經 造成名錄集』)

지겸(之謙 : -1275-) 13세기 후반에 활동한 사경승寫經僧이다. 1275년에 「감지은니불설잡장경紺紙銀泥佛說雜藏經」 권1을 필사하였다.

　　▫1275년 「紺紙銀泥佛說雜藏經」 권1을 필사(진홍섭 『韓國佛敎美術』) 禪師之謙書

지경(志瓊 : -1443-) 15세기 중반에 활동한 각수刻手이다. 1443년에 전북 완주 화암사花岩寺에서 『묘법연화경妙法蓮華經』(고양 원각사 소장) 간행에 신효信孝와 각수로 참여하였다.

　　▫1443년 전북 완주 花岩寺에서 『妙法蓮華經』刊行에 信孝와 刻手로 참여(刊記, 고양 원각사 소장)

지도(志道 : -1380-) 14세기 후반에 활동한 각수刻手이다. 1380년에 『대방광원각수다라요의경大方廣圓覺修多羅了義經』(울주 양덕사 소장) 간행에 각수로 참여하였다.

　　▫1380년 『大方廣圓覺修多羅了義經』刊行에 刻手로 참여(울주 양덕사 소장, 윤상기 「양덕사 소장 불교전적 조사보고서」) 刻

지량(至良 : -1237-1238-) 13세기 중반에 활동한 각수刻手이다. 1237-38년에 고려대장경高麗大藏經(『금강반야바라밀다경金剛般若波羅蜜多經』) 조성에 참여하였다.

　　▫1237-38년에 高麗大藏經(『金剛般若波羅蜜多經』) 조성에 참여(김윤곤 편저, 『高麗大藏經 造成名錄集』)

지령(知令 : -1237-1238-) 13세기 중반에 활동한 각수刻手이다. 1237-38년에 고려대장경高麗大藏經(『금강반야바라밀다경金剛般若波羅蜜多經』) 조성에 참여하였다.

　　▫1237-38년에 高麗大藏經(『金剛般若波羅蜜多經』) 조성에 참여(김윤곤 편저, 『高麗大藏經 造成名錄集』)

지명 1(智皿 : -1237-1238-) 13세기 중반에 활동한 각수刻手이다. 1237-38년에 고려대장경高麗大藏經(『금강반야바라밀다경金剛般若波羅蜜多經』) 조성에 참여하였다.

　　▫1237-38년에 高麗大藏經(『金剛般若波羅蜜多經』) 조성에 참여(김윤곤 편저, 『高麗大藏經 造成名錄集』)

지명 2(智明 : -1379-) 14세기 후반에 활동한 석수石手이다. 1379년 경기 여주 신륵사神勒寺 대전大殿, 조당祖堂, 승당僧堂, 선당禪堂 등 중창重創과 보제존자 普濟尊者 석종石鍾과 석종비石鍾碑 건립에 석수로 참여하였다.

◦ 1379년 경기 여주 神勒寺 大殿, 祖堂, 僧堂, 禪堂 등 重創에 石手로 참여(『韓國의 古建築』8)
1379년 경기 여주 神勒寺 普濟尊者 石鍾과 石鍾碑 건립에 石手로 참여(『韓國의 古建築』
8) 石手

지문(志文 : -1150-) 12세기 중반에 선각국사先覺國師의 문인門人이면서 옥룡사
주지를 역임한 석수石手이다. 1150년에 전남 광양 옥룡사玉龍寺 선각국사증
성혜등탑비先覺國師證聖慧燈塔碑 건립에 입석立石으로 참여하였다.

◦ 1150년 전남 광양 玉龍寺 先覺國師證聖慧燈塔碑 건립에 立石으로 참여(李智冠『校勘譯
註 歷代高僧碑文(高麗篇3)』) 門人 玉龍寺 住持 重大師 臣 立石

지미(只未 : -963-) 10세기 중반에 전남 나주에서 활동한 주종장鑄鐘匠이다.
963년에 전남 영암(古彌縣) 서원西院 범종(일본 히로시마현廣島縣 쇼렌지照蓮
寺 소장)을 조성하였다.

◦ 963년에 전남 영암(古彌縣) 西院 梵鐘을 조성(日本 廣島縣 照蓮寺 所藏, 최응천「고려시
대 금속공예와 匠人」) 大百士 羅州 只未 百士

지보(之甫 : -1237-1238-) 13세기 중반에 활동한 각수刻手이다. 1237-38년에 고
려대장경高麗大藏經(『금강반야바라밀다경金剛般若波羅蜜多經』) 조성에 참여하
였다.

◦ 1237-38년에 高麗大藏經(『金剛般若波羅蜜多經』) 조성에 참여(김윤곤 편저, 『高麗大藏
經 造成名錄集』)

지부(智孚 : -1401-) 15세기 전반에 활동한 각수刻手이다. 1401년에 『대불정여
래밀인수증요의제보살만행수능엄경大佛頂如來密印修證了義諸菩薩萬行首楞嚴經』
(양산 통도사와 송성문 소장) 간행에 명호明昊와 각수로 참여하였다.

◦ 1401년 『大佛頂如來密印修證了義諸菩薩萬行首楞嚴經』刊行에 明昊와 刻手로 참여(양산
통도사와 송성문 소장, 千惠鳳「湖林博物館 所藏의 佛敎典籍」)

지상 1(志祥 : -1380-) 14세기 후반에 활동한 각수刻手이다. 1380년에 『대방광
원각수다라요의경大方廣圓覺修多羅了義經』(울주 양덕사 소장) 간행에 지도志道
와 각수로 참여하였다.

◦ 1380년 『大方廣圓覺修多羅了義經』刊行에 志道와 刻手로 참여(울주 양덕사 소장, 윤상
기「양덕사 소장 불교전적 조사보고서」)

지상 2(智尙 : -1462-) 15세기 중반에 활동한 목수木手이다. 1462년에 서울 흥
천사興天寺 범종梵鐘 조성에 목수로 참여하였다.

◦ 1462년 서울 興天寺 梵鐘 조성에 木手로 참여(국립중앙박물관 소장, 『朝鮮金石總覽』과
정영호「朝鮮前期 梵鐘考」) 木手

지선(志仙 : -1384-) 14세기 후반에 활동한 석장石匠이다. 1384년에 평북 향산
안심사安心寺 지공指空 나옹懶翁 사리석종비舍利石鍾碑 건립에 마정磨釘으로
참여하였다.

◦ 1384년 평북 향산 安心寺 指空 懶翁 舍利石鍾碑 건립에 磨釘으로 참여(李智冠『校勘譯
註 歷代高僧碑文(高麗篇4)』) 磨釘

지성(智聖, 智性 : -1530-) 16세기 전반에 활동한 목수木手이다. 1530년에 황북

사리원 성불사成佛寺 응진전應眞殿 중창重創에 현사玄思와 대목大木으로 참여
하였다.

　　▫ 1530년 황북 사리원 成佛寺 應眞殿 重創에 玄思와 大木으로 참여(申榮勳 編『韓國古建
　　　物上樑記文集』)

지수(志修 : -1431-) 15세기 전반에 활동한 각수刻手이다. 1431년에 경상감사慶
尙監司 조치曺致가 만든『춘추경좌씨전구해春秋經左氏傳句解』간행에 홍조洪照
와 각수로 참여하였다.

　　▫ 1431년 慶尙監司 曺致가 만든『春秋經左氏傳句解』간행에 洪照와 刻手로 참여(刊記,『國
　　　寶 寶物 지정보고서 2011』)

지순(志淳 : -1237-1238-) 13세기 중반에 활동한 각수刻手이다. 1237-38년에 고
려대장경高麗大藏經(『금강반야바라밀다경金剛般若波羅蜜多經』) 조성에 참여하
였다.

　　▫ 1237-38년에 高麗大藏經(『金剛般若波羅蜜多經』) 조성에 참여(김윤곤 편저,『高麗大藏
　　　經 造成名錄集』)

지숭 1(智崇 : -1477-) 15세기 후반에 활동한 각수刻手이다. 1477년에 전북 완
주 화암사花岩寺에서『묘법연화경妙法蓮華經』(고양 원각사 소장) 간행에 보명
宝明과 각수로 참여하였다.

　　▫ 1477년 전라도 高山 佛名山 花岩寺에서『妙法蓮華經』간행에 宝明과 刻手로 참여(刊記,
　　　고양 원각사 소장)

지숭 2(智崇 : -1576-1578-) 16세기 중반에 황남 해주에서 활동한 각수刻手이다.
1576년에 보살사판菩薩寺板『묘법연화경妙法蓮華經』과 1578년에 경기 안양
삼막사三藐寺에서『묘법연화경』간행에 각수로 참여하였다.

　　▫ 1576년 菩薩寺板『妙法蓮華經』刊行에 刻手로 참여(金相淏「朝鮮朝 寺刹板 刻手 硏究」)
　　　海州僧
　　▫ 1578년 경기 安養 三藐寺板『妙法蓮華經』刊行에 刻手로 참여(金相淏「朝鮮朝 寺刹板
　　　刻手 硏究」)

지실(之失 : -1244-) 13세기 중반에 활동한 각수刻手이다. 1244년에 대장도감
에서 조성한 경전 간행에 참여하였다.

　　▫ 1244년 대장도감에서 조성된 경전 간행에 참여(최연주『高麗大藏經 硏究事』)

지암(芝岩 : -1364-) 14세기 중반에 활동한 사경승寫經僧이다. 1364년에 강양군
부인 이씨가 남편 이자유와 딸의 명복을 빌기 위해 조성한「백지금니범망보
살계경白紙金泥梵網菩薩戒經」(단양 구인사 소장)을 사경寫經하였다.

　　▫ 1364년에 강양군부인 이씨가 남편 이자유와 딸의 명복을 빌기 위해 조성한「白紙金泥梵
　　　網菩薩戒經」을 寫經(단양 구인사 소장, 문화재청 지정공고 사유서)

지영(志英 : -1555-) 16세기 중반에 활동한 각수刻手이다. 1555년에 충남 천안
광덕사廣德寺에서『묘법연화경妙法蓮華經』간행에 혜옥惠玉과 각수로 참여하
였다.

◦ 1555년 충남 천안 廣德寺에서 『妙法蓮華經』 刊行에 惠玉과 刻手로 참여(金相淏 「朝鮮朝
寺刹板 刻手 研究」)

지오(智悟 : -1516-) 16세기 전반에 활동한 조각승彫刻僧이다. 1516년에 전남
보성 대원사 목조비로자나불좌상을 수화승 신정과 조성하였다.

◦ 1516년 전남 보성 대원사 목조비로자나불좌상을 수화승 信正과 조성(송은석 「17세기 朝
鮮王朝의 彫刻僧과 佛像」)

지운(智雲 : -1588-) 16세기 후반에 대구 팔공산을 중심으로 활동한 스님이다.
1588년에 경북 청도 운문사에서 『대방광원각수다라요의경大方廣圓覺修多羅了
義經』간행에 서자書字로 참여하였다.

◦ 1588년 경북 淸道 雲門寺에서 『大方廣圓覺修多羅了義經』간행에 書字로 참여(朴桃花 「朝
鮮時代 佛敎版畵의 樣式과 刻手」) 公山本寺 筆

지원 : (知遠 : -1130-) 12세기 전반에 활동한 각수刻手이다. 1130년에 강원 춘천
청평사淸平寺 문수원기文殊院記 건립에 각刻으로 참여하였다.

◦ 1130년 강원 춘천 淸平寺 文殊院記 건립에 각수로 참여(진홍섭 『韓國佛敎美術』) 門人大
師 刻

지은(智訔 : -1530-) 16세기 전반에 활동한 화원畵員이다. 1530년에 황북 사리
원 성불사成佛寺 응진전應眞殿 중창重創에 화원으로 참여하였다.

◦ 1530년 황북 사리원 成佛寺 應眞殿 重創에 畵員으로 참여(申榮勳 編 『韓國古建物上樑記
文集』) 畵員

지장(知藏 : -1237-1238-) 13세기 중반에 활동한 각수刻手이다. 1237-38년에 고
려대장경高麗大藏經(『금강반야바라밀다경金剛般若波羅蜜多經』) 조성에 참여하
였다.

◦ 1237-38년에 高麗大藏經(『金剛般若波羅蜜多經』) 조성에 참여(김윤곤 편저, 『高麗大藏
經 造成名錄集』)

지정 1(志貞 : -1237-1238-) 13세기 중반에 활동한 각수刻手이다. 1237-38년에 고
려대장경高麗大藏經(『방광반야바라밀경放光般若波羅蜜經』) 조성에 참여하였다.

◦ 1237-38년에 高麗大藏經(『放光般若波羅蜜經』) 조성에 참여(김윤곤 편저, 『高麗大藏經
造成名錄集』)

지정 2(智晶 : -1568-)[1] 16세기 중반에 활동한 화원畵員이다. 1568년에 천장지
지보살도天藏持地菩薩圖(일본 효고현兵庫縣 뇨이지如意寺 소장) 조성에 화원으
로 참여하였다.

◦ 1568년 天藏持地菩薩圖 조성에 畵圓으로 참여(日本 兵庫縣 如意寺 所藏, 박은경 『조선
전기불화연구』) 畵圓

지종(志宗 : -1535-) 16세기 중반에 활동한 화원畵員이다. 1535년에 석가팔상

---

1) 화면 하단 향우측 화기에 조성 시기와 시주질을 언급하고 마지막에 智晶과 畵圓이 적혀 있다.
화원 다음에는 아무런 글자가 적혀 있지 않고, 다른 시주자가 언급된 높이 아래 智晶과 畵員이
같은 높이에 언급되어 필자는 화원을 智晶으로 생각한다.

도釋迦八相圖(일본 와카야마현和歌山縣 곤고후지金剛峯寺 소장) 조성
에 화원으로 참여하였다.

　▫1535년 釋迦八相圖 조성에 志宗과 참여(日本 和歌山縣 金剛峯寺 所藏, 박은
　　경『조선전기불화연구』) 畵員

지탄(智坦 : -1530-) 16세기 전반에 활동한 목수木手이다. 1530년에
황북 사리원 성불사成佛寺 응진전應眞殿 중창重創에 현사玄思와 대목
大木으로 참여하였다.

　▫1530년 황북 사리원 成佛寺 應眞殿 重創에 玄思와 大木으로 참여(申榮勳 編
　　『韓國古建物上樑記文集』)

지해(智海 : -1443-) 15세기 중반에 활동한 각수刻手이다. 1443년에
전북 완주 화암사花岩寺에서『묘법연화경妙法蓮華經』(고양 원각사
소장) 간행에 신효信孝와 각수로 참여하였다.

　▫1443년 전북 완주 花岩寺에서『妙法蓮華經』刊行에 信孝와 刻手로 참여(刊
　　記, 고양 원각사 소장)

지행(智行 : -1530-) 16세기 전반에 활동한 목수木手이다. 1530년에
황북 사리원 성불사成佛寺 응진전應眞殿 중창重創에 현사玄思와 大木
으로 참여하였다.

　▫1530년 황북 사리원 成佛寺 應眞殿 重創에 玄思와 大木으로 참여(申榮勳 編
　　『韓國古建物上樑記文集』)

지헌 1(智軒 : -1534-) 16세기 중반에 활동한 조각승彫刻僧이다. 1534
년에 제주 남제주 서산사西山寺 목조보살좌상木造菩薩坐像을 수화승
향엄香嚴과 조성하였다.

　▫1534년 제주 남제주 西山寺 木造菩薩坐像을 수화승 香嚴과 조성(어준일「16世紀 朝鮮時
　　代의 佛敎彫刻 硏究」)

지헌 2(智軒 : -1569-1575-) 16세기 중·후반에 활동한 각수刻手이다. 1569년에
충남 논산 쌍계사雙溪寺에서『월인석보月印釋譜』와『불설금강정유가최승비밀
성불수구즉득신변가지성취다라니佛說金剛頂瑜伽最勝秘密成佛隨求卽得神變加持
成就陀羅尼』간행에 각수로 참여하였다. 1575년에 전북 완주 안심사판安心寺
板『금강반야바라밀다경金剛般若波羅密多經』간행에 각수로 참여하였다.

　▫1569년 충남 논산 雙溪寺에서『月印釋譜』와『佛說金剛頂瑜伽最勝秘密成佛隨求卽得神
　　變加持成就陀羅尼』간행에 刻手로 참여(金相淏「朝鮮朝 寺刹板 刻手 硏究」)
　▫1575년 전북 완주 安心寺板『金剛般若波羅密多經』刊行에 刻手로 참여(金相淏「朝鮮朝
　　寺刹板 刻手 硏究」)

지혁(之奕 : -1244-) 13세기 중반에 활동한 각수刻手이다. 1244년에 분사대장
도감에서 조성한 경전 간행에 참여하였다.

　▫1244년 분사대장도감에서 조성된 경전 간행에 참여(최연주『高麗大藏經 硏究事』)

지현(智玄 : -1543-) 16세기 중반에 활동한 목수木手이다. 1543년에 충남 홍성

지종, 석가팔상도, 1535년, 일본 와카야마현
곤고후지 소장

ス

고산사高山寺 불상佛像 내에서 발견된 발원문發願文에 대목大木으로 나온다.

　▫1543년 충남 홍성 高山寺 佛像 내에서 발견된 發願文에 大木으로 나옴(문명대「洪城高山寺 佛像의 腹藏調査」) 大木

지홍(智洪 : -1237-1238-) 13세기 중반에 활동한 각수刻手이다. 1237-38년에 고려대장경高麗大藏經(『방광반야바라밀경放光般若波羅蜜經』) 조성에 참여하였다.

　▫1237-38년에 高麗大藏經(『放光般若波羅蜜經』) 조성에 참여(김윤곤 편저,『高麗大藏經造成名錄集』)

지화(智和 : -1237-1238-) 13세기 중반에 활동한 각수刻手이다. 1237-38년에 고려대장경高麗大藏經(『금강반야바라밀다경金剛般若波羅蜜多經』) 조성에 참여하였다.

　▫1237-38년에 高麗大藏經(『金剛般若波羅蜜多經』) 조성에 참여(김윤곤 편저,『高麗大藏經 造成名錄集』) 刻

지휘(智輝, 智暉 : -1237-1238-) 13세기 중반에 활동한 각수刻手이다. 1237-38년에 고려대장경高麗大藏經(『방광반야바라밀경放光般若波羅蜜經』) 조성에 참여하였다.

　▫1237-38년에 高麗大藏經(『放光般若波羅蜜經』) 조성에 참여(김윤곤 편저,『高麗大藏經造成名錄集』)

지희(智熙 : -1530-1543-) 16세기 중반에 활동한 각수刻手이다. 1530년에 전라도 서태사판西台寺板『인천안일人天眼日』 간행에 지희智熙와 각수로, 1543년에 황해 토산 석두사에서 『묘법연화경妙法蓮華經』 간행에 변상각수變相刻手로 참여하였다.

　▫1530년 전라도 西台寺板『人天眼日』 刊行에 刻手로 참여(金相淏「朝鮮朝 寺刹板 刻手 研究」)
　▫1543년 황해 兎山 石頭寺에서『妙法蓮華經』 刊行에 變相刻手로 참여(朴桃花「朝鮮時代 金剛經 判書의 圖像」) 刀

진망(辰亡 : -1216-) 13세기 전반에 활동한 주성장鑄成匠이다. 충청도에서 출토된 1216년 반자半子(금고金鼓, 동국대학교 박물관 소장) 조성에 대장大匠으로 참여하였다.

　▫1216년 半子(金鼓) 조성에 大匠으로 참여(동국대학교 박물관 소장, 한국금석문 종합영상정보시스템) 大匠

진금(眞金 : -1237-1238-) 13세기 중반에 활동한 각수刻手이다. 1237-38년에 고려대장경高麗大藏經(『금강반야바라밀다경金剛般若波羅蜜多經』) 조성에 참여하였다.

　▫1237-38년에 高麗大藏經(『金剛般若波羅蜜多經』) 조성에 참여(김윤곤 편저,『高麗大藏經 造成名錄集』)

진보(眞甫 : -1237-1238-) 13세기 중반에 활동한 각수刻手이다. 1237-38년에 고려대장경高麗大藏經(『금강반야바라밀다경金剛般若波羅蜜多經』) 조성에 참여하였다.

  ▫ 1237-38년에 高麗大藏經(『金剛般若波羅蜜多經』) 조성에 참여(김윤곤 편저,『高麗大藏
    經 造成名錄集』)

진세(眞世 : -1237-1238-) 13세기 중반에 활동한 각수刻手이다. 1237-38년에 고
려대장경高麗大藏經(『금강반야바라밀다경金剛般若波羅蜜多經』) 조성에 참여하
였다.

  ▫ 1237-38년에 高麗大藏經(『金剛般若波羅蜜多經』) 조성에 참여(김윤곤 편저,『高麗大藏
    經 造成名錄集』)
  *송진세宋眞世로 표기된 각수와 동일인 추정된다.

진수 1(陳秀 : -1237-1238-) 13세기 중반에 활동한 각수刻手이다. 1237-38년에
고려대장경高麗大藏經(『금강반야바라밀다경金剛般若波羅蜜多經』) 조성에 참여
하였다.

  ▫ 1237-38년에 高麗大藏經(『金剛般若波羅蜜多經』) 조성에 참여(김윤곤 편저,『高麗大藏
    經 造成名錄集』)

진수 2(眞守) 고려시대 개성 근방 적항赤項에서 활동한 와장瓦匠이다. 개성 만
월대에 있던 궁성에 올린 기와를 제작하였다.

  ▫ 고려시대 개성 만월대에 있던 궁성에 올린 기와를 제작한 와장으로 참여(홍영의 「개성
    고려궁성 출토 명문기와의 유형과 窯場」) 赤項

진옥(眞玉 : -1580-) 16세기 후반에 활동한 주종장이다. 1580년에 전남 담양
용천사龍泉寺 범종梵鐘(통영 안정사 소장)을 계당戒堂과 조성에 참여하였다.

  ▫ 1580년 전남 담양 龍泉寺 梵鐘을 戒堂과 조성에 참여(銘文, 통영 안정사 소장)

진윤(眞胤 : -890-) 9세기 후반에 원랑선사 문하에서 활동한 각수刻手이다. 890
년에 충북 충주 월광사月光寺 원랑선사대보선광탑비圓朗禪師大寶禪光塔碑에 각
자刻字로 언급되어 있다.

  ▫ 890년 충북 충주 月光寺 圓朗禪師大寶禪光塔碑에 刻字로 참여(『朝鮮金石總覽』上과 李
    智冠『校勘譯註 歷代高僧碑文(新羅篇)』) 門下僧 刻字

진재(珍才 : -1237-1238-) 13세기 중반에 활동한 각수刻手이다. 1237-38년에 고
려대장경高麗大藏經(『금강반야바라밀다경金剛般若波羅蜜多經』) 조성에 참여하
였다.

  ▫ 1237-38년에 高麗大藏經(『金剛般若波羅蜜多經』) 조성에 참여(김윤곤 편저,『高麗大藏
    經 造成名錄集』)

진중(眞仲 : -1237-1238-) 13세기 중반에 활동한 각수刻手이다. 1237-38년에 고
려대장경高麗大藏經(『금강반야바라밀다경金剛般若波羅蜜多經』) 조성에 참여하
였다.

  ▫ 1237-38년에 高麗大藏經(『金剛般若波羅蜜多經』) 조성에 참여(김윤곤 편저,『高麗大藏
    經 造成名錄集』)

진헌(眞憲 : -1125-) 12세기 전반에 활동한 석장石匠이다. 1125년에 개성 영통

ス

사靈通寺 대각국사비大覺國師碑 건립에 석종碩從과 석공石工으로 참여하였다.

 ▫ 1125년 개성 靈通寺 大覺國師碑 건립에 碩從과 石工으로 참여(李智冠『校勘譯註 歷代高僧碑文(高麗篇3)』)

진□□(秦□□ : -1462-) 15세기 중반에 활동한 목수木手이다. 1462년에 서울 흥천사興天寺 범종梵鐘 조성에 지상智尙과 목수로 참여하였다.

 ▫ 1462년 서울 興天寺 梵鐘 조성에 智尙과 木手로 참여(국립중앙박물관 소장,『朝鮮金石總覽』과 정영호「朝鮮前期 梵鐘考」)

차계산(車季山 : -1469-) 15세기 중반에 활동한 주장注匠이다. 1469년에 강원 양양 낙산사洛山寺 범종(燒失)과 경기 남양주 봉선사奉先寺 범종梵鐘을 이을부 李乙夫와 주장으로 조성하였다.

  ▫ 1469년 강원 양양 洛山寺 梵鐘 조성에 注匠으로 참여(燒失, 정영호「朝鮮前期 梵鐘考」)
  1469년 경기 남양주 奉先寺 梵鐘 조성에 李乙夫와 注匠으로 참여(정영호「朝鮮前期 梵鐘考」)

차영수(車永守 : -1462-) 15세기 중반에 활동한 수철장水鐵匠이다. 1462년에 서울 흥천사興天寺 범종梵鐘 조성에 이득방李得方과 수철장으로 참여하였다.

  ▫ 1462년 서울 興天寺 梵鐘 조성에 李得方과 水鐵匠으로 참여(국립중앙박물관 소장, 『朝鮮金石總覽』과 정영호「朝鮮前期 梵鐘考」)

창민(唱敏 : -1477-1484-) 15세기 중·후반에 활동한 각수刻手이다. 전북 완주 화암사花岩寺에서 1477년에 『묘법연화경妙法蓮華經』(고양 원각사 소장) 간행에 보명宝明과 각수로, 1484년에 『불설대보부모은중경佛說大報父母恩重經』 간행에 판화를 새겼다.

  ▫ 1477년 전라도 高山 佛名山 花岩寺에서 『妙法蓮華經』 간행에 宝明과 刻手로 참여(刊記, 고양 원각사 소장)
  ▫ 1484년 전북 완주 花岩寺에서 『佛說大報父母恩重經』 간행에 版畫를 각함(송일기「高山 花巖寺와 成達生」) 刀

창저(昌著 : -1237-1238-) 13세기 중반에 활동한 각수刻手이다. 1237-38년에 고려대장경高麗大藏經(『방광반야바라밀경放光般若波羅蜜經』) 조성에 참여하였다.

  ▫ 1237-38년에 高麗大藏經(『放光般若波羅蜜經』) 조성에 참여(김윤곤 편저, 『高麗大藏經造成名錄集』)

창조(昌祚 : -1237-1238-) 13세기 중반에 활동한 각수刻手이다. 1237-38년에 고려대장경高麗大藏經(『방광반야바라밀경放光般若波羅蜜經』과 『마하반야바라밀경摩訶般若波羅密經』) 조성에 참여하였다.

  ▫ 1237-38년에 高麗大藏經(『放光般若波羅蜜經』) 조성에 참여(김윤곤 편저, 『高麗大藏經造成名錄集』)
  ▫ 1238년에 高麗大藏經(『摩訶般若波羅密經』) 조성에 참여(김윤곤 편저, 『高麗大藏經 造成名錄集』)

창민(刻手), 『불설장수멸죄호제동자다라니경』 변상도, 1484년, 완주 화암사

창민(刻手), 『불설장수멸죄호제동자다라니경』 간기, 1484년, 완주 화암사

처단(處端 : -1175-)[1] 12세기 후반에 활동한 각수刻手로, 대감국사大鑑國師 탄연坦然(1069-1158)에게 배운 스님이다. 1175년에 경북 산청 단속사斷俗寺 대감국사탑비大鑑國師塔碑 건립에 회량懷亮과 간자刊字로 참여하였다.

　◦ 1175년 경북 산청 斷俗寺 大鑑國師塔碑 건립에 懷亮과 刊字로 참여(李智冠『校勘譯註 歷代高僧碑文(高麗篇3)』) 參學

처실(處實 : -1172-) 12세기 후반에 활동한 각수刻手이다. 1172년에 전남 광양 옥룡사玉龍寺 선각국사증성혜등탑비先覺國師證聖慧燈塔碑 건립에 각자刻字로 참여하였다.

　◦ 1172년 전남 광양 玉龍寺 先覺國師證聖慧燈塔碑 건립에 刻字로 참여(李智冠『校勘譯註 歷代高僧碑文(高麗篇3)』과 진홍섭『韓國佛敎美術』) 潁悟三重大師臣 刻字

천감(天甘 : -1574-) 16세기 후반에 활동한 각수刻手이다. 1574년에 황남 월악 구월산九月山 월정사月精寺에서 『대혜보각선사서大慧普覺禪師書』(고양 원각사 소장) 간행에 각수로 참여하였다.

　◦ 1574년 황남 월악 九月山 月精寺에서 『大慧普覺禪師書』 간행에 刻手로 참여(刊記, 고양 원각사 소장) 刻手

천감(刻手), 『대혜보각선사서』, 1574년, 월악 월정사

천계(天戒 : -1237-1238-) 13세기 중반에 활동한 각수刻手이다. 1237-38년에 고려대장경高麗大藏經(『금강반야바라밀다경金剛般若波羅蜜多經』) 조성에 참여하였다.

　◦ 1237-38년에 高麗大藏經(『金剛般若波羅蜜多經』) 조성에 참여(김윤곤 편저, 『高麗大藏經 造成名錄集』)

천규(天圭 : -1237-1238-) 13세기 중반에 활동한 각수刻手이다. 1237-38년에 고려대장경高麗大藏經(『방광반야바라밀경放光般若波羅蜜經』) 조성에 참여하였다.

　◦ 1237-38년에 高麗大藏經(『放光般若波羅蜜經』) 조성에 참여(김윤곤 편저, 『高麗大藏經 造成名錄集』)

천균(天均 : -1237-1238-) 13세기 중반에 충북 충주忠州에서 활동한 각수刻手이다. 1237-38년에 고려대장경高麗大藏經(『금강반야바라밀다경金剛般若波羅蜜多經』) 조성에 참여하였다.

　◦ 1237-38년에 高麗大藏經(『金剛般若波羅蜜多經』) 조성에 참여(김윤곤 편저, 『高麗大藏經 造成名錄集』) 忠州 刻

천감(刻手), 『대혜보각선사서』 간기, 1574년, 월악 월정사

천기(天己 : -1237-1238-) 13세기 중반에 활동한 각수刻手이다. 1237-38년에 고려대장경高麗大藏經(『금강반야바라밀다경金剛般若波羅蜜多經』) 조성에 참여하였다.

　◦ 1237-38년에 高麗大藏經(『金剛般若波羅蜜多經』) 조성에 참여(김윤곤 편저, 『高麗大藏經 造成名錄集』)

천백(天白 : -1237-1238-) 13세기 중반에 활동한 각수刻手이다. 1237-38년에 고

---

　1) 진홍섭, 『韓國佛敎美術』, p. 134에 건립 시기를 1172년으로 보았다.

려대장경高麗大藏經(『금강반야바라밀다경金剛般若波羅蜜多經』) 조성에 참여하였다.

- 1237-38년에 高麗大藏經(『金剛般若波羅蜜多經』) 조성에 참여(김윤곤 편저, 『高麗大藏經 造成名錄集』)

천보(天寶 : -1595-1634-) 17세기 중반에 활동한 주종장鑄鐘匠으로, 호는 설봉자(雪峰子)이다. 1595년에 황해 장단 낙가산 금사사金沙寺 범종(북한중앙역사박물관 소장)에 글을 쓰고, 1619년에 경기 남양주 봉선사奉先寺 梵鐘(가평 현등사 소장) 조성에 화주化主로 참여하였으며, 1630년에 경남 거창 고견사 범종 조성에 편수片手로, 1634년에 경기 파주 보광사 범종 조성에 편수片手로 참여하였다.

- 1595년에 황해 장단 洛迦山 金沙寺 梵鐘 조성에 謹○書로 참여(북한중앙역사박물관 소장, 『북한의 문화재와 문화유적』) 彌智山雪峯沙門
- 1619년에 경기 남양주 奉先寺 梵鐘 조성에 참여(銘文, 가평 현등사 소장) 化主天寶謹作書刻
- 1630년 경남 거창 古見寺 梵鐘 조성에 片手로 참여(安貴淑「朝鮮後期 鑄鐘匠 思印比丘에 관한 研究」) 器大匠 雪峰沙門
- 1634년 경기 파주 普光寺 梵鐘 조성에 片手로 참여(安貴淑「朝鮮後期 鑄鐘匠 思印比丘에 관한 研究」) 鑄成圖大匠 弥智山雪峯子

천성(天成 : -1237-1238-) 13세기 중반에 활동한 각수刻手이다. 1237-38년에 고려대장경高麗大藏經(『금강반야바라밀다경金剛般若波羅蜜多經』) 조성에 참여하였다.

- 1237-38년에 高麗大藏經(『金剛般若波羅蜜多經』) 조성에 참여(김윤곤 편저, 『高麗大藏經 造成名錄集』)

천순(天純 : -1573-) 16세기 후반에 활동한 화원畫員이다. 1573년에 삼불회도三佛會圖(일본 교토京都 곤카이코묘지金戒光明寺 소장) 조성에 화원으로 참여하였다.

- 1573년 三佛會圖 조성에 畫員으로 참여(日本 京都 金戒光明寺 소장, 박은경『조선전기불화연구』) 畫員

천순, 삼불회도, 1573년, 일본 교토 곤카이코묘지 소장

천심(天心 : -1570-) 16세기 중반에 활동한 각수刻手이다. 1570년 가을에 황남 해주 신광사神光寺에서 『선원제전집도서禪源諸詮集都序』 간행(고양 원각사 소장)에 각수로 참여하였다.

> ▫1570년 秋 黃南 海州 神光寺에서 『禪源諸詮集都序』 刊行에 刻手로 참여(刊記, 고양 원각 사 소장) 刻手

천심(刻手), 『선원제전집도서』,
1570년, 해주 신광사

천심(刻手), 『선원제전집도서』
간기, 1570년, 해주 신광사

천양(天兩 : -1568-) 16세기 중반에 활동한 화원畵員이다. 1568년에 지장시왕 도地藏十王圖(일본 후쿠오카현福岡縣 젠도지善導寺 소장) 조성에 화원으로 참 여하였다.

> ▫1568년 地藏十王圖를 조성(日本 福岡縣 善導寺 所藏, 박은경 『조선전기불화연구』) 畵員
> * 天雨일 가능성도 있다.

천양, 지장시왕도, 1568년, 일본 후쿠오카현 젠도지 소장

천여(天如 : -1377-) 14세기 후반에 활동한 목수木手이다. 1377년에 경북 영주 부석사浮石寺 조사당祖師堂 중수重修에 심경心鏡과 대목大木으로 참여하였다.

> ▫ 1377년 경북 영주 浮石寺 祖師堂 重修에 心鏡과 大木으로 참여(申榮勳 編『韓國古建物上樑記文集』과 진홍섭『韓國佛敎美術』)

천연(天衍 : -1576-1578-) 16세기 중반에 충남 온양에서 활동한 각수刻手이다. 1576년에 보살사판菩薩寺板『묘법연화경妙法蓮華經』과 1578년에 경기 안양 삼막사三藐寺에서『묘법연화경』 간행에 각수로 참여하였다.

> ▫ 1576년 菩薩寺板『妙法蓮華經』刊行에 刻手로 참여(金相淏「朝鮮朝 寺刹板 刻手 硏究」) 溫陽僧
> ▫ 1578년 경기 安養 三藐寺板『妙法蓮華經』刊行에 刻手로 참여(金相淏「朝鮮朝 寺刹板 刻手 硏究」)

천우(天雨 : -1584-) 16세기 후반에 활동한 각수刻手이다. 1584년에 전북 부안 능가산楞伽山 실상사實相寺에서『묘법연화경妙法蓮華經』(화봉문고 소장) 간행에 탄연坦衍과 각수로 참여하였다.

> ▫ 1584년 전북 부안 楞伽山 實相寺에서『妙法蓮華經』간행에 坦衍과 刻手로 참여(刊記, 화봉문고 소장)

천운 1(天雲 : -1345-) 14세기 중반에 무주암無住庵에 거주하던 사경승寫經僧이다. 1345년에「백지묵서묘법연화경白紙墨書妙法蓮華經」(일본 가가미진자鏡神寺 소장)을 필서하였다.

> ▫ 1345년「白紙墨書妙法蓮華經」을 필서(日本 鏡神寺 所藏, 權憙耕『高麗寫經 硏究』) 無住庵沙門

천운 2(天雲 : -1583-) 16세기 후반에 활동한 화원畵員이다. 1583년에 충남 부여 망월산望月山 경□사敬□寺 좌우제석도左右帝釋圖(일본 도쿠시마현德島縣 젠카쿠지善覺寺 소장) 조성에 담징淡澄과 참여하였다.

> ▫ 1583년 충남 부여 望月山 敬□寺 左右帝釋圖 조성에 淡澄과 畵員으로 참여(日本 德島縣 善覺寺 所藏, 박은경『조선전기불화연구』)

천웅(天雄 : -1564-) 16세기 중반에 활동한 각수刻手이다. 1564년에 황해 서흥瑞興 귀진사판歸進寺板『대방광불화엄경소大方廣佛華嚴經疏』 간행에 각수로 참여하였다.

> ▫ 1564년에 黃海 瑞興 歸進寺板『大方廣佛華嚴經疏』간행에 刻手로 참여(金相淏「朝鮮朝 寺刹板 刻手 硏究」)

천인(天印 : -1539-) 16세기 중반에 활동한 각수刻手이다. 1539년에 경상도 안음安陰 덕유산德宥山 영각사靈覺寺에서『묘법연화경요해妙法蓮華經要解』 간행에 법숭法崇과 각수로 참여하였다.

> ▫ 1539년 경상도 安陰 德宥山 靈覺寺에서『妙法蓮華經要解』刊行에 法崇과 刻手로 참여(국립중앙도서관 소장, 곽승훈·김아네스·홍영기 편저『지리산권 불교자료1-간기편』)

천일 1(天一 : -1237-1238-) 13세기 중반에 활동한 각수刻手이다. 1237-38년에

고려대장경高麗大藏經(『방광반야바라밀경放光般若波羅蜜經』) 조성에 참여하였다.

> □ 1237-38년에 高麗大藏經(『放光般若波羅蜜經』) 조성에 참여(김윤곤 편저, 『高麗大藏經 造成名錄集』)

천일 2(天一 : -1379-) 14세기 후반에 활동한 목수木手이다. 1379년에 경기 여주 신륵사神勒寺 대전大殿, 조당祖堂, 승당僧堂, 선당禪堂 등 중창重創에 목수로 참여하였다.

> □ 1379년 경기 여주 神勒寺 大殿, 祖堂, 僧堂, 禪堂 등 重創에 木手로 참여(『韓國의 古建築』 8과 李智冠 『校勘譯註 歷代高僧碑文(高麗篇4)』)

천장(天長 : -1237-1238-) 13세기 중반에 활동한 각수刻手이다. 1237-38년에 고려대장경高麗大藏經(『금강반야바라밀다경金剛般若波羅蜜多經』) 조성에 참여하였다.

> □ 1237-38년에 高麗大藏經(『金剛般若波羅蜜多經』) 조성에 참여(김윤곤 편저, 『高麗大藏經 造成名錄集』)

천준(天俊 : -1588-) 16세기 후반에 활동한 각수刻手이다. 1588년에 경북 청도 운문사雲門寺에서 『법집별행록절요병입사기法集別行錄節要幷入私記』 간행에 의연義璉과 각자刻字로 참여하였다.

> □ 1588년 경북 청도 雲門寺에서 『法集別行錄節要幷入私記』 간행에 刻字로 참여(刊記, 고양 원각사 소장)

천추(天椎 : -1568-) 16세기 중반에 활동한 각수刻手이다. 1568년에 평안도 순안 법흥사法興寺에서 『선문염송집禪門拈頌集』 간행에 일섬日暹과 각수로 참여하였다.

> □ 1568년 평안도 순안 法興寺에서 『禪門拈頌集』 刊行에 日暹과 刻手로 참여(『僧』)

천휘(天暉 : -1575-) 16세기 후반에 활동한 각수刻手이다. 1575년에 전남 해남 금강사金剛寺에서 『아미타경阿彌陀經』(화봉문고 소장) 간행에 변상각수變相刻手로 참여하였다.

> □ 1575년 전남 해남 金剛寺에서 『阿彌陀經』 간행에 變相刻手로 참여(刊記, 화봉문고 소장) 刻手

천□(天□ : -1565-)[2] 16세기 중반에 활동한 조각승彫刻僧이다. 1565년에 전남 목포 달성사達聖寺 목조지장보살반가상木造地藏菩薩半跏像을 향엄과 화원畵員으로 조성하였다.

> □ 1565년 전남 목포 達聖寺 木造地藏菩薩半跏像을 수화승 香嚴과 조성(造成發願文, 어준일 『16世紀 朝鮮時代의 佛敎彫刻 硏究』)

청유(淸裕 : -895-) 9세기 후반에 활동한 석수石手이다. 895년에 경남 합천 해인사海印寺 길상탑吉祥塔 건립에 난교蘭交와 장사匠士로 참여하였다.

> 2) 문명대, 「조선전반기 불상 조각의 도상해석학적 연구」, 『講座 美術史』 36, 韓國佛敎美術史學會, 2011, p. 144에 天鑑으로 읽었다.

◦895년 경남 합천 海印寺 吉祥塔 건립에 蘭交와 匠士로 참여(石塔記, 진홍섭『韓國佛教
美術』) 僧

청직(淸直 : -954-) 10세기 중반에 활동한 각수刻手이다. 954년에 경북 봉화 태
자사太子寺 낭공대사백월서운탑비朗空大師白月栖雲塔碑 건립에 숭태嵩太와 각
자승刻字僧으로 참여하였다.

◦954년 경북 봉화 太子寺 朗空大師白月栖雲塔碑 건립에 刻字僧 참여(『朝鮮金石總覽』上
과 李智冠『校勘譯註 歷代高僧碑文(高麗篇1)』) 師

청효(淸曉 : -1237-1238-) 13세기 중반에 활동한 각수刻手이다. 1237-38년에 고
려대장경高麗大藏經(『방광반야바라밀경放光般若波羅蜜經』) 조성에 참여하였다.

◦1237-38년에 高麗大藏經(『放光般若波羅蜜經』) 조성에 참여(김윤곤 편저, 『高麗大藏經
造成名錄集』)

체은(體訔) 조선전기에 활동한 각수刻手이다. 연대 미상의 『예념왕생문禮念往
生文』(화봉문고 소장) 간행에 각수로 참여하였다.

◦연대 미상의 『禮念往生文』 간행에 각수로 참여(刊記, 화봉문고 소장) 刻工

초구(草龜 : -1448-) 15세기 중반에 활동한 각수刻手이다. 1448년에 효령대군
과 안평대군이 발원한 『묘법연화경妙法蓮華經』 간행에 정심과 각수로 참여하
였다.

◦1448년 효령대군과 안평대군이 발원한『妙法蓮華經』刊行에 正心과 刻手로 참여(朴桃花
『朝鮮時代 金剛經 刊書의 圖像』) 入選

초문(初聞 : -1202-) 13세기 전반에 활동한 주성장鑄成匠이다. 강원도 원성군
흥업면에서 출토된 1202년 반자半子(금고金鼓, 한국불교미술박물관 소장) 조
성에 대장大匠으로 참여하였다.

◦강원도 원성군 흥업면 출토된 1202년 半子(金鼓) 조성에 大匠으로 참여(한국불교미술박
물관 소장, 한국금석문 종합영상정보시스템) 大匠
* 최응천, 「고려시대 금속공예와 匠人」에서 악문祁問으로 읽었다.

총고(聰古 : -1340-) 13세기 전반에 활동한 사경승寫經僧이다. 1340년에 「감지
은니묘법연화경紺紙銀泥妙法蓮華經」(일본 사가佐賀현립박물관 소장)을 백암柏
巖과 필사하였다.

◦1340년 「紺紙銀泥妙法蓮華經」을 柏巖과 필사(일본 佐賀縣立博物館 所藏, 진홍섭 『韓國
佛敎美術』)

총민(聰敏 : -939-) 10세기 전반에 활동한 철장鐵匠이다. 939년에 경기 양평 보
리사菩提寺 대경대사현기탑비大鏡大師玄機塔碑에 철장으로 참여하였다.

◦939년 경기 양평 菩提寺 大鏡大師玄機塔碑에 鐵匠으로 참여(『朝鮮金石總覽』上과 李智
冠『校勘譯註 歷代高僧碑文(高麗篇1)』) 鐵匠

총혜 1(聰慧 : -872-) 9세기 후반에 활동한 전자장鐫字匠이다. 872년에 경북 경
주 황룡사黃龍寺 구층탑九層塔 중수에 전자승鐫字僧으로 참여하였다.[3]

---

3) 鐫字는 동판 등에 글자 새기는 일을 하는 장인이다.

    ◦872년에 경북 경주 黃龍寺 九層塔 중수에 鐫字僧으로 참여(黃龍寺九層塔 刹柱本記,『佛舍利莊嚴』과 진홍섭『한국미술사자료집성(1)』) 鐫字僧

총혜 2(聰惠 : -939-) 10세기 전반에 활동한 각수刻手이다. 939년에 경기 양평 보리사菩提寺 대경대사현기탑비大鏡大師玄機塔碑에 최문윤崔文尹과 각자刻字로 참여하였다.

    ◦939년 경기 양평 菩提寺 大鏡大師玄機塔碑에 崔文尹과 刻字로 참여(『朝鮮金石總覽』上과 李智冠『校勘譯註 歷代高僧碑文(高麗篇1)』) 門下弟子刻者

최 1(崔 : -1342-) 14세기 중반에 활동한 주성장鑄成匠이다. 1342년에 송림사명 松林寺銘 향완을 조성하였다.

    ◦乙丑 月溪寺銘 향완을 조성(최응천「고려시대 금속공예와 匠人」) 造納

최 2(崔) 고려시대 활동한 주성장鑄成匠이다. 청동향완靑銅香埦(국립중앙박물관 소장)을 조성하였다.

    ◦靑銅香埦을 조성(국립중앙박물관 소장, 최응천「고려시대 금속공예와 匠人」) 參知政事

최경(崔涇 : -1462-) 15세기 중반에 활동한 화원畵員이다. 1462년에 서울 흥천사興天寺 범종梵鐘 조성에 화원으로 참여하였다.

    ◦1462년 서울 興天寺 梵鐘 조성에 참여(국립중앙박물관 소장,『朝鮮金石總覽』과 정영호「朝鮮前期 梵鐘考」) 圖畵院別坐折衝將軍行義興衛護軍

최굉(崔宏 : -1401-)[4] 15세기 전반에 활동한 각수刻手이다. 1401년에 『대불정여래밀인수증요의제보살만행수능엄경大佛頂如來密印修證了義諸菩薩萬行首楞嚴經』(양산 통도사와 송성문 소장) 간행에 명호明昊와 각수로 참여하였다.

    ◦1401년『大佛頂如來密印修證了義諸菩薩萬行首楞嚴經』刊行에 明昊와 刻手로 참여(양산 통도사와 송성문 소장, 千惠鳳「湖林博物館 所藏의 佛敎典籍」)

최구(崔口 : -1401-)[5] 15세기 전반에 활동한 각수刻手이다. 1401년에 『대불정여래밀인수증요의제보살만행수능엄경大佛頂如來密印修證了義諸菩薩萬行首楞嚴經』(양산 통도사와 송성문 소장) 간행에 명호明昊와 각수로 참여하였다.

    ◦1401년『大佛頂如來密印修證了義諸菩薩萬行首楞嚴經』刊行에 明昊와 刻手로 참여(양산 통도사와 송성문 소장, 千惠鳳「湖林博物館 所藏의 佛敎典籍」)

최귀영(崔貴永 : -1493-) 15세기 후반에 활동한 각수刻手이다. 1493년에 무량사판無量寺板『묘법연화경妙法蓮華經』간행에 이장손李長孫과 각수로 참여하였다.

    ◦1493년 無量寺『妙法蓮華經』간행에 李長孫과 각수로 참여(金相淏「朝鮮朝 寺刹板 刻手 研究」)

최금동(崔今同 : -1470-1493-) 15세기 후반에 활동한 각수刻手이다. 1470년에

---

   4)『動産文化財指定報告書(94-95 지정편)』, 문화체육부 문화재관리국, 1996, p. 46에 崔宥로 읽었다.
   5)『動産文化財指定報告書(94-95 지정편)』, 문화체육부 문화재관리국, 1996, p. 46에 崔湟으로 읽었다.

정희대왕대비貞熹大王大妃가 세종, 예종, 의경왕의 명복을 기원하여 발원한
『묘법연화경妙法蓮華經』 간행에 권돈일權頓一과 1493년에 무량사판無量寺板
『묘법연화경』 간행에 이장손李長孫과 각수로 참여하였다.

- 1470년 貞熹大王大妃가 세종, 예종, 의경왕의 명복을 기원하여 발원한 『妙法蓮華經』 刊
  行에 權頓一과 刻手로 참여(金相淏「朝鮮朝 寺刹板 刻手 硏究」과 朴桃花「朝鮮時代 佛
  敎版畵의 樣式과 刻手」)
- 1493년 無量寺 『妙法蓮華經』 간행에 李長孫과 각수로 참여(金相淏「朝鮮朝 寺刹板 刻手
  硏究」)

최득산(崔得山 : -1470-1474-) 15세기 후반에 활동한 각수刻手이다. 1470년에
정희대왕대비貞熹大王大妃가 세종, 예종, 의경왕의 명복을 기원하여 발원한 『묘
법연화경妙法蓮華經』을, 1474년에 『상교정본자비도량참법詳校正本慈悲道場懺
法』 간행에 권돈일權頓一과 각수로 참여하였다.

- 1470년 貞熹大王大妃가 세종, 예종, 의경왕의 명복을 기원하여 발원한 『妙法蓮華經』 刊
  行에 權頓一과 刻手로 참여(朴桃花「朝鮮時代 佛敎版畵의 樣式과 刻手」)
- 1474년 『詳校正本慈悲道場懺法』 刊行에 權頓一과 刻手로 참여(刊記, 『韓國佛敎儀禮資
  料叢書』1집)

최막생(崔莫生 : -1468-) 15세기 중반에 활동한 주종장이다. 1468년에 서울 보
신각普信閣 종鐘(국립중앙박물관 소장) 조성에 참여하였다.

- 1468년 서울 普信閣 鐘 조성에 참여(국립중앙박물관 소장, 정영호「朝鮮前期 梵鐘考」)

최말금(崔末金 : -1468-) 15세기 중반에 활동한 주종장이다. 1468년에 서울 보
신각普信閣 종鐘(국립중앙박물관 소장) 조성에 참여하였다.

- 1468년 서울 普信閣 鐘 조성에 참여(국립중앙박물관 소장, 정영호「朝鮮前期 梵鐘考」)

최말중(崔末中 : -1474-) 15세기 후반에 활동한 소목장小木匠이다. 1474년에 『상
교정본자비도량참법詳校正本慈悲道場懺法』 간행에 김윤생과 연판鍊板으로 참
여하였다.

- 1474년 『詳校正本慈悲道場懺法』 刊行에 金尹生과 鍊板로 참여(刊記, 『韓國佛敎儀禮資
  料叢書』1집)

최문윤(崔文尹 : -939-) 10세기 전반에 개성을 중심으로 활동한 각수刻手로, 대
경대사大鏡大師의 제자이다. 939년에 경기 양평 보리사菩提寺 대경대사현기탑
비大鏡大師玄機塔碑에 각자刻字로 참여하였다.

- 939년 경기 양평 菩提寺 大鏡大師玄機塔碑에 刻字로 참여(『朝鮮金石總覽』上과 李智冠
  『校勘譯註 歷代高僧碑文(高麗篇1)』) 弟子京内人 崔文尹奉 敎刻

최문패(崔汶茂 : -1223-)[6] 13세기 전반에 활동한 주종장鑄鐘匠이다. 1223년에
월봉사月奉寺 범종(망실)을 조성하였다.

- 1223년 月奉寺 梵鐘을 조성(망실, 국립중앙박물관 所藏, 최응천「고려시대 금속공예와
  匠人」) 大匠 別將同正

---

6) 진홍섭, 『韓國佛敎美術』, p. 134에 崔汝茂으로 읽었다.

최미생(崔未生 : -1469-) 15세기 중반에 활동한 수철장水鐵匠이다. 1469년에 경기 남양주 봉선사奉先寺 범종梵鐘을 강원기姜元奇와 수철장으로 조성하였다.

　□1469년 경기 남양주 奉先寺 梵鐘 조성에 姜元奇와 水鐵匠으로 참여(정영호「朝鮮前期 梵鐘考」)

최백(崔伯 : -1237-1238-) 13세기 중반에 활동한 각수刻手이다. 1237-38년에 고려대장경高麗大藏經(『방광반야바라밀경放光般若波羅蜜經』) 조성에 참여하였다.

　□1237-38년에 高麗大藏經(『放光般若波羅蜜經』) 조성에 참여(김윤곤 편저,『高麗大藏經造成名錄集』)

최석(崔石 : -1192-) 12세기 후반에 활동한 주종장鑄鐘匠이다. 1192년에 대자사大慈寺 범종(북한 조선력사박물관 소장)을 조성하였다.

　□1192년 大慈寺 梵鐘을 조성(北韓 朝鮮歷史博物館 所藏, 이광배「高麗時代 梵鐘의 發願階層과 鑄鐘匠人」) 大匠

최성삭(崔成朔 : -1006-) 11세기 전반에 활동한 사경장寫經匠이다. 1006년에 국왕이 발원한 『불설잡장경佛說雜藏經』을 필사하였다.

　□1006년 國王이 發願한 『佛說雜藏經』을 필사(黃壽永「高麗國王發願의 金·銀字大藏」과 진홍섭『韓國佛敎美術』) 書者

최승(崔昇 : -1310-) 14세기 전반에 활동한 화가畵家이다. 1310년에 화사畵師 김우金祐와 수월관음보살도水月觀音菩薩圖(사가佐賀현립박물관 소장) 조성에 참여하였다.[7]

　□1310년 水月觀音菩薩圖 조성에 金祐와 畵師로 참여(佐賀縣立博物館 所藏, 진홍섭『韓國佛敎美術』과 洪潤植 編『韓國佛畵畵記集』) 中郞

최언(崔彦 : -1469-) 15세기 중반에 활동한 수철장水鐵匠이다. 1469년에 경기 남양주 봉선사奉先寺 범종梵鐘을 강원기姜元奇와 수철장으로 조성하였다.

　□1469년 경기 남양주 奉先寺 梵鐘 조성에 姜元奇와 水鐵匠으로 참여(정영호「朝鮮前期 梵鐘考」)

최용석(崔龍石 : -1510-) 16세기 전반에 활동한 장인匠人이다. 1510년 사리합舍利盒 조성에 조공造工으로 참여하였다.

　□1510년 正德五年銘 舍利盒에 造工으로 적혀 있음(진홍섭『韓國佛敎美術』) 造工

최전수(崔田秀 : -1469-) 15세기 중반에 활동한 수철장水鐵匠이다. 1469년에 강원 양양 낙산사洛山寺(燒失) 범종梵鐘을 강원기姜元己와 수철장으로 조성하였다.

　□1469년 강원 양양 洛山寺 梵鐘 조성에 姜元己와 水鐵匠으로 참여(燒失, 정영호「朝鮮前期 梵鐘考」)

최정균(崔丁均 : -1237-1238-) 13세기 중반에 활동한 각수刻手이다. 1237-38년에 고려대장경高麗大藏經(『금강반야바라밀다경金剛般若波羅蜜多經』) 조성에 참여하였다.

---

7) 진홍섭,『韓國佛敎美術』, p. 130에 金裕文으로 읽었다.

▫1237-38년에 高麗大藏經(『金剛般若波羅蜜多經』) 조성에 참여(김윤곤 편저, 『高麗大藏經 造成名錄集』)

최중이(崔衆伊 : -1486-1488-) 15세기 후반에 경북 안동지방 사찰의 개판불사의 각수刻手로 활동하였다. 1486년에 경북 안동 용정사龍井寺에서 『불설대보부모은중경佛說大報父母恩重經』 간행에 변상각수變相刻手와 1488년에 『불설장수멸죄호제동자다라니경佛說長壽滅罪護諸童子陀羅尼經』 간행에 각수로 참여하였다.

▫1486년 경북 안동 龍井寺에서 『佛說大報父母恩重經』 간행에 變相刻手로 참여(金相淏 「朝鮮朝 寺刹板 刻手 研究」과 朴桃花 「朝鮮時代 金剛經 判書의 圖像」) 刻手學生
▫1488년 『佛說長壽滅罪護諸童子陀羅尼經』 간행에 刻手로 참여(金相淏 「朝鮮朝 寺刹板 刻手 研究」) 刻手學生

최철산(崔哲山 : -1468-) 15세기 중반에 활동한 주종장이다. 1468년에 서울 보신각普信閣 종鐘(국립중앙박물관 소장) 조성에 참여하였다.

▫1468년 서울 普信閣 鐘 조성에 참여(국립중앙박물관 소장, 정영호 「朝鮮前期 梵鐘考」)

최형(崔逈 : -886-) 9세기 후반에 활동한 서자書者이다. 886년에 강원 양양 사림사沙林寺 홍각선사비弘覺禪師碑 건립에 전액篆額을 썼다.

▫886년 강원 양양 沙林寺 弘覺禪師碑 건립에 篆額을 썼음(李智冠 『校勘譯註 歷代高僧碑文(新羅篇)』) 車城

최환규(崔煥規, 崔奐規 : -939-946-) 10세기 전반에 활동한 각수刻手로 대경대사大鏡大師의 속제자俗弟子이다. 939년에 경기 양평 보리사菩提寺 대경대사현기탑비大鏡大師玄機塔碑에 속제자로 언급되고, 939년에 경북 영주 비로암毘盧庵 진공대사보법탑비眞空大師普法塔碑를, 944년에 강원 영월 흥녕사興寧寺 징효대사보인탑비澄曉大師寶印塔碑에 각자刻者(刻字)로 참여하였다. 946년에 전남 강진 무위사無爲寺 선각대사편광탑비先覺大師遍光塔碑에 김문윤金文允과 각수로 참여하였다.

▫939년 경기 양평 菩提寺 大鏡大師玄機塔碑에 언급(『朝鮮金石總覽』上과 李智冠 『校勘譯註 歷代高僧碑文(高麗篇1)』) 俗弟子
939년 경북 영주 毘盧庵 眞空大師普法塔碑에 刻者로 참여(『朝鮮金石總覽』上과 李智冠 『校勘譯註 歷代高僧碑文(高麗篇1)』) 刻者
▫944년 강원 영월 興寧寺 澄曉大師寶印塔碑에 刻字로 참여(『朝鮮金石總覽』上과 李智冠 『校勘譯註 歷代高僧碑文(高麗篇1)』) 刻字
▫946년 전남 강진 無爲寺 先覺大師遍光塔碑에 金文允과 각수로 참여(『朝鮮金石總覽』上) □□□

최□(崔□ : -1324-)[8] 14세기 전반에 활동한 주종장鑄鐘匠이다. 1324년에 문성암文聖庵 범종(일본 가마쿠라현鎌倉縣 쓰루가오카하치만구鶴岡八幡宮 소장)을 조성하였다.

▫1324년 文聖庵 梵鐘을 조성(日本 鎌倉縣 鶴岡八幡宮 所藏, 진홍섭 『韓國佛敎美術』과 최응천 「고려시대 금속공예와 匠人」) 大匠

___
8) 이광배, 「發願者 階層을 통해 본 朝鮮 前期 梵鐘의 樣式」, 『美術史學研究』 262, 2009.6, pp. 5-32에 崔處□로 읽었다.

충서(沖敍 : -1237-1238-) 13세기 중반에 활동한 각수刻手이다. 1237-38년에 고려대장경高麗大藏經(『방광반야바라밀경放光般若波羅蜜經』) 조성에 참여하였다.

　▫1237-38년에 高麗大藏經(『放光般若波羅蜜經』) 조성에 참여(김윤곤 편저, 『高麗大藏經 造成名錄集』)

충술(沖述 : -1386-) 14세기 후반에 진각국사의 문인門人으로, 개태사 주지를 역임한 석수石手이다. 1386년에 경기 수원 창성사彰聖寺 진각국사眞覺國師 대각원조탑비大覺圓照塔碑 건립에 입석立石으로 참여하였다.

　▫1386년 경기 수원 彰聖寺 眞覺國師 大覺圓照塔碑 건립에 立石으로 참여(李智冠『校勘譯註 歷代高僧碑文(高麗篇4)』) 門人 開泰寺 住持 妙智無碍 通照大師 立石

충희(沖曦) 고려시대 활동한 서자書者이다.

　▫연대미상 書訣評論에 언급(『東國李相國集』, 진홍섭『韓國佛敎美術』) 宗室僧統

충□(衷□ : -833-) 9세기 전반에 신라에서 활동한 주종장鑄鐘匠이다. 833년에 청주菁州 연지사종蓮池寺鍾 조성에 안해애安海哀과 참여하였다.

　▫833년에 菁州蓮池寺鍾 조성에 安海哀과 참여(진홍섭『한국미술사자료집성(1)』) 大舍

칠보(七甫 : -1225-) 13세기 전반에 활동한 주종장鑄鐘匠이다. 1225년에 관음사觀音寺 범종(일본 교토京都 고려미술관 소장)을 조성하였다.

　▫1225년 觀音寺 梵鐘을 조성(日本 京都 高麗美術館 所藏, 진홍섭『韓國佛敎美術』과 최응천 「고려시대 금속공예와 匠人」) 匠

칠보(七宝, 七甫 : -1237-1238-) 13세기 중반에 활동한 각수刻手이다. 1237-38년에 고려대장경高麗大藏經(『금강반야바라밀다경金剛般若波羅蜜多經』) 조성에 참여하였다.

　▫1237-38년에 高麗大藏經(『金剛般若波羅蜜多經』) 조성에 참여(김윤곤 편저, 『高麗大藏經 造成名錄集』)

E

타우(打牛 : -1572-) 16세기 후반에 청원사 주지를 역임한 각수刻手이다. 1572
년에 덕수사에서 『육경합부六經合部』 간행에 각수로 참여하였다.

- 1572년 『六經合部』 간행에 刻手로 참여(朴桃花 「朝鮮時代 金剛經 判書의 圖像」) 淸源寺
  住持大禪師刊

탁연(卓然 : -1235-1250-) 13세기 전·중반에 활동한 서자書者이다. 1235년에 개
성 묘련사妙蓮寺 중흥비重興碑와 1250년에 전남 강진 월남사 진각국사원소탑
비眞覺國師圓炤塔碑 건립에 서자書者로 참여하였다.

- 1235년 개성 妙蓮寺 重興碑 건립에 書者로 참여(『補閑集』과 진홍섭 『韓國佛敎美術』)
- 1250년 전남 강진 月南寺 眞覺國師圓炤塔碑 건립에 書者로 참여(진홍섭 『韓國佛敎美術』)
  修禪社道人卓然奉宣書

탄연 1(坦然 : -1070-1159-) 속성은 손씨孫氏. 호는 묵암默庵. 경남 밀양 출신이
다. 아버지는 교위校尉 숙肅이며, 어머니는 안씨安氏이다. 19세에 궁중을 몰래
나와 개성 북쪽 안적사安寂寺에서 출가하여 승려가 되었다. 그뒤 광명사廣明
寺로 옮겨가 사굴산파의 혜소국사慧炤國師에게서 선을 배워 인정을 받았다.
이후 사방을 돌아다니며 선을 닦았으나, 노모를 봉양해야 했기 때문에 멀리
가지는 않았다. 1104년에 대선大選에 합격했으며, 왕명으로 중원中原 의림사
義林寺의 주지를 지냈다. 1106년에 대사大師, 1108년에 중대사重大師가 되었
으며, 1114년에 삼중대사三重大師가 되면서 법복을 하사받았다. 1117년에 선
암사禪巖寺 주지가 되었으며, 1120년에 선사禪師가 되었다. 1122년에 인종으
로부터 첨수가사添繡袈裟를 하사받았으며, 1127년에 보리연사菩提淵寺 주지가
되었다. 1128년에 법회를 개최한 이후로 보리연사가 위치한 산에 있던 많은
뱀들이 사라졌다고 한다. 1131년에 대선사로 제수받을 때 금란가사金襴袈裟
를 하사받았다. 1135년에 보제사普濟寺 제석원帝釋院 주지 겸 영원사瑩原寺 주
지가 되었다. 1137년에 다시 서울로 불려왔으며 1139년에 광명사 주지가 되
었다. 이후 나라의 중대사가 있을 때마다 왕의 자문에 응했으며, 1145년 마
침내 왕사王師가 되었다. 1147년에 진주 단속사斷俗寺로 은퇴하여 제자들을

양성하고 종풍을 크게 떨쳤다. 탄연은 서예에도 능했고, 특히 왕희지체를 잘 썼는데, 강원 춘천 청평사淸平寺 문수원文殊院 중수비와 예천 복룡사비 및 삼각산 승가사 중수비를 섰다. 제자는 연잠淵湛이 있고, 국사로 추증되었다. 시호는 대감大鑑이다.

　　* 탄연의 생애는 『한국민족문화대백과사전』을 참조하였다.

탄연 2(坦衍 : -1584-) 16세기 후반에 활동한 각수刻手이다. 1584년에 전북 부안 능가산楞伽山 실상사實相寺에서 『묘법연화경妙法蓮華經』(고양 원각사 소장) 간행에 각수로 참여하였다.

　　▫ 1584년 전북 부안 楞伽山 實相寺에서 『妙法蓮華經』 간행에 刻手로 참여(刊記, 고양 원각사 소장) 禪師

탄원(坦員 : -1565-) 16세기 중반에 활동한 화원畵員이다. 1565년에 석가설법도釋迦說法圖(부산 동아대학교 박물관 소장) 조성에 화원으로 참여하였다.

　　▫ 1565년 釋迦說法圖 조성에 畵員으로 참여(부산 동아대학교 박물관 소장, 박은경 『조선전기불화연구』) 畵員

탄□(坦□ : -1445-) 15세기 중반에 활동한 각수刻手이다. 1445년에 전북 남원도호부南原都護府에서 발간한 『수계선생비점맹호연집須溪先生批點孟浩然集』 간행에 박민화朴敏和와 각수로 참여하였다.

　　▫ 1445년 전북 南原都護府에서 발간한 『須溪先生批點孟浩然集』 간행에 朴敏和와 刻手로 참여(刊記, 『國寶 寶物 지정보고서 2011』)

태연(泰然 : -1237-1238-) 13세기 중반에 활동한 각수刻手이다. 1237-38년에 고려대장경高麗大藏經 『방광반야바라밀경放光般若波羅蜜經』) 조성에 참여하였다.

　　▫ 1237-38년에 高麗大藏經(『放光般若波羅蜜經』) 조성에 참여(김윤곤 편저, 『高麗大藏經造成名錄集』)

탄원, 석가설법도, 1565년, 동아대학교 박물관

태영(太英 : -1591-) 16세기 후반에 활동한 화원畵員이다. 1591년에 삼장보살도三藏菩薩圖(일본 오사카太阪 엔묘지延命寺 소장) 조성에 화원으로 참여하였다.

　　▫ 1591년 三藏菩薩圖 조성에 畵員으로 참여(日本 大阪 延命寺 所藏, 박은경 『조선전기불화연구』) 畵員

태준(太准 : -1574-) 16세기 후반에 활동한 각수刻手이다. 1574년에 전남 순천 조계산曹溪山 송광사松廣寺에서 『천지명양수륙재의찬요天地冥陽水陸齋儀纂要』(화봉문고 소장) 간행에 만혜萬惠와 각수로 참여하였다.

　　▫ 1574년 전남 순천 曹溪山 松廣寺에서 『天地冥陽水陸齋儀纂要』 간행에 萬惠와 刻手로 참여(刊記, 화봉문고 소장)

통암(通庵 : -1570-) 16세기 후반에 활동한 각수刻手이다. 1570년 가을에 황남 해주 신광사神光寺에서 『선원제전집도서禪源諸詮集都序』(고양 원각사 소장) 간행에 천심天心과 각수로 참여하였다.

　▫1570년 가을 黃南 海州 神光寺에서 『禪源諸詮集都序』刊行에 天心과 刻手로 참여(刊記,
　　고양 원각사 소장)

ㅌ

ㅍ

판감상(板甘尙) 고려시대 개성 근방 판적板積에서 활동한 와장瓦匠이다. 개성 만월대에 있던 궁성에 올린 기와를 제작하였다.

　◦ 고려시대 개성 만월대에 있던 궁성에 올린 기와를 제작한 와장으로 참여(홍영의 「개성 고려궁성 출토 명문기와의 유형과 窯場」) 板積

판도(板道) 고려시대 개성 근방 판적板積에서 활동한 와장瓦匠이다. 개성 만월대에 있던 궁성에 올린 기와를 제작하였다.

　◦ 고려시대 개성 만월대에 있던 궁성에 올린 기와를 제작한 와장으로 참여(홍영의 「개성 고려궁성 출토 명문기와의 유형과 窯場」) 板積

판옥고(板玉告) 고려시대 개성 근방 판적板積에서 활동한 와장瓦匠이다. 개성 만월대에 있던 궁성에 올린 기와를 제작하였다.

　◦ 고려시대 개성 만월대에 있던 궁성에 올린 기와를 제작한 와장으로 참여(홍영의 「개성 고려궁성 출토 명문기와의 유형과 窯場」) 板積

팔록(八祿) 고려시대 개성 근방 판적板積에서 활동한 와장瓦匠이다. 개성 만월대에 있던 궁성에 올린 기와를 제작하였다.

　◦ 고려시대 개성 만월대에 있던 궁성에 올린 기와를 제작한 와장으로 참여(홍영의 「개성 고려궁성 출토 명문기와의 유형과 窯場」) 板積

평산(平山 : -1380-) 14세기 후반에 활동한 서자書者이다. 1380년 3월에 『대방광원각수다라요의경大方廣圓覺修多羅了義經』(울주 양덕사 소장) 간행에 종불宗㫘과 판하본版下本을 썼다.

　◦ 1380년 『大方廣圓覺修多羅了義經』 刊行에 版下本을 씀(울주 양덕사 소장, 윤상기 「양덕사 소장 불교전적 조사보고서」)

학계(學戒 : -1238-) 13세기 중반에 활동한 각수刻手이다. 1238년에 고려대장
경高麗大藏經(『마하반야바라밀경摩訶般若波羅密經』) 조성에 참여하였다.

　ㅁ1238년에 高麗大藏經(『摩訶般若波羅密經』) 조성에 참여(김윤곤 편저, 『高麗大藏經 造成
　名錄集』)

학근(學根 : -1530-) 16세기 전반에 활동한 목수木手이다. 1530년에 황북 사리원
성불사成佛寺 응진전應眞殿 중창重創에 현사玄思와 대목大木으로 참여하였다.

　ㅁ1530년 황북 사리원 成佛寺 應眞殿 重創에 玄思와 大木으로 참여(申榮勳 編『韓國古建
　物上樑記文集』)

학능(學能 : -1530-) 16세기 전반에 활동한 목수木手이다. 1530년에 황북 사리원
성불사成佛寺 응진전應眞殿 중창重創에 현사玄思와 대목大木으로 참여하였다.

　ㅁ1530년 황북 사리원 成佛寺 應眞殿 重創에 玄思와 大木으로 참여(申榮勳 編『韓國古建
　物上樑記文集』)

학담(學淡 : -1500-) 16세기 전반에 활동한 소목장小木匠이다. 1500년에 경남
합천 봉서사鳳栖寺에서 『현수제승법수賢首諸乘法數)』 간행에 연판鍊板으로 참
여하였다.

　ㅁ1500년 경남 합천 鳳栖寺에서 『賢首諸乘法數』 刊行에 鍊板으로 참여(刊記) 鍊板

학령(學靈, 學玲 : -1544-1564-) 16세기 중반에 활동한 각수刻手이다. 1544년에
석두사판石頭寺板 경전 간행에 학정과 각수로 참여하고, 1564년에 황해 서흥
瑞興 귀진사판歸進寺板 『대방광불화엄경소大方廣佛華嚴經疏』 간행에 각수로 참
여하였다.

　ㅁ1544년 石頭寺板 刊士秩에 學正, 惠還과 언급되어 있음(金相淏「朝鮮朝 寺刹板 刻手 研究」)
　ㅁ1564년에 黃海 瑞興 歸進寺板 『大方廣佛華嚴經疏』 간행에 刻手로 참여(金相淏「朝鮮朝
　寺刹板 刻手 研究」)

학변(學卞 : -1560-1574-) 16세기 중반에 활동한 각수刻手이다. 1560년에 황해
도 문화 구월산九月山 월출암月出庵 개간開刊하여 서흥瑞興 귀진사歸進寺 유판
留板한 『대방광불화엄경소大方廣佛華嚴經疏 제38』(화봉문고 소장) 간행에 경
웅冏雄과 각수로 참여하고, 1568년에 평안도 순안 법흥사法興寺에서 『선문염

송집禪門拈頌集』간행에 일섬日暹과 각수로 참여하였다. 1574년에 평안도 최근불당崔根佛堂에서 개판開板되어 황주黃州 송방사松方寺에 유판留板된『관무량수불경觀無量壽佛經』간행에 의순義淳과 각수로 참여하였다.

- 1560년 黃海道 文化 九月山 月出庵 開刊하여 瑞興地 歸進寺 留板한『大方廣佛華嚴經疏(三十八)』간행에 岡雄과 각수로 참여(刊記, 화봉문고 소장)
- 1568년 평안도 순안 法興寺에서『禪門拈頌集』刊行에 日暹과 刻手로 참여(『僧』)
- 1574년 平安道 崔根佛堂에서 開板되어 黃州 松方寺에 留板된『觀無量壽佛經』刊行에 義淳과 刻手로 참여(金相淏「朝鮮朝 寺刹板 刻手 研究」)

학선(鶴仙 : -1325-)
14세기 전반에 강화도를 중심으로 활동한 화원畵員이다. 1325년에 노영魯英이 강화 선원사禪源寺 비로전毘盧殿에 벽화를 그릴 때, 동편과 서편의 벽에 그림을 그렸다.

- 1325년 魯英이 강화 禪源寺 毘盧殿에 벽화를 그림(禪源寺毘盧殿丹靑記『東文選』卷65) 班頭

학수(學修 : -1477-1484-)
15세기 중반에 활동한 소목장小木匠이다. 전북 완주 화암사花岩寺에서 1477년에『묘법연화경妙法蓮華經』(고양 원각사 소장)와 1484년에『불설대보부모은중경佛說大報父母恩重經』간행에 연판鍊板으로 참여하였다.

- 1477년 전북 완주 花岩寺에서『妙法蓮華經』간행에 鍊板으로 참여(刊記, 고양 원각사 소장) 鍊板
- 1484년 전북 완주 花岩寺에서『佛說大報父母恩重經』간행에 鍊板으로 참여(송일기「高山 花巖寺와 成達生」) 鍊板

학심(學心 : -1237-1238-)
13세기 중반에 활동한 각수刻手이다. 1237-38년에 고려대장경高麗大藏經(『방광반야바라밀경放光般若波羅蜜經』) 조성에 참여하였다.

- 1237-38년에 高麗大藏經(『放光般若波羅蜜經』) 조성에 참여(김윤곤 편저,『高麗大藏經 造成名錄集』)

학전(學全 : -1530-)
16세기 전반에 활동한 목수木手이다. 1530년에 황북 사리원 성불사成佛寺 응진전應眞殿 중창重創에 현사玄思와 대목大木으로 참여하였다.

- 1530년 황북 사리원 成佛寺 應眞殿 重創에 玄思와 大木으로 참여(申榮勳 編『韓國古建物上樑記文集』)

학정(學品, 學正 : -1534-1544-)
16세기 전반에 활동한 소목장小木匠이다. 1534년에 전북 고창 문수사文殊寺에서『법화영험전法華靈驗傳』(화봉문고 소장) 간행에 연판鍊板으로, 1537년에 지리산智異山 신흥사神興寺에서『불설예수시왕생칠경佛說預修十王生七經』간행에 계심戒心과 각수로, 1544년에 석두사판石頭寺板 경전 간행에 각수로 참여하였다.

- 1534년 전북 高敞 文殊寺에서『法華靈驗傳』간행에 鍊板으로 참여(刊記, 화봉문고 소장) 鍊板
- 1537년 智異山 神興寺에서『佛設預修十王生七經』간행에 戒心과 刻手로 참여(국립중앙도서관 소장, 곽승훈·김아네스·홍영기 편저『지리산권 불교자료1-간기편』)
- 1544년 石頭寺板 刊士秩에 學玲, 惠還과 언급되어 있음(金相淏「朝鮮朝 寺刹板 刻手 研究」)

학조 1(學祖 : -1568-1573-) 16세기 중반에 활동한 각수刻手이다. 1568년에 평안도 순안 법흥사法興寺에서 『선문염송집禪門拈頌集』 간행에 일섬日暹과 각수로, 1573년에 평북 향산 보현사普賢寺에서 『선종영가집禪宗永嘉集』 간행에 각수로 참여하였다.

- 1568년 평안도 순안 法興寺에서 『禪門拈頌集』 刊行에 日暹과 刻手로 참여(『僧』)
- 1573년 평북 향산 普賢寺에서 『禪宗永嘉集』 刊行에 刻手로 참여(刊記) 刻手

학조 2(學造 : -1586-) 16세기 후반에 활동한 화원畵員이다. 1586년에 아미타오존도阿彌陀五尊圖(일본 니이가타현新潟縣 초안지長安寺 所藏) 조성에 수담秀曇과 화원으로 참여하였다.

- 1586년 阿彌陀五尊圖 조성에 秀曇과 畵員으로 참여(日本 新潟縣 長安寺 所藏, 박은경 『조선전기불화연구』)

학진(學眞 : -1575-) 16세기 후반에 활동한 서자書者이다. 1575년에 전남 담양 추월산秋月山 용천사龍泉寺에서 『염불작법念佛作法』 간행에 서사書寫로 참여하였다.

- 1575년에 전남 담양 秋月山 龍泉寺에서 『念佛作法』 刊行에 書寫로 참여(刊記, 『韓國佛敎儀禮資料叢書』2집) 書寫

학청 1(學淸 : -1237-1238-) 13세기 중반에 활동한 각수刻手이다. 1237-38년에 고려대장경高麗大藏經(『금강반야바라밀다경金剛般若波羅蜜多經』) 조성에 참여하였다.

- 1237-38년에 高麗大藏經(『金剛般若波羅蜜多經』) 조성에 참여(김윤곤 편저, 『高麗大藏經 造成名錄集』)

학청 2(學淸 : -1515-) 16세기 전반에 활동한 화원畵員이다. 1515년에 경북 예천 용문사 목조아미타여래좌상木造阿彌陀如來坐像을 이영문李永文과 화원으로 개조改造하였다.

- 1515년 경북 예천 용문사 木造阿彌陀如來坐像을 李永文과 畵員으로 改造(改造發願文) 畵員

학□(學□ : -1445-) 15세기 중반에 활동한 각수刻手이다. 1445년 전북 남원도호부南原都護府에서 발간한 『수계선생비점맹호연집須溪先生批點孟浩然集』 간행에 박민화朴敏和와 각수로 참여하였다.

- 1445년 전북 南原都護府에서 발간한 『須溪先生批點孟浩然集』 간행에 朴敏和와 刻手로 참여(刊記, 『國寶 寶物 지정보고서 2011』)

한문(漢文 : -1237-1238-) 13세기 중반에 활동한 각수刻手이다. 1237-38년에 고려대장경高麗大藏經(『금강반야바라밀다경金剛般若波羅蜜多經』) 조성에 참여하였다.

- 1237-38년에 高麗大藏經(『金剛般若波羅蜜多經』) 조성에 참여(김윤곤 편저, 『高麗大藏經 造成名錄集』)

한서(韓敍 : -1237-1238-) 13세기 중반에 활동한 각수刻手이다. 1237-38년에 고

려대장경高麗大藏經(『금강반야바라밀다경金剛般若波羅蜜多經』) 조성에 참여하였다.

▫ 1237-38년에 高麗大藏經(『金剛般若波羅蜜多經』) 조성에 참여(김윤곤 편저, 『高麗大藏經 造成名錄集』)

한수림(韓守林 : -1468-) 15세기 중반에 활동한 주종장이다. 1468년에 서울 보신각普信閣 종鐘(국립중앙박물관 소장) 조성에 참여하였다.

▫ 1468년 서울 普信閣 鐘 조성에 참여(국립중앙박물관 소장, 정영호 「朝鮮前期 梵鐘考」)

한신(韓信 : -1458-) 15세기 중반에 활동한 장인匠人이다. 1458년에 경북 영주 흑석사黑石寺 목조아미타불좌상木造阿彌陀佛坐像 제작에 부금付金을 담당하였다.

▫ 1458년 경북 영주 黑石寺 木造阿彌陀佛坐像 제작에 付金을 담당(崔素林 「黑石寺 木造阿彌陀佛坐像 研究」와 『문화재대관-국보 전적 조선시대』) 付金

한정(韓正 : -1245-) 13세기 중반에 활동한 주종장鑄鐘匠이다. 1245년에 을사명乙巳銘 범종(국립중앙박물관 소장)을 조성하였다.

▫ 1245년 乙巳銘 梵鐘을 조성(國立中央博物館 所藏, 최응천 「고려시대 금속공예와 匠人」) 別將同正

한종수(韓宗守 : -1202-) 13세기 전반에 활동한 개성에서 활동한 주성장鑄成匠이다. 1202년에 포계사蒲溪寺 반자盤子(금고金鼓, 이화여자대학교 박물관 소장) 조성에 양공良工으로 참여하였다.

▫ 1202년 蒲溪寺 盤子(金鼓) 조성에 良工으로 참여(이화여자대학교 박물관 소장, 진홍섭 『韓國佛敎美術』과 한국금석문 종합영상정보시스템) 京良工

한중서(韓仲叙 : -1214-1252-) 13세기 전반부터 중반까지 개성에서 활동한 주성장鑄成匠이다. 그는 1214년에 고령사高嶺寺 반자飯子(금고金鼓), 1222년에 청림사靑林寺 범종(전북 부안 내소사 소장), 1238년에 신룡사神龍寺 범종(부산광역시립박물관 소장)과 황천 복천사福泉寺 반자飯子(금고金鼓, 부산광역시립박물관 소장)를 제작하였다. 그는 1252년에 지리산 안양사安養寺 반자飯子(금고金鼓)를 개성에 있는 작업실에서 만들었다.

▫ 1214년 高嶺寺 飯子(金鼓) 조성에 참여(일본 동경국립박물관 소장, 한국금석문 종합영상정보시스템) 同房侍衛軍
▫ 1222년 靑林寺 梵鐘 조성에 참여(전북 부안 내소사 所藏, 최응천 「고려시대 금속공예와 匠人」) 匠
▫ 1238년 神龍寺 梵鐘 조성에 참여(부산광역시립박물관 所藏, 한국금석문 종합영상정보시스템) 大匠
1238년 황천 福泉寺 飯子(金鼓) 주성에 참여(부산광역시립박물관 所藏, 한국금석문 종합영상정보시스템) 鑄成者 別將同正
▫ 1252년 지리산 安養寺 飯子(金鼓) 주성에 工人으로 참여(고성 옥천사 소장, 鄭永鎬 「固城 玉泉寺의 在銘飯子와 銀絲香爐」과 한국금석문 종합영상정보시스템) 工人 別將同正
  * 朴敬源, 「高麗鑄金匠考 : 韓仲叙와 그의 作品」, 『美術史學硏究』149, 1981, pp. 6-22.

함록(含祿, 咸祿 : -1237-1238-) 13세기 중반에 활동한 각수刻手이다. 1237-38년에 고려대장경高麗大藏經(『방광반야바라밀경放光般若波羅蜜經』) 조성에 참여하였다.

    ◦ 1237-38년에 高麗大藏經(『放光般若波羅蜜經』) 조성에 참여(김윤곤 편저, 『高麗大藏經
    造成名錄集』)

함모리(咸毛里 : -1468-1469-) 15세기 중반에 활동한 목수木手이다. 1469년에
강원 양양 낙산사洛山寺 범종(燒失)과 경기 남양주 봉선사奉先寺 범종梵鐘 조성
에 목수로 참여하였다.

    ◦ 1469년 강원 양양 洛山寺 梵鐘 조성에 木手로 참여(燒失, 정영호「朝鮮前期 梵鐘考」) 木手
    1469년 경기 남양주 奉先寺 梵鐘 조성에 木手로 참여(정영호「朝鮮前期 梵鐘考」) 木手

합준(合峻 : -1530-)[1] 16세기 전반에 활동한 목수木手이다. 1530년에 황북 사
리원 성불사成佛寺 응진전應眞殿 중창重創에 현사玄思와 대목大木으로 참여하
였다.

    ◦ 1530년 황북 사리원 成佛寺 應眞殿 重創에 玄思와 大木으로 참여(申榮勳 編 『韓國古建
    物上樑記文集』)

해경(海瓊 : -1589-) 16세기 후반에 활동한 화원畵員이다. 1589년에 감로도甘露
圖(일본 효고현兵庫縣 야쿠센지藥仙寺 소장) 조성에 의호儀浩와 화원으로 참여
하였다.

    ◦ 1589년 甘露圖 조성에 儀浩와 畵員으로 참여(日本 兵庫縣 藥仙寺 所藏, 洪潤植 編 『韓國
    佛畵畵記集』과 박은경 『조선전기불화연구』)

해남(海南 : -1443-) 15세기 중반에 활동한 각수刻手이다. 1443년에 전북 완주
화암사花岩寺에서 『묘법연화경妙法蓮華經』(고양 원각사 소장) 간행에 신효信孝
와 각수로 참여하였다.

    ◦ 1443년 전북 완주 花岩寺에서 『妙法蓮華經』 刊行에 信孝와 刻手로 참여(刊記, 고양 원각
    사 소장) 禪師

해련(海連 : -1476-) 15세기 후반에 활동한 화원畵員이다. 1476년에 전남 강진
무위사無爲寺 극락보전極樂寶殿 아미타후불벽화阿彌陀後佛壁畵 조성에 화원으
로 참여하였다.

    ◦ 1476년 전남 강진 無爲寺 極樂寶殿 阿彌陀後佛壁畵 조성에 畵員으로 참여(畵記) 畵員 大
    禪師

해료(海了 : -1450-) 15세기 중반에 활동한 조각승이다. 1450년에 금동아미타
삼존불좌상金銅阿彌陀三尊佛坐像(경남 양산 통도사 성보박물관 소장)을 조사造
士로 제작하였다.

    ◦ 1450년 경남 양산 通度寺 聖寶博物館 所藏 金銅阿彌陀三尊佛坐像을 造士로 조성(發願
    文) 造士

---

1) 申榮勳 編, 『韓國古建物上樑記文集』, p. 173과 진홍섭, 『韓國佛敎美術』, p. 127에 玲峻으
로 읽었다.

해련, 아미타후불벽화, 1476년, 강진 무위사   해련, 아미타후불벽화 세부

해료(造土), 금동아미타삼존불상, 1450년,   조성발원문 일부, 1450년,
양산 통도사 성보박물관 소장   양산 통도사 성보박물관 소장

해명 1(海名 : -1377-) 14세기 후반에 활동한 목수木手이다. 1377년에 경북 영주 부석사浮石寺 조사당祖師堂 중수重修에 심경心鏡과 대목大木으로 참여하였다.

> ▫ 1377년 경북 영주 浮石寺 祖師堂 重修에 心鏡과 大木으로 참여(申榮勳 編 『韓國古建物上樑記文集』과 진홍섭 『韓國佛敎美術』)
> * 1377년 경북 영주 부석사 중수 장인과 1473년 영암 도갑사 장인이 서로 겹친다.

해명 2(海明 : -1473-) 15세기 중반에 활동한 목수木手이다. 1473년에 전남 영암 도갑사道岬寺 해탈문解脫門 건립에 각여覺如와 대목大木으로 참여하였다.

> ▫ 1473년 전남 영암 道岬寺 解脫門 건립에 覺如와 大木으로 참여(尹武炳 「道岬寺 解脫門 上樑文」과 申榮勳 編 『韓國古建物上樑記文集』)

해문(海問 : -1448-) 15세기 중반에 활동한 조각승이다. 1448년에 경남 밀양 표충사 대원암 금동삼존불상金銅三尊佛像(금동지장보살좌상 양산 통도사 성보박물관 소장)을 성총과 조성하였다.
> 1448년 경남 밀양 표충사 대원암 금동삼존불상金銅三尊佛像을 性恖과 조성(金銅地藏菩薩坐像 양산 통도사 성보박물관 소장,『삶, 그후』)

해석(獬錫 : -1185-) 12세기 후반에 활동한 각수刻手이다. 1185년에 경북 예천 용문사龍門寺 중수용문사기비重修龍門寺記碑 건립에 각수로 참여하였다.
> 1185년에 경북 예천 龍門寺 重修龍門寺記碑 건립에 刻手로 참여(『龍門寺』) 入選 刻字

해심(海心 : -1431-) 15세기 전반에 활동한 각수刻手이다. 1431년에 경상감사慶尙監司 조치曺致가 만든 『춘추경좌씨전구해春秋經左氏傳句解』 간행에 홍조洪照와 각수로 참여하였다.
> 1431년 慶尙監司 曺致가 만든 『春秋經左氏傳句解』 간행에 洪照와 刻手로 참여(刊記,『國寶 寶物 지정보고서 2011』)

해오(海悟 : -1445-) 15세기 중반에 활동한 각수刻手이다. 1445년에 『육경합부六經合部』 간행에 각수로 참여하였다.
> 1445년 『六經合部』 간행에 刻手로 참여(朴桃花 「朝鮮時代 金剛經 判書의 圖像」) 淸源寺 住持大禪師 刊

해월(海月 : -1448-) 15세기 중반에 활동한 각수刻手이다. 1448년에 효령대군과 안평대군이 발원한 『묘법연화경妙法蓮華經』 간행에 정심과 각수로 참여하였다.
> 1448년 효령대군과 안평대군이 발원한 『妙法蓮華經』 刊行에 正心과 刻手로 참여(朴桃花 「朝鮮時代 金剛經 判書의 圖像」) 禪師

해종(海宗 : -1473-) 15세기 중반에 활동한 목수木手이다. 1473년에 전남 영암 도갑사道岬寺 해탈문解脫門 건립에 각여覺如와 대목大木으로 참여하였다.
> 1473년 전남 영암 道岬寺 解脫門 건립에 覺如와 大木으로 참여(尹武炳 「道岬寺 解脫門 上樑文」과 申榮勳 編 『韓國古建物上樑記文集』)

행각(行脚 : -1237-1238-) 13세기 중반에 활동한 각수刻手이다. 1237-38년에 고려대장경高麗大藏經(『방광반야바라밀경放光般若波羅蜜經』) 조성에 참여하였다.
> 1237-38년에 高麗大藏經(『放光般若波羅蜜經』) 조성에 참여(김윤곤 편저, 『高麗大藏經 造成名錄集』)

행기(幸期 : -924-) 10세기 전반에 활동한 서자書者이다. 924년에 경남 창원 봉림사鳳林寺 진경대사보월능공탑眞鏡大師寶月凌空塔 건립에 서자書者로 언급되어 있다.
> 924년 경남 창원 鳳林寺 眞鏡大師寶月凌空塔 건립에 書者로 참여(진홍섭 『韓國佛敎美術』) 書

행련(幸連 : -1565-) 16세기 중반에 활동한 소목장小木匠이다. 1565년에 충북 보은報恩 속리산俗離山 복천암판福泉寺板 『묘법연화경妙法蓮華經』(화봉문고 소장) 간행에 연판鍊板으로 참여하였다.
> 1565년 충북 報恩 俗離山 福泉寺板 『妙法蓮華經』 간행에 鍊板으로 참여(刊記, 화봉문고 소장) 鍊板

행언(幸言 : -975-) 10세기 후반에 활동한 각수刻手이다. 975년에 경기 여주 고
달사高達寺 원종대사혜진탑비元宗大師惠眞塔碑 후면에 문하각자승門下刻字僧으
로 언급되어 있다.

　　◦975년 경기 여주 高達寺 元宗大師惠眞塔碑 후면에 門下刻字僧으로 언급(『朝鮮金石總覽』
　　　上) 門下刻字僧

행은(幸恩 : -1583-) 16세기 후반에 활동한 화원畵員이다. 1583년에 충남 부여
망월산望月山 경□사敬□寺 대루大樓에 단청丹靑에 근환僅還과 참여하였다.

　　◦1583년에 충남 부여 望月山 敬□寺 大樓 丹靑에 僅還과 참여(日本 德島縣 善覺寺 所藏
　　　佛畵 畵記, 박은경 『조선전기불화연구』)

행중(行衆 : -1377-) 14세기 후반에 활동한 목수木手이다. 1377년에 경북 영주
부석사浮石寺 조사당祖師堂 중수重修에 심경心鏡과 대목大木으로 참여하였다.

　　◦1377년 경북 영주 浮石寺 祖師堂 重修에 心鏡과 大木으로 참여(申榮勳 編『韓國古建物上
　　　樑記文集』과 진홍섭 『韓國佛敎美術』)
　　＊ 행중行衆과 행채行采는 동일인으로 추정된다.

행채(行采 : -1490-) 15세기 후반에 활동한 목수木手이다.[2] 1490년에 경북 영
주 부석사浮石寺 조사당祖師堂 중수에 월탄月炭과 대목大木으로 참여하였다.

　　◦1490년 경북 영주 浮石寺 祖師堂 중수에 月炭과 大木으로 참여(申榮勳 編『韓國古建物
　　　上樑記文集』)
　　＊ 행채行采와 행중行衆은 동일인으로 추정된다.

행초(行超 : -943-) 10세기 중반에 활동한 각수刻手이다. 943년에 충북 충주 정
토사淨土寺 법경대사자등탑비法鏡大師慈燈塔碑 건립에 광예光乂와 전자鐫字로
참여하였다.

　　◦943년 충북 충주 淨土寺 法鏡大師慈燈塔碑 건립에 光乂와 鐫字로 참여(『朝鮮金石總覽』
　　　上과 李智冠『校勘譯註 歷代高僧碑文(高麗篇1)』)

행총(幸聰 : -943-) 10세기 중반에 활동한 각수刻手이다. 943년에 충북 충주 정
토사淨土寺 법경대사자등탑비法鏡大師慈燈塔碑 건립에 광예光乂와 전
자鐫字로 참여하였다.

　　◦943년 충북 충주 淨土寺 法鏡大師慈燈塔碑 건립에 光乂와 鐫字로 참여(『朝
　　　鮮金石總覽』上과 李智冠『校勘譯註 歷代高僧碑文(高麗篇1)』)[3]

행춘(幸春) 고려시대 개성 근방 판적板積에서 활동한 와장瓦匠이다.
개성 만월대에 있던 궁성에 올린 기와를 제작하였다.

　　◦고려시대 개성 만월대에 있던 궁성에 올린 기와를 제작한 와장으로 참여(홍
　　　영의 「개성 고려궁성 출토 명문기와의 유형과 窯場」) 板積

행희(幸熙 : -1558-) 16세기 중반에 활동한 화원畵員이다. 1558년에
지장시왕도地藏十王圖(일본 나고야名古屋 나나츠데라七寺 소장) 조성

행희, 지장시왕도, 1558년, 일본 나고야 나
나츠데라 소장(박은경 교수님 제공)

---

　2)「浮石寺資料」, 『佛敎美術』 3, 동국대학교 박물관, 1977, p. 74에는 行宋으로 읽었다.
　3) 진홍섭, 『韓國佛敎美術』, p. 133에 幸聽으로 읽었다.

에 화원으로 참여하였다.

　□1558년 地藏十王圖 조성에 畵員으로 참여(日本 名古屋 七寺 所藏, 박은경『조선전기불
　　화연구』) 畵員比丘

향근(向根 : -1407-) 15세기 전반에 활동한 화원이다. 1407년에 경북 영덕 장
육사莊陸寺 건칠관음보살좌상乾漆觀音菩薩坐像 개금에 상금승上金僧으로 참여
하였다.

　□1407년 경북 영덕 莊陸寺 乾漆觀音菩薩坐像 개금에 上金僧으로 참여(鄭永鎬「莊陸寺菩
　　薩坐像과 그 腹藏發願文」사진 참조) 上金僧

향엄(香嚴 : -1534-1565-) 16세기 중반에 활동한 조각승彫刻僧이다. 1534년에
제주 남제주 서산사西山寺 목조보살좌상과 1565년에 전남 목포 달성사達聖寺
목조지장보살반가상木造地藏菩薩半跏像을 화원畵員으로 조성하였다.

　□1534년 제주 남제주 서산사 목조보살좌상을 수화승으로 조성(어준일「16世紀 朝鮮時代
　　의 佛敎彫刻 硏究」) 畵員
　□1565년 전남 목포 達聖寺 木造地藏菩薩半跏像을 수화승으로 조성(造成發願文, 어준일
　　「16世紀 朝鮮時代의 佛敎彫刻 硏究」) 畵員

향엄, 목조보살좌상, 1534년,
남제주 서산사

향연(香淵 : -939-) 10세기 전반에 중원부仲源府에서 활동한 철장鐵匠이다. 939
년에 경기 양평 보리사菩提寺 대경대사현기탑비大鏡大師玄機塔碑에 총민聰敏과
철장으로 참여하였다.

　□939년 경기 양평 菩提寺 大鏡大師玄機塔碑에 鐵匠으로 참여(『朝鮮金石總覽』上과 李智
　　冠『校勘譯註 歷代高僧碑文(高麗篇1)』) 鐵匠仲源府人

향총(向聰 : -1380-) 14세기 후반에 활동한 서자書者이다. 1380년 3월에『대방
광원각수다라요의경大方廣圓覺修多羅了義經』(울주 양덕사 소장) 간행에 종불宗
昢과 판하본版下本을 썼다.

　□1380년『大方廣圓覺修多羅了義經』刊行에 版下本을 씀(울주 양덕사 소장, 윤상기「양덕
　　사 소장 불교전적 조사보고서」)

향엄, 목조지장보살반가상,
1565년, 목포 달성사

향□금(向□今) 고려시대 개성 근방 월개月盖에서 활동한 와장瓦匠이다. 개성
만월대에 있던 궁성에 올린 기와를 제작하였다.

　□고려시대 개성 만월대에 있던 궁성에 올린 기와를 제작한 와장으로 참여(홍영의「개성
　　고려궁성 출토 명문기와의 유형과 窯場」) 月盖

허백유(許白儒 : -1237-1238-) 13세기 중반에 활동한 각수刻手이다. 1237-38년
에 고려대장경高麗大藏經(『금강반야바라밀다경金剛般若波羅蜜多經』) 조성에 참
여하였다.

　□1237-38에 高麗大藏經(『金剛般若波羅蜜多經』) 조성에 참여(김윤곤 편저,『高麗大藏
　　經 造成名錄集』)

허□(許□ : -1468-) 15세기 중반에 활동한 주종장이다. 1468년에 서울 보신각
普信閣 종鐘(국립중앙박물관 소장) 조성에 참여하였다.

　□1468년 서울 普信閣 鐘 조성에 참여(국립중앙박물관 소장, 정영호「朝鮮前期 梵鐘考」)
　　禦□將軍

ㅎ

현가(玄可 : -958-) 10세기 중반에 활동한 서자書者이다. 958년에 전남 광양 옥룡사玉龍寺 동진대사보운탑비洞眞大師寶雲塔碑 건립에 서자書者로 참여하였다.

　□ 958년 전남 광양 玉龍寺 洞眞大師寶雲塔碑 건립에 書者로 참여(진홍섭『韓國佛敎美術』) 書

현득부(玄得富 : -1469-) 15세기 중반에 활동한 노야장爐冶匠이다. 1469년에 강원 양양 낙산사洛山寺 범종(燒失)과 경기 남양주 봉선사奉先寺 범종梵鐘을 노야장으로 참여하였다.

　□ 1469년 강원 양양 洛山寺 梵鐘 조성에 金蒙寵과 爐冶匠으로 참여(燒失, 정영호『朝鮮前期 梵鐘考』)
　1469년 경기 남양주 奉先寺 梵鐘 조성에 金蒙寵과 爐冶匠으로 참여(정영호『朝鮮前期 梵鐘考』)

현사(玄思, 賢事 : -1530-)4) 16세기 전반에 활동한 목수木手이다. 1530년에 황북 사리원 성불사成佛寺 응진전應眞殿 중창重創에 대목大木으로 참여하였다.

　□ 1530년 황북 사리원 成佛寺 應眞殿 重創에 大木으로 참여(申榮勳 編『韓國古建物上樑記文集』) 大木

현성(玄成 : -1237-1238-) 13세기 중반에 활동한 각수刻手이다. 1237-38년에 고려대장경高麗大藏經(『방광반야바라밀경放光般若波羅蜜經』) 조성에 참여하였다.

　□ 1237-38년에 高麗大藏經(『放光般若波羅蜜經』) 조성에 참여(김윤곤 편저,『高麗大藏經造成名錄集』)

현응(玄應) 조선전기에 활동한 각수刻手이다. 연대 미상(기미己未)인 김룡산金龍山 용흥사龍興寺『승가일용식시묵언작법僧家日用食時默言作法』(울주 양덕사 소장) 간행에 원교元敎와 각수로 참여하였다.

　□ 연대 미상 金龍山 龍興寺『僧家日用食時黙言作法』刊行에 元敎와 刻手로 참여(울주 양덕사 소장, 윤상기「양덕사 소장 불교전적 조사보고서」)

현조(玄祚 : -1244-) 13세기 중반에 활동한 각수刻手이다. 1244년에 대장도감에서 조성한 경전 간행에 참여하였다.

　□ 1244년 대장도감에서 조성된 경전 간행에 참여(최연주『高麗大藏經 硏究事』)

현종(玄宗) 16세기에 활동한 화원畵員이다. 16세기에 제작된 것으로 추정하는 아미타여래도阿彌陀如來圖(미국 브루클린박물관 소장) 조성에 화원으로 참여하였다.

　□ 16세기에 제작된 것으로 추정하는 阿彌陀如來圖 조성에 화원으로 참여(미국 브루클린博物館 所藏, 박은경『조선전기불화연구』) 畵員

현창(賢暢 : -884-) 9세기 후반에 경북 경주 흥륜사興輪寺를 중심으로 활동한 각수刻手이다. 884년에 전남 장흥 보림사寶林寺 보조선사창성탑비普照禪師彰聖塔碑 건립에 각자刻字로 참여하였다.

　□ 884년 전남 장흥 寶林寺 普照禪師彰聖塔碑 건립에 刻字로 참여(李智冠『校勘譯註 歷代高僧碑文(新羅篇)』) □興輪寺釋 刻字

---

4) 진홍섭,『韓國佛敎美術』, 文藝出版社, 1998, p. 127에 賢事로 읽었다.

현학(玄鶴 : -766-) 8세기 중반에 활동한 석수石手이다. 766년에 전傳 안성 출토 영태이년명永泰二年銘 납석제탑지蠟石製塔誌에 조장造匠로 언급되어 있다.[5]

　▫766년에 傳 안성 출토 永泰二年銘 蠟石製塔誌에 造主로 언급(동국대학교 박물관 소장, 진홍섭『韓國佛敎美術』과 『佛舍利莊嚴』) 造匠玄鶴長老

현회(玄回 : -1237-1238-) 13세기 중반에 활동한 각수刻手이다. 1237-38년에 고려대장경高麗大藏經(『방광반야바라밀경放光般若波羅蜜經』) 조성에 참여하였다.

　▫1237-38년에 高麗大藏經(『放光般若波羅蜜經』) 조성에 참여(김윤곤 편저, 『高麗大藏經造成名錄集』)

현훈(玄訓 : -1244-) 13세기 중반에 활동한 각수刻手이다. 1244년에 대장도감에서 조성한 경전 간행에 참여하였다.

　▫1244년 대장도감에서 조성된 경전 간행에 참여(최연주 『高麗大藏經 研究事』)

혜감(惠鑑 : -1581-) 16세기 후반에 활동한 각수刻手이다. 1581년에 충남 서산 가야산伽耶山 강당사講堂寺에서 『천지명양수륙잡문天地冥陽水陸雜文』 간행에 도명道明과 각수로 참여하였다.

　▫1581년에 충남 서산 伽耶山 講堂寺에서『天地冥陽水陸雜文』刊行에 道明과 刻手로 참여(刊記,『韓國佛敎儀禮資料叢書』1집)

혜강(慧江 : -924-) 10세기 전반에 경북 경주 분황사를 중심으로 활동한 각수刻手이다. 924년 경북 문경 봉암사鳳巖寺 지증대사적조탑비智證大師寂照塔碑에 글씨와 각자刻字로 참여하였다.

　▫924년 경북 문경 鳳巖寺 智證大師寂照塔碑에 書와 刻字로 참여(『朝鮮金石總覽』上과 李智冠『校勘譯註 歷代高僧碑文(新羅篇)』) 芬皇寺 釋 書幷刻字世八十三

혜공(惠公, 惠空 : -1393-1401-) 14세기 후반에서 15세기 전반까지 활동한 각수刻手이다. 1393년에 충북 충주 억정사億政寺 목암당찬영木菴堂粲英 대지국사비大智國師碑 건립에 각공刻工으로, 1401년에 『대불정여래밀인수증요의제보살만행수능엄경大佛頂如來密印修證了義諸菩薩萬行首楞嚴經』(양산 통도사와 송성문 소장) 간행에 명호明昊와 각수로 참여하였다.

　▫1393년 충북 충주 億政寺 木菴堂粲英 大智國師碑 건립에 刻으로 참여(智冠『韓國高僧碑文總集(朝鮮朝·近現代)』)刻[6]
　▫1401년『大佛頂如來密印修證了義諸菩薩萬行首楞嚴經』刊行에 明昊와 刻手로 참여(양산 통도사와 송성문 소장, 千惠鳳「湖林博物館 所藏의 佛敎典籍」)

혜능(惠能 : -1568-) 16세기 중반에 활동한 각수刻手이다. 1568년에 평안도 순안 법흥사法興寺에서 『선문염송집禪門拈頌集』 간행에 일섬日暹과 각수로 참여하였다.

　▫1568년 평안도 순안 法興寺에서『禪門拈頌集』刊行에 日暹과 刻手로 참여(『僧』)

혜명 1(慧明, 惠明 : -970-1025-) 10세기 후반부터 11세기 전반까지 활동한 조각

---

5) 기존 연구자들이 현학으로 읽었지만 획이 다르다.
6) 洪武二十六年癸酉로 적혀 있어 洪武26年 1394年이고, 癸酉年은 1393년이다.

ㅎ

승조각승僧彫刻僧이다. 970년부터 1006년까지 충남 논산 관촉사灌燭寺 석조보
살입상石造菩薩立像를 제작하고, 1009년에 강원 양양 명주사明珠寺를
창건하였으며, 1025년에 강원 원주 거돈사居頓寺 승묘탑비勝妙塔碑 건
립에 정원貞元과 각자刻字로 참여하였다. 또한 그가 전남 화순 운주사
雲住寺 석불과 석탑을 조성하였다는 이야기가 전한다.

- 970년부터 1006년까지 충남 논산 灌燭寺 石造菩薩立像 제작에 참여(『新增東
  國輿地勝覽』과 「灌燭寺史蹟碑」『朝鮮金石總覽』上)
- 1009년 강원 양양 明珠寺를 창건(이능화 「灌燭巨像湧石琢慧明」『朝鮮佛敎通
  史』下)
- 1025년 강원 원주 居頓寺 勝妙塔碑 건립에 貞元과 刻字로 참여(『朝鮮金石總
  覽』上과 李智冠『校勘譯註 歷代高僧碑文(高麗篇2)』)
- 연대미상 전남 화순 雲住寺 石佛과 石塔을 조성하였다는 전설이 있음(「東國輿
  地志」卷5 下)

혜명, 석조보살입상, 970-1006년,
논산 관촉사

혜명 2(惠明 : -1425-) 15세기 전반에 활동한 각수刻手이다. 1425년에
『입학도설入學圖說』 간행에 등운磴雲과 각수로 참여하였다.

- 1425년 『入學圖說』 刊行에 磴雲과 刻手로 참여(刊記, 『國寶 寶物 지정보고서 2011』)

혜명 3(惠明 : -1573-) 16세기 후반에 활동한 목수木手이다. 1573년에 경북 영
주 부석사浮石寺 조사당祖師堂 서까래를 고칠 때 불명佛明과 대목大木으로 참
여하였다.

- 1573년 경북 영주 浮石寺 祖師堂 更椽을 고칠 때 佛明과 大木으로 참여(申榮勳 編『韓國
  古建物上樑記文集』)

혜보 1(惠保 : -1025-) 11세기 전반에 활동한 각수刻手이다. 1025년에 강원 원
주 거돈사居頓寺 승묘탑비勝妙塔碑 건립에 정원貞元과 각자刻字로 참여하였다.

- 1025년 강원 원주 居頓寺 勝妙塔碑 건립에 貞元과 刻字로 참여(『朝鮮金石總覽』上과 李
  智冠『校勘譯註 歷代高僧碑文(高麗篇2)』)

혜보 2(惠寶 : -1431-) 15세기 전반에 활동한 각수刻手이다. 1431년에 경상감사
慶尙監司 조치曺致가 만든 『춘추경좌씨전구해春秋經左氏傳句解』 간행에 홍조洪
照와 각수로 참여하였다.

- 1431년 慶尙監司 曺致가 만든 『春秋經左氏傳句解』 간행에 洪照와 刻手로 참여(刊記, 『國
  寶 寶物 지정보고서 2011』)

혜삼(慧參 : -1141-) 12세기 중반에 왕륜사王輪寺를 중심으로 활동한 각수刻手
이다. 1141년에 평북 향산 묘향산妙香山 보현사비普賢寺碑 건립에 각수로 참
여하였다.

- 1141년 평북 향산 妙香山 普賢寺碑 건립에 각수로 참여(진홍섭 『韓國佛敎美術』) 王輪寺
  大師 刻

혜선(惠禪 : -1571-) 16세기 후반에 활동한 각수刻手이다. 1571년에 영산회상도
靈山會相圖 목판木版(예산 수덕사 성보박물관 소장) 제작에 각수로 참여하였다.

- 1571년 靈山會相圖 木版 제작에 각수로 참여(예산 수덕사 성보박물관 소장, 『法』) 刻手

혜소(惠素 : -1125-) 12세기 전반에 활동한 서자書者이다. 1125년에 개성 영통
사靈通寺 대각국사비大覺國師碑 건립에 서書로 참여하였다.

　　◦ 1125년 개성 靈通寺 大覺國師碑 건립에 書者로 참여(李智冠『校勘譯註 歷代高僧碑文(高
　　麗篇3)』) 門人 見佛寺住持 沙門 書

혜순(惠淳 : -1569-1572-) 16세기 후반에 활동한 각수刻手이다. 1569년에 충남
논산 쌍계사雙溪寺에서 『월인석보月印釋譜』와 『불설금강정유가최승비밀성불
수구즉득신변가지성취다라니佛說金剛頂瑜伽最勝秘密成佛隨求卽得神變加持成就陀
羅尼』 간행에 각수로 참여하고, 1572년에 경북 상주 대승사大乘寺에서 『묘법
연화경妙法蓮華經』 간행에 도헌과 각수로 참여하였다.

　　◦ 1569년 충남 논산 雙溪寺에서 『月印釋譜』와 『佛說金剛頂瑜伽最勝秘密成佛隨求卽得神
　　變加持成就陀羅尼』 간행에 刻手로 참여(金相淏「朝鮮朝 寺刹板 刻手 硏究」)
　　◦ 1572년 경북 상주 大乘寺에서 『妙法蓮華經』 刊行에 道軒과 刻手로 참여(金相淏「朝鮮朝
　　寺刹板 刻手 硏究」)

혜식(惠湜 : -1545-) 16세기 중반에 활동한 각수刻手이다. 1545년에 보성寶城
오응성吳應星이 발원한 『불설대보부모은중경佛說大報父母恩重經』(화봉문고 소
장) 간행에 쌍순双淳과 각수로 참여하였다.

　　◦ 1545년 寶城 吳應星이 발원한 『佛說大報父母恩重經』 간행에 双淳과 刻手로 참여(刊記,
　　화봉문고 소장)

혜옥(惠玉 : -1549-1555-) 16세기 중반에 활동한 각수刻手이다. 1549년에 강원
금강산사金剛山寺에서 『선문염송집禪門拈頌集』등 간행과 1555년에 충남 천안
광덕사廣德寺에서 『묘법연화경妙法蓮華經』 간행에 각수로 참여하였다.

　　◦ 1549년 강원 金剛山寺에서 『禪門拈頌集』 刊行에 刻手로 참여(金相淏「朝鮮朝 寺刹板 刻
　　手 硏究」)
　　◦ 1555년 충남 천안 廣德寺에서 『妙法蓮華經』 刊行에 刻手로 참여(金相淏「朝鮮朝 寺刹板
　　刻手 硏究」)

혜웅 1(惠雄 : -1543-) 16세기 중반에 활동한 화원畵員이다. 1543년에 충남 홍
성 고산사高山寺 불상佛像 조성에 화원으로 참여하였다.

　　◦ 1543년 충남 홍성 高山寺 佛像 조성에 畵員으로 참여(문명대「조선전반기 불상 조각의
　　도상해석학적 연구」) 畵員

혜웅 2(惠雄 : -1565-) 16세기 중반에 활동한 각수刻手이다. 1565년에 충북 보
은報恩 속리산俗離山 복천암판福泉寺板 『묘법연화경妙法蓮華經』(화봉문고 소
장) 간행에 수현守玄과 각수로 참여하였다.

　　◦ 1565년 충북 報恩 俗離山 福泉寺板 『妙法蓮華經』 간행에 守玄과 刻手로 참여(刊記, 화봉
　　문고 소장)
　　* 혜웅 1과 혜웅 2는 동일인으로 추정된다.

혜원 1(惠元 : -1238-) 13세기 중반에 활동한 각수刻手이다. 1238년에 고려대장
경高麗大藏經(『마하반야바라밀경摩訶般若波羅密經』) 조성에 참여하였다.

　　◦ 1238년에 高麗大藏經(『摩訶般若波羅密經』) 조성에 참여(김윤곤 편저, 『高麗大藏經 造成

ㅎ

名錄集』)

혜원 2(慧圓 : -1561-) 16세기 중반에 활동한 각수刻手이다. 1561년 황주 자비산慈悲山 심원사深源寺 유판留板 『법어法語』(화봉문고 소장) 간행에 간자刊字로 참여하였다.

　▫1561년 황주 慈悲山 深源寺 留板 『法語』 간행에 刻手로 참여(刊記, 화봉문고 소장) 刊字

혜윤(惠允 : -1537-1555-) 16세기 중반에 활동한 각수刻手이다. 1537년에 충남 금산 신안사身安寺에서 『진실주집眞實珠集』 간행에 조영과 각수로, 1539년에 경상도 안음安陰 덕유산德宥山 영각사靈覺寺에서 『묘법연화경요해妙法蓮華經要解』 간행에 법숭法崇과 각수로, 1549년에 강원 금강산사에서 『선문염송집禪門拈頌集』 간행에 각수로, 1555년에 충남 천안 광덕사廣德寺에서 『묘법연화경妙法蓮華經』 간행에 각수로 참여하였다.

　▫1537년 충남 금산 身安寺에서 『眞實珠集』 刊行에 祖英과 刻手로 참여(金相淏 「朝鮮朝 寺刹板 刻手 研究」)
　▫1539년 경상도 安陰 德宥山 靈覺寺에서 『妙法蓮華經要解』 刊行에 法崇과 刻手로 참여 (국립중앙도서관 소장, 곽승훈·김아네스·홍영기 편저 『지리산권 불교자료1-간기편』)
　▫1549년 강원 金剛山寺에서 『禪門拈頌集』 刊行에 刻手로 참여(金相淏 「朝鮮朝 寺刹板 刻手 研究」)
　▫1555년 충남 천안 廣德寺에서 『妙法蓮華經』 刊行에 刻手로 참여(金相淏 「朝鮮朝 寺刹板 刻手 研究」)

혜은 1(惠聞, 惠訔 : -1536-1537-) 16세기 전반에 활동한 각수刻手이다. 1536년에 지리산智異山 신흥사神興寺에서 『몽산화상법어약록蒙山和尙法語略錄』 간행에 계심戒心과 각수로, 1537년에 『치문경훈緇門警訓』 간행에 각련覺連과 각수로 참여하였다.

　▫1536년 智異山 神興寺에서 『蒙山和尙法語略錄』 간행에 戒心과 刻手로 참여(국립중앙도서관 소장, 곽승훈·김아네스·홍영기 편저 『지리산권 불교자료1-간기편』)
　▫1537년 『緇門警訓』 刊行에 覺連과 刻手로 참여(『僧』) 刻手

혜은 2(惠訔 : -1581-) 16세기 후반에 활동한 각수刻手이다. 1581년에 충남 서산 가야산伽耶山 강당사講堂寺에서 『천지명양수륙잡문天地冥陽水陸雜文』 간행에 도명道明과 각수로 참여하였다.

　▫1581년에 충남 서산 伽耶山 講堂寺에서 『天地冥陽水陸雜文』 刊行에 道明과 刻手로 참여 (刊記, 『韓國佛敎儀禮資料叢書』1집)

혜이(惠儞, 惠耳 : -1237-1238-) 13세기 중반에 활동한 각수刻手이다. 1237-38년에 고려대장경高麗大藏經(『방광반야바라밀경放光般若波羅蜜經』) 조성에 참여하였다.

　▫1237-38년에 高麗大藏經(『放光般若波羅蜜經』) 조성에 참여(김윤곤 편저, 『高麗大藏經造成名錄集』)

혜잠(惠岑 : -1386-) 14세기 후반에 활동한 각수刻手이다. 1386년에 경기 수원 창성사彰聖寺 진각국사대각원조탑비眞覺國師大覺圓照塔碑 건립에 각刻로 참여하였다.

▫ 1386년 경기 수원 彰聖寺 眞覺國師大覺圓照塔碑 건립에 刻으로 참여(李智冠『校勘譯註
歷代高僧碑文(高麗篇4)』) 刻

혜정(惠正 : -1466-1676-) 15세기 중반에 활동한 조각승彫刻僧이다. 1466년에
팔공산 미륵사彌勒寺에서 목조아미타삼존상을 조성하여 환성사環城寺로 이운
移運하여 1470년에 점안한 불상(경주 왕룡사원 목조아미타불좌상 소장)을 수
화승 성료와 조성하였다. 1476년에 전남 강진 무위사無爲寺 극락보전極樂寶殿
아미타삼존불상 가운데 주불主佛 조성에 화원으로 참여하였다.

▫ 1466년 八公山 彌勒寺에서 彌陀三尊을 조성하여 環城寺로 移運하여 점안한 불상을 수화
승 性了와 조성(경주 왕룡사원 목조아미타불좌상 소장, 문명대『왕룡사원의 조선전반기
불상조각』) 副良工 禪師
▫ 1476년 전남 강진 無爲寺 極樂寶殿 阿彌陀삼존불상 조성에 畵員으로 참여(문명대「조선
전반기 불상 조각의 도상해석학적 연구」) 造主佛

혜준(惠峻 : -1530-) 16세기 전반에 활동한 와장瓦匠이다. 1530년에 황북 사리원
성불사成佛寺 응진전應眞殿 중창重創에 계선戒先과 와장瓦匠으로 참여하였다.

▫ 1530년 황북 사리원 成佛寺 應眞殿 重創에 戒先과 瓦匠으로 참여(申榮勳 編『韓國古建
物上樑記文集』)[7] 乾瓦

혜진(惠珎 : -1237-1238-) 13세기 중반에 활동한 각수刻手이다. 1237-38년에 고
려대장경高麗大藏經(『금강반야바라밀다경金剛般若波羅蜜多經』과 『방광반야바
라밀경放光般若波羅蜜經』) 조성에 참여하였다.

▫ 1237-38년에 高麗大藏經(『金剛般若波羅蜜多經』) 조성에 참여(김윤곤 편저,『高麗大藏
經 造成名錄集』)
1237-38년에 高麗大藏經(『放光般若波羅蜜經』) 조성에 참여(김윤곤 편저,『高麗大藏經
造成名錄集』)

혜청(惠淸 : -1493-) 15세기 후반에 활동한 화원畵員이다. 1493년에 경북 영주
부석사浮石寺 조사당祖師堂 후개채後開彩를 의계義戒와 화원으로 참여하였다.

▫ 1493년 경북 영주 浮石寺 祖師堂 後開彩를 義戒와 畵員으로 참여(申榮勳 編『韓國古建
物上樑記文集』)

혜초(惠超 : -954-) 10세기 중반에 활동한 각수刻手이다. 954년에 경북 봉화 태
자사太子寺 낭공대사백월서운탑비朗空大師白月栖雲塔碑 건립에 숭태嵩太와 각
자승刻字僧으로 참여하였다.

▫ 954년 경북 봉화 太子寺 朗空大師白月栖雲塔碑 건립에 刻字僧 참여(『朝鮮金石總覽』上
과 李智冠『校勘譯註 歷代高僧碑文(高麗篇1)』) 師

혜총(惠聰 : -1539-) 16세기 중반에 활동한 각수刻手이다. 1539년에 지리산 남
대암南臺庵에서 간행하여 신흥사神興寺로 옮긴 『고봉화상선요高峰和尙禪要』
간행에 경희敬希와 각수로 참여하였다.

---

7) 申榮勳 編,『韓國古建物上樑記文集』, p. 182에는 혜준惠峻 앞에 건와乾瓦라는 명칭이 들어
있다.

ㅎ

▫1539년 智異山 南臺庵에서 간행하여 神興寺로 옮긴『高峰和尙禪要』간행에 敬希와 刻手로 참여(국립중앙도서관 소장, 곽승훈·김아네스·홍영기 편저『지리산권 불교자료1-간기편』)

혜허(慧虛) 고려후기 활동한 화가畵家이다. 제작연대를 알 수 없는 수월관음보살도水月觀音菩薩圖 조성(일본 도쿄東京 센소지淺草寺 소장)에 참여하였다.

▫연대미상 水月觀音菩薩圖 조성에 참여(일본 東京 淺草寺 所藏, 洪潤植 編『韓國佛畵畵記集』) 海東癡衲

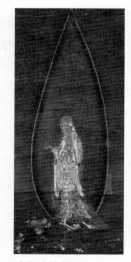

혜허, 수월관음도,
일본 도쿄 센소지 소장

혜환(惠環, 惠還 : -1544-1565-) 16세기 중반에 활동한 각수刻手이다. 1544년에 석두사판石頭寺板 경전 간행에 학정과 각수로 참여하고, 1549년에 강원 금강산사金剛山寺에서『선문염송집禪門拈頌集』, 1555년에 충남 천안 광덕사廣德寺에서『묘법연화경妙法蓮華經』간행에 각수로 참여하고, 1565년에 충북 보은報恩 속리산俗離山 복천암판福泉寺板『묘법연화경妙法蓮華經』(화봉문고 소장) 간행에 수현守玄과 각수로 참여하였다.

▫1544년 石頭寺板 刊士秩에 學正, 學玲과 언급되어 있음(金相淏「朝鮮朝 寺刹板 刻手 硏究」)
▫1549년 강원 金剛山寺에서『禪門拈頌集』刊行에 刻手로 참여(金相淏「朝鮮朝 寺刹板 刻手 硏究」)
▫1555년 충남 천안 廣德寺에서『妙法蓮華經』刊行에 刻手로 참여(金相淏「朝鮮朝 寺刹板 刻手 硏究」)
▫1565년 충북 報恩 俗離山 福泉寺板『妙法蓮華經』간행에 守玄과 刻手로 참여(刊記, 화봉문고 소장)

혜훈(蕙薰, 惠熏 : -1583-1590-) 16세기 후반에 활동한 화원畵員이다. 1583년에 경북 상주 서산사西山寺 삼장보살도三藏菩薩圖(일본 효고현兵庫縣 곤고지金剛寺 소장)와 1590년에 감로도甘露圖(일본 시가현滋賀縣 사이교지西敎寺 소장) 조성에 화원으로 참여하였다.

▫1583년 경북 尙州 西山寺 三藏菩薩圖 조성에 畵員으로 참여(日本 兵庫縣 金剛寺 所藏, 박은경『조선전기불화연구』) 畵員
▫1590년 甘露圖 조성에 畵員으로 참여(日本 滋賀縣 西敎寺 所藏, 박은경『조선전기불화연구』) 畵員

혜훈, 삼장보살도, 1583년, 상주 서산사 조성(일본 효고현 곤고지 소장)

혜□(惠□ : -975-) 10세기 후반에 활동한 書者서자이다. 995년 경남 산청 단속사斷俗寺 동동구東洞口 석각石刻 건립에 서자書者로 참여하였다.

▫995년 경남 산청 斷俗寺 東洞口 石刻 건립에 書者로 참여(『朝鮮金石總覽』上) 書者 釋

혜□(慧□ : -1024-) 11세기 전반에 활동한 석수石手이다. 1024년에 서울 종로 승가사僧伽寺 석조승가대사좌상石造僧伽大師坐像 조성에 광유光儒와 마탁자磨琢者로 참여하였다.

▫1024년 서울 종로 僧伽寺 石造僧伽大師坐像 조성에 光儒와 磨琢者로 참여(진홍섭『韓國佛敎美術』) 釋

호연(胡衍 : -1462-) 15세기 중반에 활동한 소목장小木匠이다. 1462년에 전북 완주 화암사花岩寺에서 『육경합부六經合部』 간행에 연판鍊板으로 참여하였다.

▫1462년 전북 완주 花岩寺에서 『六經合部』 간행에 鍊板으로 참여(宋日基 「高山 花岩寺와 成達生」) 鍊板

혼현(混賢 : -1237-1238-) 13세기 중반에 활동한 각수刻手이다. 1237-38년에 고려대장경高麗大藏經(『방광반야바라밀경放光般若波羅蜜經』) 조성에 참여하였다.

▫1237-38년에 高麗大藏經(『放光般若波羅蜜經』) 조성에 참여(김윤곤 편저, 『高麗大藏經 造成名錄集』)

홍개미치(洪介未致 : -1468-1470-) 15세기 중반에 활동한 주종장이다. 1468년에 서울 보신각普信閣 종鐘(국립중앙박물관 소장) 조성에 참여하고, 1470년에 정희대왕대비貞熹大王大妃가 세종, 예종, 의경왕의 명복을 기원하여 발원한 『묘법연화경妙法蓮華經』 간행에 권돈일權頓一과 각수刻手로 참여하였다.

▫1468년 서울 普信閣 鐘 조성에 참여(국립중앙박물관 소장, 정영호 「朝鮮前期 梵鐘考」)
▫1470년 貞熹大王大妃가 세종, 예종, 의경왕의 명복을 기원하여 발원한 『妙法蓮華經』 刊行에 權頓一과 刻手로 참여(朴桃花 「朝鮮時代 佛敎版畵의 樣式과 刻手」) 變相刻手
* 홍개미티로 읽어야 한다.

홍계(弘繼) 10세기 전반에 신라에서 활동한 화원畵員이다. 통일신라 경명왕대 경북 경주 흥륜사 벽화 조성에 정화靖和와 참여하였다.

▫통일신라 경명왕대 경북 경주 흥륜사 벽화 조성에 靖和와 참여(『三國遺事』卷第3, 塔像 4, 興輪寺壁畵普賢條와 진홍섭 『한국미술사자료집성(1)』)

홍광대(洪廣大 : -1344-) 14세기 중반에 활동한 주성장鑄成匠이다. 1344년에 중국中國 심양瀋陽에서 출토된 금고金鼓 조성에 조성장造成匠으로 참여하였다.

▫1344년 중국 瀋陽 出土 金鼓 조성에 刻標造成匠으로 참여(平井良平 「瀋陽出土의 至正四年銘 金鼓」와 진홍섭 『韓國佛敎美術』) 造成匠

홍규(洪圭 : -1490-) 15세기 후반에 활동한 목수木手이다. 1490년에 송광사 미륵전 건립에 대목大木으로 참여하였다.

▫1490년 송광사 미륵전 건립에 大木으로 참여(金東旭 『韓國建築工匠史研究』) 大木

홍득부(得夫 : -1468-) 15세기 중반에 활동한 주종장이다. 1468년에 서울 보신각普信閣 종鐘(국립중앙박물관 소장) 조성에 참여하였다.

▫1468년 서울 普信閣 鐘 조성에 참여(국립중앙박물관 소장, 정영호 「朝鮮前期 梵鐘考」)

홍보천(洪寶千 : -1474-1481-) 15세기 후반에 활동한 각수刻手이다. 1474년에 『상교정본자비도량참법詳校正本慈悲道場懺法』 간행에 권돈일權頓一과 각수로, 1481년에 강원 원주 치악산雉岳山 상원암판上院庵板 『적멸시중론寂滅示衆論』 간행에 각수로 참여하였다.

▫1474년 『詳校正本慈悲道場懺法』 刊行에 權頓一과 刻手로 참여(刊記, 『韓國佛敎儀禮資料叢書』1집)
▫1481년 雉岳山 上院庵板 『寂滅示衆論』 刊行에 刻手로 참여(金相淏 「朝鮮朝 寺刹板 刻手 研究」) 刻手

홍복훈(洪福熏 : -1462-) 15세기 중반에 활동한 목수木手이다. 1462년에 서울 홍천사興天寺 범종梵鐘 조성에 이만李萬과 주장으로 참여하였다.

　　◦1462년 서울 興天寺 梵鐘 조성에 李萬과 注匠으로 참여(국립중앙박물관 소장, 『朝鮮金石總覽』과 정영호 「朝鮮前期 梵鐘考」)

홍비(洪庇 : -1237-1238-) 13세기 중반에 활동한 각수刻手이다. 1237-38년에 고려대장경高麗大藏經(『방광반야바라밀경放光般若波羅蜜經』) 조성에 참여하였다.

　　◦1237-38년에 高麗大藏經(『放光般若波羅蜜經』) 조성에 참여(김윤곤 편저, 『高麗大藏經造成名錄集』)

홍상온(洪尙溫 : -1468-) 15세기 중반에 활동한 주종장이다. 1468년에 서울 보신각普信閣 종鐘(국립중앙박물관 소장) 조성에 참여하였다.

　　◦1468년 서울 普信閣 鐘 조성에 참여(국립중앙박물관 소장, 정영호 「朝鮮前期 梵鐘考」)

홍선(弘禪 : -1445-) 15세기 중반에 활동한 각수刻手이다. 1445년에 청원사淸源寺에서 『육경합부六經合部』 간행에 변상각수變相刻手로 참여하였다.

　　◦1445년 淸源寺에서 『六經合部』 간행에 變相刻手로 참여(朴桃花 「朝鮮時代 金剛經 判書의 圖像」)

홍우(洪祐 : -1443-) 15세기 중반에 활동한 각수刻手이다. 1443년에 전북 완주 화암사花岩寺에서 『묘법연화경妙法蓮華經』(고양 원각사 소장) 간행에 신효信孝와 각수로 참여하였다.

　　◦1443년 전북 완주 花岩寺에서 『妙法蓮華經』 刊行에 信孝와 刻手로 참여(刊記, 고양 원각사 소장)

홍유(弘裕 : -1237-1238-) 13세기 중반에 활동한 각수刻手이다. 1237-38년에 고려대장경高麗大藏經(『방광반야바라밀경放光般若波羅蜜經』) 조성에 참여하였다.

　　◦1237-38년에 高麗大藏經(『放光般若波羅蜜經』) 조성에 참여(김윤곤 편저, 『高麗大藏經造成名錄集』)

홍윤(洪允 : -1237-1238-) 13세기 중반에 활동한 각수刻手이다. 1237-38년에 고려대장경高麗大藏經(『방광반야바라밀경放光般若波羅蜜經』) 조성에 참여하였다.

　　◦1237-38년에 高麗大藏經(『放光般若波羅蜜經』) 조성에 참여(김윤곤 편저, 『高麗大藏經造成名錄集』)

홍의(洪義 : -1237-1238-) 13세기 중반에 활동한 각수刻手이다. 1237-38년에 고려대장경高麗大藏經(『금강반야바라밀다경金剛般若波羅蜜多經』) 조성에 참여하였다.

　　◦1237-38년에 高麗大藏經(『金剛般若波羅蜜多經』) 조성에 참여(김윤곤 편저, 『高麗大藏經 造成名錄集』)

홍자고미(洪者古未 : -1468-) 15세기 중반에 활동한 주종장이다. 1468년에 서울 보신각普信閣 종鐘(국립중앙박물관 소장) 조성에 참여하였다.

　　◦1468년 서울 普信閣 鐘 조성에 참여(국립중앙박물관 소장, 정영호 「朝鮮前期 梵鐘考」)

홍절(弘節 : -1237-1238-) 13세기 중반에 활동한 각수刻手이다. 1237-38년에 고려대장경高麗大藏經(『방광반야바라밀경放光般若波羅蜜經』) 조성에 참여하였다.

◦1237-38년에 高麗大藏經(『放光般若波羅蜜經』) 조성에 참여(김윤곤 편저, 『高麗大藏經 造成名錄集』)

홍조(洪照 : -1431-) 15세기 전반에 활동한 각수刻手이다. 1431년에 경상감사慶尙監司 조치曺致가 만든 『춘추경좌씨전구해春秋經左氏傳句解』 간행에 각수로 참여하였다.

◦1431년 慶尙監司 曺致가 만든 『春秋經左氏傳句解』 간행에 刻手로 참여(刊記, 『國寶 寶物 지정보고서 2011』) 刻手禪師

홍주(洪主) 고려시대 활동한 주성장鑄成匠이다. 병인명丙寅銘 금고金鼓를 제작하였다.

◦丙寅銘 金鼓를 조성(최응천 「고려시대 금속공예와 匠人」) 匠

홍지(弘之 : -1238-) 13세기 중반에 활동한 각수刻手이다. 1238년에 고려대장경高麗大藏經(『마하반야바라밀경摩訶般若波羅密經』) 조성에 참여하였다.

◦1238년에 高麗大藏經(『摩訶般若波羅密經』) 조성에 참여(김윤곤 편저, 『高麗大藏經 造成名錄集』)

홍진(弘進 : -1237-1238-) 13세기 중반에 활동한 각수刻手이다. 1237-38년에 고려대장경高麗大藏經(『방광반야바라밀경放光般若波羅蜜經』) 조성에 참여하였다.

◦1237-38년에 高麗大藏經(『放光般若波羅蜜經』) 조성에 참여(김윤곤 편저, 『高麗大藏經 造成名錄集』)

홍혜(洪惠 : -1431-) 15세기 전반에 활동한 각수刻手이다. 1431년에 경상감사慶尙監司 조치曺致가 만든 『춘추경좌씨전구해春秋經左氏傳句解』 간행에 홍조洪照와 각수로 참여하였다.

◦1431년 慶尙監司 曺致가 만든 『春秋經左氏傳句解』 간행에 洪照와 刻手로 참여(刊記, 『國寶 寶物 지정보고서 2011』)

화상(化尙 : -1237-1238-) 13세기 중반에 활동한 각수刻手이다. 1237-38년에 고려대장경高麗大藏經(『금강반야바라밀다경金剛般若波羅蜜多經』) 조성에 참여하였다.

◦1237-38년에 高麗大藏經(『金剛般若波羅蜜多經』) 조성에 참여(김윤곤 편저, 『高麗大藏經 造成名錄集』)

화수(和守 : -1237-1238-) 13세기 중반에 활동한 각수刻手이다. 1237-38년에 고려대장경高麗大藏經(『금강반야바라밀다경金剛般若波羅蜜多經』) 조성에 참여하였다.

◦1237-38년에 高麗大藏經(『金剛般若波羅蜜多經』) 조성에 참여(김윤곤 편저, 『高麗大藏經 造成名錄集』)

화정(和正 : -1244-) 13세기 중반에 활동한 각수刻手이다. 1244년에 대장도감에서 조성한 경전 간행에 참여하였다.

◦1244년 대장도감에서 조성된 경전 간행에 참여(최연주 『高麗大藏經 研究事』)

화주(華朱 : -1565-) 16세기 중반에 활동한 조각승彫刻僧이다. 1565년에 경기 안

ㅎ

성 석남사石南寺 영산전靈山殿 삼존불三尊佛 조성에 화원畵員으로 참여하였다.

　　□ 1565년 경기 안성 石南寺 靈山殿 三尊佛 조성에 畵員으로 참여(「嘉慶四十四年乙丑三月
　　　日□新/造佛衆三尊 施主秩」, 『안성 석남사 영산전 해체실측·수리보고서』) 畵員

황신(黃信 : -1237-1238-) 13세기 중반에 활동한 각수刻手이다. 1237-38년에 고려대장경高麗大藏經(『금강반야바라밀다경金剛般若波羅蜜多經』) 조성에 참여하였다.

　　□ 1237-38년에 高麗大藏經(『金剛般若波羅蜜多經』) 조성에 참여(김윤곤 편저, 『高麗大藏
　　　經 造成名錄集』)

환영(奐榮 : -887-) 9세기 후반에 활동한 승려 각수刻手이다. 887년에 경남 하동 쌍계사雙谿寺 진감선사대공영탑비眞鑑禪師大空靈塔碑에 각자刻字로 언급되어 있다.

　　□ 887년 경남 하동 雙谿寺 眞鑑禪師大空靈塔碑에 刻字로 참여(『朝鮮金石總覽』上과 李智
　　　冠 『校勘譯註 歷代高僧碑文(新羅篇)』) 刻字 僧

환익(桓謚) 9세기 후반에 활동한 각수刻手이다. 진성여왕대(887-897 재위) 경북 경주 숭복사비崇福寺碑 건립에 각자刻字로 참여하였다.

　　□ 진성여왕대(887-897 재위) 경북 경주 崇福寺碑 건립에 刻字로 참여(李智冠 『校勘譯註
　　　歷代高僧碑文(新羅篇)』) 刻

황거부비(黃巨富非 : -1468-) 15세기 중반에 활동한 주종장이다. 1468년에 서울 보신각普信閣 종鐘(국립중앙박물관 소장) 조성에 참여하였다.

　　□ 1468년 서울 普信閣 鐘 조성에 참여(국립중앙박물관 소장, 정영호 「朝鮮前期 梵鐘考」)

황광(黃光 : -1249-) 13세기 중반에 활동한 주성장鑄成匠이다. 황북 평산 신안리 월봉동에서 출토된 1249년 월봉사月峯寺 금고金鼓(국립중앙박물관 소장) 조성에 대장大匠으로 참여하였다.

　　□ 황북 평산 신안리 월봉동에서 출토된 1249년 月峯寺金鼓 조성에 大匠으로 참여(국립중
　　　앙박물관 소장, 『博物館陳列品圖錄(1-17)』과 한국금석문 종합영상정보시스템) 大匠

황소봉(黃小奉 : -1458-) 15세기 중반에 활동한 각수刻手이다. 1458년에 경북 영주 흑석사黑石寺 목조아미타불좌상木造阿彌陀佛坐像 제작에 각수로 참여하였다.

　　□ 1458년 경북 영주 黑石寺 木造阿彌陀佛坐像 제작에 刻手로 참여(崔素林 「黑石寺 木造阿
　　　彌陀佛坐像 硏究」와 『문화재대관-국보 전적 조선시대』) 刻手

황진지(黃珍知 : -754-755-) 8세기 중반에 구질진혜현仇叱珍兮懸에서 사경에 사용되는 종이를 만들던 장인匠人이다. 754년 8월 1일부터 755년 2월 14일까지 만든 「백지묵서화엄경白紙墨書華嚴經」(삼성문화재단 소장)에 종이를 만든 장인으로 참여하였다.

　　□ 754년 8월 1일부터 755년 2월 14일까지 만든 「白紙墨書華嚴經」 종이를 만든 장인으로
　　　참여(삼성문화재단 소장, 李基白, 「新羅 景德王代 華嚴經 寫經 關與者에 대한 考察」) 紙
　　　作人 仇叱珍兮懸 奈麻

황효봉(黃孝奉 : -1469-) 15세기 중반에 활동한 조각장彫刻匠이다. 1469년에 강원 양양 낙산사洛山寺 범종(燒失) 조성에 조각장으로 참여하였다.

　▫1469년 강원 양양 洛山寺 梵鐘 조성에 彫刻匠으로 참여(정영호「朝鮮前期 梵鐘考」) 彫刻匠

회량(懷亮 : -1175-)8) 12세기 후반에 활동한 각수刻手이다. 1175년에 경북 산청 단속사斷俗寺 대감국사탑비大鑑國師塔碑 건립에 간자刊字로 참여하였다.

　▫1175년 경북 산청 斷俗寺 大鑑國師塔碑 건립에 刊字로 참여(李智冠『校勘譯註 歷代高僧碑文(高麗篇3)』) 大師 刊字

회윤(懷允 : -1238-) 13세기 중반에 활동한 각수刻手이다. 1238년에 고려대장경高麗大藏經(『마하반야바라밀경摩訶般若波羅密經』) 조성에 참여하였다.

　▫1238년에 高麗大藏經(『摩訶般若波羅密經』) 조성에 참여(김윤곤 편저, 『高麗大藏經 造成名錄集』)

회전(悔前 : -1350-) 14세기 중반에 활동한 화가畵家이다. 1350년에 미륵하생변상도彌勒下生變相圖 조성(일본 와카야마현和歌山縣 신노인親王院 소장)에 화수畵手로 참여하였다.

　▫1350년에 彌勒下生變相圖觀 조성에 畵手로 참여(日本 和歌山縣 親王院 所藏, 洪潤植 編 『韓國佛畵畵記集』) 畵手

회정(懷正 : -1358-) 14세기 중반에 활동한 각수刻手이다. 1358년에 보광사普光寺 중창비重刱碑 건립에 각수로 참여하였다.

　▫1358년 普光寺 重刱碑 건립에 刻字로 참여(진홍섭『韓國佛敎美術』) 刻字

회□일(回□一) 고려시대 개성 근방 월개月盖에서 활동한 와장瓦匠이다. 개성 만월대에 있던 궁성에 올린 기와를 제작하였다.

　▫고려시대 개성 만월대에 있던 궁성에 올린 기와를 제작한 와장으로 참여(홍영의「개성 고려궁성 출토 명문기와의 유형과 窯場」) 月盖

효도(孝道 : -1237-1238-) 13세기 중반에 활동한 각수刻手이다. 1237-38년에 고려대장경高麗大藏經(『금강반야바라밀다경金剛般若波羅蜜多經』) 조성에 참여하였다.

　▫1237-38년에 高麗大藏經(『金剛般若波羅蜜多經』) 조성에 참여(김윤곤 편저, 『高麗大藏經 造成名錄集』)

효련(孝連 : -1237-1238-) 13세기 중반에 활동한 각수刻手이다. 1237-38년에 고려대장경高麗大藏經(『방광반야바라밀경放光般若波羅蜜經』) 조성에 참여하였다.

　▫1237-38년에 高麗大藏經(『放光般若波羅蜜經』) 조성에 참여(김윤곤 편저, 『高麗大藏經 造成名錄集』)

효림(孝林 : -1244-) 13세기 중반에 활동한 각수刻手이다. 1244년에 분사대장도감에서 조성한 경전 간행에 참여하였다.

　▫1244년 분사대장도감에서 조성된 경전 간행에 참여(최연주『高麗大藏經 硏究事』)

---

8) 진홍섭, 『韓國佛敎美術』, p. 134에 건립 시기를 1172년으로 보았다.

효문(孝文 : -1218-) 13세기 전반에 활동한 장인匠人이다. 충남 예산 대흥면에서 출토된 1218년 선원사禪阮寺 반자飯子(금고金鼓, 호암미술관 소장) 조성에 대장大匠 원청元淸을 도와 조역助役으로 참여하였다..

‧ 충남 예산 대흥면에서 출토된 1218년 禪阮寺 飯子(金鼓) 조성에 大匠 元淸을 도와 助役으로 참여(호암미술관 소장, 한국금석문 종합영상정보시스템) 助役
* 국립중앙박물관 소장 청자연화절지문병과 리움미술관 소장 청자매병의 굽바닥에 효문孝文이라는 작가명이 음각되어 있고, 전북 부안 유천리에서 출토된 청자편에도 남아있어 전북을 무대로 활동한 도자장이라 추정되지만, 선원사 반자 조성을 도운 작가일 가능성도 있다.

효선(曉禪 : -975-) 10세기 후반에 활동한 각수刻手이다. 995년 경남 산청 단속사斷俗寺 동동□東洞口 석각石刻 건립에 각자刻者로 참여하였다.

‧ 995년 경남 산청 斷俗寺 東洞口 石刻 건립에 刻者로 참여(『朝鮮金石總覽』上) 刻者 釋

효습(孝習 : -1237-1238-) 13세기 중반에 활동한 각수刻手이다. 1237-38년에 고려대장경高麗大藏經(『방광반야바라밀경放光般若波羅蜜經』) 조성에 참여하였다.

‧ 1237-38년에 高麗大藏經(『放光般若波羅蜜經』) 조성에 참여(김윤곤 편저, 『高麗大藏經造成名錄集』)

효여(孝如 : -1214-1238-) 13세기 전반에 활동한 각수刻手이다. 1214년에 부인사에서 출간한 『금강반야바라밀다경金剛般若波羅蜜多經』 간행에 각수로 참여하고, 1237-38년에 고려대장경高麗大藏經(『방광반야바라밀경放光般若波羅蜜經』) 조성에 참여하였다.

‧ 1214년 부인사에서 출간한 『金剛般若波羅蜜多經』 간행에 刻手로 참여(최연주 『高麗大藏經 研究事』) 刻
‧ 1237-38년에 高麗大藏經(『放光般若波羅蜜經』) 조성에 참여(김윤곤 편저, 『高麗大藏經造成名錄集』)

효옥(孝玉) 고려시대 개성 근방 월개月盖에서 활동한 와장瓦匠이다. 개성 만월대에 있던 궁성에 올린 기와를 제작하였다.

‧ 고려시대 개성 만월대에 있던 궁성에 올린 기와를 제작한 와장으로 참여(홍영의 「개성 고려궁성 출토 명문기와의 유형과 窯場」) 月盖

효적(孝赤 : -754-755-) 8세기 중반에 무진이주武珍伊州에서 활동한 경필사經筆師이다. 754년 8월 1일부터 755년 2월 14일까지 만든 「백지묵서화엄경白紙墨書華嚴經」(삼성문화재단 소장)을 아간阿干과 필사하였다.

‧ 754년 8월 1일부터 755년 2월 14일까지 만든 『白紙墨書華嚴經』을 阿干과 필사함(삼성문화재단 소장, 李基白 「新羅 景德王代 華嚴經 寫經 關與者에 대한 考察」) 武珍伊州 沙彌

효정(孝貞 : -1218-) 13세기 전반에 활동한 장인匠人이다. 충남 예산 대흥면에서 출토된 1218년 선원사禪阮寺 반자飯子(금고金鼓, 호암미술관 소장) 조성에 대장大匠 원청元淸을 도와 효문孝文과 같이 조역助役으로 참여하였다.

‧ 충남 예산 대흥면에서 출토된 1218년 禪阮寺 飯子(金鼓) 조성에 大匠 元淸을 도와 孝文과 같이 助役으로 참여(호암미술관 소장, 한국금석문 종합영상정보시스템)

훈곡(薰谷 : -1386-) 14세기 후반에 활동한 각수刻手이다. 1386년에 경기 양평 사나사舍那寺 원증국사圓證國師 사리석종비舍利石鍾碑 건립에 간刊으로 참여하였다.

> ▫ 1386년 경기 양평 舍那寺 圓證國師 舍利石鍾碑 건립에 刊으로 참여(李智冠『校勘譯註 歷代高僧碑文(高麗篇4)』) 刊

흔대(昕大 : -941-) 10세기 중반에 활동한 석장石匠이다. 941년에 경북 영풍 경청선원境淸禪院 자적선사능운탑비慈寂禪師凌雲塔碑 건립에 석장으로 참여하였다.

> ▫ 941년에 경북 영풍 境淸禪院 慈寂禪師凌雲塔碑 건립에 石匠으로 참여(李智冠『校勘譯註 歷代高僧碑文(高麗篇1)』)[9] 石匠相

희목(熙目 : -1565-) 16세기 중반에 활동한 조각승彫刻僧이다. 1565년에 경기 안성 석남사石南寺 영산전靈山殿 삼존불三尊佛 조성에 화원畵員 화주華朱와 참여하였다.

> ▫ 1565년 경기 안성 石南寺 靈山殿 三尊佛 조성에 畵員 華朱와 참여(「嘉慶四十四年乙丑三月日□新/造佛衆三尊 施主秩」,『안성 석남사 영산전 해체실측·수리보고서』)

희묵(希默 : -1237-1238-) 13세기 중반에 활동한 각수刻手이다. 1237-38년에 고려대장경高麗大藏經(『방광반야바라밀경放光般若波羅蜜經』) 조성에 참여하였다.

> ▫ 1237-38에 高麗大藏經(『放光般若波羅蜜經』) 조성에 참여(김윤곤 편저,『高麗大藏經 造成名錄集』)

희미(希弥 : -1592-) 16세기 후반에 활동한 전남 남원에서 활동한 편수片手이다. 1592년에 만력명萬曆銘 총통銃筒을 조성하였다.

> ▫ 1592년 萬曆銘 銃筒을 조성(황수영『금석유문』) 匠 南原火筒都監
> * 希弘을 잘못 읽은 것으로 보인다.

희상(熙尙 : -1555-) 16세기 중반에 활동한 목수木手이다. 1555년에 전북 익산 숭림사崇林寺 법당法堂 건립에 희조熙祖과 목수로, 서상실西上室 건립에 대목大木으로 참여하였다.

> ▫ 1555년 전북 익산 崇林寺 法堂 건립에 熙祖과 木手로 참여(『韓國의 古建築』 23) 副木
> 1555년 전북 익산 崇林寺 西上室 건립에 大木으로 참여(『韓國의 古建築』 23) 大木

희열 1(希悅 : -1237-1238-) 13세기 중반에 활동한 각수刻手이다. 1237-38년에 고려대장경高麗大藏經(『방광반야바라밀경放光般若波羅蜜經』과 『마하반야바라밀경摩訶般若波羅密經』) 조성에 참여하였다.

> ▫ 1237-38에 高麗大藏經(『放光般若波羅蜜經』) 조성에 참여(김윤곤 편저,『高麗大藏經 造成名錄集』)
> ▫ 1238에 高麗大藏經(『摩訶般若波羅密經』) 조성에 참여(김윤곤 편저,『高麗大藏經 造成名錄集』)

희열 2(熙悅 : -1533-) 16세기 전반에 활동한 목수木手이다. 1533년에 송광사 진남문 건립에 도편수都片手으로 참여하였다.

---

9) 진홍섭은 相昕大로 읽었다.

　　◦1533년 송광사 진남문 건립에 都片手로 참여(金東旭『韓國建築工匠史研究』) 都片手

희운(熙雲, 熙云 : -1537-1542-) 16세기 중반에 활동한 소목장小木匠이다. 1537
년에 『치문경훈緇門警訓』 간행에 연판鍊板으로 참여하였다. 1542년에 경북
안동 하가산下柯山 광흥사廣興寺 『월인석보月印釋譜』(화봉문고 소장) 간행에
연판鍊板으로 참여하였다.

　　◦1537년『緇門警訓』刊行에 鍊板로 참여(『僧』) 鍊板
　　◦1542년 경북 安東 下柯山 廣興寺『月印釋譜』간행에 鍊板으로 참여(刊記, 화봉문고 소
　　　장) 鍊板

희조(熙祖 : -1555-) 16세기 중반에 활동한 목수木手이다. 1555년에 전북 익산
숭림사崇林寺 법당法堂 건립에 대목大木으로 참여하였다.

　　◦1555년 전북 익산 崇林寺 法堂 건립에 大木으로 참여(『韓國의 古建築』23) 大木

희진 1(希進 : -1394-) 14세기 후반에 활동한 석수石手이다. 1394년에 충북 충
주 청룡사靑龍寺 환암당幻庵堂 혼수混修 보각국사비普覺國師碑 건립에 입석立
石으로 참여하였다.

　　◦1394년 충북 충주 靑龍寺 幻庵堂 混修 普覺國師碑 건립에 刻으로 참여(智冠 編『韓國高
　　　僧碑文總集』) 立石

희진 2(熙眞 : -1554-) 16세기 중반에 활동한 목수木手이다. 1554년에 전북 익
산 숭림사 동상실東上室 건립에 대목大木으로 참여하였다.

　　◦1554년 전북 익산 崇林寺 普光殿 東上室 건립에 大木으로 참여(普光殿 어칸 중도리 墨
　　　書,『崇林寺 普光殿 修理報告書』과『韓國의 古建築』22) 大木

희현(熙玄 : -1565-) 16세기 중반에 활동한 소목장小木匠이다. 1565년에 충북
보은報恩 속리산俗離山 복천암판福泉寺板 『묘법연화경妙法蓮華經』(화봉문고 소
장) 간행에 행련幸連과 연판鍊板으로 참여하였다.

　　◦1565년 충북 報恩 俗離山 福泉寺板『妙法蓮華經』간행에 幸連과 鍊板으로 참여(刊記, 화
　　　봉문고 소장)

희홍(希弘 : -1592-) 16세기 후반에 전북 남원에서 활동한 편수片手이다. 1592
년에 남원화통도감南原火筒都監에서 만력명萬曆銘 총통銃筒(경기 용인 수기면
임진산 출토)을 조성하였다.

　　◦1592년 萬曆銘 銃筒을 조성(경기 용인 수기면 임진산에서 출토, 황수영『금석유문』) 匠
　　　南原火筒都監

희희(希希 : -1384-) 14세기 후반에 활동한 야장冶匠이다. 1384년에 평북 향산
안심사安心寺 지공指空 나옹懶翁 사리석종비舍利石鍾碑 건립에 윤가물尹加物과
노야爐冶로 참여하였다.

　　◦1384년 평북 향산 安心寺 指空 懶翁 舍利石鍾碑 건립에 尹加物과 爐冶로 참여(李智冠
　　　『校勘譯註 歷代高僧碑文(高麗篇4)』)

희□(希□ : -1541-) 16세기 중반에 활동한 화원畫員이다. 1541년에 천장보살도
天藏菩薩圖(일본 효고현兵庫縣 다몬지多聞寺 소장) 조성에 화원으로 참여하였다.

◦ 1541년 天藏菩薩圖 조성에 畫員으로 참여(日本 兵庫縣 多聞寺 所藏, 박은경『조선전기불
　화연구』) 畫員山人

〈조선전기 이전 불교미술 참고문헌〉

1. 事蹟記와 문헌자료

『東文選』, 1478(한국고전번역원 www.itkc.or.kr).

문명대, 「浮石寺資料」, 『佛敎美術』, 동국대학교 박물관, 1977.

朴世敏 編, 『韓國佛敎儀禮資料叢書』1-4, 三聖庵, 1993.

申榮勳 編, 『韓國古建物上樑記文集』, 고고미술동인회, 1964.

李智冠, 『校勘譯註 歷代高僧碑文(新羅篇)』, 伽山文庫, 1993.

_____, 『校勘譯註 歷代高僧碑文(高麗篇1)』, 伽山文庫, 1994.

_____, 『校勘譯註 歷代高僧碑文(高麗篇2)』, 사)伽山佛敎文化硏究院, 1995.

_____, 『校勘譯註 歷代高僧碑文(高麗篇3)』, 사)伽山佛敎文化硏究院, 1996.

_____, 『校勘譯註 歷代高僧碑文(高麗篇4)』, 사)伽山佛敎文化硏究院, 1997.

_____, 『校勘譯註 歷代高僧碑文(朝鮮篇1)』, 사)伽山佛敎文化硏究院, 1999.

_____, 『韓國高僧碑文總集(朝鮮朝·近現代)』, 사)伽山佛敎文化硏究院, 2000.

『朝鮮寺刹史料』, 朝鮮總督府, 1911(亞細亞文化社, 1986 影印).

『朝鮮金石總覽』, 朝鮮總督府, 1919(亞細亞文化社, 1976 影印).

秦弘燮 編著, 『韓國美術史資料集成』 1, 一志社, 1996.

韓國學文獻硏究所 編著, 『金山寺誌』, 亞細亞文化社, 1983.

2. 報告書·資料集

『京畿道佛蹟資料集』, 경기도박물관, 1999.

곽승훈·김아네스·홍영기 편저, 『지리산권 불교자료1 - 간기편』, 국립순천대학
        교 지리산권문화연구원, 2009.

『國寶 寶物 지정보고서 2011』, 문화재청, 2011.

『動産文化財指定報告書(91 지정편)』, 문화재관리국, 1992.

『動産文化財指定報告書(94-95 지정편)』, 문화재관리국, 1996.

『선림원종·염거화상탑지』, 국립춘천박물관, 2014.

『수덕사 대웅전 - 1937년 보존 수리 공사의 기록』, 숭림총림 수덕사, 2003.

『崇林寺 普光殿 修理報告書』, 文化財廳, 2002.8.

『安城 石南寺 靈山殿 解體實測·修理報告書』, 안성시, 2007.

종걸, 『군산 성불사 소장 전적류 조사보고서』, 군산 성불사, 2011.

『指定對象佛像調査報告書』, 文化財管理局, 1988.

千惠鳳·黃天午, 『高麗典籍調査報告書』, 문화재연구소, 1980.

『韓國의 古建築』 6, 文化財管理局, 1984.12.

『韓國의 古建築』 8, 文化財管理局, 1986.12.

『韓國의 古建築』 15, 文化財管理局, 1993.12.

『韓國의 古建築』 22, 국립문화재연구소, 2000.

『韓國의 古建築』 23, 국립문화재연구소, 2001.12.

3. 圖 錄

1) 國 文

『大高麗國寶展』, 호암갤러리, 1995.

『고려도자명문』, 국립중앙박물관, 1992.

『高麗佛畫大展』, 국립중앙박물관, 2010.

『고려시대의 불화』, 시공사, 1997.

『고려청자, 강진으로의 귀향 – 명문·부호 특별전』, 강진청자자료박물관, 2000.

『구도와 깨달음의 성자, 나한』, 국립춘천박물관, 2003.

『동국대학교 건학 100주년 기념 소장품도록』, 동국대학교 박물관, 2006.

『동아대학교 박물관 소장 불교미술』, 동아대학교 박물관, 2012.

『文字로 본 신라』, 국립경주박물관, 2002.

『문화재대관 – 국보 전적 삼국·고려시대』, 문화재청 유형문화재과, 2010.

『문화재대관 – 국보 전적 조선시대』, 문화재청 유형문화재과, 2010.

『발원, 간절한 바람을 담다』, 국립중앙박물관, 2015.

『북녘의 문화유산』, 국립중앙박물관, 2006.

『佛』, 불교중앙박물관, 2007.

『佛法으로 피어난 금속공예 – 고려시대 佛具』, 용인대학교 박물관, 2006.

『佛舍利莊嚴』, 국립중앙박물관, 1991.

『法』, 불교중앙박물관, 2008.

『佛敎美術名品展』, 호림박물관, 2002.

『佛舍利莊嚴』, 국립중앙박물관, 1991.

『士農工商의 나라, 조선』, 국립중앙박물관, 2010.

『삼국시대불교조각』, 국립중앙박물관, 1990.

『삶, 그후』, 불교중앙박물관, 2010.

『새천년 새유물』, 국립중앙박물관, 2000.

『成均館大學校博物館圖錄』, 성균관대학교박물관, 1998.

『聖寶』, 佛敎中央博物館, 2010.

『세밀가귀』, LEEUM, 2015.

『아름다운 金剛山』, 국립중앙박물관, 1999.

『열반』, 불교중앙박물관, 2014.

『영원한 생명의 울림 통일신라 조각』, 국립중앙박물관, 2008.

『龍門寺』, 용문사, 2006.

『원각사의 불교문헌』, 동국대학교 불교학술원, 2017.

『원주시립박물관』, 원주시립박물관, 2003.

『李王家博物館寫眞帖 - 佛像 編』, 朝鮮總督府, 1929.

『日本所在韓國佛畵圖錄 : 京都·奈良』, 국립문화재연구소, 1996.

『조선전기 국보전』, 호암미술관, 1996.

朝鮮總督府, 『博物館陳列品圖錄(1-17)』, 민족문화사(영인), 1982.

『첫번째 통일 새로운 나라, 통일신라』, 국립중앙박물관, 2003.

『韓國의 古·近代版畵展』, 한국판화미술진흥회, 1995.

『韓國의 美 23 - 金屬工藝』, 중앙일보사, 1981.

『한국의 범종』, 국립문화재연구소, 1996.

『湖林博物館名品選集 Ⅱ』, 湖林博物館, 1999.

2) 日 文

『高麗美術館 藏品圖錄』, 財團法人 高麗美術館, 2003.

『高麗佛畵』, 根津美術館, 2016.

『高麗·李朝の佛敎美術展』, 山口縣立博物館, 1997.10.

『寄贈小倉蒐集品目錄』, 동경국립박물관, 1982.

4. 論 著

1) 單行本

(1) 國 文

강우방·김승희, 『甘露幀』, 藝耕, 2010.

權熹耕, 『高麗寫經 研究』, 미진사, 1986.

金東旭 『韓國建築工匠史研究』, 技文堂, 1993.

김리나, 『한국고대 불교조각사 연구(신수판)』, 일조각, 2015.

_____, 『한국고대 불교조각사 비교연구』, 문예출판사, 2003.

金禧庚, 『增補 한국범종목록』, 한국범종연구회, 1994.

文明大, 『한국의 불교 조각』 1-4, 예경, 2003.

_____, 『왕룡사원의 조선전반기 불상조각』, 韓國佛教美術史學會, 2007.

박남수, 『신라수공업사』, 서신원, 1996.

박상국 편저 『全國寺刹所藏木板集』, 문화재관리국, 1987.

박은경, 『조선전기불화연구』, 시공사, 2008.

박은경·정은우, 『서일본 지역 한국의 불상과 불화』, 민족문화, 2008.

寺刹文化研究院, 『전통사찰총서』 1-21, 사찰문화연구원 출판국, 1992-2006.

申榮勳 編, 『韓國古建物上樑記文集』, 考古美術同人會, 1964.

廉永夏, 『韓國의 鐘』, 서울대학교 출판부, 1991.

劉復烈, 『韓國繪畫大觀』, 文教院, 1979.

이기백, 『韓國上代古文書資料集成』, 一志社, 1987.

李政 編著, 『韓國佛教人名辭典』, 불교시대사, 1993.

이정섭 譯註, 『상량문집(보수 시 발견된 上樑文)』, 문화재관리국, 1991.

李智冠 編著, 『伽倻山 海印寺誌』, 伽山文庫, 1992.

鄭永鎬, 『善山地域古蹟調查報告書』, 檀國大學校 出版部, 1968.

_____, 『尙州地域古蹟調查報告書』, 檀國大學校 出版部, 1969.

秦弘燮, 『韓國佛教美術』, 文藝出版社, 1998.

千惠鳳, 『韓國典籍印刷史』, 범우사, 1990.

韓國佛教研究所 著, 『韓國의 寺刹』 1-15, 一志社, 1974-1980.

   (『洛山寺 [附]神興寺·百潭寺』, 『大興寺』, 『梵魚寺』, 『法住寺』, 『佛
   國寺』, 『松廣寺』, 『月精寺 [附]上院寺』, 『傳燈寺』, 『通度寺』, 『海印
   寺』, 『華嚴寺』).

『한국역대서화사사전』(상,하), 국립문화재연구소, 2011.

허흥식, 『韓國金石全文』 1-3, 亞細亞文化社, 1984.

허희유, 『조선중세수공업사연구』, 지양사, 1988.

洪潤植 編, 『韓國佛畵畵記集』 1, 가람사연구소, 1995.

黃壽永, 『黃壽永全集 4 - 金石遺文』, 도서출판 혜안, 1999.

(2) 日 文

다카하시 겐지(高橋健自), 『朝鮮鐘寫眞集』, 考古學會, 1912.

쓰보이 료헤이(坪井良平), 『朝鮮鐘』, 角川書店, 1974.

2) 論 文

(1) 國 文

강우방, 「신양지론」, 『미술자료』 47, 국립중앙박물관, 1991, pp. 1-26.

기쿠다케 준이치(菊竹淳一), 「고려불화의 특징」, 『고려시대의 불화』, 시공사, 1997.

金吉雄, 「雲門寺 鵲岬殿 出土 舍利具에 대하여」, 『경주사학』 9, 1990, pp. 59-84.

金尙翊, 「加里浦 在銘 雙穴銃筒과 靑銅製容器」, 『考古美術』 21호(『考古美術』 合輯 下, 1979, pp. 234-235 재수록).

金相淏 「朝鮮朝 寺刹板 刻手에 관한 硏究」, 성균관대학교 대학원 박사학위 청구논문, 1990.

_____, 「朝鮮朝 寺刹板 刻手 硏究」, 『圖書館學』 20, 1991, pp. 331-403.

김창균, 「安東 鳳停寺 木造觀音菩薩坐像考」, 『聖寶』 3, 大韓佛敎曹溪宗 聖寶保存委員會, 2001, pp. 6-29.

金和英, 「安靜寺 所藏 萬曆八年銘 銅鐘」, 『考古美術』 100호(『考古美術』 合輯 下, 1979, pp. 494-495 재수록)

金禧庚, 「韓國梵鐘目錄(銘文)」, 『梵鐘』 1, 1994, pp. 93-136.

남유미, 「755年 新羅 白紙墨書 『大方光佛華嚴經』의 形態」, 『서지학보』 39, 2012, pp. 131-148.

文明大, 「양지와 그의 작품론」, 『불교미술』 1, 1973, pp. 1-24

_____, 「洪城 高山寺 佛像의 腹藏調査」, 『考古美術』 90호, 1968.1(『考古美術』 合輯 下, 1979, pp. 366-367 재수록).

_____, 「無爲寺 極樂殿 阿彌陀後佛壁畵 試考」, 『考古美術』 129·130호, 1976.6, pp. 122-125.

_____, 「신라 화엄경사경과 그 변상도 연구 - 사경변상도의 연구(1)」, 『한국학보』, 1979 봄, pp. 27-64.

_____, 「守國寺 高麗(1239년) 木阿彌陀佛坐像 硏究」, 『美術史學硏究』 255, 2007.9, pp. 35-65.

_____, 「高麗·朝鮮朝 佛像彫刻 新例考」, 『講座 美術史』 15, 韓國佛敎美術史學會, 2000.12, pp. 251-258.

_____, 「신라대 조각장 양지론에 대한 새로운 해석」, 『美術史學硏究』 232, 한국미술사학회, 2001, pp. 5-19.

_____, 「조선전반기 불상 조각의 도상해석학적 연구」, 『講座 美術史』 36, 韓國佛敎美術史學會, 2011, pp. 181-221.

閔泳珪, 「佛國寺古今歷代記解題」, 『學林』 3, 연세대 사학연구회, 1954.

_____, 「長谷寺 高麗鐵佛 腹藏遺物」, 『人文科學』 14·15, 연세대학교 인문과학연구소, 1966, pp. 237-247.

朴敬源, 「高麗鑄金匠考 : 韓仲敍와 그의 作品」, 『美術史學硏究』 149, 1981, pp. 6-22.

박광헌, 「刊經都監 刊行 佛書의 서지적 연구」, 경북대학교 박사학위청구논문, 2017. 12.

朴桃花, 「朝鮮時代 金剛經 判書의 圖像」, 『불교미술연구』 3·4, 1997, pp. 71- 93.

_____, 「朝鮮 前半期 佛經版畵의 硏究」, 동국대학교 박사학위청구논문, 1997.

_____, 「『佛說大目連經』의 成立經緯 再考와 版畵의 圖像」, 『美術史學』 12, 1998, pp. 25-52.

_____, 「花岩寺刊 父母恩重經 版畵의 圖像과 意義」, 『불교미술』 15, 1998, pp. 133-166.

_____, 「朝鮮時代 妙法蓮華經 版畵의 硏究」, 『불교미술』 12, 2004, pp. 185-199.

_____, 「朝鮮時代 佛敎版畵의 樣式과 刻手」, 『강좌 미술사』 29, 2007, pp. 175-212.

박은경, 「麻本佛畵의 出現 - 일본 周昉 國分寺의 地藏十王圖를 중심으로」, 『美術史學硏究』 199·200, pp. 75-97

_____, 「日本所在 朝鮮佛畵 遺例 : 安國寺藏 天藏菩薩圖」, 『考古歷史學志』 16, 2000, pp. 577-593

서병패, 「안동 보광사 목조관음보살좌상 복장전적 연구」, 『聖寶』 10, 大韓佛

敎曹溪宗 聖寶保存委員會, 2008, pp. 5-27.

서성호, 「高麗時代 금속 佛具 造成과 院主」, 『佛法으로 피어난 금속공예 - 고려시대 佛具』, 용인대학교 박물관, 2006, pp. 92-103.

成春慶, 「達成寺 木造地藏菩薩 및 阿彌陀三尊佛」, 『文化史學』 14, 한국문화사학회, 2000.12, pp. 69-98.

宋殷碩, 「17세기 朝鮮王朝의 彫刻僧과 佛像」, 서울대학교 대학원 박사학위 청구논문, 2007.2.

宋日基 「高山 花岩寺와 成達生」, 『학술논문집』 5, 전북대학교 문헌정보학과, 1999, pp. 31-71.

쓰보이 료헤이(坪井良平), 「瀋陽出土의 至正四年銘 金鼓」, 『考古美術』 74호(『考古美術』 合輯 下, 1979, p. 232 재수록).

廉永夏, 「韓國梵鐘에 관한 硏究 - 第15報 朝鮮朝鐘의 特徵」, 『梵鐘』 11, 韓國梵鐘硏究會, 1988, pp. 17-95.

옥영정, 「조선시대 인쇄관청의 活字印刷 匠人 연구-均字匠을 중심으로-」, 『韓國文化』 47, 2009, pp. 71-94.

柳麻理, 「일본에 있는 한국불화 조사 - 교토, 나라 지방을 중심으로」, 『日本所在韓國佛畵圖錄 : 京都·奈良』, 국립문화재연구소, 1996, pp. 1-40.

_____, 「麗末鮮初 觀經十六觀變相圖」, 『美術史學硏究』 208, 1995.12, pp. 5-37.

유경희, 「道岬寺 觀世音菩薩三十二應幀의 圖像 硏究」, 『美術史學硏究』 240, 2003.12, pp. 149-179.

尹武炳, 「道岬寺 解脫門 上樑文」, 『考古美術』 1권 1호 통권1호, 1960.8, (『考古美術』 上, 1979, p. 5 재수록).

_____, 「淨水寺法堂 上樑文」, 『考古美術』 2卷 6號 通卷11, 1961.6(『考古美術』 上, pp. 112-113 재수록).

윤상기·송정숙, 「양덕사 소장 불교전적 조사보고서」, 울산광역시, 2011.7.

이광배, 「發願者 階層을 통해 본 朝鮮 前期 梵鐘의 樣式」, 『美術史學硏究』 262, 2009.6, pp. 5-32.

_____, 「高麗時代 梵鍾의 發願階層과 鑄鍾匠人」, 제 58회 동악미술사학회 정기학술발표회 요지문, 2011.4.30.

李基白, 「新羅 景德王代 華嚴經 寫經 關與者에 대한 考察」, 『歷史學報』 83, 1979, pp. 134-139(『韓國古代政治社會史硏究』, 一潮閣, 1996 재수록)

이난영, 「백제금속공예의 대외교섭」, 『백제미술의 대외교섭』, 예경, 1998, pp. 231-233

이분희,「光州 紫雲寺 木造阿彌陀佛坐像」,『聖寶』6, 大韓佛教曹溪宗 聖
    寶保存委員會, 2004, pp. 60-82.

이영희,「古代三國·統一新羅의 匠人」,『美術史學研究』241, 2004.3, pp. 143-
    169.

李昊榮,「聖德大王新鍾銘의 解釋에 관한 몇 가지 문제」,『考古美術』125,
    1975.3, pp. 8-16.

林永周,「韓國古代匠人考(1)」,『문화재』25, 문화재관리국, 1992 pp. 60-72

장충식,「석장사지출토 유물과 석양지의 조각유풍」,『신라문화』3·4, 동국대 신
    라문화연구소, 1987 pp. 87-118

_____,「景泰七年 佛像腹藏品에 對하여」,『考古美術』138·139, 1978, pp. 42-
    50.

_____,「朝鮮時代 寫經考」,『미술사학연구』204, 1994, pp. 71-99.

鄭炳模,「솔거와 그 시대」,『경주문화연구』5, 경주대학교 경주문화연구소, 2002,
    pp. 131-154.

정선종,「統營 安靜寺 銅鐘銘 校勘」,『불교문화연구』10, 南道佛教文化研
    究會, 2003, pp. 67-75.

鄭永鎬,「智異山 泉隱寺의 金銅佛龕」,『考古美術』1-4, 1960.11.

_____,「固城 玉泉寺의 在銘飯子와 銀絲香爐」,『考古美術』25(『考古美
    術』合輯 下, 1979, pp. 283-284 재수록).

_____,「水鍾寺 石塔內發見 金銅坐像 12軀」,『考古美術』106·107, 1970.
    9, pp. 22-27.

_____,「朝鮮前期 梵鐘考」,『東洋學』1, 1971, pp. 135-188.

_____,「莊陸寺 菩薩坐像과 그 腹藏發願文」,『考古美術』128, 1975, pp. 2-4.

鄭于澤,「고려불화의 아름다움: 그 표현과 기법」,『고려시대의 불화』, 시공사,
    1997.

_____,「고려불화의 광학적 조사」,『고려시대의 불화』, 시공사, 1997.

정은우,「高麗後期의 佛教彫刻 研究」,『美術資料』33, 국립중앙박물관, 1983.
    12, pp. 33-57.

_____,「高麗後期 佛教彫刻 研究」, 홍익대학교 박사학위청구논문, 2001.12.

秦弘燮,「廣興寺 銅鍾」,『考古美術』76호 (『考古美術』合輯 下, 1979, p. 251
    재수록).

千惠鳳,「湖林博物館 所藏의 佛教典籍」,『佛教美術名品展』, 湖林博物館,
    2002, pp. 175-187.

崔夢龍,「莞島 觀音寺 木造如來坐像과 腹藏遺物」,『美術資料』20, 국립중
    앙박물관, 1977.6, pp. 63-70.

崔宣一,「康津 無爲寺 極樂寶殿 阿彌陀三尊壁畵」,『慶州文化硏究』5, 2002, pp. 253-278.

_____,「조선후기 조각승과 불상 연구」, 홍익대학교 대학원 박사학위청구논문, 2006.6.

_____,「남원 선원사 木造地藏菩薩三尊像과 조각승 元悟」,『美術史學』27, 2013, pp. 231-257.

崔素林,「黑石寺 木造阿彌陀佛坐像 硏究」,『강좌 미술사』15, 한국미술사연구소, 2000, pp. 77-100.

최순우,「法住寺 捌相殿의 舍利裝置」,『考古美術』通卷100, p. 469.

최성은,「14세기의 기년명보살상에 대하여」,『미술자료』32, 1983.6, pp. 19-36.

최응천,「일본에 있는 한국범종 - 특히 九州 지방의 범종을 중심으로」,『강좌미술사』4, 불교미술사연구회, 1992, pp. 139-159.

_____,「계미명 범종의 특징과 편년」,『단호문화연구』4, 용인대학교 전통문화연구소, 1999, pp. 7-33.

_____,「오어사의 불교공예품 - 고려범종과 금고」,『성보』2, 대한불교조계종 성보보존위원회, 2000, pp. 47-63.

_____,「고려시대 금속공예와 匠人」,『미술사학연구』241, 한국미술사학회, 2004.3, pp. 171-192.

홍영의,「개성 고려궁성 출토 명문기와의 유형과 요장」,『개성 고려궁성 남북 공동 발굴조사보고서 Ⅰ』, 2012, pp. 313-325.

洪潤植,「朝鮮初期 上院寺文殊童子像에 대하여」,『考古美術』164, 1984. 12, pp. 9-22.

黃壽永,「新羅 皇龍寺 九層塔誌 : 刹柱本記에 대하여」,『考古美術』116, 1972, pp. 2-7.

_____,「新羅 景德王代의 白紙墨書 華嚴經」,『歷史學報』83, 1979, pp. 121-126.

_____,「高麗靑銅梵鐘의 新例(其一)」,『考古美術』2호(『考古美術』合輯 下, 1979. pp. 13-15 재수록).

_____,「高麗佛畵-阿彌陀像과 觀經變相」,『考古美術』10호(『考古美術』合輯 下, 1979. pp. 107-108 재수록).

_____,「高麗在銘 舍利塔」,『考古美術』19·20호(『考古美術』合輯 下, 1979. pp. 218-219 재수록).

_____,「高麗梵鐘의 新例(其八)」,『考古美術』76호(『考古美術』合輯 下, 1979. pp. 249-250 재수록).

_____,「高麗梵鐘의 新例(十一)」,『考古美術』88호(『考古美術』合輯 下,

1979. pp. 347-348 재수록).

_____, 「統和와 正德銘의 塔誌石」, 『考古美術』 97호(『考古美術』 合輯 下, 1979. pp. 435-437 재수록).

_____, 「高麗國王發願의 金·銀字大藏」, 『考古美術』 125, 1975.3, pp. 2-7.

(2) 中 文

「沈陽市郊出土一批元代銅器」, 『文物』 1966年 4號

(3) 학위논문

남진아, 「조선초기 왕실발원 범종 연구」, 영남대학교 석사학위논문, 2005.

어준일, 「16世紀 朝鮮時代의 佛敎彫刻 硏究」, 홍익대학교 석사학위청구논 문, 2011. 8

5. 누리집

한국고전번역원(www.itkc.or.kr)

한국금석문 종합영상정보시스템(gsm.nricp. go.kr)

화봉 북뮤지엄(http://bookseum.hwabong.com)

도판목록

1. 불교조각

도1　　　혜명, 석조보살입상, 970~1006년, 논산 관촉사
도2　　　해료, 은제도금아미타여래삼존상, 1448년, 양산 통도사
도3　　　이중선, 목조아미타불좌상, 1458년, 영주 흑석사
도4　　　혜정, 목조아미타삼존불좌상, 1476년, 강진 무위사
도5　　　계심, 건칠보살반가상, 1501년, 경주 기림사
도6　　　절학, 석조지장보살좌상, 1515년, 국립중앙박물관
도7　　　향엄, 목조보살좌상, 1534년, 제주 서산사(故 김창화 위원님 제공)
도8　　　대방, 목조아미타삼존불좌상, 1561년, 고창 선운사 창담암
도9　　　향엄, 목조지장보살삼존상, 1565년, 목포 달성사
도10　　연희, 소조비로자나불좌상, 1569년, 포항 보경사(조태건 선생님 제공)
도11　　나운, 목조아미타여래좌상, 1586년, 문경 봉암사
도12　　원오, 목조보살입상, 1605년, 익산 위봉사 북암 조성
도13　　각민, 목조삼세불좌상, 1606년, 공주 동학사
도14　　원오, 목조지장보살좌상, 1610년, 남원 선원사(완주 위봉사 조성)
도15　　김치(造藏), 박어산(造手), 신승(造像), 금동불감, 구례 천은사
　　　　　(정은우 교수님 제공)
도16　　석불, 화순 운주사사

2. 불교회화

도1　　　가서일(畫家), 천수국만다라수장, 623년, 일본 나라 주구지(『日本國寶展』)
도2　　　백지묵서화엄경 변상도, 754.8.1-755.2.14, 리움미술관
　　　　　(『한국의 미 ⑦ 高麗佛畫』)
도3　　　노영, 담무갈·지장보살현신도, 1307년, 국립중앙박물관
　　　　　(『고려불화대전』)
도4　　　설충, 관경십육변상도, 1323년, 일본 교토 지온인(박은경 교수님 제공)
도5　　　관경변상도, 1465년, 일본 교토 지온인(박은경 교수님 제공)
도6　　　해련, 아미타후불벽화, 1476년, 강진 무위사
도7　　　인찰, 후불도, 1495년, 경북 문경 사불산 윤필암 조성
　　　　　(원광대학교 박물관 소장)
도8　　　지종, 석가팔상도, 1535년, 일본 와카야마켄 곤고후지

(박은경 교수님 제공)

도9   성운, 삼장보살도, 1550년, 일본 아이치현 신죠오고꾸지
        (박은경 교수님 제공)

도10   이자실, 관음삼십이응신도, 1550년, 일본 교토시 지온인
        (박은경 교수님 제공)

도11   언해, 석가설법도, 1553년, 일본 가가와켄 쵸쥬인
        (박은경 교수님 제공)

도12   행희, 지장시왕도, 1558년, 일본 나고야 나나츠데라
        (박은경 교수님 제공)

도13   성전, 석가설법도, 1563년, 일본 도쿠시마켄
        (박은경 교수님 제공)

도14   탄원, 석가설법도, 1565년, 동아대학교 박물관

도15   천양, 지장시왕도, 1568년, 일본 후쿠오카켄 젠도지
        (박은경 교수님 제공)

도16   영□, 치성광불제성강임도, 1569년, 일본 교토 고려미술관

도17   천순, 삼불회도, 1573년, 일본 교토 곤카이코묘지(박은경 교수님 제공)

도18   영묵, 지장시왕도, 1582년, 일본 오카야마켄 탄죠지
        (담양 추월산 중련사 조성, 박은경 교수님 제공)

도19   혜훈, 삼장보살도, 1583년, 일본 효고켄 곤고지
        (상주 서산사 조성, 박은경 교수님 제공)

도20   담징, 제석천도, 1583년, 일본 도쿠시마켄
        (부여 경□사 조성, 박은경 교수님 제공)

도21   영지, 지장시왕도, 1586년, 일본 야마구찌켄 고구분지
        (박은경 교수님 제공)

도22   운문, 석가설법도, 1587년, 일본 오사카 시덴노지(박은경 교수님 제공)

도23   원옥, 삼장보살도, 1588년, 일본 오카야마켄 호도지
        (박은경 교수님 제공)

도24   의호, 감로도, 1589년, 일본 효고켄 야쿠센지
        (박은경 교수님 제공)

도25   영□, 지장시왕도, 1589년, 일본 야마나시켄 젠코지
        (박은경 교수님 제공)

도26   조문, 감로도, 1591년, 일본 미에켄 아사다지(박은경 교수님 제공)

도27   혜허, 수월관음도, 일본 도쿄 센소지(『고려불화대전』)

3. 불교공예

도1   범종, 725년, 평창 상원사(이완규 선생님 제공)

도2   성덕대왕신종, 771년, 국립경주박물관

도3   각지, 범종, 804년, 양양 선림원지
도4   순광, 범종, 1216년, 경북 포항 오어사
도5   김선, 사뇌사지 금고(己酉銘), 1249년, 국립청주박물관
도6   홍천사 범종, 1462년, 서울 덕수궁
도7   강원기(水鐵匠), 김중경(畵員), 김순생(刻手), 범종, 1469년, 남양주 봉선사
도8   범종 명문(銘文) 탁본, 1469년, 양양 낙산사(燒失)
도9   용천사 범종, 1580년, 통영 안정사
도10   봉선사 범종, 1619년, 가평 현등사
도11   범종, 1630년, 거창 고견사

4. 석조미술

도1   삼층석탑, 706년, 경주 황복사지
도2   영태2년명 납석제탑지, 766년, 동국대박물관 소장
       (안성 출토, 『佛舍利莊嚴』)
도3   삼층석탑, 863년, 대구 동화사 비로암
도4   황룡사지 찰주본기, 872년, 국립중앙박물관(『佛舍利莊嚴』)
도5   보조선사창성탑비, 884년, 장흥 보림사
도6   진감선사대공영탑비, 887년, 경남 하동 쌍계사
도7   길상탑, 895년, 합천 해인사
도8   진철대사보월승공탑비, 937년, 해주 광조사(『朝鮮古蹟圖譜』 6)
도9   진공대사보법탑비, 939년, 영주 비로암(『朝鮮古蹟圖譜』 6)
도10   대경대사현기탑비, 939년, 양평 보리사(국립중앙박물관 소장)
도11   법경대사자등탑비, 943년, 충주 정토사(『朝鮮古蹟圖譜』 6)
도12   법경대사보조혜광탑비, 944년, 개성 오룡사(『朝鮮古蹟圖譜』 6)
도13   징효대사보인탑비, 944년, 영월 흥녕사
도14   선각대사편광비, 946년, 강진 무위사
도15   당간지주, 962년, 청주 용두사지(『朝鮮古蹟圖譜』 6)
도16   정진대사원오탑비, 965년, 문경 봉암사
도17   원종대사혜진탑비, 975년, 여주 고달사지
도18   법인국사보승탑비, 978년, 서산 보원사지
도19   현화사지비, 1021년, 개성 영취산(『朝鮮古蹟圖譜』 6)
도20   원공국사승묘탑비, 1025년, 원주 거돈사
도21   혜소국사탑비, 1060년, 안성 칠장사
도22   지광국사현묘탑비, 1085년, 원주 법천사
도23   대각국사비, 1125년, 개성 영통사(『북한의 전통사찰』 5)
도24   문수원기, 1130년, 춘천 청평사(『朝鮮古蹟圖譜』 6)
도25   묘향산보현사비, 1141년, 향산 보현사

(『북한의 전통사찰』 2, 고양 원각사 정각스님 제공)
도26   현오국사비, 1185년, 용인 서봉사(이순영 선생님 제공)
도27   중수용문사기비, 1185년, 예천 용문사(『朝鮮古蹟圖譜』 6)
도28   보제존자 사리석종, 1379년, 여주 신륵사
도29   보제존자 사리석종비, 1379년, 여주 신륵사
도30   원증국사 사리석종, 1386년, 양평 사나사
도31   원증국사 사리석종비, 1386년, 양평 사나사
도32   영전사지 보제존자 서사리탑, 1388년, 국립중앙박물관

5. 불교전적(도판사진은 모두 원각사 정각 주지스님 제공)

도1   『육경합부』, 1424년, 완주 안심사(고양 원각사 소장)
도2   『묘법연화경』, 1443년, 완주 화암사(고양 원각사 소장)
도3   『육경합부』, 1460년, 진안 중대사(고양 원각사 소장)
도4   『묘법연화경』, 1477년, 완주 화암사(고양 원각사 소장)
도5   『불설장수멸죄호제동자다라니경』, 1484년, 완주 화암사
         (고양 원각사 소장)
도6   『선종영가집(몽산법어언해 합집)』, 1499년, 합천 석수암
         (고양 원각사 소장)
도7   『현수제승법수』, 1500년, 합천 봉서사(고양 원각사 소장)
도8   『묘법연화경』, 1531년, 영천 공산본사(고양 원각사 소장)
도9   『불설대부모은중경』, 1546년, 토산 석두사(고양 원각사 소장)
도10   『자기산보문』, 1568년, 안동 광흥사(고양 원각사 소장)
도11   『선원제전집도서』, 1570년, 해주 신광사(고양 원각사 소장)
도12   『대혜보각선사서』, 1574년, 월악 월정사(고양 원각사 소장)
도13   『조상경』, 1575년, 담양 용천사(고양 원각사 소장)
도14   『법집별행록절요병입사기』, 1588년, 청도 운문사(고양 원각사 소장)

6. 불교건축

도1   극락전, 1363년, 안동 봉정사
도2   조사당, 1377년 중수, 영주 부석사(『朝鮮古蹟圖譜』 6)
도3   해탈문 정면, 1473년, 영암 도갑사(성윤길 선생님 제공)
도4   대웅보전, 1458년, 강화 정수사
도5   보광전, 1555년, 익산 숭림사

삽화목록

삽도1   가서일(畫家), 천수국만다라수장, 623년, 일본 주구지(『日本國寶展』)
삽도2   각여(木手), 해탈문 정면, 1473년, 영암 도갑사(성윤길 선생님 제공)
삽도3   각지(伯士), 선림원지 출토 범종(현재), 804년, 양양 선림원지
         (국립춘천박물관 소장)
삽도4   각훈(石手), 보제존자 서탑, 1388년, 원주 영전사지
         (국립중앙박물관 소장)
삽도5   강원기(水鐵匠), 봉선사 범종, 1469년, 남양주 봉선사
삽도6   경담(刻手), 『현수제승법수』, 1500년, 합천 봉서사(일산 원각사 소장)
삽도7   경담, 『선종영가집(몽산법어언해 합집)』, 1499년, 합천 석수암
         (일산 원각사 소장)
삽도8   경수(刻手), 『불설장수멸죄호제동자다라니경』, 1484년, 완주 화암사
         (일산 원각사 소장)
삽도9   계당(畫員), 용천사 범종, 1580년, 통영 안정사
삽도10   계심(彫刻僧), 건칠보살반가상, 1501년, 경주 기림사
삽도11   공의(畫員), 석가설법도, 1563년, 일본 도쿠시마 지후쿠지 소장
         (박은경 교수님 제공)
삽도12   극순(木手), 소조비로자불좌상, 1569년, 포항 보경사
삽도13   김귀생(刻手), 흥천사 범종, 1462년, 국립중앙박물관 소장
삽도14   김선, 사뇌사지 금고, 1249년(己酉), 국립청주박물관 소장
삽도15   김순생(刻手), 봉선사 범종, 1469년, 남양주 봉선사
삽도16   김저(刻手), 영취산대자은현화사지비, 1021년, 개성 현화사
삽도17   김중경(畫員), 범종 명문과 보살상 탁본, 1469년, 양양 낙산사
         (개인 소장)
삽도18   김중경(畫員), 범종 보살상, 1469년, 남양주 봉선사
삽도19   김치(造藏), 금동불감, 구례 천은사(정은우 교수님 제공)
삽도20   나운(畫員), 목조아미타여래좌상, 1586년, 문경 봉암사
삽도21   노영(畫員), 담무갈 지장보살현신도, 1307년, 국립중앙박물관 소장
삽도22   담징, 제석천도, 1583년, 부여 경□사 조성
         (일본 도쿠시마현 젠카쿠지 소장, 박은경 교수님 제공)
삽도23   대방, 목조아미타삼존불좌상, 1561년, 고창 선운사 창담암
삽도24   도언(刻手), 『조상경』, 1575년, 담양 용천사(일산 원각사 소장)
삽도25   묘암(刻手), 『선종영가집(몽산법어언해 합집)』, 1499년, 합천 석수암
         (일산 원각사 소장)
삽도26   박어산(造手), 금동불감, 구례 천은사(정은우 교수님 제공)
삽도27   법숭(刻手), 『묘법연화경』, 1531년, 영천 공산본사(일산 원각사 소장)

삽도28 법징(刻手),『육경합부』, 1424년, 완주 안심사(일산 원각사 소장)
삽도29 보명(刻手),『육경합부』, 1460년, 진안 중대사(일산 원각사 소장)
삽도30 보명(刻手),『묘법연화경』, 1477년, 완주 화암사(일산 원각사 소장)
삽도31 사식(刻手),『자기산보문』, 1568년, 안동 광흥사(일산 원각사 소장)
삽도32 설충, 관경십육변상도, 1323년, 일본 교토 지온인 소장
       (박은경 교수님 제공)
삽도33 성운(畵員), 삼장보살도, 1550년, 일본 아이치 신죠오고꾸지 소장
       (박은경 교수님 제공)
삽도34 성전(畵員), 석가설법도, 1563년, 일본 도쿠시마현 지후쿠지 소장
       (박은경 교수님 제공)
삽도35 신승(造像), 금동불감, 구례 천은사(정은우 교수님 제공)
삽도36 신효(刻手),『묘법연화경』, 1443년, 완주 화암사(일산 원각사 소장)
삽도37 언해(畵員), 석가설법도, 1553년, 일본 가가와현 쵸쥬인 소장
       (박은경 교수님 제공)
삽도38 연희, 소조비로자나불좌상, 1569년, 포항 보경사
삽도39 영묵(畵員), 지장시왕도, 1582년, 담양 중련사 조성
       (일본 오카야마현 탄죠지 소장, 박은경 교수님 제공)
삽도40 영지(畵員), 지장시왕도, 1586년, 일본 야마구찌현 고구분지 소장
       (박은경 교수님 제공)
삽도41 영□(畵員), 치성광불제성강임도, 1569년, 일본 교토 고려미술관 소장
삽도42 영□(畵員), 지장시왕도, 1589년, 일본 야마나시현 젠코지 소장
       (박은경 교수님 제공)
삽도43 운문(畵員), 석가설법도, 1587년, 일본 오사카 시텐노지 소장
       (박은경 교수님 제공)
삽도44 원오, 목조보살입상, 1605년, 익산 위봉사 북암 조성
삽도45 원오, 목조여래좌상, 1605년, 김해 선지사
삽도46 원오, 목조여래좌상, 1605년, 논산 쌍계사
삽도47 원오, 목조지장보살좌상, 1610년, 남원 선원사
삽도48 원옥(畵員), 염불암 삼장보살도, 1588년, 일본 오카야마현 호도지 소장
       (박은경 교수님 제공)
삽도49 월탄(大木), 조사당 중수, 1377년, 영주 부석사(『朝鮮古蹟圖譜』6)
삽도50 의연(刻手),『법집별행록절요병입사기』, 1588년, 청도 운문사
       (일산 원각사 소장)
삽도51 의호(畵員), 감로도, 1589년, 일본 효고현 야쿠센지 소장
       (박은경 교수님 제공)
삽도52 이자실(畵員), 관음삼십이응신도, 1550년, 영암 도갑사 조성
       (일본 교토시 지온인 소장, 박은경 교수님 제공)
삽도53 이중선(畵員), 목조아미타불좌상, 1458년, 영주 흑석사
삽도54 인기(刻手),『불설대부모은중경』, 1546년, 황해 석두사
       (일산 원각사 소장)

삽도55   인찰(畵員), 후불도, 1495년, 문경 사불산 윤필암 조성
         (원광대학교 박물관 소장)
삽도56   절학, 석조지장보살좌상, 1515년, 국립중앙박물관
삽도57   조문(畵員), 감로도, 1591년, 일본 미에현 아사다지 소장
         (박은경 교수님 제공)
삽도58   지종(畵員), 석가팔상도, 1535년, 일본 와카야마현 곤고후지 소장
         (박은경 교수님 제공)
삽도59   창민(刻手), 『불설장수멸죄호제동자다라니경』, 1484년, 완주 화암사
         (일산 원각사 소장)
삽도60   천감(刻手), 『대혜보각선사서』, 1574년, 월악 월정사(일산 원각사 소장)
삽도61   천순(畵員), 삼불회도, 1573년, 일본 교토 곤카이코묘지 소장
삽도62   천심(刻手), 『선원제전집도서』, 1570년, 해주 신광사(일산 원각사 소장)
삽도63   천양(畵員), 지장시왕도, 1568년, 일본 후쿠오카현 젠도지 소장
         (박은경 교수님 제공)
삽도64   탄원(畵員), 석가설법도, 1565년, 동아대학교 박물관
삽도65   해련, 아미타후불벽화, 1476년, 강진 무위사
삽도66   해료(造土), 금동아미타삼존불상, 1448년, 양산 통도사 성보박물관 소장
삽도67   행희(畵員), 지장시왕도, 1558년, 일본 나고야 나나츠데라 소장
         (박은경 교수님 제공)
삽도68   향엄, 목조보살좌상, 1534년, 남제주 서산사
삽도69   향엄, 목조지장보살유희좌상, 1565년, 목포 달성사
삽도70   혜명, 석조보살입상, 970-1006년, 논산 관촉사
삽도71   혜허(畵員), 수월관음도, 일본 도쿄 센소지 소장(『고려불화대전』)
삽도72   혜훈(畵員), 삼장보살도, 1583년, 상주 서산사 조성
         (일본 효고현 곤고지 소장, 박은경 교수님 제공)

도1〉 혜명, 석조보살입상, 970~1006년, 논산 관촉사

도1-1) 석조보살입상

도1-2) 석조보살입상 측면

도1-3) 석조보살입상 얼굴

도1-4) 석조보살입상 수인

도1-5) 관촉사 전경(역사사진집 1915년 3월호)

도1-6) 관촉사 전경

도2〉 해료, 은제도금아미타여래삼존상, 1448년, 양산 통도사

도2-1〉 은제도금아미타여래삼존상 바닥

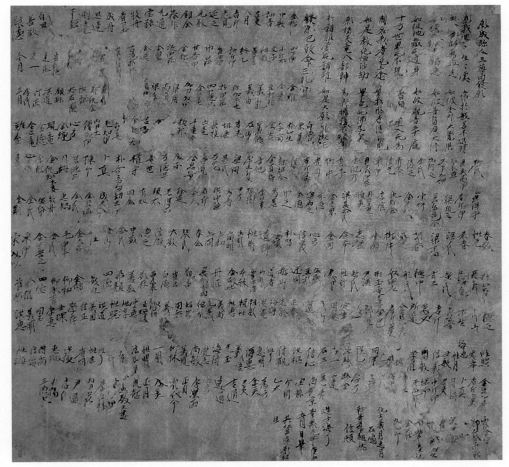

도2-2〉 조성발원문

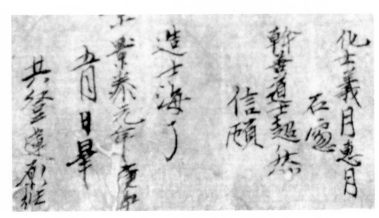

도2-3〉 조성발원문 세부

도3) 이중선, 목조아미타불좌상, 1458년, 영주 흑석사

도3-1〉 목조아미타여래좌상 측면

도3-2〉 목조아미타여래좌상 측면

도3-3〉 목조아미타여래좌상 측면

도3-4) 목조아미타여래좌상 측면

도4〉 혜정, 목조아미타삼존불좌상, 1476년, 강진 무위사

도4-1〉 목조아미타여래좌상

도4-2〉 목조아미타여래좌상 측면

도4-3) 목조관음보살반가상

도4-4) 목조관음보살반가상 측면

도4-5) 목조지장보살반가상

도4-6) 목조지장보살반가상 측면

도5) 계심, 건칠보살반가상, 1501년, 경주 기림사

도5-1〉건칠보살반가상 얼굴

도5-2〉건칠보살반가상 측면

도6) 절학, 석조지장보살좌상, 1515년, 국립중앙박물관

도7) 향엄, 목조보살좌상, 1534년, 제주 서산사

도7-1) 목조보살좌상

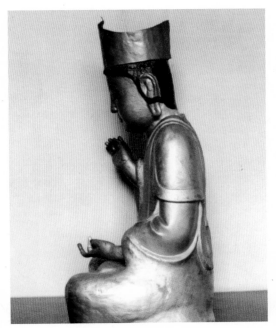

도7-2) 목조보살좌상 측면

도7-3) 목조보살좌상 후면

도8〉 대방, 목조아미타삼존불좌상, 1561년, 고창 선운사 창담암

도8-1〉 목조아미타여래좌상

도8-2〉 목조관음보살좌상

도9) 향엄, 목조지장보살삼존상, 1565년, 목포 달성사

도9-1) 목조지장보살반가상 상반신

도9-2) 목조지장보살반가상 측면

도10〉 연희, 소조비로자나불좌상, 1569년, 포항 보경사

도10-1〉 소조비로자나불좌상 측면

도10-2〉 소조보살입상

도10-3〉 소조보살입상

도11〉 나운, 목조아미타여래좌상, 1586년, 문경 봉암사

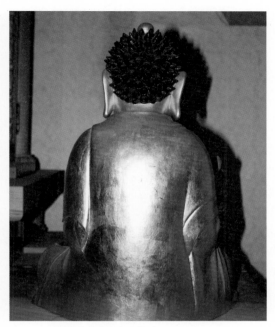

도11-1〉 목조아미타여래좌상 후면

도11-2〉 목조아미타여래좌상 측면

도11-3〉 목조아미타여래좌상 측면

도12-1) 원오, 목조관음보살입상, 1605년,
     익산 위봉사(익산 위봉사 북암 조성)

도12-2) 원오, 목조문수보살입상, 1605년,
     익산 관음사(익산 위봉사 북암 조성)

도12-3) 원오, 목조보현보살입상, 1605년,
     익산 혜봉원(익산 위봉사 북암 조성)

도12-4) 원오, 목조지장보살입상, 1605년,
     익산 위봉사(익산 위봉사 북암 조성)

도13〉 각민, 목조삼세불좌상, 1606년, 공주 동학사

도13-1〉 목조석가여래좌상

도13-2〉 목조아미타여래좌상

도14〉 원오, 목조지장보살좌상, 1610년, 남원 선원사
(완주 위봉사 조성)

도14-1〉 목조지장보살좌상 측면

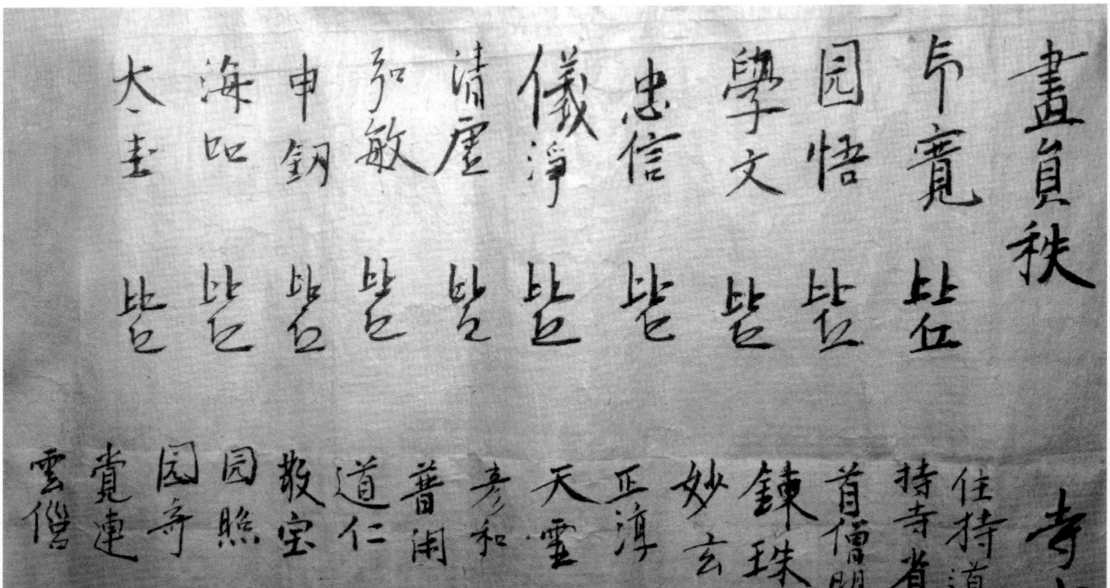

畫員秩
覓 [illegible]
圓悟 [illegible]
學文 [illegible]
忠信 [illegible]
儀淨 [illegible]
清虔 [illegible]
弘敏 [illegible]
申鈞 [illegible]
海吅 [illegible]
太圭 [illegible]

寺中
住持道[illegible]
持寺省[illegible]
首僧明旭
鍊珠
妙玄
正淳
天雲
彥和
普閑
道仁
敬宝
圓照
圓寄
覺連
雲僧

도14-2〉 조성발원문 일부

도15〉 김치(造藏), 박어산(造手), 신승(造像), 금동불감, 구례 천은사

도15-1〉 금동불감 내부

도15-2) 금동불감 내면

도16) 석불, 화순 운주사

도16-1) 석불, 화순 운주사

도16-2) 석조불감, 화순 운주사

도16-3) 석조불감 내 석불, 화순 운주사

도16-4) 석조여래좌상, 화순 운주사

도16-5) 석조여래입상, 화순 운주사

도1) 가서일(畵家), 천수국만다라수장, 623년, 일본 주구지

도2〉『백지묵서화엄경』변상도, 754.8.1-755.2.14, 리움미술관

도3) 노영, 담무갈 · 지장보살현신도, 1307년, 국립중앙박물관

도4〉설충, 관경십육변상도, 1323년, 일본 교토 지온인

도5〉 관경변상도, 1465년, 일본 교토 지온인

도6) 해련, 아미타후불벽화, 1476년, 강진 무위사

도6-1〉 아미타후불벽화 세부

도6-2〉 아미타후불벽화 세부

도6-3〉 화기(향좌)

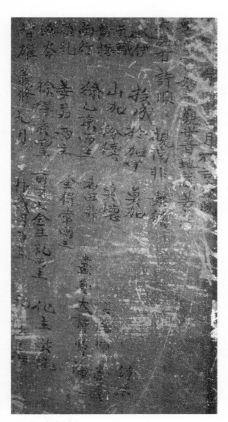

도6-4〉 화기(향우)

도7) 인찰, 후불도, 1495년, 경북 문경 사불산 윤필암 조성(원광대학교박물관 소장)

도7-1) 후불도 세부

도7-2) 후불도 세부

도7-3) 화기

도8) 지종, 석가팔상도, 1535년,
　　일본 와카야마켄 곤고후지

도8-1) 석가팔상도 세부

도8-2) 화기

도9〉성운, 삼장보살도, 1550년, 일본 아이치현 신죠오고꾸지

도9-1〉화기

도9-2) 삼장보살도 세부

도10) 이자실, 관음삼십이응신도, 1550년,
일본 교토시 지온인

도10-1) 관음삼십이응신도 세부

도10-2) 관음삼십이응신도 세부

도10-3) 화기

도11〉 언해, 석가설법도, 1553년, 일본 가가와켄 쵸쥬인

도11-1〉 화기

도12) 행희, 지장시왕도, 1558년, 일본 나고야 나나츠데라

도12-1〉 지장시왕도 세부

도12-2〉 화기

도13) 성전, 석가설법도, 1563년, 일본 도쿠시마켄

도14〉 탄원, 석가설법도, 1565년, 동아대학교 박물관

도14-1〉 석가설법도 세부

도14-2〉 석가설법도 세부

도14-3〉 화기 세부

도15〉 천양, 지장시왕도, 1568년, 일본 후쿠오카켄 젠도지

도15-1〉 화기

도16) 영□ , 치성광불제성강임도, 1569년,
　　　 일본 교토 고려미술관

도16-1〉 치성광불제성강임도 세부

도16-2〉 치성광불제성강임도 세부

도16-3〉 치성광불제성강임도 세부

도16-4〉 화기

도17〉 천순, 삼불회도, 1573년, 일본 교토 곤카이코묘지

도17-1〉 화기

도18〉 영묵, 지장시왕도, 1582년, 일본 오카야마켄 탄죠지(담양 추월산 중련사 조성)

도18-1〉 화기

도19) 혜훈, 삼장보살도, 1583년, 일본 효고켄 곤고지(상주 서산사 조성)

도20) 담징, 제석천도, 1583년, 일본 도쿠시마켄(부여 경□사 조성)

도21〉 영지, 지장시왕도, 1586년, 일본 야마구찌켄 고구분지

도21-1〉 화기

도21-2) 영지, 지장시왕도 세부

도22) 운문, 석가설법도, 1587년, 일본 오사카 시텐노지

도23〉원옥, 삼장보살도, 1588년, 일본 오카야마켄 호도지

도23-1〉화기

도23-2〉삼장보살도 세부

도24〉 의호, 감로도, 1589년, 일본 효고켄 야쿠센지

도24-1〉 화기

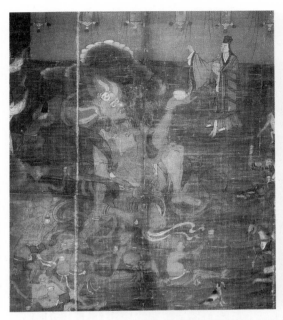

도24-2〉 감로도 세부

도25〉 영□ , 지장시왕도, 1589년, 일본 야마나시켄 젠코지

도25-1〉 지장시왕도 세부

도26〉 조문, 감로도, 1591년, 일본 미에켄 아사다지

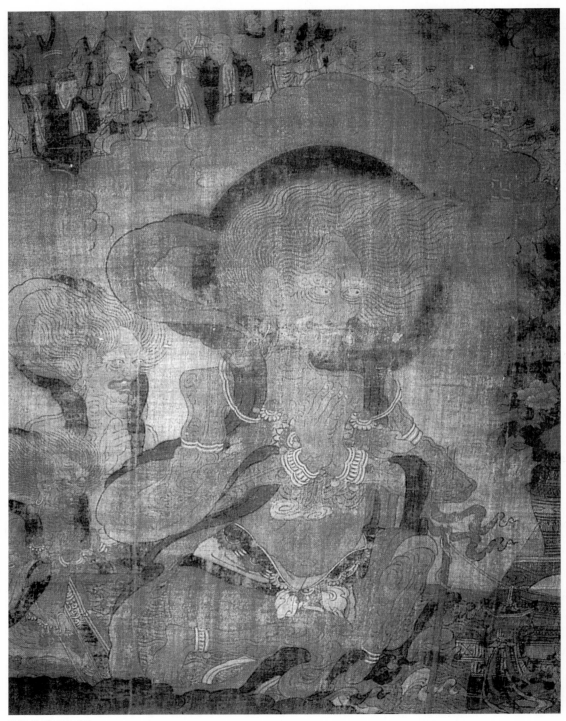

도26-1〉 감로도 세부

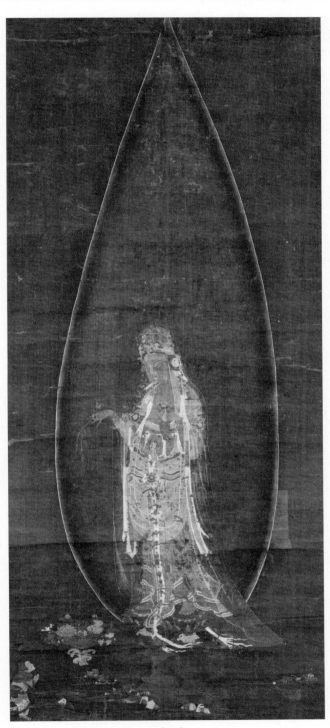

도27〉 혜허, 수월관음도, 일본 도쿄 센소지

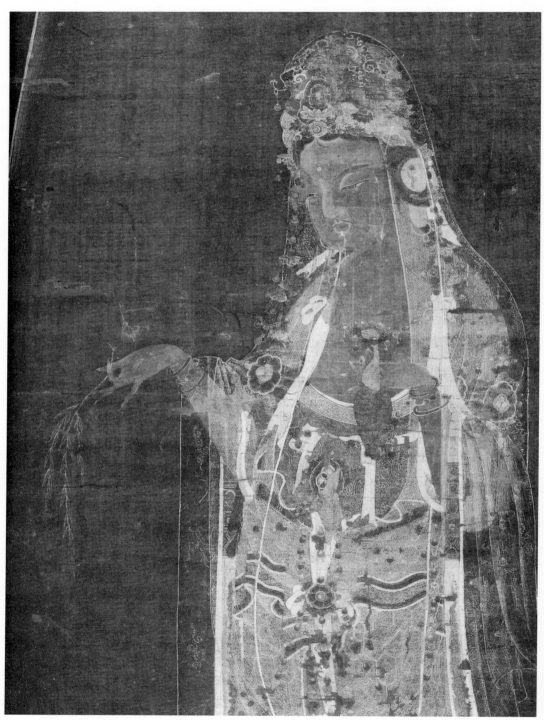

도27-1〉 수월관음도 세부

도1〉 범종, 725년, 평창 상원사

도1-1〉 용뉴

도1-2〉 명문(銘文)

도2) 성덕대왕신종, 771년, 국립경주박물관

도2-1〉 유곽과 유두

도2-2〉 비천상

도2-3〉 명문(銘文)

도2-4〉 명문(銘文)

도3〉 각지, 범종, 804년, 양양 선림원지

도3-1〉 선림원지 범종(재현품), 현대, 국립춘천박물관

도3-2〉 비천상

도4〉 순광, 범종, 1216년, 포항 오어사   도4-1〉 비천상

도4-2〉 용뉴

도5) 김선, 사뇌사지 금고(己酉銘), 1249년, 국립청주박물관

도5-1) 금고 세부

도6) 흥천사 범종, 1462년, 서울 덕수궁

도6-1〉 용뉴

도6-2〉 유곽과 유두

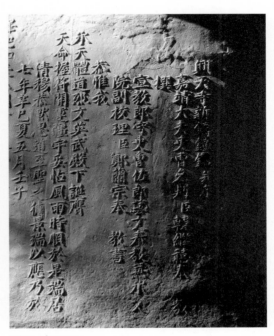

도6-3〉 명문(銘文)

도7〉 강원기(水鐵匠), 김중경(畵員), 김순생(刻手), 범종, 1469년, 남양주 봉선사

도7-1〉 보살상

도7-2〉 명문(銘文)

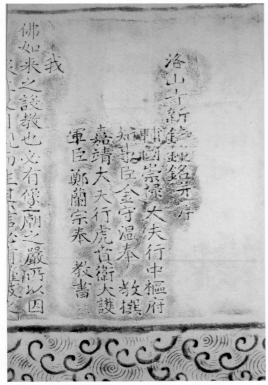

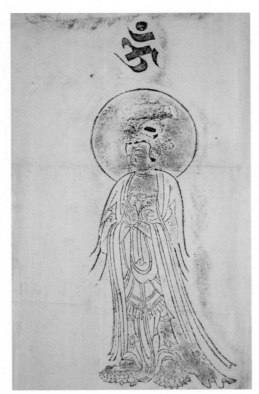

도8) 범종 명문(銘文) 탁본, 1469년, 양양 낙산사(燒失)

도8-1) 보살상 탁본

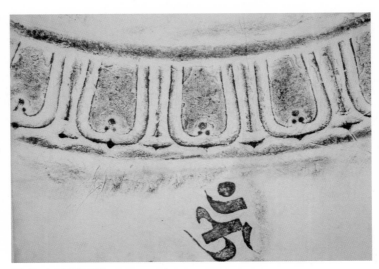

도8-2) 상대(上帶) 탁본

도9) 용천사 범종, 1580년, 통영 안정사

도9-1〉 명문(銘文)

도9-2〉 명문(銘文)

도10) 봉선사 범종, 1619년, 가평 현등사

도10-1〉명문(銘文)

도10-2〉명문(銘文)

도11) 범종, 1630년, 거창 고견사

도11-1) 명문(銘文)

도11-2) 유곽과 유두

도11-3〉 중대(中帶)

도11-4〉 하대(下帶)

도1) 삼층석탑, 706년, 경주 황복사지

도1-1) 삼층석탑 측면

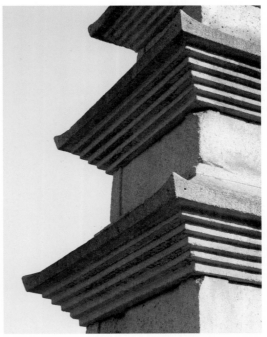

도1-2) 탑신부 세부

도1-3) 기단부 세부

도2) 영태2년명 납석제탑지, 766년, 동국대박물관 소장(안성 출토)

도3〉 삼층석탑, 863년, 대구 동화사 비로암

도3-1〉 삼층석탑 측면

도3-2〉 상륜부와 탑신부

도3-3〉 기단부

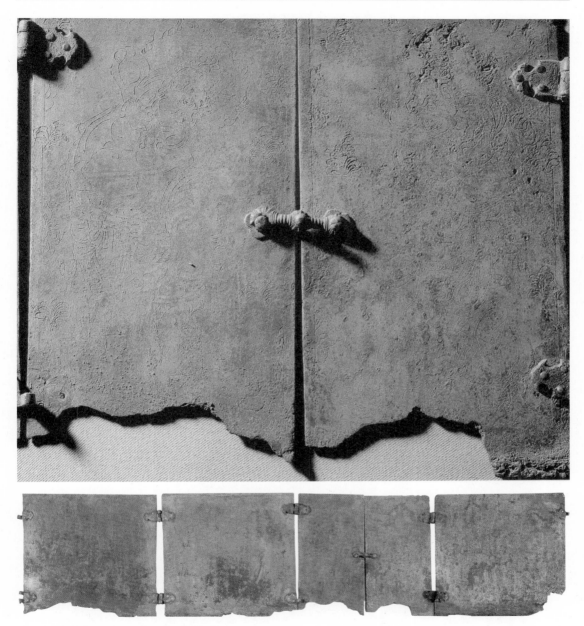

도4〉 황룡사지 찰주본기, 872년, 국립중앙박물관

도5〉 보조선사창성탑비, 884년, 장흥 보림사

도6) 진감선사대공영탑비, 887년, 경남 하동 쌍계사

도7〉 길상탑, 895년, 합천 해인사

도8) 진철대사보월승공탑비, 937년, 해주 광조사

도9〉 진공대사보법탑비, 939년, 영주 비로암

도9-1〉 탑신

도10) 대경대사현기탑비, 939년, 양평 보리사(국립중앙박물관 소장)

도10-1〉 탑비 부분

도11) 법경대사자등탑비, 943년, 충주 정토사

도12〉 법경대사보조혜광탑비, 944년, 개성 오룡사

도13) 징효대사보인탑비, 944년, 영월 흥녕사

도14〉 선각대사편광비, 946년, 강진 무위사

도14-1〉 선각대사편광비 측면

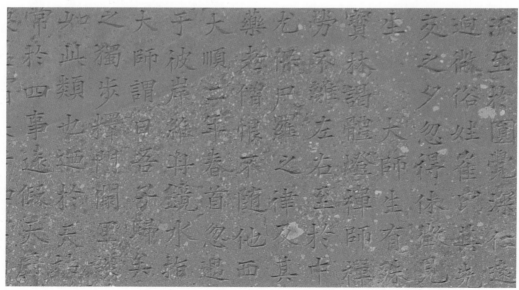

도14-2〉 비문

도15) 당간지주, 962년, 청주 용두사지

도16) 정진대사원오탑비, 965년, 문경 봉암사

도17) 원종대사혜진탑비, 975년, 여주 고달사지

도18) 법인국사보승탑비, 978년, 서산 보원사지

도19) 현화사지비, 1021년, 개성 영취산

도20〉 원공국사승묘탑비, 1025년, 원주 거돈사

도20-1〉 원공국사승묘탑비 이수

도20-2〉 원공국사승묘탑비 귀부

도21) 혜소국사탑비, 1060년, 안성 칠장사

도21-1〉 혜소국사탑비문 측면

도22〉 지광국사현묘탑비, 1085년, 원주 법천사

도22-1〉 지광국사현묘탑비

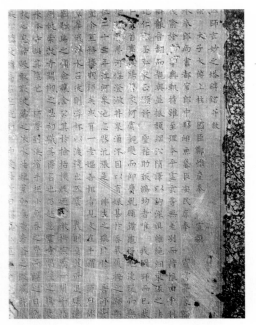

도22-2〉 비문

도22-3〉 귀부

도23〉 대각국사비, 1125년, 개성 영통사

도23-1〉대각국사비 측면

도24〉 문수원기, 1130년, 춘천 청평사

도25〉 묘향산보현사비각

도25-1〉 묘향산보현사비, 1141년, 향산 보현사

도25-2〉 비문 탁본

도26〉 현오국사비 앞면, 1185년, 용인 서봉사

도26-1〉 현오국사비 뒷면

도27〉 중수용문사기비, 1185년, 예천 용문사

도28) 보제존자 사리석종, 1379년, 여주 신륵사

도29) 보제존자 사리석종비, 1379년, 여주 신륵사

도29-1) 보제존자 사리석종비 측면

도29-2〉비문 탁본 일부

도30〉 원증국사 사리석종, 1386년, 양평 사나사

도31〉 원증국사 사리석종비, 1386년, 양평 사나사

도32) 영전사지 보제존자 서사리탑, 1388년, 국립중앙박물관

도1)『육경합부』변상도, 1424년, 완주 안심사
(고양 원각사 소장)

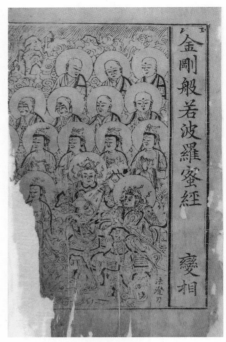

도1-1)『육경합부』변상도

도1-2)『육경합부』변상도

도1-3)『육경합부』변상도

도1-4) 『육경합부』 변상도

도1-5) 『육경합부』 변상도

도1-6) 『육경합부』 변상도

도1-7) 『육경합부』 변상도

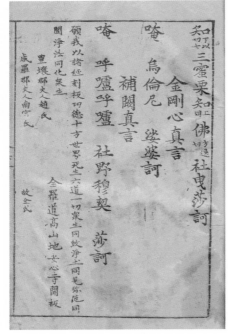

도1-8) 『육경합부』 간기

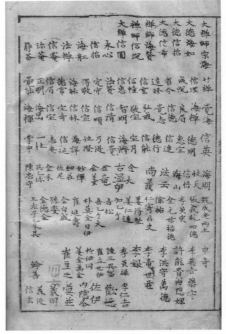

도1-9) 『육경합부』 간기

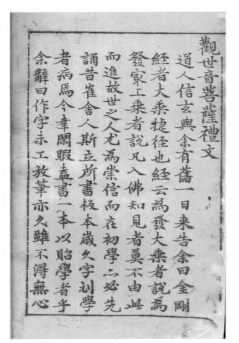

도1-10) 『육경합부』 간기

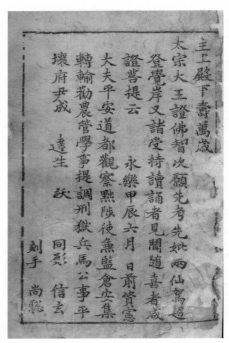

도1-11) 『육경합부』 간기

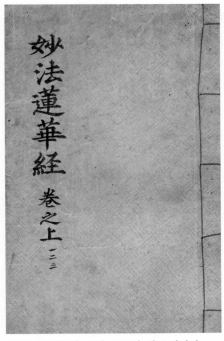

도2) 『묘법연화경』 표지, 1443년, 완주 화암사
(고양 원각사 소장)

도2-1) 『묘법연화경』 권1

도2-2) 『묘법연화경』 권1 간기

도2-3) 『묘법연화경』 권1 간기

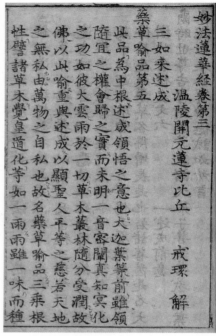

도2-4)『묘법연화경』권2

도2-5)『묘법연화경』권3

도2-6)『묘법연화경』권4

도2-7)『묘법연화경』권5

도2-8) 『묘법연화경』 권6

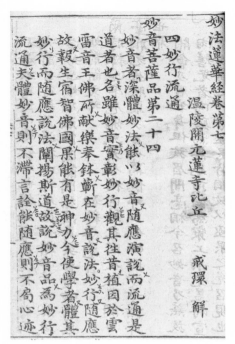

도2-9) 『묘법연화경』 권7

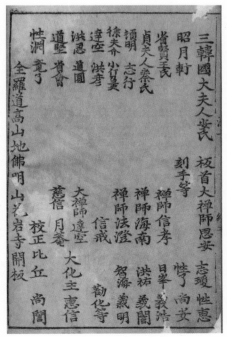

도2-10) 『묘법연화경』 간기

도2-11) 『묘법연화경』 간기

도3) 『육경합부』 변상도, 1460년, 진안 중대사(고양 원각사 소장)

도3-1) 『육경합부』 변상도

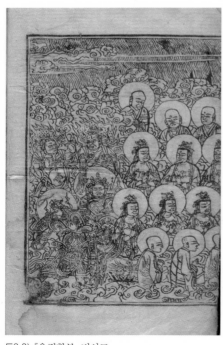

도3-2) 『육경합부』 변상도

도3-3) 『육경합부』 변상도

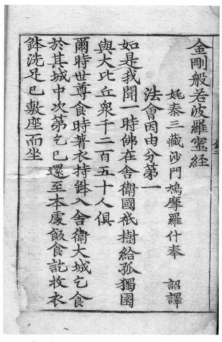

도3-4〉『육경합부』금강경

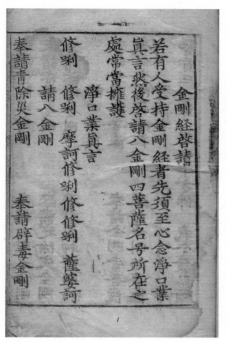

도3-5〉『육경합부』금강경계청

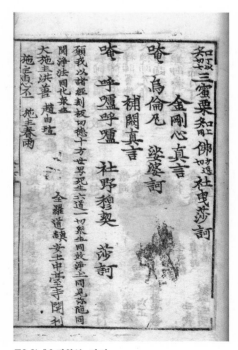

도3-6〉『육경합부』간기

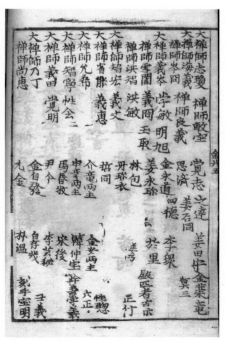

도3-7〉『육경합부』간기

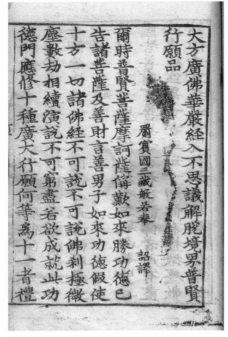

도3-8) 『육경합부』 대방광불화엄경

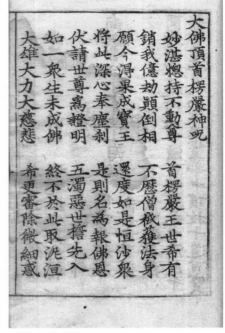

도3-9) 『육경합부』 대불정수능엄주

도3-10) 『육경합부』 관세음보살예문

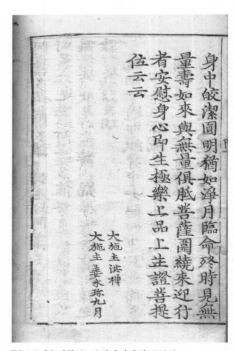

도3-11) 『육경합부』 불설아미타경 끝부분

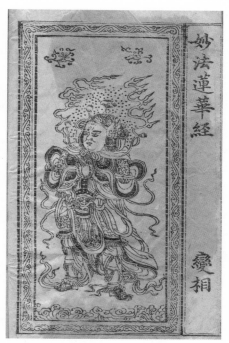

도4)『묘법연화경』변상도, 1477년, 완주 화암사
(고양 원각사 소장)

도4-1)『묘법연화경』변상도

도4-2)『묘법연화경』변상도

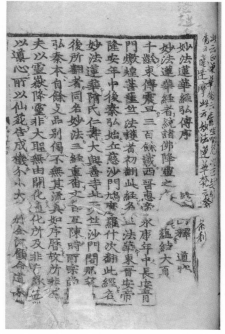

도4-3)『묘법연화경』弘傳序

도4-4〉『묘법연화경』要解序

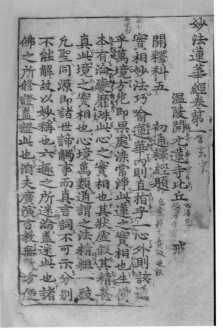

도4-5〉『묘법연화경』권1

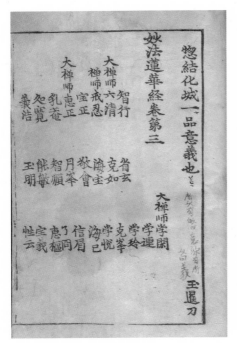

도4-6〉『묘법연화경』권3 간기

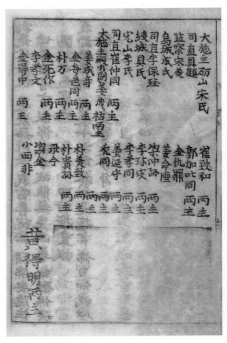

도4-7〉『묘법연화경』권3 간기

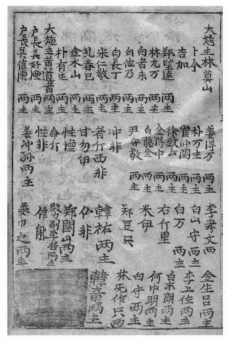

도4-8〉『묘법연화경』 권5 간기

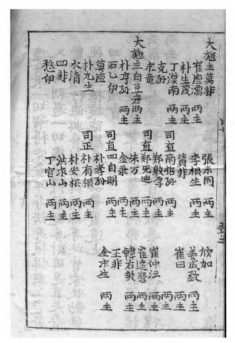

도4-9〉『묘법연화경』 권7 간기

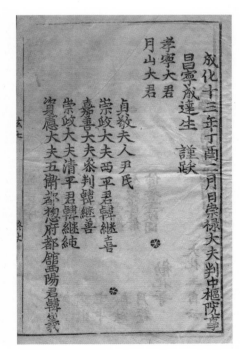

도4-10〉『묘법연화경』 간기

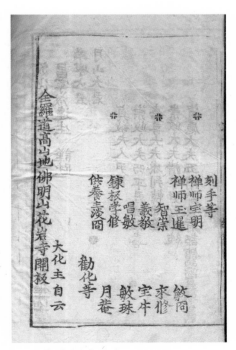

도4-11〉『묘법연화경』 간기

도5〉『불설장수멸죄호제동자다라니경』 표지,
1484년, 완주 화암사(고양 원각사 소장)

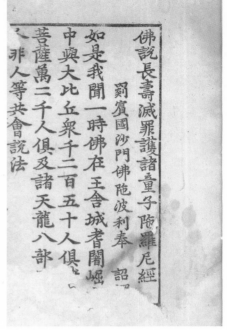

도5-1〉『불설장수멸죄호제동자다라니경』 권수

도5-2〉『불설장수멸죄호제동자다라니경』 간기와 변상도

도5-3〉『불설장수멸죄호제동자다라니경』 간기

도6) 『선종영가집(몽산법어언해 합집)』 표지, 1499년, 합천 석수암(고양 원각사 소장)

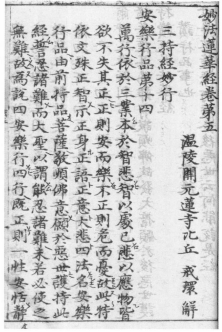

도6-1) 『선종영가집(몽산법어언해 합집)』 序

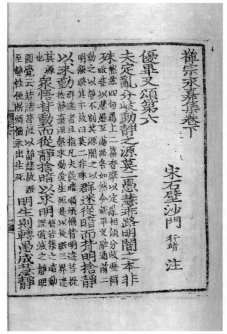

도6-2) 『선종영가집(몽산법어언해 합집)』 하권

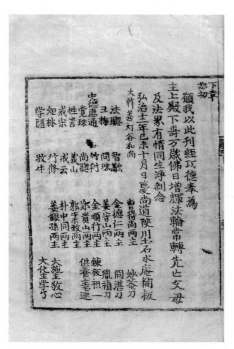

도6-3) 『선종영가집(몽산법어언해 합집)』 간기

도7)『현수제승법수』, 1500년, 합천 봉서사
　　　(고양 원각사 소장)

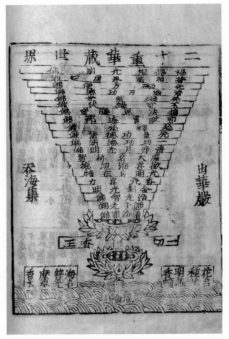

도7-1)『현수제승법수』二十重華藏世系圖

도7-2)『현수제승법수』간기

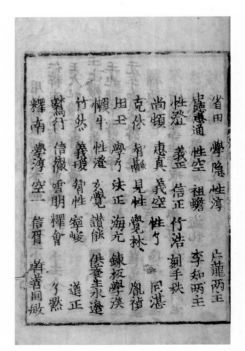

도7-3)『현수제승법수』간기

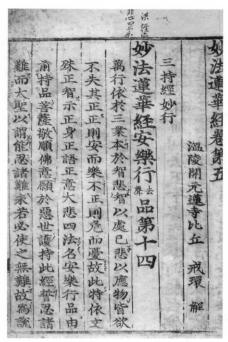

도8) 『묘법연화경』 권5, 1531년, 영천 공산본사
(고양 원각사 소장)

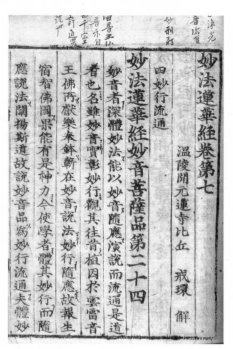

도8-1) 『묘법연화경』 권7

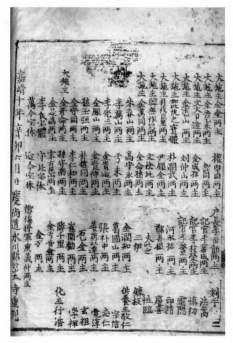

도8-2) 『묘법연화경』 간기

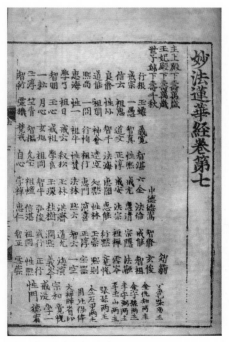

도8-3) 『묘법연화경』 간기

도9) 『불설대부모은중경』 변상도, 1546년, 토산 석두사
　　(고양 원각사 소장)

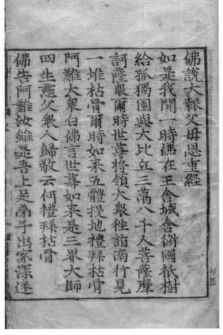

도9-1) 『불설대부모은중경』

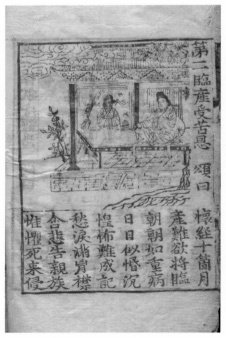

도9-2) 『불설대부모은중경』 변상도

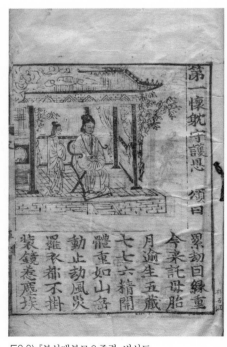

도9-3) 『불설대부모은중경』 변상도

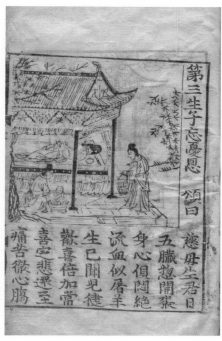

도9-4) 『불설대부모은중경』 변상도

도9-5) 『불설대부모은중경』 변상도

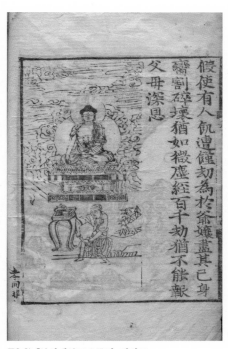

도9-6) 『불설대부모은중경』 변상도

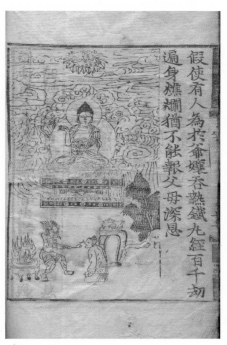

도9-7) 『불설대부모은중경』 변상도

도9-8〉『불설대부모은중경』변상도

도9-9〉『불설대부모은중경』변상도

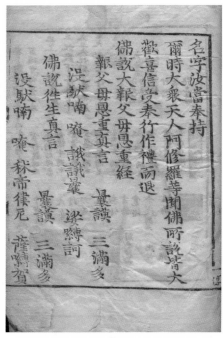

도9-10〉『불설대부모은중경』간기

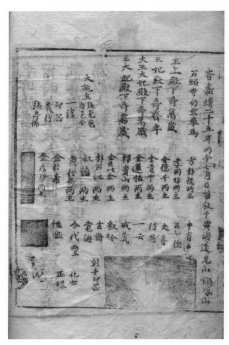

도9-11〉『불설대부모은중경』간기

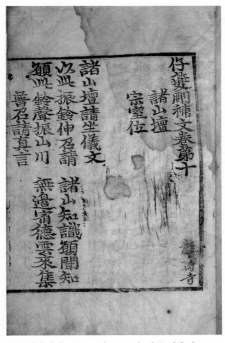

도10) 『자기산보문』 10권, 1568년, 안동 광흥사
　　　(고양 원각사 소장)

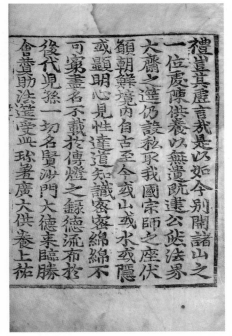

도10-1) 『자기산보문』

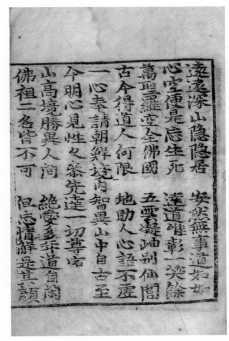

도10-2) 『자기산보문』

도10-3) 『자기산보문』

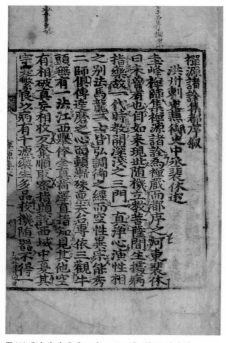

도11〉『선원제전집도서』, 1570년, 해주 신광사
(고양 원각사 소장)

도11-1〉『선원제전집도서』

도11-2〉『선원제전집도서』卷上

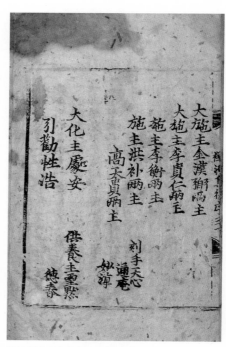

도11-3〉『선원제전집도서』간지

도12) 『대혜보각선사서』, 1574년, 월악 월정사
(고양 원각사 소장)

도12-1) 『대혜보각선사서』

도12-2) 『대혜보각선사서』

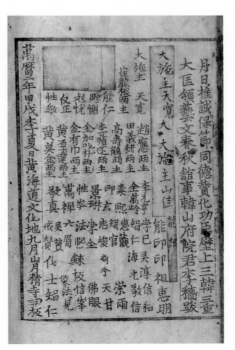

도12-3) 『대혜보각선사서』 간기

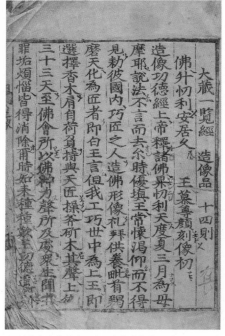

도13) 『선원제전집도서』, 대장일람경 조상품, 1575년,
　　　담양 용천사(고양 원각사 소장)

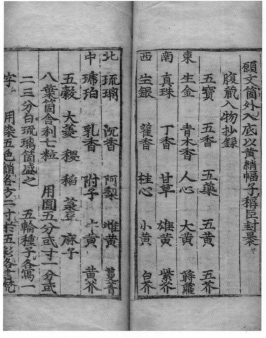

도13-1) 『선원제전집도서』 복장입물초록

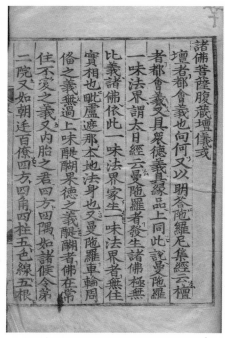

도13-2) 『조상경』 제불보살복장단의식

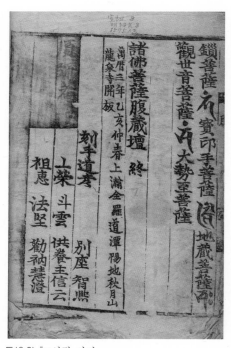

도13-3) 『조상경』 간기

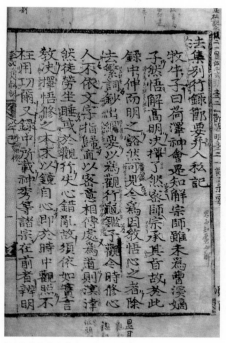

도14) 『자법집별행록절요병입사기』, 1588년, 청도 운문사
　　　(고양 원각사 소장)

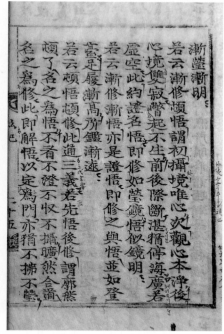

도14-1) 『자법집별행록절요병입사기』

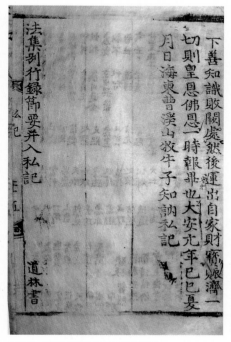

도14-2) 『자법집별행록절요병입사기』

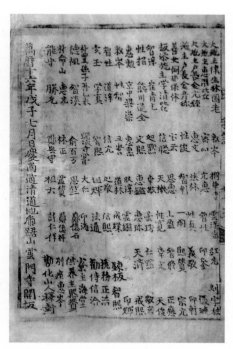

도14-3) 『자법집별행록절요병입사기』 간기

도1〉 극락전, 1363년, 안동 봉정사

도1-1〉 극락전 현판

도1-2) 극락전 측면 세부

도1-3) 극락전 공포

도2) 조사당, 1377년 중수, 영주 부석사

도2-1) 조사당 내부

도3〉해탈문 정면, 1473년, 영암 도갑사

도3-1〉해탈문 측면

도3-2〉 해탈문 내부 구조

도3-3〉 해탈문 후면

도4) 대웅보전, 1458년, 강화도 정수사

도4-1) 대웅보전 측면

도5〉 보광전, 1555년, 익산 숭림사

도5-1〉 보광전 내부